HISTÓRIA DO CORPO NO BRASIL

Mary del Priore
Marcia Amantino
(Orgs.)

HISTÓRIA DO CORPO NO BRASIL

editora unesp

Fundação Editora da UNESP (FEU)
Praça da Sé, 108
01001-900 – São Paulo – SP
Tel.: (0xx11) 3242-7171
Fax: (0xx11) 3242-7172
www.editoraunesp.com.br
www.livrariaunesp.com.br
feu@editora.unesp.br

CIP – Brasil. Catalogação na fonte
Sindicato Nacional dos Editores de Livros, RJ

H58
História do corpo no Brasil / Mary Del Priore, Marcia Amantino (orgs.). – São Paulo: Editora Unesp, 2011.
568p.: il.

Inclui bibliografia
ISBN 978-85-393-0120-1

1. Corpo humano – Aspectos sociais – Brasil – História. 2. Corpo humano – História. 3. Brasil – História. I. Del Priore, Mary-. II. Amantino, Marcia.

11-2041. CDD: 306.4
CDU: 316.74

Editoras afiliadas

Asociación de Editoriales Universitarias de América Latina y el Caribe

Associação Brasileira de Editoras Universitárias

SUMÁRIO

Apresentação

Mary Del Priori e Marcia Amantino

O corpo humano nunca esteve tão "na moda" como hoje. Em nenhum momento da história, as formas, a aparência, a textura ou seu cheiro foram tão discutidos por leigos e especialistas. O mundo pós-moderno criou um tipo de corpo e todos os demais, para serem aceitos, devem se encaixar no modelo. Magro, diga-se de passagem. Não há espaço para os corpos que ocupam muito espaço. Os distintivos de beleza se globalizaram e quem não os tem busca a cirurgia plástica, atualmente bem mais acessível financeiramente. Alega-se que a mídia construiu este padrão de beleza e, a partir daí, todos se sentiram na obrigação de aderir ou não, para não ficar de fora do chamado grupo socialmente aceito. Entretanto, há uma questão que não quer se calar. A maioria não se encaixa no "modelo". Logo, trata-se de algo feito ou pensado para uma minoria, enquanto o restante ou luta desesperadamente para atingir o que se espera dele ou simplesmente ignora os padrões e segue a vida.

A história já nos mostrou, por variados caminhos, que quase tudo nunca foi como é agora, e a relação de uma sociedade com seu próprio corpo também reflete as mudanças complexas vivenciadas ao longo de variados processos históricos. Este é um dos objetivos desta obra: apresentar essas variações e como a sociedade lidou com elas ao longo do tempo.

Os textos aqui desenvolvidos enfocam o corpo humano de variadas óticas, abordagens e concepções teóricas. Todos tiveram como preocupação inicial pensar o corpo de uma perspectiva histórica, inserindo-o em um momento específico da sociedade brasileira. A partir daí, cada autor procurou, usando informações provenientes de fontes diferentes – algumas inclusive, sobre sociedades não brasileiras – entender o processo de construção do corpo do(a) brasileiro(a). Cronologicamente, o livro começa no período colonial, apresentando, no Capítulo 1, os corpos dos primeiros habitantes do Brasil, os índios, e como o projeto português tentou mudá-los, transformando-os em súditos cristãos do rei de Portugal. O Capítulo 2 analisa de que modo esse projeto colonial cristão conseguiu catequizar determinados grupos negros, usando para isso não só uma retórica específica, mas principalmente de imagens de santos também negros, objetivando a criação não só de corpos dóceis e cristãos, mas, acima de tudo, bons cativos. O Capítulo 3 trabalha com a ideia dos corpos mestiços e do deslocamento de gentes e de comportamentos, gerando um trânsito de imagens bastante complexo. O Capítulo 4 inaugura uma seção transitória entre o período colonial e o imperial. Os temas desenvolvidos nesse bloco estão ligados à sexualidade e à esterilidade e às soluções encontradas pela própria sociedade para resolver ou amenizar esses problemas. As bebidas e suas ações sobre os corpos também foram analisadas, bem como o público que consumia cada uma delas, no Capítulo 5.

O que fazer com um corpo morto? Esta foi a preocupação do Capítulo 6, que buscou apresentar como a sociedade lidou com os mortos e de que modo foram tratados tanto pelas religiões como pelas autoridades, e como esse tratamento mudou ao longo do período analisado. Mudanças também não faltaram no capítulo seguinte, o Capítulo 7, que analisa as roupas e a moda no Brasil colonial e imperial. Ainda que pensada apenas para as camadas mais altas da sociedade, os mais pobres e até mesmo os escravos, acabavam encontrando um jeito de copiar ou adaptar o que havia para suas próprias realidades. A cólera e a tuberculose eram duas das doenças que mais afetavam a população e os corpos acometidos por essas doenças precisavam ser tratados, isolados e controlados para que o restante da sociedade se mantivesse sã. Este é o tema do Capítulo 8, e o 9 apresenta corpos que, ao não seguir o controle social e religioso, optaram pelo suicídio, demonstrando que os preceitos de um bom tratamento ao corpo nem sempre funcionavam. Por fim, fechando a Parte I, há o Capítulo 10 sobre as atitudes de higiene que as autoridades insistiam para que a população tivesse sobre seus corpos, sendo o banho diário a principal delas.

A Parte II engloba análises sobre o período republicano. O bloco se inicia, no Capítulo 11, com uma apresentação sobre periódicos que circulavam na cidade do Rio de Janeiro no início do século XIX veiculando imagens de mulheres nuas e textos picantes e a relação que a sociedade carioca mantinha com eles. Da pornografia para o controle estatal sobre o corpo. Este é o tema do capítulo seguinte (Capítulo 12): como o governo Vargas construiu uma imagem de corpo ideal usando as crianças e os jovens como modelos de comportamentos esperados por bons cidadãos. Nesse mesmo período, há também a análise sobre os corpos dos trabalhadores das indústrias de São Paulo e a transformação destes em "corpos-máquinas" (tema do Capítulo 13). O último texto dessa parte, o Capítulo 14, identifica como os corpos de crianças portadoras de deficiências foram encaradas como "fardos sociais" e sistematicamente excluídos da sociedade.

A Parte III, a última do livro, é claramente voltada para questões atuais e tem uma preocupação quase sociológica a respeito dos usos que fazemos de nossos corpos. A temática do Capítulo 15, o primeiro desta parte, envolve a questão da velhice real e a esperada e todas as dificuldades em lidar com elas e suas transformações. Na sequência, o Capítulo 16 trabalha com os problemas causados pelos transtornos alimentares, a obesidade e a relação entre as carências afetivas e o consumo de açúcares e gorduras e, posteriormente, o sentimento de culpa, a bulimia e a anorexia. O texto seguinte, no Capítulo 17, aborda a relação das mulheres com os padrões de beleza e feiura e as práticas cirúrgicas levadas a cabo para atingir os modelos esperados. Por fim, finalizando a obra há o Capítulo 18 que trata sobre a eterna busca do corpo "sarado" por meio da prática de exercícios físicos, demonstrando que os valores, tanto de estética quanto da prática esportiva, sofreram mudanças significativas ao longo da história.

Esta é, portanto, uma obra múltipla, que busca compreender o corpo em suas variadas manifestações e o entende como um ser-objeto que sofre e, ao mesmo tempo, exerce transformações que não são livres das sujeições históricas de seu tempo.

PARTE I

1

E eram todos pardos, todos nus, sem coisa alguma que lhes cobrisse suas vergonhas

Marcia Amantino

Abril de 1500. Parte dos homens que estavam na esquadra de Cabral e desembarcaram nas terras avistadas surpreendeu-se com a natureza exuberante que se estendia por toda a parte. Tudo era diferente do que estavam acostumados e vários foram os estranhamentos relatados na carta feita por Pero Vaz de Caminha ao rei português.[1] A contar pelo número de vezes em que o escrivão fez referências aos corpos indígenas, este parece ter sido um dos mais impactantes. Apesar do espanto pela nudez, acreditaram que seria um corpo sem pecado, porque tais seres não conheceriam a maldade. Chegaram a essa rápida conclusão apenas observando seus corpos e comportamentos.

Logo no início da carta, após relatos de aspectos da viagem e do desembarque, há referência aos índios e a seus corpos. Foram descritos como pardos que viviam nus, não possuíam nada que cobrisse "suas vergonhas" e não se sentiam encabulados com isso, pelo contrário: eram

1 Caminha, *Carta de Pero Vaz de Caminha a el rei D. Manuel I sobre o achamento do Brasil.*

de "grande inocência". Para eles, como não era importante cobrir seus rostos, não fazia a menor diferença tampar ou não seus corpos, situação constrangedora e aflitiva para os europeus, os quais, assim, trataram logo de entregar aos índios algumas peças de vestuário. A carta segue explicitando que havia sido ofertado a eles um barrete vermelho, uma carapuça de linho e um sombreiro preto, curiosos objetos que serviam tão somente para cobrir as cabeças. Apenas depois dos primeiros encontros foram ofertadas roupas propriamente.

As informações sobre aquelas pessoas "exóticas" eram sempre voltadas para seus corpos. Os navegantes tentaram, de formas diferentes, demonstrar para aquele grupo que deveriam cobrir suas "vergonhas", em vão. O cronista relata que, no momento da missa, deram um pano para que uma índia que estava por perto pudesse se cobrir. Todavia, parece que ela não viu sentido naquilo e, ao se sentar, não tomou os devidos cuidados em esconder partes de seu corpo. Ainda que a nudez feminina incomodasse os europeus, também lhes proporcionava momentos de satisfatórias comparações com as mulheres da Europa e elas, as índias, ganhavam na disputa. Comentando sobre uma jovem nativa em particular, Caminha afirmou que era

> tão bem-feita e tão redonda, e sua vergonha tão graciosa, que a muitas mulheres de nossa terra, vendo-lhe tais feições, envergonhara, por não terem as suas como as dela.

O relato também fazia referência a outros aspectos culturais ligados aos corpos indígenas, entre os quais os cabelos, descritos como corredios, cortados e enfeitiçados, a pintura e o uso de objetos identificados como adornos. Com relação à pintura corporal, informava que eles usavam preto e vermelho nos troncos e nas pernas e que variava de pessoa para pessoa ou conforme o gênero. Já sobre o uso de adornos, o cronista descreveu que enfeitavam os lábios inferiores dos índios, o que não os impedia de comer, beber ou falar.

Em nome de Deus

Em diversas passagens, Caminha reafirmava a inocência desses povos, o que, pela lógica, permitiria serem trazidos ao seio da Igreja. Bastava que conseguissem entender uns aos outros, missão que seria fácil, pois os índios, segundo sua carta, não possuíam crença alguma. Uma de suas conclusões dizia respeito à salvação daquele povo: como aquelas pessoas haviam sido criadas por Deus e este tinha lhes dado bons corpos e rostos e levado os portugueses até elas, era sinal de que deveriam ter suas almas salvas. Caberia aos cristãos a missão de inseri-las no mundo divino.

A preocupação com o corpo do índio e com seu controle será item importante do processo de cristianização e, consequentemente, das formas encontradas para a colonização do Novo Mundo. As imagens idílicas a respeito dos nativos também podem ser verificadas nos primeiros relatos dos jesuítas que vieram, de acordo com sua afirmação, realizar a salvação daquelas almas. As cartas dos anos iniciais deixam transparecer a crença de que seria fácil acabar com os "maus costumes" indígenas. Dentre eles, os mais preocupantes eram a antropofagia, o seminomadismo, as condutas sexuais vistas como depravadas, a presença dos pajés e a mancebia generalizada. Outro empecilho à conversão total do gentio era seu costume de pautar sua vida e cotidiano pelo que havia sido revelado pelos sonhos, pelas adivinhações ou transmitido por divindades ao ingerirem suas bebidas (cauim) e alucinógenos. Os religiosos rapidamente perceberam que era necessário "desmoralizar" tais revelações, feitas, segundo suas crenças, por demônios. Para tanto, além de identificar os pajés e caraíbas como verdadeiros inimigos da fé, trataram também de coibir o consumo de bebidas e dos alucinógenos. O padre Anchieta sabia que não seria tarefa simples, pois eles utilizavam as bebidas de forma contínua e, em sua opinião, de maneira desregrada.[2]

2 Carta do irmão José de Anchieta ao padre Inácio de Loyola, São Vicente, mar. 1555. In: Leite. *Cartas dos primeiros jesuítas do Brasil*, t.II, p.194.

Com exceção da presença ameaçadora do pajé, todos os demais problemas identificados como perturbadores da boa conduta eram decorrentes, direta ou indiretamente, dos usos que os indígenas faziam de seus corpos e dos alheios. O corpo indígena, nu e praticante de atos considerados pelos religiosos como ofensivos a Deus, precisava ser domado.

O padre Nóbrega rapidamente identificou que impedir a nudez indígena era um ponto crucial para o avanço da catequese. Assim, em 1549, lamentava a falta de algumas ceroulas, o que levava uma alma a deixar de ser cristã e de conhecer seu criador.[3] Os índios até aceitavam as roupas dadas como presentes, mas as usavam quando e como queriam. Para desespero do padre Anchieta, em um dia saíam com alguma peça na cabeça e mais nada; em outro, apenas de sapatos.[4] A nudez continuava sendo um grande obstáculo ao avanço da civilização, mas não só.

A sexualidade indígena, vista como desregrada, colocava em perigo o processo de colonização, na medida em que os prazeres sexuais estavam diretamente ligados às concepções culturais dos povos autóctones e não aos padrões tidos como corretos dos europeus cristãos. Na percepção dos religiosos, além dos índios praticarem o sexo quando, como, com quem e onde queriam, não possuíam nenhum interdito. Tentando conhecer melhor suas ovelhas, nada cordatas, os religiosos trocaram entre si informações a respeito da sexualidade indígena e do homossexualismo, símbolo do poder dos demônios sobre o grupo em questão, o que apareceu em algumas correspondências.

Em 1551, o padre Pero Correia, em carta para os religiosos que estavam na África, sugeria que era importante a troca de informações sobre os povos das duas regiões, porque o comportamento dos índios se assemelhava muito ao dos mouros. Citava como exemplo o fato de ambos terem o hábito de possuir muitas mulheres, pregar suas crenças de madrugada e gostar do "pecado contra a natureza", ou seja, a sodo-

---

3 Carta do padre Nóbrega ao padre Simão Rodrigues de Azevedo. Bahia, 1549. In: Nóbrega, *Cartas do Brasil*, p.74.

4 Anchieta, Informação da província do Brasil para nosso padre, 1585. In: ______. *Cartas, informações, fragmentos históricos e sermões (1554-1594)*, p.434.

mia. Concluía a carta afirmando que havia entre as índias algumas que não só pegavam em armas, mas também realizavam outras funções de homens e eram casadas com outras mulheres. Chamá-las de mulheres era, segundo ele, a maior injúria que se lhes poderia fazer.[5]

O padre Gandavo, na segunda metade do século XVI, citou o caso de algumas índias que decidiram não ter relações sexuais com homens. Isso até seria, na visão do religioso, uma boa decisão, pois estaria de acordo com a ideia cristã de castidade. O grande problema era que essas índias apenas não aceitavam ter relações com homens, ainda que fossem mortas. A escolha e o interesse delas eram por mulheres. Elas se dedicavam às tarefas masculinas, "como se não fossem fêmeas". Continuava o padre afirmando que elas cortavam os cabelos da mesma maneira que os machos, iam às guerras com seus arcos e flechas e caçavam sempre na companhia deles. Para completar, cada uma tinha uma mulher que a servia e com quem dizia ser casada. Concluía o padre que "assim se comunicam e conversam como marido e mulher".[6]

Gabriel Soares de Souza também tratou dos "pecados sexuais" indígenas. Ao comentar sobre o que ele considerava a luxúria dos tupinambás, afirmou que, dentre outros tantos, cometiam o "pecado nefando, entre os quais se não tem por afronta; e o que serve de macho se tem por valente, e contam essa bestialidade por proeza".[7]

A sexualidade indígena também tem sido objeto de análise dos antropólogos e estes têm encontrado alguns exemplos de arranjos homossexuais entre grupos indígenas. Pierre Clastres, analisando a sociedade guaiaqui, explica que ela é claramente dividida entre posições masculinas e femininas, cisão que orienta todos os valores do grupo. Às mulheres, cabe o cesto, símbolo de sua feminilidade e fertilidade; aos homens, o arco, elemento de distinção do caçador. Um não pode tocar o símbolo do outro, sob pena de provocar o desequilíbrio e

5 Carta de Pero Correia para os irmãos que estavam na África, de São Vicente, do ano de 1551. In: Azpicuelta Navarro et al. *Cartas avulsas* 1550-1568, p.123-6.

6 Gandavo, *História da Província de Santa Cruz*, p.128.

7 Souza, *Tratado descritivo do Brasil em 1587*, p.308.

trazer desgraças. Todavia, o autor narra a existência em determinada aldeia de dois homens que não se encaixavam nessa divisão. Um, por suas poucas habilidades com o arco, foi proibido de portá-lo. Assim, passou a conviver com as mulheres e não possuía espaço e papel social claramente definidos. O outro caso é de um homossexual assumido, o qual convivia com as mulheres, tecia e possuía seu próprio cesto. Tinha relações sexuais esporádicas com homens da tribo e, diferentemente do primeiro, não ficava isolado nem era menosprezado.[8]

Um problema comportamental e cultural do indígena que poderia atingir os corpos dos jesuítas e dos colonos era a prática da antropofagia. Era, na opinião dos religiosos, o pior dos pecados contra o corpo humano, feito por Deus a sua imagem e semelhança. O pânico de ser "devorado" por selvagens estava presente em praticamente todos os relatos do século XVI e parte do XVIII. Para o padre Anchieta, alguns índios eram gente indômita e bestial e toda sua felicidade consistia em matar e comer carne humana.[9]

Inicialmente, os jesuítas acreditaram que bastaria um trabalho eficiente de catequese e ensinamento da palavra de Deus e os indígenas abandonariam suas práticas bárbaras e encontrariam o caminho da salvação, pois eram seres bons por natureza. Todavia, as coisas não se passaram dessa forma. Depois de muitos problemas, os religiosos perceberam que os índios não eram capazes de abrir mão de sua cultura de maneira tão fácil. Aparentemente aceitavam os ensinamentos, mas bastava uma dificuldade qualquer para rapidamente voltarem às suas práticas. Foram, então, identificados como indiferentes, inconstantes e incapazes de manter o que havia sido ensinado e acordado. Essas ideias passaram a representar a alma indígena, traço definidor de seu caráter.[10]

---

8 Clastres, O arco e o cesto. In: ______, *A sociedade contra o Estado*: pesquisas de Antropologia Política, p.71-89.

9 Anchieta, op. cit., p.120-1.

10 Castro, O mármore e a murta: sobre a inconstância da alma selvagem. In: *Revista de Antropologia*, v.35, p.21-74.

Resistência adaptativa

Tais avanços e recuos no contato e, consequentemente, na catequese, foram vistos tanto por seus contemporâneos como por especialistas modernos como "inconstância da alma selvagem".[11] Todavia, seria interessante analisar esses comportamentos indígenas a partir de outra premissa teórica: a resistência adaptativa.[12] Os indígenas souberam desde cedo usar as disputas e os interesses conflitantes entre os representantes das metrópoles europeias. Assim, mesmo quando cediam e aceitavam algum tipo de controle e/ou aldeamento pelos religiosos, faziam-no ponderando seus benefícios e suas perdas. De acordo com Almeida, os aldeamentos não podem mais ser vistos apenas como um espaço de perdas para os grupos indígenas. Ainda que o fossem, diferentes etnias, vivendo no interior dessas estruturas, desenvolveram o que a autora denomina de resistência adaptativa, ou seja, encontraram formas de negociar com o mundo colonial, manipulando e definindo atitudes de acordo com seus interesses. Dessa forma, os indígenas não estariam apenas sendo inconstantes. A relação era muito mais complexa. Estariam lutando para sobreviver e usando as condições de barganha possíveis a seu favor.

Seja como for, gradativamente os religiosos perceberam que os nativos não eram tão inocentes assim, e o que faziam com os corpos – deles e dos inimigos – transformou-se em um grande problema para os catequizadores. Terminada a fase do encantamento com o índio na América portuguesa, alguns jesuítas concordaram com os colonos quando estes afirmavam que pelo menos parte dos nativos era desprovida de moral ou, em alguns casos, de humanidade. Logo, poderiam e preci-

---

11 Ibid.

12 Almeida, *Metamorfoses indígenas*: identidade e cultura nas aldeias coloniais do Rio de Janeiro, p.116. A autora usa esse conceito para se referir aos índios dos aldeamentos, que aceitaram viver em tais estruturas ao perceberem que seria um mal menor ou o único caminho possível naquele momento.

devam ser dominados ou destruídos para que a colonização pudesse seguir seus passos.

De maneira geral, o índio foi identificado como um ser exótico que alguns associavam à pureza dos costumes, à falta de pecados e à possibilidade de catequização e outros, à absoluta degenerescência, ao pecado e aos pactos com o demônio. Entretanto, rapidamente os europeus que vieram para cá e começaram a lidar com as diversas tribos perceberam haver algumas disparidades entre eles e que manter ou acentuá-las significaria aumentar o controle sobre a nova terra e sobre sua população.

A partir dos primeiros contatos que os colonos e as autoridades leigas e religiosas tiveram com diferentes grupos indígenas, começou a elaboração de uma série de imagens acerca deles. Nos relatos, podem ser identificados pelo menos dois grandes modelos para classificar o índio. O primeiro seria dos mansos, pacíficos e que aceitaram a catequese e o posterior aldeamento. Viviam no litoral, perto dos aglomerados coloniais. Exerciam atividades ligadas ao trabalho e prestavam serviços à sociedade. Geralmente eram identificados como tupis. Também havia aqueles que viviam no interior, longe do litoral, nos chamados sertões. Eram os tapuias, identificados como grupos hostis, que não aceitavam aproximações com os colonos, a catequese, o aldeamento e muito menos o trabalho nas fazendas. Entre uns e outros, a inimizade e as guerras. Todavia, os conflitos também ocorriam no interior de cada um dos grupos.

A divisão dos índios entre tupi e tapuia não foi criação dos europeus pois, antes de sua chegada, as tribos já se identificavam dessa forma. Os tupis, grupo que inicialmente entrou em contato com os portugueses, não reconheciam os tapuias como homens, já que viviam em áreas distantes, no interior, e possuíam uma cultura diferente. Os tapuias tinham a mesma ideia sobre seus contrários, e as rivalidades milenares entre eles eram enormes. Cada grupo via o outro como desprovido de humanidade, porque não possuía os valores esperados nem falava a mesma língua.

O jesuíta Samuel Fritz, no final do século XVII, ao descrever os índios omáguas, tupis do Alto Amazonas, afirmava que eles viviam e plantavam nas terras alagadiças, às margens dos rios e nas ilhas fluviais. Mesmo sabendo que no período das enchentes perderiam tudo, recusavam-se a ir para as terras do interior, não só porque seus antepassados viviam perto das águas, mas também porque a mata seria lugar de auçás e tapuias.[13]

Em carta escrita em Porto Seguro no dia 24 de junho de 1555, o padre João de Azpicuelta descrevia os tapuias como uma geração de índios bestiais e ferozes. Isso porque, segundo ele, andavam pelas matas como manadas de veados, nus e com os cabelos compridos feito os das mulheres. Sua fala era incompreensível, porque era bárbara. Eram carniceiros portando flechas ervadas e davam cabo de um homem em um momento. Assustado com o que vira, afirmou que um índio de sua comitiva fora atacado por "uma manada dos tapuias que, despedaçando-o, o levaram em quartos".[14]

Gabriel Soares de Souza, por inúmeros exemplos, demonstrou que alguns grupos de índios eram úteis à colonização, embora tinham aceitado a catequese e o trabalho. Outros, pelo contrário, eram verdadeiros algozes. Para ele, os aimorés eram "tão selvagens que, dos outros bárbaros, são havidos por mais que bárbaros". Também não possuíam pelos no corpo porque arrancavam, não tinham casas, roças ou plantações. Alimentavam-se de caça, que comiam crua ou malpassada, quando conseguiam fogo. Nas constantes pelejas com outros grupos, atacavam sempre de maneira atraiçoada, pelas costas com seus disparos certeiros de flechas. Para piorar, comiam "carne humana por mantimento". Complementava o cronista afirmando que as capitanias de Porto Seguro e de Ilhéus estavam destruídas e quase despovoadas por causa do temor que a população tinha dos bárbaros. Os engenhos estavam abandonados porque quase todos os escravos haviam sido mortos e os que haviam conseguido escapar tinham tanto pavor que fugiam só em ouvir falar

13 Porro, A. História indígena do Alto e Médio Amazonas. In: Cunha (Org.), *História dos índios do Brasil*, p.177-8.

14 Carta do padre João de Azpicuelta Navarro escrita em Porto Seguro no dia 24 de junho de 1555. In: Azpicuelta Navarro et al., op. cit., p.174.

dos aimorés. Os brancos se comportavam da mesma forma. Concluía Souza que, enquanto não se buscasse "algum remédio para destruir esses alarves, eles destruír[iam] as fazendas da Bahia, para onde [iam] caminhando de seu vagar".[15]

Talvez um motivo para a criação e a manutenção da ideia de que os tapuias eram bárbaros e mais selvagens que os tupis fosse sua resistência em abandonar seus hábitos e práticas. Uma descrição dos primeiros, já no final do século XIX, demonstra como esses índios procuravam manter sua identidade. O tenente-comandante José da Silva Brandão informava ao governador da Capitania de Minas Gerais sobre o grupo de camanachós que vivia na região entre o Rio Doce e o Jequitinhonha. Segundo ele, eram índios de "estatura ordinária", fortes e robustos, e seus corpos eram cor de cobre, assim como todos os "índios da América Meridional".[16] Salientava que seus semblantes eram parecidos com os dos europeus, pois pouco se notava a proeminência e a largura nas faces. Entretanto, possuíam a testa achatada e a cabeça comprimida. Acreditava que isso se devia à prática de carregarem todos os volumes com a ajuda de uma espécie de suspensório preso à testa. Como as mulheres transportavam os objetos e as crianças, normalmente eram encurvadas para a frente e tinham as costas proeminentes.

Os homens eram imberbes e não tinham marcas da puberdade, ou seja, espinhas. Todos andavam sempre com os pés virados para dentro. Nosso informante acreditava que isso acontecia por causa da maneira de armarem os pesados arcos que carregavam. Já quanto às mulheres, para ele, como andavam completamente nuas, desenvolveram essa maneira de andar por causa do "constante cuidado de resguardarem a oca vaginal". Conseguiam, assim, se portar de modo "que nunca se percebe ou distingue". Ainda com relação às partes genitais, explicava que os índios

15 Souza, op. cit., p.80.

16 Observações sobre os índios estabelecidos em Lorena dos Tocoyós pelo tenente José da Silva Brandão, por ordem do Ilmo. e Exmo. Sr. Bernardo José de Lorena, Governador de Minas Gerais, em 21 de fevereiro de 1799. In: *Revista do Arquivo Público Mineiro*, jul./dez. 1898, n.3.

usavam as tacanhobas, ou seja, "pequena taquarinha adaptada para fazer recolher e coibir que se não mostrem as certas marcas da virilidade".

Usavam nos lábios e nas orelhas furos nos quais introduziam como "ornamento um pauzinho do comprimento de quatro polegadas de grossura". Colocavam também uma espécie de brinco

> com uns filamentos de algodão em uma das pontas, outros sem os filamentos, mas ornados em uma das pontas com o risco de jalouzia [sic] de meio dedo de largura.

Pintavam os corpos com tintas vermelhas e pretas obtidas a partir do urucum ou do carvão moído e misturado com gordura de anta ou de capivara. Afirmava que isso fazia que cheirassem muito mal.

Outro exemplo de contatos com os tapuias no século XIX foi dado pela expedição de Langsdorf, que cruzou o interior do Brasil entre os anos de 1821 e 1829 e localizou variados grupos de Mato Grosso, dentre eles os bororos. Um de seus participantes, Hercule Florence, deixou alguns relatos e iconografias bastante interessantes sobre esses índios. A imagem a seguir, em nanquim e pena, mostra duas mulheres bororos carregando os pertences da família, servindo-se apenas de uma tira presa à cabeça, tal como observado por José da Silva Brandão com relação aos camanachós. Com o uso contínuo desse sistema, suas frontes ficavam marcadas e afundadas.[17]

Os índios identificados como pertencentes ao grupo linguístico tupi foram quase sempre descritos como mais dóceis e, portanto, menos selvagens e mais parecidos com os europeus, ou pelo menos não tão distantes. Desde os primeiros contatos até o final do século XIX, as imagens sobre eles procuravam mostrá-los com variados graus de civilidade e, quanto mais próximos das sociedades coloniais e interagindo pacificamente com elas, mais humanos tornavam-se.

José de Anchieta descreveu os índios ibiraiaras como inteligentes, mansos e com bons costumes. Cada homem tinha apenas uma esposa,

17 *Expedição de Langsdorf ao Brasil*, 1821-1829, p.375.

Figura 1.1
Mulheres bororos carregadoras.

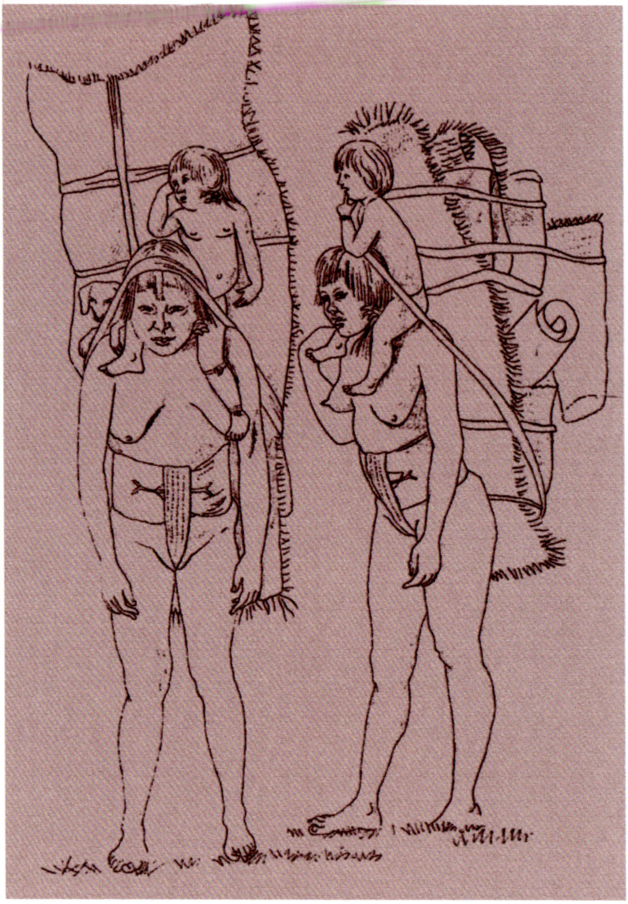

não praticava a antropofagia e, principalmente, a idolatria e a feitiçaria. O único senão era que nas guerras cortavam as cabeças dos inimigos e as guardavam como troféus.[18]

Apesar dessa divisão, as descrições sobre os índios, de maneira geral, foram pautadas por grandes desconhecimentos das realidades culturais dos grupos, não conseguindo identificar, na maioria das vezes, aspectos além dos traços externos mais óbvios.

A expedição científica comandada por Alexandre Rodrigues Ferreira percorreu, entre os anos de 1738 e 1792, as regiões da Capitania

18 Carta de José de Anchieta ao Padre Ignacio de Loyola, op. cit., t.II, p.309.

do Grão-Pará, Rio Negro, Mato Grosso e Cuiabá. Ao longo desse trajeto, teve inúmeros contatos com grupos indígenas pouco ou nada conhecidos da população. Dos relatos constam contatos com os grupos: cambebas, miranhas, maués, muras, jurupixunas e uerequenas. Todos foram identificados como tapuias, apesar de não o serem.

Tanto as descrições como as imagens focam características físicas desses índios. Segundo Raminelli, tais índios foram divididos pelos viajantes cientistas em dois grandes grupos: de um lado, os "monstruosos por artifícios", ou seja, aqueles que criavam em seus corpos algo que os diferenciasse, tornando-se, assim, de acordo com os relatos, ainda mais bizarros. O segundo grupo era o dos "monstruosos por natureza", que já haviam nascido com alguma deformidade.[19]

Os cambebas, também chamados de omáguas – aqueles que não aceitavam ir para o interior para fugir das águas porque acreditavam que o sertão era terra de auçás e tapuias – foram descritos como um povo cujas cabeças eram deformadas. Assim que uma criança nascia, colocavam-lhe uma tábua na frente do crânio e outra na parte de trás. A criança crescia com a cabeça dentro dessa espécie de forma, ficando, então, com um formato achatado e comprido por toda a vida. Os cambebas eram do tronco tupi e, diferentemente de seus parentes tupinambás do litoral, raramente comiam seus prisioneiros. Eram usados como escravos para cuidar de suas plantações, e as mulheres tornavam-se concubinas, devendo servir à mulher principal.[20]

Os portugueses, à medida que interagiram com os tupis por meio de casamentos, alianças ou mesmo do uso da língua tupi-guarani, apropriaram-se de alguns de seus valores, bem como das imagens que faziam sobre os tapuias. Assim, o português atrelou a ideia de que o sertão era, contraditoriamente, uma área despovoada e ao mesmo tempo habitada pelos tapuias. Para ele, seria sempre identificado como espaço

19 Raminelli, Do conhecimento físico e moral dos povos: iconografia e taxionomia na viagem filosófica de Alexandre Rodrigues Ferreira. In: *História, ciências, saúde* – Manguinhos, v.VIII, p.969-92.

20 Porro, op. cit., p.182.

vazio de elementos civilizados, logo, de populações que merecessem algum tipo de tratamento humano.[21]

Os tupis não só auxiliaram como também legitimaram as guerras coloniais contra os tapuias e também seu extermínio e escravização, pois eles, além de serem diferentes, eram inimigos. Isso explica o porquê da utilização, por parte de portugueses e depois por colonos, de algumas tribos que lutavam ao lado deles contra outros grupos. Era apenas uma retomada, agora sob novo prisma, de uma guerra secular entre os diferentes grupos indígenas. A tradição guerreira dos tupis, dessa forma, se mantinha. Agora, com a presença dos religiosos e dos colonos, já não podiam mais matar e devorar seus inimigos. Mas conseguiram, graças a eles, obter seus objetos de desejo, alianças e, principalmente, ao fornecerem escravos para os fazendeiros, manterem-se afastados da escravidão. O português também lucrou com essa rivalidade secular. Conseguiu não só criar e manter alianças, essenciais para o controle de uma população e de terras, mas também obteve braços para suas lavouras. Soube utilizar muito bem essas divergências. Aliava-se a um grupo específico, alimentava e incentivava as guerras intertribais. Conseguia, assim, mão de obra numerosa para suas propriedades.

Para os tupis, a guerra era um mecanismo essencial de reprodução social. Um homem somente poderia se casar se já tivesse matado um inimigo e mudado seu nome de infância. A acumulação de alcunhas por meio de atos guerreiros era sinal de uma memória de bravura, signo da honra tupinambá e possibilidade de acumular mulheres. Quanto mais inimigos matasse e quantos mais fossem comidos pela tribo, maior a honra. Devorar inimigos era acumular honra, mas também tinha a ver com o medo da putrefação do corpo. Para os tupis, não era nobre morrer e ser sepultado sob a terra. O inimigo ideal de um tupinambá era outro tupinambá. O canibalismo era uma vingança, mas também a manutenção da memória na relação com o outro. Morrer nas mãos alheias era uma honra para o indivíduo e uma ofensa para o grupo, daí a vingança, essencial na manutenção do coletivo. Em função das insistências

---

21 Amantino, *O mundo das feras*: os moradores do sertão oeste de Minas Gerais, p.58.

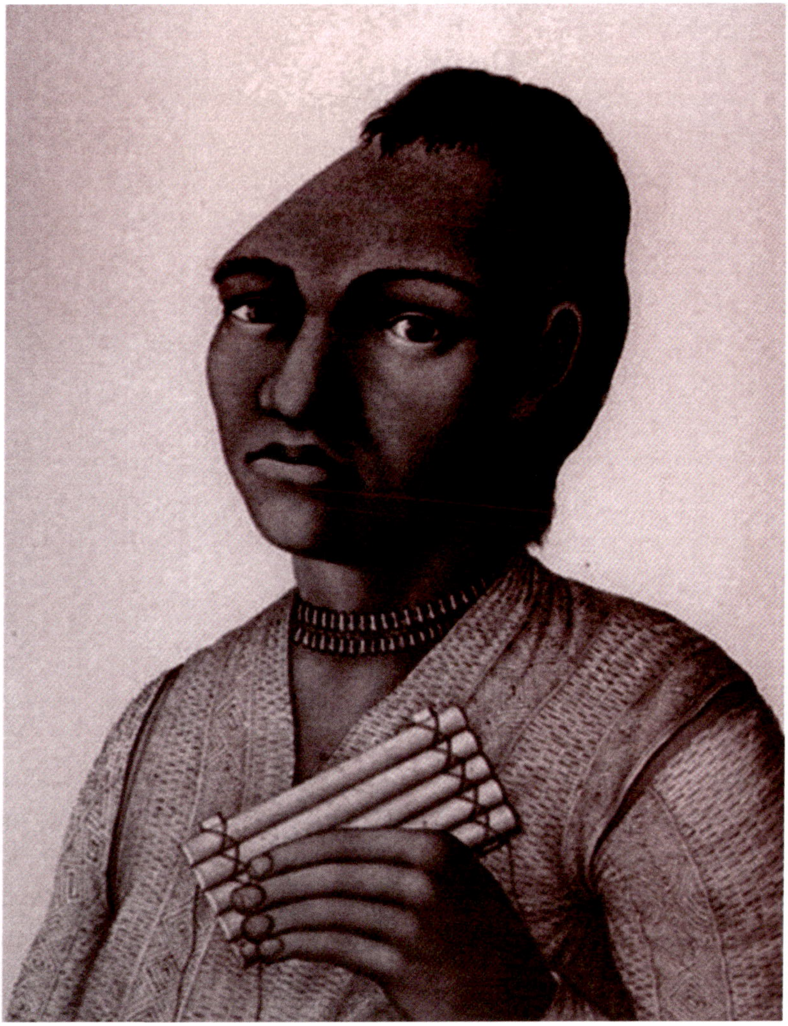

Figura 1.2
Índio cambeba
(omágua ou umauá).

dos religiosos, alguns grupos cristianizados aceitaram o abandono da antropofagia, ritual que fechava de forma perfeita a vingança: captura, cativeiro e execução do inimigo. Todavia, não aceitaram abandonar a guerra de vingança.[22]

22 Castro, op. cit., p.74.

Ao longo dos séculos, as imagens sobre os índios não mudaram muito. Os que aceitavam o controle eram considerados aliados; os que se rebelavam, inimigos e bárbaros. Mesmo no século das luzes, as concepções dos que de alguma forma viviam próximos aos índios diferiam bastante da ideia de Montaigne. Este, no século XVI, havia analisado o índio como o representante de uma pureza edênica e sem o pecado original e que não seriam eles os bárbaros, e sim as populações europeias corrompidas, violentas e falsas.

Para Couto Reis, um militar ilustrado, os indígenas que viviam dispersos pelas matas eram

> dotados de uma condição feroz, e inclinados à mais brutal crueldade, de tal sorte que, caindo qualquer indivíduo de diferente nação nas mãos de sua barbaridade, o dilaceravam logo para uso dos seus manjares.

Acreditava que eles viviam na "extrema preguiça" e, segundo sua concepção claramente moldada no Iluminismo, na "[...] maior, e mais lastimosa escuridade de ignorância [...]".[23]

Ao longo de todo o processo de colonização, os índios que não aceitaram o controle foram considerados passíveis de extermínio e/ou de escravização, ao que os mecanismos da guerra justa foram essenciais. Ela era desencadeada sempre que houvesse a denúncia de que índios hostis estavam atacando fazendas, vilas e povoados, não aceitavam a catequização e eram antropófagos. Originariamente, só o rei poderia decretá-la, mas em alguns momentos, alegando urgência, os governadores a autorizaram. A guerra justa legitimava a escravização dos que sobrassem das batalhas e, acima de tudo, transformava as terras até então ocupadas pelos índios em espaços destinados aos colonos. Era uma constante luta para tentar manter o controle sobre as terras, e os índios levaram a pior.

Acusados de tentar impedir o avanço da colonização, milhares de índios foram trucidados pelas tropas formadas para as batalhas, forma

23 Reys, *Manuscritos de manual Martins do Couto Reys*, p.71.

definitiva de controle sobre os corpos indígenas. O aniquilamento de muitos e a escravização de outros tantos contribuíram para fazer que os sobreviventes perdessem o orgulho e a noção de pertencerem a um grupo específico. Colocados em fazendas ou em aldeamentos, precisavam se adaptar, ou seja, deixar de lado suas práticas tradicionais, tornando-se "índios coloniais".[24] A mudança corporal era, ao lado de outros elementos, um dos principais pontos exigidos. A partir de então, passariam a usar roupas, a falar outra língua, a conviver com outras etnias (algumas inimigas), a ter seus corpos violentados, a não mais poder se pintar ou usar os cabelos como gostavam, enfim, teriam de se transformar.

Os botocudos exemplificam como determinados grupos foram acusados de dificultar ou mesmo de impedir o progresso e, em nome disso, foram combatidos, escravizados ou exterminados. Eram acusados de ser terríveis e de não aceitar nenhum contato pacífico. Foram denominados botocudos todos os índios que usavam botoques nos lábios e nas orelhas, não faziam parte do grupo tupi e eram hostis ao contato com o branco. Em geral, viviam nas regiões compreendidas entre o Vale do Salitre, na Bahia, e o Rio Doce, no Espírito Santo.

De acordo com Maria Hilda Paraíso, o termo só passou a ser usado no século XVIII. Antes, esses índios eram identificados como tapuias ou como aimorés. No sul da Bahia, foram atacados desde o século XVI. Segundo a autora, os colonos e fazendeiros usavam a mão de obra de outro grupo: os tupiniquins. Estes se revoltaram com o cativeiro e destruíram várias propriedades. Como resposta, o governador Mem de Sá atacou inúmeras aldeias e massacrou grande parte deles. Alguns anos depois, a região foi acometida por uma epidemia de sarampo que dizimou parte da escravaria. Em resposta, os colonos partiram para os sertões em busca dos aimorés. Começava a guerra contra eles, que perdurou até o final do século XIX.[25]

---

24 Almeida, op. cit.

25 Paraíso, Os botocudos e sua trajetória histórica. In: Cunha, (Org.), op. cit., p.428.

Figura 1.3
Ataques de botocudos.

Ao longo da colonização, foi criada a imagem de que botocudo era sinônimo de índio selvagem, perigoso e comedor de carne humana. Em meados do século XVIII, o padre Caetano da Fonseca Vasconcelos, vigário da igreja de São Miguel de Piracicaba, escrevera um requerimento ao governador da Capitania de Minas Gerais solicitando mais presídios, ou seja, quartéis avançados na região, para impedir os constantes ataques dos botocudos. Para dar maior veracidade e ênfase a seu pedido, anexou a imagem a seguir.

Como se pode perceber, um dos objetivos da cena era estarrecer as autoridades, mostrando o que os selvagens faziam com os que encontrassem pela frente. Os mortos despedaçados eram de origens sociais, sexuais e étnicas variadas. A ideia clara que se pretendia transmitir era de que ninguém estava protegido dos ataques desses abomináveis seres, sendo preciso pôr fim ao seu poder. Os ossos descarnados eram provas do que os botocudos eram capazes. Em cestos, carregavam as carnes que provavelmente seriam devoradas em suas aldeias.

O que o padre não explicava em seu requerimento eram os motivos dos constantes ataques dos índios e o que a população fazia com eles. A situação não mudou muito e, em 1824, o viajante Freireyss relatava uma história que mostrava a perversidade humana, desta vez dos colonos. Um grupo de soldados saíra, anos antes, em busca de alguns botocudos que haviam atacado no Rio Doce. Os índios, quando perceberam a ofensiva, deitaram-se no chão fingindo-se de mortos. Os soldados chegaram perto de cada um, realizaram o batismo e então enfiaram uma faca em seus corações. De manhã, voltaram à cena da carnificina e encontraram uma índia alimentando duas crianças, matando-na a tiros. As duas crianças foram levadas e o viajante acreditava que os soldados não haviam sido movidos por nenhum sentimento piedoso, e sim pelo fato de que, por lei, eles poderiam usar os serviços delas por dez anos.

Outro exemplo de índios que foram sistematicamente atacados são os do grupo puri, confundido inúmeras vezes com os botocudos. Viviam no sul de Minas Gerais, no norte do Rio de Janeiro, no sudoeste do Espírito Santo e no nordeste de São Paulo e sofreram com constantes guerras justas. Os que restaram foram, muitas vezes, transportados de um lado para outro a fim de liberar novas áreas de terras aos colonos. Dessa forma, índios que viviam em Minas Gerais foram levados para o Espírito Santo para abastecer a região com mão de obra alternativa e mais barata que a escrava. Assim, a fuga ficava mais difícil, porque eles perdiam seus referenciais geográficos e culturais.

As autoridades de diversas regiões reclamavam que os índios bravios impediam a entrada de novos colonos nas regiões. Segundo sua informação, isso fazia que muita gente ficasse sem condições de produzir por não ter terras, enquanto estas permaneciam inúteis nas mãos de tais grupos. Lembravam ainda que o problema era não só dos colonos, uma vez que, sem produção, os preços subiam muito e, pior, não havia cobrança dos impostos. Além disso, áreas povoadas eram abandonadas por causa dos ataques dos índios e do medo. Havia o pânico de ser devorado pelos selvagens, que se sustentam de carne humana, tanto por parte dos índios que matam como dos católicos... Em razão disso, sugerem sua completa extinção.[26]

A situação na Capitania do Rio de Janeiro não era muito diferente. No final do século XVIII, foi realizada uma descrição detalhada acerca dos índios que viviam nos Campos dos Goytacazes.[27] Segundo o relato, naquele momento, ou seja, por volta do ano de 1780, os goitacazes já haviam sido completamente aniquilados. Na região restavam apenas os puris e os guarulhos. Da análise, interessa-nos a abordagem sobre esses últimos.

Os guarulhos, também chamados de guarus, eram, de acordo com Couto Reis, uma denominação genérica para várias tribos que possuíam algumas características linguísticas e culturais comuns. Fariam parte desse grupo os coroados e os sacurus. Viviam naquele momento nas cabeceiras dos rios Macaé e Macabu e haviam sido aldeados pelo padre presbítero do Hábito de São Pedro, Antonio Vaz Pereira.

Couto Reis, no momento em que escreveu esse e outros relatos sobre os indígenas dos Campos dos Goytacazes, convivia, ou pelo menos tinha contatos com eles. Suas descrições são, portanto, passíveis de serem encaradas como etnográficas. É evidente que há comentários repletos de preconceitos e visões unilaterais. Todavia, são úteis para o conhecimento acerca desses nativos e de como viviam no final do século XVIII.

O que primeiro chama a atenção são os ataques dos grupos ao longo de todo o processo de povoamento da região. Os nativos, goitacazes, sacurus ou outros lutaram para tentar impedir o estabelecimento de uma população e o domínio sobre suas terras. Alguns, como os coroados e os sacurus, em determinados momentos aceitaram o aldeamento. Mas várias são as notícias de que diferentes grupos rebelavam-se e voltavam

---

26 Carta de Paulo Mendes F. Campelo ao conde de Valadares, em 23 abr. 1770, Cuieté. Arquivo Conde de Valadares – Biblioteca Nacional, Seção de Manuscritos. 18, 2, 6, doc. 229.

27 Informações sobre a vida dos índios que habitavam os Campos dos Goytacazes c.1780. 13p., Coleção Lamego – Iseb – Cód.107, A8, doc.134.

para as matas, abandonando os ensinamentos cristãos. Couto Reis associa tais atos como selvageria dos índios ou, ainda, como consequência dos desmandos e mesmo da pouca fé ou escrúpulos dos padres, responsáveis pelos aldeamentos. Assim, a fuga seria decorrência dos problemas vivenciados junto à civilização. Em nenhum momento o autor sugere que essa volta às origens poderia ser algo desejado e planejado pelo próprio grupo quando o contato já não era interessante para eles.

O relato sobre o cotidiano dos sacurus em suas aldeias é rico e permite conhecê-los um pouco mais. Os corpos desses índios também constavam nas descrições do autor. Segundo ele, todos andavam nus e as mulheres usavam umas "redezinhas com que tampa[va]m as partes vergonhosas". Somente utilizavam algumas roupas quando iam ao povoado em busca de ajuda. Nesse momento, os homens trajavam ceroulas ou camisas de algodão e as mulheres, também essas últimas peças ou saias. Ambos vestiam as roupas muito sujas e guardavam-nas quando voltavam às suas aldeias.

Para Couto Reis, eram índios "brutos, desmazelados e preguiçosos". Não teriam nenhuma utilidade para o bem comum e sua catequese, e a conversão seria apenas uma questão religiosa, ou seja, a salvação de suas almas. Seus corpos já estariam perdidos, pois não tinham nenhuma preocupação com o futuro ou com a ideia de ambição. Logo, só trabalhavam para comer. Se havia alimento, fartavam-se; se nada conseguiam, ficavam em jejum.

No momento em que uma mulher sentia aproximar-se a hora do parto, recolhia-se para o mato e só voltava de lá depois que tomava banho e limpava a criança. Além disso, passava algumas ervas no corpo do recém-nascido para que ele tivesse resistência ao frio. Os missionários tentavam mudar esse comportamento – pelo menos dos que estavam sob seu controle – e mandavam alguns lençóis para o aldeamento de São Fidelis, para auxiliar na hora do parto. Todavia, as índias faziam "pouco caso" e corriam para o mato.

Os índios dormiam com seus filhos em redes, sob as quais havia sempre um fogo acesso. Ainda de madrugada, ao ouvirem o som de um pássaro chamado macucu, eram despertados por um deles ao toque de uma espécie de buzina feita com taquaruçu, e todos iam se lavar no rio. Depois, voltavam para as redes e dormiam mais um pouco.

Apesar de Couto Reis não ter percebido, ou pelo menos não ter indicado em seu texto, há algumas passagens que demonstram como os índios lutaram para manter suas tradições culturais, além da batalha declarada para expulsar os colonos de suas terras. As índias, que recusavam o uso do lençol, negavam-se a aceitar a interferência dos outros em suas práticas, bem como deixavam delimitadas até onde poderiam ir as mudanças sobre suas tradições. O grupo em questão já era aldeado e estava sob o controle espiritual da igreja, mas não aceitou esse tipo de intervenção. O nascimento de uma criança era algo do domínio apenas da comunidade e precisava ser feito em conformidade com suas crenças.

A recusa em trabalhar de acordo com as concepções dos colonos também era uma forma de demonstrar os limites do controle. Não há no texto nenhuma menção à prática da agricultura pelos índios cuja alimentação era baseada na caça, comida crua para os padrões cristãos.

Segundo Couto Reis, os sacurus haviam cometido várias violências contra os primeiros moradores de Macaé, e estes revidaram da mesma forma. Relata uma história de que os colonos, cansados de serem importunados pelos índios e em virtude da morte de uma vaca por um grupo, assassinaram um dos nativos; os demais escaparam. Tempos depois, os índios atacaram os moradores novamente e continuaram a repetir tais insolências por algum tempo, até que os colonos resolveram deter seu poder. Entraram no mato e começaram a caçar os índios e a matar todos os que encontravam. Descobriram que cerca de vinte haviam saído para caçar para as bandas do São João. Esperaram de tocaia. Quando o grupo voltou, foi atacado e amarrado em duplas, um de costas para o outro. E, assim, foram jogados ao mar. Cada vez que conseguiam subir à tona, recebiam pauladas até que afundassem novamente.

Apesar deste e de outros casos parecidos, aproveitando-se da fraqueza numérica dos moradores, os índios lutaram para manter o controle sobre suas terras. À noite, queimavam as choupanas cobertas de palha e matavam os que tentavam fugir. E “assim viviam os nossos com eles, fazendo-se mutuamente o mal que podiam por cuja razão deixaram muitos a povoação de Macaé e Carapebus". Em razão desses ataques, várias regiões ficaram desocupadas por um bom tempo.

O século XIX começou de maneira drástica para vários grupos indígenas. Em 1808, poucos meses após a chegada da família real ao Brasil, Dom João assinou uma Carta Régia autorizando a guerra justa contra os botocudos. Como vários índios eram identificados pela população como parte desse grupo, inúmeros foram os casos de extermínios nas capitanias de Minas Gerais, Bahia, Espírito Santo, São Paulo, Paraná, Goiás e Mato Grosso. As disposições da carta só foram revogadas em 1831. Nesses 23 anos, milhares de índios foram mortos ou escravizados em diferentes partes do país. Pela primeira vez desde 1755, ano do Diretório dos Índios, que proibia sua escravização, novamente permitia-se que determinados grupos fossem cativados.

O texto da Carta Régia é bastante ilustrativo sobre a visão que se tinha acerca de alguns índios. Os botocudos são apresentados como antropófagos, devastadores das fazendas, assassinos de portugueses e de índios mansos. Através de feridas que faziam nos corpos de suas vítimas, sorviam-lhes todo o sangue. Outras vezes, dilaceravam os corpos e comiam seus "tristes restos". Continuava o texto afirmando que todas as tentativas humanitárias haviam sido feitas para pacificar tão teimosos indígenas, em vão. O regente ordenava, então, que se suspendessem todos os efeitos de humanidade que até agora ele mesmo havia ordenado que se tivesse com tão bárbaros seres. Decretava assim uma ofensiva constante, a ocorrer sempre nas estações secas. Só deveriam parar com a guerra quando todos os botocudos estivessem sujeitos ao poder da Coroa, pedissem a paz e aceitassem viver sob a lei e em sociedade, tornando-se, assim, vassalos úteis. Como incentivo às autoridades que haviam sido escaladas para promover a guerra e impedir os ataques indígenas, foi decretado que se poderia manter botocudos como prisioneiros e usar de seus serviços por dez anos ou mais tempo, caso sua ferocidade ainda não tivesse sido controlada. Além disso, os comandantes que provassem ter impedido ataques dos índios a seus distritos receberiam aumento de soldo por um ano. O mesmo ocorreria para aqueles que provassem ter aprisionado ou destruído o maior número de índios.[28]

Em Goiás, a situação era semelhante. Os xavantes, canoeiros, carajás e outros foram sistematicamente combatidos. As perseguições reforçavam os ataques dos índios e os colonos aumentavam suas represálias. Inúmeras fazendas, vilas e mesmo quartéis foram destruídos e abandonados. Em algumas regiões, os índios foram extintos; em outras, foram incorporados à sociedade por meio do cativeiro, ainda que disfarçado.

Gradativamente, pode-se perceber que os interesses dos colonos variaram ao longo do tempo. De maneira geral, até o final do século XVIII, a transformação dos índios em possível mão de obra estava no centro das decisões. Já no século XIX, as terras que ocupavam são os principais alvos de interesse das autoridades e dos colonos.[29] Dessa ótica, aproveitando a guerra justa decretada, inúmeras áreas foram sistematicamente "desinfestadas", ou seja, atacadas, e a população indígena foi dizimada. Assim, suas terras ficavam livres.

Alguns propunham soluções mais "brandas", mas nem por isso duvidavam do direito de obter as terras dos índios, seres considerados inúteis. Em 1810, o padre Manoel Álvares Teixeira, coadjutor da freguesia de Mangaratiba, no Rio de Janeiro, escreveu um tratado sobre a região e seus moradores. Seu objetivo era demonstrar o que se poderia fazer para que a área se tornasse economicamente mais viável. Um dos itens mais trabalhados foi o que se referia aos índios – segundo ele, dos grandes responsáveis pelo atraso da região. Era necessário que fossem tomadas medidas urgentes para fazer que eles se tornassem mais úteis a si e ao Estado. Em nenhum momento o padre especificou de que etnias eram os tais índios e como foram parar ali. Eram apenas índios, sem distinção. Segundo sua concepção, eram pessoas inertes, indolentes e dadas a vícios. Todos, inclusive as crianças, bebiam aguardente, oferecida pelos próprios pais. Tinham pouca atenção aos trabalhos rurais,

---

28 *Colecção das leis do Brazil*, p.37-41.

29 Cunha, Política indigenista no século XX. In: Cunha, M. C. da (Org.), op. cit., p.133-54.

pescavam apenas o suficiente para comer, ficavam o dia todo deitados na relva. Os jovens de 15 ou 16 anos passavam o dia brincando, fazendo travessuras e atirando pedras no telhado da vizinhança ou matando passarinhos com um bodoque.

As mulheres eram as que mais trabalhavam, mas, de acordo com o padre, apenas uma hora por dia. Carregavam água, lenha, faziam a comida e cuidavam das crianças. Enquanto isso, os maridos ficavam deitados, só acompanhando toda a movimentação com o olhar. O religioso também afirmou que elas não costuravam, não bordavam, não eram religiosas, não iam à igreja nem ensinavam nada útil às crianças; enfim, não faziam nada civilizado.

A conclusão do padre era bastante óbvia. Perguntava-se: de que servia os índios terem tantas terras boas que não eram cultivadas e não rendiam nada à Coroa nem a eles? As soluções haviam sido pensadas. Sugeria que fosse escolhido um administrador que os obrigasse ao trabalho; que as crianças aprendessem as primeiras letras, que as meninas fossem colocadas em casas de famílias para aprender coisas de seu sexo e, finalmente, que fossem dados às famílias indígenas pequenos pedaços de terras para que cultivassem. O restante deveria ser arrendado pela população não índia.[30]

Concluindo, pode-se destacar que diferentes regiões brasileiras, em meados do século XX, ainda possuíam em seu território várias tribos que não aceitavam pacificamente os contatos com a população. Não era para menos. No decorrer de diferentes processos de povoamentos, inúmeros grupos foram expulsos de suas terras, exterminados ou transformados em cativos. A existência dos aldeamentos não havia garantido nenhuma segurança. Seus diretores ou os religiosos, responsáveis

30 Tratado ou ideia geral de todo o terreno da Freguesia de Mangaratiba e dos seus indígenas e habitantes e como podem ser mais úteis a si e ao Estado. Oferecido ao Ilmo. e Exmo. Sr. Dr. Rodrigo de Souza Coutinho, Conde de Linhares, ministro e secretário d'Estado dos Negócios Estrangeiros e da Guerra pelo padre Manoel Álvares Teixeira, coadjutor da freguesia de Mangaratiba em 1810. Biblioteca Nacional, Manuscritos, doc. 3, 1, 26.

por protegê-los, pouco contribuíam. Pelo contrário, em muitos casos facilitavam sua exploração.

Controle sobre os corpos

Nesse sentido, os religiosos e as pessoas ligadas ao domínio de grupos indígenas tiveram um papel muito complexo. Em vários momentos, aproveitaram-se de uma situação não muito bem-definida e obtiveram algum tipo de controle sobre mão de obra bastante significativa. Muitos conseguiram autorização e ajuda para entrar nos sertões e catequizar os índios; todavia, tanto os religiosos como os leigos passavam a controlar – via doação de sesmaria para o aldeamento – enorme faixa de terra. Recebiam ajuda do governo e acabavam por arrendar aos colonos partes que pertenciam aos índios. Estes eram utilizados como mão de obra, mediante quantia paga ao responsável pelo aldeamento a título de aluguel, ao lado dos escravos africanos, que eram comprados. A lei determinava que a jornada de trabalho fosse apenas por um período estabelecido, devendo o indígena voltar ao aldeamento ao término do prazo. Entretanto, era comum sua permanência em poder do fazendeiro e sua aparição, anos depois, em seus inventários, como índios administrados.

Pode-se perceber que, ao longo de um processo histórico marcado por diversos tipos de violências contra os indígenas, sempre houve por parte dos elementos não índios uma grande preocupação com o controle sobre os corpos dos primeiros. De um corpo puro, sem pecado, a um selvagem perigoso e pecador, foi um movimento relativamente rápido. Os índios sempre foram analisados pelos religiosos, pelos cronistas, pelos colonos e pelas autoridades a partir do que eles acreditavam faltar nessas culturas, ou melhor, do que não condizia com o que se esperava de uma cultura evoluída. Todos os elementos considerados ausentes provocaram um sentimento de que se tratava de bárbaros, na maioria das vezes perigosos. Foram associados sempre ao estado bruto, muito próximo à natureza – também bravia, sendo a condição de antropófago a mais grave de todas. Estavam em um estado tão primário que nem mesmo poderiam ser classificados como sociedade. Eram apenas bandos, sem nenhuma liderança ou apego à religião. Normalmente, a análise sobre eles baseou-se no tipo de contato que mantinham com os colonos. Se aceitassem a pacificação, seriam úteis; se não, deveriam ser escravizados ou exterminados. A escravização dos grupos era percebida como uma forma de mantê-los sob controle, destribalizá-los e torná-los úteis ao projeto de civilização proposto para a Colônia e, posteriormente, para o Império.

Mesmo os autores que não faziam claramente tal distinção entre os grupos e defendiam os índios da escravidão, da exploração e do confisco de suas terras identificavam-nos como seres exóticos, primitivos, destituídos de praticamente todas as benesses da civilização. Seus corpos eram os cenários em que essas características ficavam claramente definidas.

No dia 13 de fevereiro de 2009, o site do jornal *O Globo* publicou uma matéria a respeito de um grupo de índios da tribo kulina, ou culina, que teria matado e devorado partes de um homem chamado Océlio Alves Carvalho, na aldeia Cacau, na divisa entre o Acre e o Amazonas. Segundo o sargento responsável pelas investigações, José Carlos Correia da Silva, os restos mortais da vítima haviam sido encontrados no local, mas

> os órgãos foram assados em uma espécie de ritual na aldeia. Não foram encontrados o coração, cérebro, fígado e outros pedaços do corpo.[31]

De acordo com a publicação, o representante da Fundação Nacional do Índio (Funai) na região afirmou que não havia nenhuma referência à prática de antropofagia naquele grupo e mesmo entre índios contemporâneos. A indigenista Rosa Maria Monteiro, que viveu entre eles por quinze anos, declarou que o grupo há algum tempo vinha sofrendo sérios desequilíbrios internos, mas não acreditava que o canibalismo tivesse sido efetuado por eles. Destacou que, durante sua estada na aldeia, assistiu a uma crescente ingestão de aguardente entre os mem-

31 Disponível em: http://g1.globo.com/Noticias/Brasil/0,,MUL998933-5598,00-ASSESSOR+DOS+POVOS+INDIGENAS+NO+ACRE+CONTESTA+CANIBALISMO+NO+AMAZONAS.html. Acesso em: 13 fev. 2009.

bros do grupo e a entrada da maconha no local, inclusive com plantação da erva pelos índios. Ao explicar a eles que a polícia poderia prendê-los, desistiram de cultivar a planta. Todavia, algum tempo depois, foi a vez de o *crack* entrar. De início, a pedra era usada por ser muito parecida com a resina utilizada pelos pajés nos rituais de cura. Depois, segundo a antropóloga, teria virado vício.

As notícias estavam sendo veiculadas desde o início do mês de fevereiro nos principais jornais da região, e imagens sobre os índios eram reconstruídas. A Assessoria Especial dos Povos Indígenas, em nota oficial, afirmou que lamentava

> o tratamento dado ao caso na capa de um jornal local impresso no dia 8 de fevereiro, na qual a chamada da matéria "Culinas acusados de canibalismo" estava ilustrada com o desenho de um ser sobrenatural que dilacera o corpo nu de um humano.

Segundo o assessor, tal imagem,

> reforçando a imagem dos índios "canibais", "animais selvagens", retoma estereótipos largamente utilizados pelos patrões seringalistas por quase um século, com intenção de estigmatizar e subjugar os madijá (e outros povos indígenas). No atual contexto, serve para fomentar sensos comuns ainda vigentes e abre caminho para a perpetuação de preconceitos infundados a respeito dos povos indígenas em nossa região.

A seguir, a imagem que provocou o repúdio do assessor especial dos povos indígenas.

Se é ou não verdadeira a notícia do assassinato e do canibalismo praticado pelos culinas, não cabe discutir aqui. As investigações estão ocorrendo. O que interessa neste espaço é constatar a repetição de imagens sobre os índios que datam do século XVI. Os mesmos "maus costumes" apontados durante os períodos colonial e imperial estão presentes nos relatos sobre esse caso. Se as reportagens estiverem corretas, significa que o trabalho dos missionários, dos diretores e de todos os que tentaram controlar e modificar as práticas indígenas não foi total-

Figura 1.4
Culinas acusados de canibalismo.

mente vitorioso. A presença do pajé realizando curas, o uso de bebidas, de alucinógenos e da antropofagia, identificados como os grandes males, continuam presentes ainda hoje.

O senso comum brasileiro ainda vê os índios como seres desumanos, indolentes, preguiçosos e perigosos. Muitos não entendem por que "recebem" tantas terras se nada produzem. Alegam que os índios de hoje não são "mais índios", porque possuem tecnologia, andam vestidos, falam o português; enfim, participam da vida "civilizada". Não entendem que qualquer sociedade humana é viva, modifica-se e busca sua existência, ainda que para isso precise, em alguns momentos, abdicar ou adaptar seus referenciais.

As pessoas entrevistadas pelos jornais – note-se que nenhum índio o foi – trazem descrições de práticas, reais ou não, que datam de um passado que parece não estar tão longe assim. A história dos índios no Brasil está diretamente ligada à história do controle sobre suas vidas, culturas e, por que não, de seus corpos.

2

Corpo e santidade na América portuguesa*

Anderson José Machado de Oliveira

Na história do cristianismo, as referências ao corpo aparecem como uma variável constante. Todavia, elas não assumem um caráter uniforme, pois ora o corpo é elemento de salvação – o de Cristo –, ora pode levar à danação, se sobre ele não se estabelece uma constante vigilância e, por vezes, um menosprezo e um desapego.

Sua centralidade, transformando-o em um verdadeiro paradigma cristão, tem relação direta com o fato maior que dotou o cristianismo de sua historicidade, ou seja, o ato de o verbo ter se feito carne na encarnação de Cristo, o Deus homem. Essa referência maior dos cristãos, ao longo de mais de 2 mil anos de história, funcionou como um exemplo a ser seguido, já que o filho de Deus suportou em seu próprio

* Parte deste texto é fruto de um projeto de pesquisa financiado pela Fundação de Amparo à Pesquisa do Estado do Rio de Janeiro (Faperj)/Conselho Nacional de Desenvolvimento Científico e Tecnológico (CNPq), por meio do Programa Primeiros Projetos. Seu título é *Santos de cor*: representações hagiográficas, cor e hierarquias sociais no mundo atlântico português – séculos XVII e XVIII.

corpo todos os castigos, entregando-o em sacrifício para a salvação dos homens. Aqueles que almejassem à santificação deveriam dar semelhante testemunho. Assim, os amigos de Deus – os santos – perpetuariam seus exemplos, de forma a manter viva a chama da fé e servindo de guia para os fiéis.

Os santos, desta feita, transformaram-se nos exemplos mais vivos e mais próximos dos cristãos com a incumbência de dar continuidade à mensagem de Cristo. Como personagens históricos, os heróis da fé dariam uma feição mais humanizada às relações de intermediação entre o plano terreno e a divindade. A humanização dessas relações, inclusive, foi fator fundamental na conversão dos povos não cristãos, desde a Idade Média. Para os chamados pagãos, tornou-se mais compreensível a figura de pessoas comuns e mais próximas da realidade do que de um Deus impessoal e distante.

Essa onipresença dos santos foi um dos elementos mais característicos da expansão da cristandade no Ocidente e marcou de forma decisiva o processo de colonização da América portuguesa na época moderna. A extensão da rede paroquial e a intensificação do povoamento fizeram que os santos estivessem nomeando e protegendo diversos lugarejos que apareciam do dia para a noite. Com efeito, a religião católica cumpria seu papel de auxiliar da monarquia, fazendo dos santos aliados importantes na construção de uma ordem social controlada pela Igreja e pelo Estado.

Por sua vez, havia todo um desconhecimento do processo de funcionamento das forças da natureza e uma completa subordinação dos homens a elas. Assim, um conjunto de explicações míticas e sobrenaturais mediava as relações sociais com o cosmo. Nesse universo, os santos desempenhavam um papel fundamental, pois eram protetores de homens, de lugares, de viagens, entre outros tantos fatores. Eram eles que ajudavam a sustentar uma religiosidade mágica que funcionava como componente básico do processo de socialização dos católicos. Em meio a tal vivência, encontrar-se-á todo um conjunto de referências aos corpos santificados, já que estes desempenharam papel significativo na relação com o mundo celeste.

Usos do corpo e santidade

Dentre os usos do corpo que mais atestaram a santidade, com certeza estava o relacionado ao martírio. Este sempre foi visto como a imitação máxima de Cristo e, portanto, de significativo papel na salvaguarda da fé. Os mártires, desde a Antiguidade, foram tomados como um dos grandes paradigmas da santidade e eram, depois dos apóstolos e dos evangelistas, os grandes heróis da milícia do Senhor.

Diante de tal questão, a narrativa do martírio não passou despercebida aos hagiógrafos[1] na América portuguesa. A conquista e a expansão portuguesas nos trópicos não poderiam deixar de estar ratificadas pela presença desses importantes heróis da fé. Em 1609, ao escrever sobre a vida do padre José de Anchieta, Pero Rodrigues narra o martírio de três índias que foram mortas pelos tamoios por não querer perder a castidade e comprometer a salvação. Eram moradoras da aldeia de São Vicente e tinham sido recém-convertidas pelos jesuítas. Outro caso é relatado pelo frei franciscano Apolinário da Conceição. Ocorreu em 15 de julho de 1570, quando 39 padres da Companhia de Jesus foram assassinados por corsários calvinistas.

Em obra publicada no século XVIII, o beneditino dom Domingos Loreto Couto daria notícia de dois outros martírios envolvendo índios. O primeiro, durante as invasões holandesas, quando um ministro do país europeu teria ordenado que um índio fosse açoitado de forma que aceitasse a "errada seita" protestante. Este teria preferido a morte a render-se aos intentos do algoz. O segundo teria se dado por volta de 1690, quando um navio saído da Paraíba com destino a Lisboa fora abordado por mouros que aprisionaram quatro índios, o mais velho deles com treze anos. Depois de sucessivos açoites e sem receber quaisquer alimentos, estes também não resistiram, porém não abdicaram em nenhum momento da fé cristã.

1 As hagiografias são textos tradicionais na história do cristianismo, desde a Antiguidade, e destinam-se à narrativa das vidas de santos.

Evidencia-se, nesses casos, o uso do corpo como instrumento de resistência e de salvaguarda da fé. Os mencionados inimigos da cristandade – muçulmanos e protestantes –, por mais que tentassem, não conseguiram destruir o trabalho da Igreja. Os exemplos de heroísmo, por sua vez, deveriam servir de estímulo aos fiéis e, no caso dos índios, desempenhariam importante papel no processo de catequese dos aborígenes, já que irmãos seus convertidos demonstravam tal desprendimento na imitação de Cristo e na defesa da fé.

Não só o modelo clássico de martírio esteve presente na vivência da santidade na América portuguesa. A mortificação em vida, tomada como uma vitória sobre o corpo, caracterizaria o chamado martírio moderno. Um dos elementos que lhe dariam forma seria a autoflagelação como meio de domar a própria carne. O frei franciscano Fabiano de Cristo, que viveu no Convento de Santo Antônio do Rio de Janeiro, no século XVIII, considerado um santo por seus irmãos de fé e pela população fluminense, deu inúmeras demonstrações de desprezo pelo corpo. Segundo relato de sua vida, escrito por frei Apolinário da Conceição, mesmo sem merecimento, frei Fabiano solicitava aos seus superiores que lhe aplicassem os açoites, a fim de reafirmar sua condição de humildade e submissão.

Joana de Jesus, mulher parda residente em Pernambuco no século XVIII, que após vida de desregramento veio a converter-se e passou a habitar um Recolhimento[2] de mulheres em Igaraçu, morreu com fama de santa e incluía entre suas penitências o açoite diário, além de trazer o corpo apertado por rigorosos cilícios.[3] Duas irmãs alagoanas – Maria de Crasto e Beatriz da Costa –, também com fama de santas, seguiam disciplina parecida. Segundo dom Domingos Loreto do Couto, após a morte dos pais no século XVIII, adotaram completa clausura e tinham

2 Casa religiosa feminina com o propósito de retiro. Seus habitantes não professam votos. Foram muito comuns no Brasil colonial e, por vezes, os maridos que realizavam longas viagens lá deixavam suas mulheres e filhas.

3 Cinto de tecido ou de ferro, com pontas, que os penitentes cingem ao corpo.

Figura 2.1
Frei Fabiano
de Cristo.

igualmente como prática o açoite que lhes banhava o corpo de sangue e o uso de espinhos penetrantes no lugar dos cilícios.

A vivência do novo martírio também implicava tomar a doença como sinal de eleição divina e vivenciá-la como forma de purificação da alma. Frei Fabiano, como herói da fé, deu inúmeros exemplos nesse sentido, pois, mesmo sofrendo de uma erisipela que deformou sua perna direita, esquecia do próprio corpo em prol dos enfermos que cuidava. Conta-nos frei Apolinário da Conceição que ele andava fora de hora, rezando no fim da enfermaria com os pés descalços. Advertido por frei Domingos de Jesus, que em uma ocasião lhe disse que andasse de sandálias para não agravar suas chagas, principalmente as que expunha nas pernas, respondeu que as sandálias acordariam os doentes, o que não conviria, já que a observância do silêncio e da caridade eram uma santa lição.

Dom Loreto do Couto nos relata que madre Agueda de Jesus Maria, nascida em Pernambuco, assim como frei Fabiano, também não vacilava em atender as suas obrigações de religiosa sem dar importância às moléstias do corpo adquiridas com o passar dos anos. Nesse caminho enveredou ainda dona Laura Gondim, filha de fidalgos e nascida em Olinda no Setecentos, que adquiriu dois tumores nos joelhos em função de horas seguidas na posição genuflexa rezando em louvor a Maria Santíssima. Contrariando a avaliação dos médicos, que recomendavam uma intervenção que poderia deixá-la definitivamente aleijada, optou por aplicar nos joelhos o azeite da lâmpada do altar de Nossa Senhora da Paz do Colégio do Recife. Em reconhecimento ao desvelo da humilde serva, no dia seguinte a moléstia já estava curada.

É importante salientar que tais narrativas insistiam constantemente em acentuar a humildade diante de Deus e, por conseguinte, diante de sua Igreja, como ato que testificava a santidade. Os relatos estavam, portanto, sempre imbuídos da preservação da cristandade, entendida aí como um sistema que unia os poderes eclesiástico e temporal. Os fiéis que almejassem a salvação deveriam seguir tais parâmetros.

Contudo, não paravam nesse ponto os atos de mortificação. Os castigos ao corpo também penitenciavam o ato de dormir e igualmente expressavam o reconhecimento de sinais de santidade. Segundo descrição de seu hagiógrafo, frei Fabiano de Cristo usava como cama uma caixa que servia de guarda-roupa e como travesseiro um madeiro no qual reclinava a cabeça. Dom Loreto do Couto nos informa que irmão Inácio, homem considerado santo, de cor parda, que nasceu no Recife, no Setecentos, além dos cilícios que trazia à cintura, que o impunham severos sofrimentos, usava uma tábua ou a terra nua como cama e uma pedra como cabeceira. A parda Joana de Jesus impunha ao corpo o chão como cama e um madeiro como recosto.

Tais atos, que reforçavam a necessidade de imitação de Cristo, complementavam-se na atitude de ascese alimentar, em que a abstinência ou frugalidade no consumo de víveres ampliava o escopo de coações impostas ao corpo. Segundo dom Loreto do Couto, o crioulo João Henriques, escravo do cônego João Máximo da Sé de Olinda, esmerava-se nos exercícios da oração, das aflições ao corpo e nos austeros jejuns, atos que lhe deram fama de santo após a morte. Irmão Inácio do Recife, além das limitadas refeições, juntava-lhes cinzas e coisas amargosas que serviam para martirizar o apetite. Prática semelhante realizava frei Fabiano, que lançava à comida água fria ou cinzas como forma de lhe tirar o sabor. As irmãs Maria de Crasto e Beatriz da Costa impuseram-se os rigores de um perpétuo jejum, não se sustentando mais do que com ervas cruas e frutas silvestres. Uma donzela de nome Maria, caçula de sete irmãs do Recife que tinham larga fama de santidade, passava dois ou três dias somente com o sumo de uma laranja azeda que lhe servia mais para mortificação do gosto do que para lhe dar forças, as quais dizia retirar das orações e da entrega incondicional ao Senhor.

O jejum e a mortificação do gosto, além de penas físicas, eram considerados atos virtuosos, já que se opunham a um dos vícios ou pecados capitais,[4] a gula. Ao longo da época moderna, a Igreja Católica, até

4 Os sete pecados capitais e as virtudes morais opostas: soberba *versus* humildade; avareza *versus* liberalidade; luxúria *versus* castidade; ira *versus* paciência; gula *versus* temperança; inveja *versus* caridade; e preguiça *versus* diligência.

como forma de contrapor-se ao protestantismo, esmerou-se por reforçar a prática das virtudes morais. Além da questão doutrinária, estas serviam como um código de ética que se prestava a conservar a paz social no interior da comunidade cristã. Assim, a insistência em relacionar a vida de homens santos a tal código moral era uma forma eficaz de propagar determinada ordem social a ser defendida pela Igreja.

A defesa da sociedade também poderia expressar-se na interferência direta da divindade ao arrebatar os corpos dos escolhidos. Com efeito, o que também se pôde presenciar na América portuguesa foram os registros da ocorrência do êxtase místico que, com os castigos ao corpo, distinguiram heróis da fé a povoar as conquistas lusas e ratificar seu caráter santo.

O êxtase foi um dos componentes da chamada santidade mística que veio a se afirmar no Ocidente cristão entre os séculos XIV e XV. Esse modelo inseriu-se na renovação apostólica que marcou a Igreja em fins da Idade Média. Um desdobramento desse processo foi o despertar de um pensamento antropocêntrico que, no domínio teológico, conduziu a uma redescoberta da figura humana de Cristo. A obsessão por sua humanidade reforçou a devoção às suas relíquias que afluíam do Oriente. A acentuação do humano em Jesus acabaria por reforçar a necessidade de um retorno às fontes do período apostólico na busca de uma religião mais próxima dos primeiros tempos da Era Cristã. Tal atitude tornava necessário ir ao encontro de duas virtudes fundamentais: a pobreza e a caridade. Esse contexto contribuiu para uma relativa popularização da santidade, já que todos os cristãos passaram a se sentir aptos a atingi-la.

Dois modelos de santidade emergiriam dessa renovação: a santidade apostólica, que caracterizou o movimento franciscano, e a mística. Essa última teve a hierarquia eclesiástica como alvo preferencial. Seu discurso não se colocava contra a Igreja como instituição, e sim apontava suas deficiências, denunciando o excessivo envolvimento do papa em assuntos temporais e cobrando dos soberanos europeus suas obrigações com a fé cristã. O movimento foi marcado pelo papel destacado das mulheres, tradicionalmente excluídas do ministério da palavra no interior da Igreja. As santas místicas, julgando-se inspiradas pela palavra divina, objetivavam uma crítica construtiva à hierarquia eclesiástica e aos monarcas europeus. Mesmo sem uma contestação direta à Igreja, a instituição demonstrou grande preocupação com o movimento e, sem extirpá-lo, procurou mantê-lo sob rígido controle.

Ao longo da época moderna, reconhecendo a importância do fenômeno para a extensão da fé católica, a Igreja, por meio da Inquisição, procurou depurar a santidade dos fenômenos julgados perniciosos, estabelecendo a diferença entre a contemplação mística – marcada pela humildade e pelo respeito à hierarquia – e a ilusão diabólica – marcada pela soberba e, fundamentalmente, pela insubordinação em relação ao clero. Sob esse aspecto, o êxtase foi extremamente valorizado como prova de santidade, pois significava partilhar do sofrimento de Cristo entrando em comunhão com o filho de Deus.

Sua principal manifestação era o ausentar-se do corpo, arrebatado pelas forças divinas. No mundo português, esta esteve presente, sendo vigiada de perto pelo Tribunal do Santo Ofício. Segundo Luiz Mott, a africana Rosa Egipcíaca, que viveu entre Minas Gerais e Rio de Janeiro no Setecentos, teve registrados alguns casos de êxtase místico. Considerada santa, inclusive por religiosos que tentaram transformá-la em exemplo para os negros, ela acabou seus dias nas malhas da Inquisição; suas visões foram consideradas demoníacas, já que não adotou uma postura de completa subordinação à Igreja. Contudo, seu caso bem atesta a difusão do modelo místico de santidade na América portuguesa. Nesta oportunidade, estando Rosa no Rio de Janeiro, no ano de 1752, teve o braço suspenso e os olhos levados ao quadro de Nossa Senhora da Piedade. Dali, uma voz lhe mandava pedir uma esmola que deveria ser utilizada para fundar um Recolhimento. Neste, habitariam ex-pecadoras, como Rosa, com o propósito de servir a Deus.

Em outra ocasião, ela teve, por volta de 1757, uma experiência típica dos místicos: a troca de coração com o próprio Jesus. O historiador Luiz Mott recolheu o testemunho que a santa deu ao Tribunal do Santo Ofício. Dizia Rosa que, rezando em sua cela, viu junto de si um vulto da altura de um côvado e meio,[5] vestido de branco, bem figurado. Com temor, rezou dois credos. Disse-lhe o vulto, com voz que percebia com os ouvidos corpóreos, que rezasse mais um. Entre outras perguntas e respostas, pediu-lhe o dito que ela lhe desse seu coração como presente de casamento, e que a voz lhe daria o dela, porque, no consórcio que as criaturas faziam, costumavam presentear-se reciprocamente. Rosa insistiu que não daria o coração sem consultar seu confessor, a quem logo relatou o acontecido. Este lhe disse que Deus costumava pedir os corações dos pecadores e que lhe desse o seu. Indo ela ouvir missa na Capela da Rainha Santa Isabel, ao levantar a hóstia, lhe teria falado a santa, repreendendo-a por não ter atendido ao chamado da voz. Naquela mesma noite, estando Rosa em oração, tornou a dita voz a pedir-lhe seu coração, ao que concordou em ceder.

Dom Loreto do Couto relata-nos que o pardo irmão Inácio teve experiências semelhantes. Sempre que adorava o Santíssimo Sacramento, recebia Cristo em seu peito. Entre as sete irmãs do Recife mencionadas encontrava-se a penitente Luiza, que constantemente, em função de suas orações contemplativas, tinha a alma arrebatada do corpo, deixando-o sem movimento. A irmã Terceira do Carmo, Maria José, com fama de santa e natural da capital pernambucana, tinha arrebatado seu espírito na meditação dos mistérios divinos e ficado muitas vezes em amoroso êxtase.

Os usos do corpo, desta vez, constituíram-se como atos e experiências reveladoras da presença da santidade na América portuguesa. Porém, outras questões ainda eram relevantes – por exemplo, a forma de exposição dos corpos dos santos.

As cores da santidade

Conforme a cultura da época, a parte visualizada pelo fiel deveria ostentar as marcas do martírio ou outro importante atributo a ser

---

5 Equivalente a um metro.

imediatamente reconhecido. Na América portuguesa, a existência da escravidão africana fez da exposição da cor um elemento fundamental na visualização do corpo dos santos. A primeira metade do século XVIII viu surgir um conjunto de obras de cunho hagiográfico dedicadas a divulgar a vida de um número de "santos de cor": São Benedito, Santo Antônio de Noto ou de Categeró, Santo Elesbão, Santa Efigênia e São Gonçalo Garcia. Tais iniciativas, em grande parte levadas a cabo por religiosos franciscanos e carmelitas, refletiam a expansão do projeto escravista cristão de conversão diretamente relacionado com a transformação de africanos e seus descendentes no maior contingente populacional da América lusa.

A cor passou a ser um diferencial fundamental nas narrativas das vidas dos santos "pretos" e "pardos", sendo vista como um "acidente" que, embora expressasse um defeito do corpo, não os desmerecia diante dos demais heróis da fé cristã. Com efeito, tal caracterização, no interior do texto hagiográfico, refletia a incorporação de um vocabulário que expressava as peculiaridades sociais e culturais afeitas à América portuguesa – portanto, ajuda a compreender parte do processo histórico em questão, principalmente no que tange à construção das hierarquias. A difusão de "santos de cor" pela Igreja, mais do que uma preocupação em identificar os fiéis com a cor da pele de seus oragos, refletia essa concepção da sociedade, concernente aos padrões do antigo regime difundidos na América portuguesa. A escravidão se transformou em um elemento-chave de compreensão do funcionamento da sociedade colonial, não se opondo à formação dos estados modernos e à afirmação do antigo regime nos trópicos. Partindo da concepção hierárquica que fundamentava as sociedades do antigo regime, legitimava e naturalizava as desigualdades sociais.

Nesse contexto, a cada grupo coube um santo da sua condição, e São Benedito era designado como um dos "pretos". Nascido em 1524, na aldeia italiana de São Fratello, na Sicília, serviu como cozinheiro, despenseiro e guardião no convento franciscano de Palermo. Assistia aos pobres, distribuindo entre eles os víveres que retirava da despensa do convento. Sua morte data de 1589, tendo seu culto começado no Brasil

Figura 2.2
Santo Elesbão.

Figura 2.3
Santa Efigênia.

mesmo antes de sua canonização, ocorrida em 1807. Ao apresentar o santo a seus fiéis, o franciscano frei Apolinário da Conceição reforçava a condição deles. Referindo-se a algumas virtudes de São Benedito preto, afirmava que não tinha menos qualidades que nenhum santo branco, e que se deveria oferecer aos homens pretos um santo de igual condição para que pudessem se ver exaltados pela humildade daquele e ser por ele favorecidos.

O *Vocabulário portuguez e latino*, no século XVIII, definia graduação social como uma das acepções para o termo condição. Nesse sentido, o ser preto na América portuguesa estava inserido em um complexo mecanismo de classificação social com base na cor. Cor referia-se, invariavelmente, ao lugar social. A caracterização do indivíduo como "preto/pardo", mesmo sendo ele forro ou livre, significava um recente passado ou antepassado escravo. "Preto" era, principalmente, sinônimo de escravo e, mais ainda, de escravo africano. Os forros, ainda por algum tempo após a liberdade, eram também designados "pretos". A designação "pardo", mesmo variando segundo os contextos, significava o reconhecimento de um processo de ascensão social e maior afastamento do universo da escravidão.

A existência de "santos de cor", por conseguinte, expressava nos altares uma hierarquia cromática que tinha lugar na própria vivência dos fiéis. Essa hierarquia delimitava fronteiras não só entre os brancos e os "homens de cor", mas também no interior desse último grupo. Assim, o discurso hagiográfico sobre a cor também construiu uma série de nuanças que visavam dar conta de um quadro social mais complexo, em que não só se pretendia inserir os negros de forma subordinada no interior da cristandade, mas também expressar um imbricado jogo de hierarquias sociais afeitas às clivagens construídas entre os próprios africanos e seus descendentes.

O discurso em torno do acidente da cor fornece a medida daquilo que se pretende argumentar. Ele aparecerá, principalmente, associado à vida dos chamados santos de cor, e entre eles estavam Elesbão e Efigênia. Segundo uma tradição cristã, o primeiro era natural da Etiópia, tendo sido o 46º neto do rei Salomão e da rainha de Sabá e imperador de seu país no século VI. Foi creditada a Elesbão a extensão do reino cristão da Etiópia até o lado oposto do Mar Vermelho, impondo-se aos árabes e aos judeus do Iêmen. Os árabes himiaritas haviam se convertido ao judaísmo e, entre eles, teria nascido uma rebelião comandada por um rei chamado Dunaan, o qual foi vencido por Elesbão em uma expedição punitiva, visando restabelecer a submissão à ordem cristã. Ao fim da vida, o imperador teria renunciado ao trono em favor de seu filho, doando sua coroa à Igreja e adotando uma vida monástica.

Santa Efigênia, assim como Elesbão, pertencia à nobreza. Princesa da Núbia, filha do rei Égipo, teria sido convertida ao cristianismo e batizada pelo apóstolo Mateus. Indiferente aos prazeres mundanos e aos requintes da Corte, tornou-se religiosa, fundando um convento. Após sua conversão, seu tio, que usurpara o trono, desejou desposá-la. Diante da negativa de Efigênia, ele teria mandado atear fogo à sua habitação religiosa, milagrosamente salva por intercessão aos céus. Efigênia, assim como Elesbão, terminou sua vida à frente da comunidade religiosa por ela fundada.

O carmelita frei José Pereira de Santana, ao descrever a vida desses santos, insistia em frisar a especificidade da cor de ambos: eram "pretos". Sobressaindo por tal característica, não estavam inferiorizados na Corte Celeste, porque se destacavam pelos seus procedimentos. O que é dado a observar na hagiografia desses santos é que a cor preta teve de ser justificada, atenuada, apresentada figurativamente de forma positiva, já que, nas próprias palavras de frei José, era um "acidente".

A primeira definição que o padre Raphael Bluteau (1712) dá a "acidente" é a seguinte: o que não é essencial nem da substância das coisas. Tal definição estava intimamente marcada por uma concepção fundamentada na metafísica aristotélica. Considerando a formação intelectual dos religiosos em questão, no âmbito da segunda escolástica ou escolástica barroca, torna-se bastante revelador analisar esse discurso sobre a cor, já que tanto a escolástica medieval quanto a barroca baseavam-se em determinada leitura da obra de Aristóteles.

Na *Metafísica*, ao procurar fundamentar a teoria do ser, Aristóteles fez três distinções básicas, a primeira delas entre *essência* e *acidente*.

"Essência" seria tudo aquilo "que é", ou seja, o suporte dos predicados. "Acidente" corresponderia às características mutáveis, as variáveis. Durante a Idade Média, São Tomás de Aquino apropriou-se dessa argumentação para discutir a questão da cor. Segundo ele, a essência da humanidade é única e divina, tendo o homem de ser assim compreendido, uma vez que fora criado à imagem e semelhança de Deus. Além dessa essência, o homem comportaria a matéria e os "acidentes". Tal noção de humanidade não compreendia, portanto, a carne, os ossos, a brancura ou a negritude, ou seja, atributos que o individualizavam. Branco e negro eram, desse modo, "acidentes" que constituíam uma diferença específica. É preciso salientar, contudo, que, no momento em que tal reflexão foi elaborada, não se tinha a questão dos africanos como um problema central; essa análise foi feita como uma especulação de caráter geral.

Ressalte-se, todavia, que a visão acidental em relação à cor não estava desprovida, mesmo em Tomás de Aquino, de uma concepção hierárquica entre o branco e o negro. Tais cores não tinham um estatuto equivalente. O branco estava na esfera da verdade, traduzindo a santificação. O negro, na do falso, um contrário imperfeito. A partir do momento em que se intensificam os contatos entre o Ocidente cristão e a África, esse discurso se tornaria um elemento fundamental na compreensão do "Outro". Em uma primeira perspectiva, deve-se entender esse sistema de cores dentro de um campo cultural que se definiu em Portugal e em toda a Europa Ocidental desde a Idade Média. Preto/negro era a cor vista como castigo imposto aos pecadores. Negro era o "desgraçado", no sentido daquele que não possuía a graça divina, opondo-se ao branco como a cor dos bons e recompensados por Deus. Nesse sentido, torna-se inteligível quando os textos hagiográficos se referem à cor preta como um "acidente" que poderia ser superado pelas virtudes e pela submissão aos dogmas cristãos. Elesbão e Efigênia eram virtuosos e católicos – por isso, embora "pretos", não estavam diminuídos no contexto da Corte Celeste, ou seja, suas essências não haviam sido corrompidas.

Essa visão sobre a cor preta se aproxima da concepção corrente nas instituições do antigo regime ibérico, de que a propensão ao pecado ou à heresia era algo transmitido por influxos sanguíneos. Segundo Maria Elena Martinez, o ideal de pureza de sangue compreendia, nessa categoria, a situação de judeus e mouros, sendo essa leitura, na América hispânica, estendida aos índios e aos negros. Ou seja, a diferença em relação aos cristãos-velhos estabelecia-se pela questão da ancestralidade responsável pela transmissão de um sangue puro ou impuro. A cor preta, nesse sentido, trazia uma impureza que poderia ser atenuada, mas nunca superada. Tal discurso foi recorrente em outras obras ao longo do século XVIII. A exemplo da narrativa em torno da santidade de um crioulo, em Olinda, dom Domingos Loreto Couto acrescentava que João Henriques, escravo do insigne cônego João Maximo, arcediago da sé de Olinda, ilustrou a escuridade de seu sangue com o esplendor das suas virtudes; tendo por única diversão o rosário e a oração, negando-se a todos aqueles divertimentos em que perdem tempo outros pretos, e estava tão embebido nesse devoto emprego que nem dormindo descansava de sua tarefa, já que foi visto muitas vezes em sonho movendo os lábios e pronunciando trechos de orações, o que dava a entender que sua alma estava alheia aos cuidados da Terra, mais inserida nas delícias do céu.

Muito embora as virtudes fossem capazes de atenuar o caráter da pele, a cor como *acidente* deveria ser enfatizada, já que se tratava de um defeito de sangue. Salientando o papel da retórica hagiográfica, acabava-se, assim, por reforçar o fato de que a mensagem que se desejava passar deveria ficar bem clara para o receptor. Não se poderia ter nenhuma dúvida de que os santos eram "pretos", até porque os alvos principais eram os homens daquela cor. Ademais, era importante incutir a consciência de que tal demarcava um castigo, o qual poderia ser atenuado diante da aceitação de uma vida virtuosa conduzida nos parâmetros da fé. Elesbão, Efigênia, Benedito e o preto João Henriques eram provas cabais de que o *acidente* da cor não corrompia a essência humana, que era divina.

O corpo trazia, incondicionalmente, expressa a marca da impureza, porém as virtudes poderiam superar o *defeito*. Reaparecia nesse caso, portanto, a ambivalência do discurso cristão sobre o corpo, que era ao mesmo tempo algo a ser desprezado e lugar de purgação, já que a cor era um "acidente" e sinal de impureza a ser superado.

Esse discurso não estava dissociado da apreensão sociocultural da cor no contexto do antigo regime nos trópicos. É evidente que o processo de hierarquização social esteve presente na designação dos santos como "pretos" e protetores destes. Assim, as nuanças do discurso hagiográfico também tinham de abarcar outros segmentos da população de cor. É o que se pode verificar na análise da obra do frei franciscano Antônio de Santa Maria Jaboatão sobre São Gonçalo Garcia. Segundo essa publicação, São Gonçalo nascera em Bazaim, na Índia, filho de pai português e mãe hindu. Admitido à Ordem Franciscana em 1587, foi martirizado no Japão, com outros 22 religiosos, em 1587. Foi beatificado por Urbano VIII em 1627 e canonizado por Pio IX em 1852.

No discurso de frei Antônio sobre o santo, a cor parda era apresentada como a mais perfeita de todas, inclusive em relação à branca. Segundo o frade, isso advinha do fato de ser resultado da mistura das cores preta e branca, carregando a perfeição das duas partes que a compunham. Todavia, apesar do elogio à cor parda, esta não deixava também de ser vista como um *acidente* que a santidade de São Gonçalo vinha canonizar. É o que o texto hagiográfico permite perceber. O que aparentemente poderia soar como uma contradição insere-se dentro de uma visão da época, em que, mesmo sendo um estigma de desqualificação social, a cor parda representava um signo de alguma ascensão e tinha um caráter menos pejorativo que os designativos preto e mulato.

A necessidade de um santo pardo fundamentava-se sobre duas questões. A primeira dizia respeito a uma política diferenciada de cristianização empreendida pela Igreja. Na medida em que uma concepção hierarquizada de sociedade presidiu as ações da instituição, a catequese não pôde ser pensada sem que essas clivagens fossem levadas em consideração, inclusive quando idealizada para os negros. A segunda questão se coloca pela existência de uma forte hierarquia entre os segmentos de cor na sociedade colonial, ou seja, os pardos não queriam se ver ombreados com os pretos, o que fica nitidamente evidenciado na organização das irmandades coloniais que estavam segmentadas não só entre negros e brancos, mas também entre pretos e mulatos e entre africanos de diferentes procedências.

O texto de frei Antônio Jaboatão, algumas vezes, deixa essa tensão bastante evidente. Segundo o frade, se a cor era um *acidente*, a possibilidade de ela ser bem-aventurada se dava pela existência de "povos e nações" que se inter-relacionaram. Desse modo, eram qualidades diferentes e, por que não dizer, hierarquizadas, que adjetivavam a cor. Diante da questão, o frade apresenta na sequência uma série de dignidades pardas, entre reis, imperadores, generais e principais da Colônia, que buscavam qualificar o ser pardo em relação aos brancos e aos pretos. Todavia, a tensão maior se estabelece com os últimos. A fronteira que se queria demarcar era, portanto, mais incisiva em relação à cor mais estigmatizada e evidenciava um grau mais baixo na hierarquia social. Os pardos não só não poderiam ter o mesmo santo dos pretos, como o deles deveria ter uma gradação maior. Como evidenciou frei Antônio Jaboatão, o martírio ocupava o primeiro lugar na hierarquia da Igreja, pondo os santos em um grau superior. Nesse caso, a cor parda teria sido mais agraciada que a preta, pois o primeiro santo que dera à Igreja fora São Gonçalo, e os pretos só tinham lhe dado confessores, que estariam em uma gradação inferior.

O objetivo de convencer os pardos parece claro, reforçando a argumentação da existência de um projeto de conversão capitaneado pelas ordens mendicantes, notadamente carmelitas e franciscanas. Contudo, o texto não deixa de incorporar as tensões existentes entre pretos e pardos no que concerne ao estabelecimento de uma hierarquia que os colocava em patamares diferenciados, não só no contexto dos discursos de poder, mas também na estruturação dos próprios grupos na sociedade colonial. Os "santos pretos" aparecem somente na categoria dos confessores.

Os projetos de poder não puderam desconsiderar demandas claras forjadas na dinâmica dos conflitos sociais. Nesse sentido, o texto hagiográfico deixa de ter tão somente seu significado de conversão para assumir também um sentido de disputas que se estabeleciam entre os diversos segmentos na América portuguesa. Pode-se argumentar que a divisão entre os ditos setores subalternos era um fator a beneficiar o processo de dominação social, o que parece bastante razoável do ponto de vista explicativo. Porém, não se pode desconsiderar que os discursos de poder sofrem algum tipo de influência que os faz necessariamente dar fala aos grupos estigmatizados. O projeto de conversão só faria sentido se houvesse, na sociedade, alguma demanda que o tornasse viável, mesmo sendo um discurso construído de cima para baixo.

Com efeito, a vida dos "santos de cor" se constituíra em um dos braços de expansão da cristandade na América portuguesa, propondo-se à tarefa de conversão. O que se buscou, para além da transmissão de signos religiosos, foi criar e respaldar hierarquias sociais afinadas ao discurso corporativo do antigo regime, que tinha uma de suas origens na própria concepção religiosa de uma sociedade de ordens. Desse modo, na medida em que a sociedade escravista se expandia e se tornava mais complexa, a plasticidade do discurso hagiográfico tinha de dar conta desse processo.

No que tange especificamente à questão da cor, Hebe Mattos afirma a necessidade de uma leitura política da miscigenação na América portuguesa. Segundo a autora, à medida que o regime escravista se expandiu, também se multiplicou a necessidade de recriação das hierarquias sociais. O alto índice de alforrias que marcou aquela sociedade criou uma camada de homens livres de cor que exigia novas classificações que os afastassem do universo de cativeiro. Ao mesmo tempo, tornou-se mister o estabelecimento de diferenças entre os livres de cor e os cristãos-velhos.

Ao reforçar a questão do *acidente* da cor, a narrativa hagiográfica também se inseriu dentro dessa perspectiva. A cor acidental expressava uma retórica de conversão que colocava a santidade como algo possível aos homens de cor e, portanto, fazia-os partilharem da virtude dos seus oragos na medida em que pretos e pardos os tomassem como exemplos de submissão à Igreja e à ordem estabelecida. Por outro lado, o "acidente" da cor possibilitava o estabelecimento de um processo de hierarquização nos altares e na vida cotidiana. Esse processo reforçava os padrões das segmentações do antigo regime, diferenciando "homens de cor" de cristãos-velhos, mas também entre si. O que, por sua vez, afirmava uma ordem social dominante, mas sem deixar de expressar contradições inerentes à própria estrutura da sociedade escravista que teve de conviver com o fenômeno da mestiçagem. Por conseguinte, a cor dos corpos santificados vinha cumprir um papel significativo tanto na difusão da cristandade quanto em sua preservação de forma hierarquizada, já que a cor dos africanos e seus descendentes não os impedia de partilhar dos altares. Porém, a aceitação dos dogmas católicos e a inserção nas hierarquias sociais era algo que deveria ser visualizado no próprio corpo dos heróis da fé.

O corpo morto e os vestígios da santidade

Ao longo da época moderna, um dos principais recursos da Igreja foi a divulgação de uma pastoral de culpabilização fundada em uma certa pedagogia do medo. Esta fazia uso de uma tática atemorizante como meio de reforçar o poder do clero sobre os fiéis. Os diversos medos, como das doenças, do inferno, da morte e das incertezas sobre o além, funcionavam como um recurso de convencimento dos católicos à obediência à Santa Madre Igreja. A garantia da salvação no *post mortem*, por exemplo, estava associada a uma vida terrena reta e dentro dos princípios da fé, de eterna preparação para a morte.

Desde o fim da Idade Média, já era possível observar que as narrativas sobre as vidas dos santos incorporavam esse princípio pedagógico. A boa morte era reflexo das qualidades desenvolvidas na vida terrena. Assim, ao se aproximar o momento derradeiro, determinados sinais já indicavam a eleição divina do santo. Estes estavam relacionados à previsão do momento da morte e à aceitação com resignação do fim próximo. Entre os exemplos de santidade na América portuguesa, encontram-se casos que podem ser enquadrados nesse perfil. No Rio de Janeiro, frei Fabiano de Cristo atestou o que acabo de dizer. Segundo frei Apolinário da Conceição, certo de ter chegado o momento do fim de seu desterro, ele se preparou para a jornada, como se não tivesse feito isso em toda a vida. Recebeu a Cristo com atos e afetos de suma devoção, e com os mais sacramentos fortalecido, abraçado com Jesus crucificado, imagem que tem indulgência plenária para a hora da morte, entregou-lhe o espírito no dia 17 de outubro de 1747, de 13 para 14 horas, tendo à época 71 anos de idade e 43 de vida religiosa.

Na narrativa de dom Domingos do Couto, em 1754, na Vila de Igaraçu, em Pernambuco, a parda Joana de Jesus, para espanto de suas irmãs de Recolhimento, também previu a chegada do momento derradeiro, relatando às suas companheiras que este lhe seria concedido por Deus para que pudesse descansar dos trabalhos da vida corporal. Maria Pinta, uma das sete donzelas santas do Recife, não só previu a hora de sua morte como também pediu que lhe colocassem nas mãos uma vela acesa e um crucifixo, entregando-se ao Senhor no ano de 1751.

A serenidade demonstrada no momento era uma das provas cabais da eleição divina. Outra questão fundamental era o recebimento dos sacramentos e a aproximação dos símbolos, o que dava a dimensão de respeito e de submissão à Igreja, indício crucial do reconhecimento da santidade. A etapa seguinte – as manifestações corpóreas do caráter santo – era essencial. Segundo crença que perpassou da Idade Média à Moderna, a certeza da salvação manifestava-se após a morte por meio da *virtus*. Era esta uma energia que emanava do corpo morto, encarada como um acréscimo aos dons comuns. As principais características da *virtus* eram a manutenção de semblante vívido, sereno e belo, a flexibilidade do corpo e os odores agradáveis emitidos pelo cadáver, mesmo dias após o sepultamento.

O pardo irmão Inácio do Recife, segundo relatos, teve preservada a flexibilidade e o semblante alegre, como se estivesse vivo. Dom Domingos Loreto do Couto contou que a parda Joana de Jesus também não ficou com o corpo rígido e o rosto conservou-se tão corado e com tanta formosura que nela desapareceram os sinais da morte. Alguns meses depois de seu falecimento, ainda se sentia na casa em que habitava um aroma mais agradável que o das flores.

O corpo de frei Fabiano apresentou igualmente inúmeros sinais de manifestação da *virtus*. Da ferida que tinha na perna, vertia sangue com odor agradável. Tal fragrância, posteriormente, emanava de seu sepulcro. O corpo, assim como o de irmã Joana, também se manteve flexível, e o rosto, resplandecente e corado. O caso do frei ainda forneceu outro exemplo da importância que aquela sociedade atribuía aos corpos santificados após a morte, pois, enquanto aguardavam o sepultamento, os devotos não se continham em tocar o corpo e a ferida do frei, além de disputar partes do hábito que o vestia.

Na tradição cristã, pedaços do corpo eram relíquias poderosíssimas que atualizavam a presença do santo entre os fiéis. Tais fragmentos tinham mais força que as imagens e, por conseguinte, tornavam mais eficaz a rogativa por intercessões, pois multiplicavam os benefícios que o santo poderia trazer, já que cada parcela do corpo carregava a carga sacral primitiva.

Por vezes, mesmo com o santo vivo, essa segmentação expressava a crença no milagre. Há passagens da vida de Rosa Egipcíaca, analisadas por Luiz Mott, em que suas companheiras de jornada religiosa recolheram cabelos, água do banho e saliva da santa, por acreditarem poder preparar poções milagrosas de cura e até mesmo afastar o diabo utilizando partes do corpo dela. Tais atos reafirmavam a crença nas relíquias, principalmente as corpóreas, e reforçavam a presença da santidade em terras da América portuguesa, atestando a força da cristandade na região.

Conclusão

Corpo e santidade foram importantes no estabelecimento de uma religiosidade particular na América portuguesa. Elemento de uma crença tradicional na cristandade ocidental, o culto aos santos ajudou a reforçar diversos aspectos do catolicismo, ao longo do período colonial. Além da questão simbólica, expressou dimensões do projeto de conversão desenvolvido pela Igreja com o concurso do Estado português e igualmente serviu como reforço das hierarquias sociais.

Nesse sentido, a corporificação da santidade foi expressão de diversas apropriações do sagrado e um elemento a reforçar a ordem social vigente, que procurou aproximar os fiéis de um Cristo mais concreto e, com isso, colocá-los diante da orientação e da submissão à Igreja. Tal se constituiu em uma instituição fundamental na formulação e veiculação de valores socioculturais e políticos conformadores de uma sociedade escravista e excludente. Ou seja, corpo santo, sociedade santificada, defesa da ordem, respeito à Igreja.

3

Corpos pretos e mestiços no mundo moderno – deslocamento de gente, trânsito de imagens

Eduardo França Paiva

O corpo do outro

Descrever o outro comparando-o a si é prática muito antiga e há uma infinidade de exemplos em várias épocas, sob diversas perspectivas – culturais, religiosas, econômicas, políticas, biológicas, entre outras. Guerras, comércio, peregrinações, deslocamentos forçados, migrações e viagens exploratórias sempre favoreceram essas comparações, que, ao final, ficaram como testemunhos muito importantes para os historiadores. A descrição dos corpos – e do que se usa sobre eles – sempre despertou a curiosidade e a atenção desses observadores, que relataram cores de pele, cabelos, formas anatômicas, marcas, como cicatrizes, cortes, escarificações e tatuagens, além de ornamentos, objetos, indumentária e traços físicos de certos grupos.

Desde muito cedo os africanos de todo o continente foram alvo de descrições e especulações de europeus e povos da Ásia. A cor negra da pele das populações de várias partes da África sempre intrigou e despertou admiração, desprezo e cobiça. É importante lembrar a antiga associação bíblica entre os escravos negros africanos e Cam – que viu o corpo nu do pai, Noé, que jazia por terra embriagado, o qual, por isso, amaldiçoou os descendentes do filho a serem escravos de seus parentes. Entretanto, nem sempre as representações e as imagens construídas sobre os africanos, sobretudo sobre os negros, foram pejorativas e desqualificativas, como parece ter-se tornado comum a partir, talvez, dos séculos XIV e XV. Provavelmente o longo domínio dos mouros sobre a Península Ibérica e a associação crescente entre estes, os muçulmanos, turcos, negros e o tráfico de escravos para a Europa tenham acentuado visões negativas sobre eles. Uma exceção seria a representação do rei mago Baltazar como um negro, com vestes à moda oriental, com séquito de negros e com ricos presentes para o menino Jesus, que parece ser contemporânea a essa maior depreciação. No caso, é bem possível que a moda de Baltazar evocasse soberanos negros da África católica, como o lendário Preste João e, mais tarde, os imperadores do Congo, assim como os povos salvos da barbárie pelo cristianismo, como os etíopes e os núbios. Era justamente o contrário da selvageria dos mouros e, por isso, o rei negro cristão aparecia como uma espécie de antídoto possível e o tópos adoração dos reis magos se espalhou pelos ateliês europeus e perdurou com vitalidade até, pelo menos, o século XVII.[1]

Antes do século XIV, textos importantes sobre os povos africanos não veiculavam imagens tão marcadamente depreciativas. As referências feitas pelo geógrafo Abû'Abdallâh Muhammad b. Muhammad b. Idris al-'Alî bi-amr Allâh al-Idrîsî sobre as várias populações negras africanas que ele teria visitado durante o século XII são majoritariamente elogiosas, e sua obra serviu como referencial até o século XVI. Composta para o rei Rogério II da Sicília, que governou até 1154, a ampla descrição geográfica do Ocidente vinha sendo preparada por mais de quinze anos, e Idrîsî apenas iniciou sua redação quando o

1 Stols, Aparências, imagens e metamorfoses dos africanos na pintura e na escultura flamenga e holandesa (sécs. XV-XVIII). In: Furtado (Org.), *Sons, formas, cores e movimentos na modernidade atlântica:* Europa, Américas e África, p.229-75.

rei morreu. Ainda assim, o *kitâb*[2] provavelmente fora finalizado no mesmo ano de 1154, ainda que mais tarde Idrîsî tenha acrescentado outras informações. Na maioria das vezes, os habitantes da África Central, da África Ocidental, da África Setentrional, da "Terra dos Negros", do Maghreb, de Ifrîqiyya, do Mali, de Ghâna, da Abissínia, da Núbia são descritos como corajosos, bravos, empreendedores, engenhosos e industriosos. Mas, ao descrever os núbios, sobretudo as mulheres, Idrîsî deixa entrever (embora sem desqualificar os demais) a imagem sobre os negros das outras regiões.

> As mulheres são aí de uma grande beleza e elas são excisadas. Elas são de um extrato nobre que não é o dos negros. Em todas as localidades do território núbio as mulheres são de uma beleza perfeita: elas têm os lábios finos, a boca pequena, os dentes brancos e os cabelos lisos. Em parte alguma, seja entre os Maghsharen, entre os habitantes de Ghâna ou de Kanem, entre os Béja, entre os Abissínios (Habasha) ou entre os Zandj, se acham mulheres com cabeleiras semelhantes, lisas e esvoaçantes; acham-se apenas entre as núbias. Não há mulheres mais desejadas para o casamento que elas. É por isso que o preço de uma escrava dessa região alcança trezentos dinares ou um pouco menos. Essa perfeição faz que os príncipes do Egito lhes procurem, superestimem seu preço e as façam mães de seus filhos, em razão do prazer que elas lhes dão e da beleza sem igual.
>
> Conta-se que em al-Andaluz o vizir Abû al-Hasan, conhecido por al-Mushafî, possuía uma dessas escravas. Ele jamais havia visto forma tão perfeita, bochechas mais suaves, sorriso mais belo, dentes mais graciosos, pálpebras mais delicadas, enfim, beleza mais completa. Esse vizir estava tão apaixonado por ela que ele quase não conseguia se afastar dela. Ele havia lhe comprado por duzentos e cinquenta dinares almorávides. Além de sua perfeição e de sua beleza extraordinária, ela falava de maneira charmosa, que encantava seu interlocutor pela delicadeza de sua locução e pela doçura de seu sotaque. Tendo sido criada no Egito, ela se tornou perfeita em todos os aspectos.[3] [...]

2 Livro, em árabe (N. E.).

3 Tradução em português a partir da versão francesa de *Idrîsî. La première géographie de l'Occident*, 1999, p.82-3.

Eles aqui [Núbia] são negros, mas eles são os mais belos entre os negros, tanto no que se refere ao rosto quanto à forma do corpo.[4]

Não obstante claro, deixar em sua opinião, que havia negros mais belos que outros, em momento algum o geógrafo de origem muçulmana, provavelmente tenha nascido em Mazara (Sicília) ou Ceuta (território espanhol na África), construiu visão demasiadamente depreciativa das populações da "Terra dos Negros". No lugar da beleza, atribuiu a esses últimos várias outras virtudes.

Quase dois séculos depois de Idrîsî, outro viajante muçulmano, Ibn Battuta, cuja peregrinação a Meca durou 23 anos, passou por partes da "Terra dos Negros" e também deixou vários registros sobre o que viu. Durante sua estada na região, ele distinguiu brancos (aos quais pertencia, como fez questão de deixar claro em diversos trechos do relato) de negros e chegou a indicar os limites possíveis da relação entre eles, sem provocar nenhuma reação violenta por parte dos negros. Nesse sentido, sua descrição se diferenciava bastante da deixada por Idrîsî. Entretanto, sem querer Battuta também registrou sua visão muçulmana mediterrânea (nascera em Tânger, atual Marrocos), um tanto discriminatória dos islamizados da África negra. Ao mesmo tempo que sublinhava a hospitalidade desses povos, demonstrava grande incômodo por estar entre eles e evidenciava seu desconforto com relação aos costumes das mulheres do grupo. A amizade entre as casadas e outros homens e a permissividade dos maridos o deixava claramente constrangido e ele desaprovava vigorosamente tal proximidade, inclusive entre seus corpos. A reprodução que segue, de um trecho de seu relato, é muito oportuna:

Perguntei ao dono da casa: "Quem é esta mulher?" E ele me respondeu: "É minha esposa." Diante disso, disse-lhe: "E que relação ela tem com o homem que a faz companhia?" "É um amigo", respondeu-me. E eu: "E estás satisfeito com tal coisa, tu que viveste em nossos países e que conhece a lei de Deus?" E ele respondeu-me: "A amizade de homens e mulheres entre nós é

4 Ibid., p.88. *Ceux-ci sont des Noirs, mais il sont les plus beaux parmi ceux-ci, tant sous le rapport du visage qua sous celui de la forme du corps.*

Figura 3.1
Museu do Louvre, Paris – Antiquités égyptiennes – Sala 26 – Le nouvel empire – Toutânkhamon et ses successeurs. Príncipes estrangeiros rendendo homenagem ao rei do Egito, Toutânkhamon, c. 1330 a.C. – Saqqara, tumba do general Horemheb – calcário. Da direita para a esquerda, os chefes da Líbia, da Núbia e da Síria-Palestina.

bem-vista e não tem nada de suspeito. Além disso, nossas mulheres não são como as vossas". Fiquei espantado com sua estupidez, saí da casa e me neguei a voltar mais, mesmo tendo sido convidado várias vezes.[5]

A respeito de Mali, ao final o peregrino relacionou diversas virtudes dos negros, entre elas o respeito pelos bens dos brancos e a segurança absoluta que reinava naquelas terras. Entre os vícios, mais uma vez condenava o costume das escravas e das meninas de andarem nuas e das princesas de não usar o véu. Corpos femininos à mostra e a amizade entre homens e mulheres, na sua visão, eram sinônimo de promiscuidade, de luxúria e de ofensa às leis do Alcorão. No entanto,

5 Tradução em português a partir da versão espanhola de Battūta, *A través del Islam*, 2006.

mesmo diante disso, Battuta não formulou uma imagem demasiadamente depreciativa dos negros.

Mas a imagem de lascivos, sexualmente desregrados e imorais seria, a partir daí, entre europeus e muçulmanos, cada vez mais associada aos africanos, em especial aos negros, e mais tarde atravessaria o Atlântico. Segundo outro geógrafo e viajante de origem muçulmana (ainda que também batizado em Roma, pelo próprio papa Leão X, de quem se tornara escravo), Juan León Africano (al-Hasan b. Muhammad al-Wazzãn), a lascívia era marca geral entre africanos de todo o continente. Esse homem que nasceu em Granada, pouco antes da reconquista pelos reis católicos de Castela e de Aragão – Fernando e Isabel –, viveu entre o Islã e o catolicismo, entre cortes de sultões e do papa, entre a liberdade, o cativeiro e a escravidão e viajou por boa parte do mundo antigo, escreveu em seu livro terminado em 1526:

> Na Terra dos Negros a vida é muito mais curta que entre outras nações; seus homens são robustos, com firme e bonita dentadura, mas são muito luxuriosos, assim como os da Líbia e da Numídia. Os da Berbéria são, comumente, menos apaixonados.[6]

Juan Léon Africano listou, também, virtudes e vícios dos negros. Associados à descrição anterior, ele ajuntava:

> Os negros levam uma boa vida; são fiéis, mimam o forasteiro e dedicam todo o seu tempo ao prazer e a viver alegremente, dançando e andando sempre em festas, comilonas e com várias distrações; muito sensíveis, dispensam grandes honras aos homens sábios e a religiosos. Desfrutam mais do tempo que todos os outros africanos.[7]

6 Tradução em português a partir da versão espanhola de Africano, *Descripción general del África y de las cosas peregrinas que allí hay*, p.130.

7 Ibid., p.134.

Mas, logo em seguida, o viajante geógrafo não se furta em listar os vícios dos negros, observando que não poderia deixar de fazê-lo, ainda que a África o tivesse nutrido, ainda que ele tivesse sido criado ali e passado a maior e a melhor parte de seus anos.

> Por sua parte, os [habitantes] da Terra dos Negros são bestialíssimos, gente sem cabeça, engenho, nem sentido, tudo desconhecem e também vivem à guisa de animais sem regras e sem lei. Abundam as prostitutas e, por isso, os cornudos, excetuando-se alguns que moram em povoados grandes e têm por isso algo de respeito humano.[8]

Há certa relativização nas palavras de Léon Africano, mas fica claro que a sensualidade e o uso que os negros faziam de seus corpos era algo que degenerava o conjunto. Estava aí uma das ideias mais importantes que, até pelo menos o fim do século XIX e o início do XX, deram sustentação à teoria da degenerescência pela mestiçagem biológica, sobretudo nas Américas. Esse assunto será retomado adiante.

Entre os cristãos e, mais especificamente, os católicos, imagens muito menos relativizadas e nada elogiosas sobre os negros africanos já haviam sido incorporadas pelo menos desde o início do século XV. Cronistas e viajantes deixaram seus testemunhos sobre isso.

Os portugueses produziram vários registros a partir de inúmeros contatos travados nas costas ocidental e oriental do continente africano, e também na Ásia. Eles foram pioneiros no contato e no comércio com povos de todas essas regiões e, em grande medida, contribuíram para que tais localidades e seus habitantes se tornassem mais conhecidos na Europa. Os portugueses ainda foram pioneiros no comércio de escravos africanos com esse continente, sobretudo com Lisboa, cidade que ficou conhecida na época pela enorme quantidade de moradores negros e de seus descendentes, inclusive mestiços. Basta lembrar que a fortaleza, ou o Castelo de São Jorge da Mina, foi a primeira construção europeia erigida na África, em 1482, usada com sucesso pelos

---

8 Ibid., p.135.

negreiros portugueses para o comércio de escravos e de riquezas produzidas na região do antigo Império Mali. De lá, desde o século XV, muitos escravos e ouro foram levados a Lisboa. A partir do século XVI, o Castelo da Mina, como ficou conhecido, transformar-se-ia em base extremamente importante para o tráfico atlântico de escravos africanos, isto é, tal comércio com as Américas. Mas o castelo foi capturado pelos holandeses durante o século XVII, o que obrigou os portugueses e os brasileiros a explorar outros portos na costa atlântica africana a partir daí e, também, a intensificar o tráfico de escravos oriundos de Angola (também invadida pelos holandeses), do Congo e de Moçambique.

Entretanto, muito antes de os ibéricos conquistarem e repartirem o Novo Mundo entre si e de se iniciar o tráfico atlântico, a Península Ibérica e outras áreas da Europa já recebiam milhares de escravos africanos, que trabalhavam em áreas tanto rurais quanto urbanas. Essa forte presença, nem sempre devidamente lembrada, ajudou bastante a espalhar, entre a população, visões e representações de variados tipos sobre esses homens e mulheres negros, vindos de regiões tão distantes, detentores de culturas, costumes, crenças e línguas tão diferentes.

Na primeira metade do século XV, por exemplo, a vila de Lagos, no Algarve, extremo sul da Península Ibérica, recebia levas de escravos provenientes do continente africano, quase todos mouros (negros muçulmanos ou islamizados provenientes da Mauritânia). Junto de todos aqueles homens e mulheres publicamente expostos aos compradores de gente, junto daquele conjunto de corpos, uns mais desnudos que outros, multicolores, marcados por escarificações e tatuagens, operaram-se sentimentos e valores já bastante pejorativos, quase sempre acionados pelos observadores daquele espetáculo brutal. Em 1443, Gomes Eanes de Azurara, célebre cronista português, presenciou uma cena que, mais tarde, em 1448, descreveu na sua não menos conhecida *Crónica do descobrimento e conquista da Guiné.*[9] Segundo ele, partilharam-se, naquele ano, em Lagos, 235 cativos mouros trazidos pelo capitão Lançarote. A divisão foi feita em cinco partes, sendo uma

9 Azurara, *Crónica do descobrimento e conquista da Guiné.*

delas destinada ao infante D. Henrique, e ocorrera em "campo que está além da porta da vila",[10] local semelhante, talvez, aos mercados de escravos que mais tarde existiriam no Brasil e na América espanhola. A descrição é rica em detalhes relativos à cor da pele dos cativos e ao fenótipo deles, tudo imbuído, claro, de um olhar europeu e de um padrão de beleza igualmente ocidental e, ao mesmo tempo, ocidentalizante; talvez fosse mesmo mais acertado dizer cristão e cristianizador:

> [...] os quais [cativos], postos juntamente naquele campo, era uma maravilhosa cousa de ver, cá entre eles havia alguns de razoada brancura, formosos e apostos; outros menos brancos, que queriam semelhar pardos; outros tão negros como etiópicos, tão desafeiçoados, assim nas caras como nos corpos, que quase parecia, aos homens que os esguardavam, que viam as imagens do hemisfério mais baixo.[11]

Outro português, frei João dos Santos, dominicano nascido em Évora, deixou preciosos registros sobre os negros de Moçambique, chamados de cafres:

> Os mais destes cafres são pretos como azeviche, de cabelo crespo, e gentis homens, e mais particularmente o são os mocarangas que vivem nas terras do Quiteve. Todos trazem a cabeça cheia de cornos, por galantaria, os quais fazem do mesmo cabelo, torcidos, e dereitos para cima como um fuso, e dentro neles metem uns paus delgados, para que andem direitos, sem se poderem dobrar, e por fora os trazem enrolados uma fita de certa casca de erva como casca de trovisco, a qual enquanto está fresca pega como grude, e depois de seca fica pegada, e dura como pau. Com essas fitas cingem os cabelos em molhos da raiz até a ponta, fazendo de cada molho um corno muito bem-feito, e nisso têm toda sua bizarria, e galantaria, consertando-se uns aos outros. Zombam muito dos homens como macho há de ter cornos, comparando-se nisso como os silvestres animais, entre os quais as fêmeas não têm cornos, como são os veados, merus, zebras, paraparas, e nondos. Nenhum cafre pode trazer os cornos da feição e modo que os traz o Quiteve, o qual traz quatro cornos, um de palmo sobre a moleira, como unicórnio, e três de meio palmo,

10 Ibid.

11 Ibid., p.97.

um deles sobre o toutiço, e dois sobre as orelhas, cada um de sua parte, mui direitos para cima, e por respeito destes cornos andam todos com a cabeça descoberta, e não usam de chapéus.[12]

Como se não bastassem, cabelos enfeitados animalescamente com cornos e, certamente, ritos e ritmos com os quais esses homens valorizavam seu desempenho masculino, o conjunto completava-se com a nudez desavergonhada do restante da população. Muito facilmente, essa realidade um tanto bizarra foi confundida, rapidamente, com o imaginário europeu do inferno e do demônio. Por isso, na descrição de Azurara anteriormente reproduzida, a parte mais grotesca dela ficou associada ao "hemisfério mais baixo". Na crônica de frei João dos Santos, o cotidiano dos cafres beirava o imaginário do inferno, embora isso não fique explicitado em suas palavras. No entanto, ele continuava descrevendo-o, estupefato:

> O vestido do rei, e dos mais senhores, é um pano fino de algodão, ou de seda, cingido da cinta para baixo até os artelhos, e outro muito maior do mesmo algodão, que os cafres tecem, a que chamam machiras, ou de seda, lançado pelos ombros ao modo de capa, com que se cobrem, e embuçam, deixando sempre a ponta do pano da mão esquerda tão comprida, que lhe vá arrojando pelo chão, e quanto mais lhe arrasta, mais majestade, e gravidade é para eles, e todo o mais corpo trazem nu. Andam todos descalços até mesmo o rei. Os demais cafres pobres que são quase todos, andam nus, assim homens como mulheres, sem se estranhar, nem terem disso pejo, e os que mais bem vestidos andam trazem uma pele de bugio pendurada da cinta para baixo, por diante, como avental de ferreiro, e as mulheres o mesmo, e todo o mais corpo anda nu, por causa de serem muito pobres, e não terem posse para comprar um pano com que cubram pelo menos da cinta até o joelho.[13]

Vale a pena insistir: os observadores, fossem eles cristãos ou muçulmanos, estivessem eles na Península Ibérica ou na "Terra dos Negros",

12 Santos, *Etiópia Oriental e vária história de cousas notáveis do Oriente*, p.111.

13 Ibid., p.111-2.

foram unânimes em sublinhar os costumes desses povos de andarem descalços, nus ou seminus, pondo à mostra suas "vergonhas", e de marcar seus corpos com cicatrizes e tatuagens, além de ornamentar seus cabelos bizarramente. É bem verdade que uns relativizaram essa visão mais do que outros, como já ressaltei. Entretanto, tratava-se, obviamente, de imagens bem distintas das cultivadas nas cidades e nas cortes europeias da época. O próprio clima impedia que os europeus mais pobres andassem, mesmo durante o verão, desnudos como os africanos. As comparações, portanto, foram inevitáveis. Faziam-nas homens da Corte, religiosos, comerciantes, gente do povo. A presença física dos africanos em cidades e vilas, como Lisboa, Faro, Sevilha, Granada, Cádis, Nantes, Liverpool, Antuérpia, Colônia, Nápoles, entre outras, consolidou um imaginário bastante depreciativo com relação a estes.

Figura 3.2
Cafres do Cabo de (Boa) Esperança – Códice 1889, Biblioteca Casanatense de Roma (meados do século XVI).

Como já disse, essas representações europeias, assim como as muçulmanas sobre os negros e, em certa medida, as deles sobre si, atravessaram o Atlântico a partir do século XVI, contribuindo fortemente para o engendramento de um novo conjunto imaginário, dessa vez americanizado. No Novo Mundo, a marca distintiva talvez tenha sido a rápida e intensa mestiçagem biológica e cultural ocorrida desde os primeiros anos da conquista. Não que essas misturas inexistissem nas outras partes do mundo. No entanto, o fenômeno americano esteve desde o início associado à sua própria novidade e aos nativos desse enorme continente, bem como à ampliação física da globalização dos grandes deslocamentos populacionais em direção ao Novo Mundo e, finalmente, à adoção precoce da escravidão indígena e africana.

A maior parte dos valores que subjazem nessa descrição chegaria às terras conquistadas do Novo Mundo mesmo antes das primeiras entradas de escravos africanos, com as tripulações dos navios e as primeiras levas de migrantes. Muito desse conjunto foi imediatamente aplicado aos nativos, por vezes em sentido contrário. Esse tipo de operação cultural estabeleceu aproximações comparativas entre os "índios" americanos e os africanos que, um pouco mais tarde, entrariam em grande quantidade nas Américas, como força de trabalho [de forma semelhante ao que já ocorria em relação aos povos das conquistas portuguesas da Ásia, chamados de mouros ou negros, mesmo os não muçulmanos].

As impressões de Pero Vaz de Caminha, autor da carta que anunciou ao rei português o "achamento desta vossa terra nova",[14] traz alguns exemplos dessas aproximações das representações entre índios e africanos, a partir de valores e de formas de distinção anteriormente empregados na Península Ibérica. No dia seguinte ao do achamento, o escrivão produziria a primeira descrição dos nativos que apareceram andando nas praias da nova conquista, a que se chamou de Terra de Vera Cruz: "Eram ali 18 ou 20 homens, pardos, todos nus, sem nenhuma cousa que lhes cobrisse suas vergonhas".[15] Em 22 de abril de 1500, depois do primeiro contato entre homens da frota de Pedro Álvares Cabral e nativos, Caminha escreveria sobre esses últimos:

> A feição deles é serem pardos, maneira d'avermelhados, de bons rostos e bons narizes, bem-feitos. [...] Traziam ambos os beiços de baixo furados e metido por eles um osso branco de comprimento duma mão travessa e de

14 Caminha, *Carta a el-rei d. Manuel sobre o achamento do Brasil*, p.31.

15 Ibid., p.35.

> grossura dum fuso d'algodão e agudo na ponta como furador. Metem-no pela parte de dentro do beiço e o que lhe fica entre o beiço e os dentes é feito como roque de xadrez; e em tal maneira o trazem ali encaixado, que lhes não dá paixão nem lhes estorva a fala, nem comer, nem beber. Os cabelos seus são corredios e andavam tosquiados de tosquia alta mais que de sobrepente, de boa grandura e rapados até por cima das orelhas. E um deles trazia por baixo da solapa, de fonte a fonte para detrás, uma maneira de cabeleira de penas d'ave amarela, que seria de comprimento dum coto, mui basta e mui çarrada, que lhe cobria o toutuço e as orelhas, a qual andava pegada nos cabelos, pena e pena, com uma confeição branda como cera e não o era; de maneira que andava a cabeleira mui redonda e mui basta e mui igual, que não fazia míngua mais lavagem para a levantar.[16]

Aos africanos mouros de Lagos, agregava-se antiga imagem de monstruosos (*monstrosa*), defeituosos e demoníacos, muito apropriada, obviamente, ao julgamento cristão desses povos infiéis que mantinham seu domínio sobre grande parte da Península ainda naquela época. Já aos nativos das conquistas novas, as imagens empregadas eram contrárias: natureza e maravilha (*naturalia e mirabilia*). Esse jogo de valores e de representações era produto cultural daquele tempo e deve, portanto, ser compreendido em sua historicidade. A conquista da América e o domínio dos nativos pelos católicos ibéricos era laureada pela vontade de Deus (caso contrário, no lugar de cruzes e templos, ergueriam-se mesquitas e minaretes) e de Roma. Assim, as imagens de inocência, inclusive com relação aos corpos nus que expunham sem vergonha alguma, estavam muito mais próximas ao paraíso edênico que se pretendeu encontrar.[17] Até os ornamentos muito diferentes usados pelos índios – botoques e cocares coloridos – ajudavam a compor essa imagem idealizada. Nos dois casos, e de forma inversa, os corpos foram tomados pelos cronistas como metáfora e como sumário do *ethos* de cada povo. A nudez, as escarificações, os cabelos e os ornamentos corporais dos

16 Ibid., p.37-9.

17 Buarque de Holanda, S. *Visão do paraíso; os motivos edênicos no descobrimento e colonização do Brasil.*

negros africanos, ao contrário do que se lê sobre os índios em Caminha, foram elementos frequentemente sublinhados pelos observadores, mas no sentido oposto, isto é, como demonstrativos da barbárie e da ausência de fé, de moral e de lei entre esses povos. Mas essas formas de identificação, assim como os termos empregados, nunca estiveram padronizados e, portanto, a variação no tempo e no espaço dos entendimentos e das descrições deve ser aspecto considerado. É bom lembrar, por exemplo, que, durante os séculos XVI e XVII, na Península Ibérica e no Brasil, pardos e mestiços eram chamados de loros, ao mesmo tempo que os índios do Brasil eram chamados de negros e os habitantes do Oriente Próximo, da Índia e do Ceilão eram denominados mouros ou negros. A cor da pele era imprescindível para a formulação dessas representações/valores, mas, por vezes, a origem e as crenças religiosas também se constituíam em importantes elementos de composição.

Tempos mais tarde, na primeira metade do século XVIII, passados os primeiros séculos de ocupação da América e da circulação planetária de gente e de culturas que se consolidou nesse período, publicou-se grande obra comemorativa dos duzentos anos da Companhia de Jesus. Nesses livros, inventariaram-se centenas de jesuítas que haviam participado das missões e colégios espalhados pelas quatro partes do mundo, de onde enviavam cartas descrevendo as atividades desenvolvidas, assim como povos, costumes, traços físicos dos convertidos ou dos resistentes. A partir dessa documentação, religiosos jesuítas escreveram pequenas biografias de seus antecessores, compondo-se, assim, os tomos publicados em Madri, em 1734.[18] Os relatos físicos e culturais

---

18 Cassani, Glorias del segundo siglo de la compañía de Jesus, dibuxadas en las vidas, y elogios de algunos de sus varones ilustres en virtud, letras, y zelo de las almas, que han florecido desde el año de 1640. Escritas por el. tI. e VII. In: *El orden de varones ilustres*, obra que empezò el Nieremberg, V. P. J. E. Dedicase al venerable Sacramento, A. S. que debaxo de veinte y quatro milagrosamente incorruptas formas se venera en el Colegio de la misma Compañia de Alcalà, y comúnmente se nombra las santissimas formas de Alcala. Con licencia. Madri: Por Manuel Fernandez, Impressor de Libros, Año de M.DCC.XXXIV. (3 tomos)

dos povos contatados pelos jesuítas aparecem em grande quantidade e, como era de esperar, corpo e alma fundiam-se nessa visão católica do mundo. Para Angola, de onde foram levados centenas de milhares de escravos para as Américas, um pequeno trecho retirado do livro pode dar a dimensão da consolidação das imagens já muito antigas que se desenvolveram na Europa (assim como na Ásia, na África e nas Américas) sobre os negros e que continuavam sendo frequentemente empregadas, inclusive na África. Entre as páginas 397 e 416, os escritores enfocaram "a vida do padre Geronymo Vogado, da Província de Portugal", espanhol que havia estudado em Coimbra e permaneceu 24 anos em Angola, durante o século XVII, tornando-se

> [...] visitador da Missão, que havia em Angola, onde além dos sujeitos que se encontravam no Colégio de Luanda havia muitos divertidos entre aquela gente barbaramente negra, reduzidos a um tempo da Polícia, e da Fé, branqueando suas almas com a água do Batismo, e conseguindo, como conseguiram, infinidade para os Céus: glorioso afã, render suas forças para saúde das almas, exilar-se voluntariamente, para livrar do exílio eterno os que entre as sombras de sua cor viviam nas trevas da ignorância.[19]

Os acontecimentos de impacto planetário no fim do século XV, sobretudo o término da reconquista e a chegada dos ibéricos ao Novo Mundo, trariam inúmeras e profundas modificações nas formas de ver e de valorar o globo e os povos. As mestiçagens americanas alteraram profundamente o esquema inicial de representações dos negros e valorizaram os resultados biológicos e culturais do crisol colonial – mulatos, pardos, cabras, crioulos (cor), morenos, caboclos –, ao mesmo tempo que inauguraram um conjunto novo de representações sobre a amoralidade, a degenerescência, a barbárie, a luxúria americanas. Essa mistura relativizava antigas imagens pejorativas, mas também decretava a não civilização nos trópicos. Os corpos, novamente, foram emblemas desse novo universo.

19 Ibid., p.399, t.II. Tradução em português a partir do original em espanhol.

Mistura de corpos e de culturas – o Novo Mundo

Desde as primeiras décadas do século XVI, logo depois da chegada dos europeus no Novo Mundo, uma prática já existente na Península Ibérica não só foi empregada, mas também intensificada. Tratava-se da distinção dos vários grupos que já naquela época passaram a compor as sociedades coloniais americanas. A cor da pele foi, talvez, a marca mais visível e a mais usada para identificar e classificar a população, que, aliás, a partir de então conheceu ritmos frenéticos de crescimento, seja provocado pela entrada maciça de gente vinda de várias outras partes do mundo, seja pelos nascimentos internos, fenômeno igualmente vertiginoso. Entretanto, a cor da pele não foi a única dessas marcas distintivas e, por vezes, cedeu lugar e/ou esteve conjugada com outros elementos também importantes, como origem geográfica e crenças religiosas. A prática foi muito comum tanto na área espanhola quanto na portuguesa, e nessas regiões adotou-se a categoria de *calidad* ou "qualidade" para diferenciar internamente cada grupo social. "Qualidade", portanto, significou o conjunto de tipos que conformavam a realidade colonial, entre os quais brancos, negros, pretos, crioulos, *criollos*,[20] índios, mestiços, *mestizos*, pardos, mulatos, cabras, mamelucos, curibocas, caboclos etc. Eram dezenas de categorias, algumas reempregadas na América e muitas outras criadas *in loco*, e todas elas correspondiam intrinsecamente às misturas biológicas, à cor de pele ou ao tipo físico produzidos. Várias animalizavam os indivíduos que abarcavam, como era o caso de *coyotes*, *lobos*, *cambujos*,[21] utilizadas nos vice-reinos da Nova Espanha e do Peru, de cabras, adotadas no Brasil, e, ainda, de categorias de uso generalizado, como mulatos.[22] Os

20 *Criollos* na área espanhola eram os filhos nascidos na América, tanto de espanhóis quanto de africanos.

21 Cavalo ou égua de cor negra. (N. E.)

22 Proveniente, provavelmente, de mula. Sobre a temática, ver os excelentes Forbes, *Black Africans & Native Americans*. Color, race and caste in the evolution of red--black peoples e Saíz, *Las castas mexicanas:* un gênero pictórico americano.

corpos na América, desde os primeiros tempos de ocupação europeia, foram diferenciados e classificados de forma mais ampla e detalhada que na Europa, o que permitiu o registro e o melhor conhecimento da intensa diversidade e da mestiçagem que marcaram a construção das sociedades coloniais nesse continente. Vale lembrar que não se tratou apenas de categorias empregadas de cima para baixo, isto é, por autoridades governamentais. Ao contrário, foram amplamente usadas no cotidiano pelos homens e mulheres que povoavam espaços urbanos e rurais e se distinguiam a partir dessas classificações. Pardos não se igualavam a negros nem estes se comparavam aos mulatos e assim por diante. As categorias (ou castas, como eram chamadas na América espanhola) convinham às autoridades coloniais, assim como aos grupos sociais que, motivados por uma série de fatores (prerrogativas, mercês, isenção de impostos, entre outros), não admitiam fundirem-se em um único e generalizante segmento social. No entanto, isso não impediu mestiçagens biológicas e culturais, o que, por vezes, forçou a invenção de novos itens de "qualidade".

Tanta mistura biológica, tantos corpos coloridos, tantas culturas em frenético movimento de colonização, isto é, de conformação de um novo mundo, contribuíram fortemente para a construção de um *corpus* social absolutamente mestiçado nas Américas, o que, como já ressaltei, não impediu distinções nem extinguiu conflitos inter e intragrupais. Ao contrário do que muitas vezes se pensa e se induz a tanto, mestiçagem nunca foi sinônimo exclusivo de igualdade, de homogeneidade, de idilismo ou de dinâmica fraternal.

Essa mestiçagem americana desenvolveu-se associada, obviamente, a um forte componente sexual e sensual, fertilizado pela particular condição de uma ocupação eminentemente masculina – de europeus e africanos –, forte baixa no número de homens entre os nativos do Novo Mundo e presença de corpos femininos nus – índias, africanas e nascidas na América que raramente se ligaram a preceitos religiosos cristãos. São célebres as palavras despudoradas de Gilberto Freyre, escritas no início do século XX, descrevendo a chegada dos portugueses e o encontro deles com as índias:

> O longo contato com os sarracenos deixava idealizada entre os portugueses a figura da moura-encantada, tipo delicioso de mulher morena e de olhos pretos, envolta em misticismo sexual – sempre de encarnado, sempre penteando os cabelos ou banhando-se nos rios ou nas águas das fontes mal-assombradadas – que os colonizadores vieram encontrar parecido, quase igual, entre as índias nuas e de cabelos soltos do Brasil. Que estas tinham também os olhos e os cabelos pretos, o corpo pardo pintado de vermelho, e, tanto quanto as nereidas mouriscas, eram doidas por um banho de rio onde se refrescasse sua ardente nudez e por um pente para pentear o cabelo. Além do que, eram gordas como mouras. Apenas menos ariscas: por qualquer bugiganga ou caco de espelho estavam se entregando, de pernas abertas, aos "caraíbas" gulosos de mulher. [...] Pode-se, entretanto, afirmar que a mulher morena tem sido a preferida dos portugueses para o amor, pelo menos para o amor físico. A moda de mulher loura, limitada aliás às classes altas terá sido antes a repercussão de influências exteriores do que a expressão de genuíno gosto nacional. Com relação ao Brasil, que o diga o ditado: "Branca para casar, mulata para f..., negra para trabalhar", ditado em que se sente, ao lado do convencialismo social da superioridade da mulher branca e da inferioridade da preta, a preferência sexual pela mulata.[23]

O antigo dito registrado por Freyre nessa passagem espelha perfeitamente a nova conformação social que floresceu nas áreas coloniais americanas. Mais do que isso: "negra para trabalhar" e "mulata para f..." atestava a profunda incorporação das antigas imagens depreciativas sobre africanos e africanas já indicadas antes e apresentava um elogio ao resultado biológico da mestiçagem em versão feminina – a mulata. A personagem foi desde cedo admirada nas regiões escravistas americanas, mas, sobretudo a partir do século XIX, foi associada ao genuinamente nacional e até à contribuição americana para o mundo (o que não é historicamente verdadeiro) em algumas das jovens nações, que buscavam constituir símbolos identitários próprios. Como que depurada dos vícios dos ancestrais africanos, provida de estonteante forma física e de sensualidade resultante das misturas biológicas sofridas, ela,

23 Ver Freyre, *Casa-grande & senzala;* formação da família brasileira sob o regime da economia patriarcal, p.9-10.

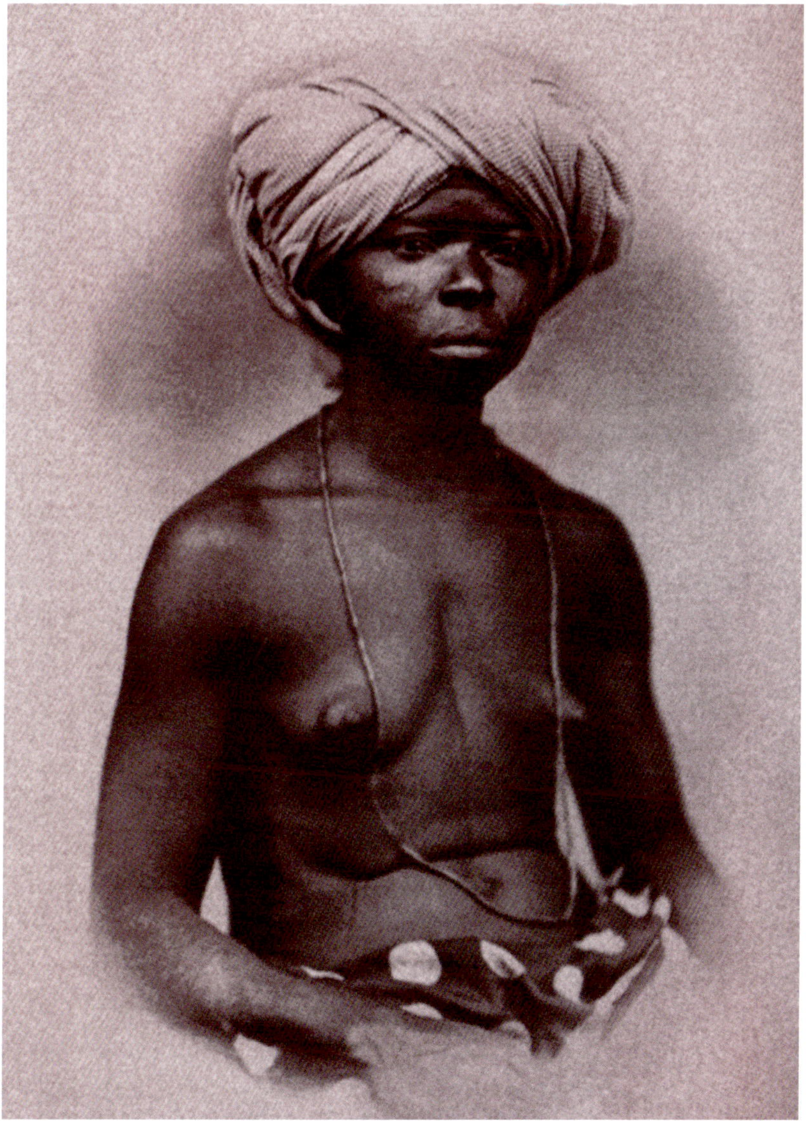

Figura 3.3
O negro na fotografia brasileira do século XIX, p.240.

na verdade, compunha um conjunto mais amplo de "americanos" que forçou a reformulação, no Novo Mundo, do imaginário sobre alguns grupos sociais nativos. Junto das mulatas e dos mulatos, pardos(as) e *mestizos*(*as*), muitas vezes filhos bastardos de portugueses e de espanhóis com escravas e servas se multiplicaram ao longo dos anos e, já no final do século XVIII, eram muito numerosos, sobretudo nas áreas mais urbanizadas, e reclamavam prerrogativas, mercês e privilégios. E, é claro, procuravam se sobrepor uns aos outros nesse antigo jogo de hierarquização social. Nesse caso, indumentária, ornamentos e insígnias, isto é, complementos e enfeites do corpo, foram absolutamente imprescindíveis. Já a nudez, as escarificações e os cabelos ritualmente arranjados parecem ter-se restringido aos(as) africanos(as) e, com o passar do tempo, se transformado em marcas de barbárie, inclusive na visão dos não brancos. Na verdade, tratava-se de marcas distintivas, e os mestiços, assim como os crioulos, buscaram, progressivamente, ao não empregá-las, distanciar-se dos pretos/negros.

De forma geral, portanto, o Novo Mundo inaugura uma lógica, uma estética e uma perspectiva social mestiças, nas quais os nascidos nesse universo galgavam rapidamente a escala social, em detrimento, sobretudo, de pretos e de índios. Em alguns casos e em algumas regiões, houve mesmo certa hegemonia dos mestiços em várias áreas culturais, intelectuais, políticas e administrativas. Famílias prestigiosas, originalmente mulatas e pardas, foram ao longo do tempo "embranquecendo-se" e ainda hoje se esquece dessas origens mestiças, projetando-se no passado um tom branco muito mais acentuado do que efetivamente foi. Isto é, não raramente pressupõe-se, equivocadamente, que as "elites", os "poderosos", os governantes e os intelectuais do passado eram todos europeus e descendentes brancos daqueles, o que impede que se conheça melhor as formas de ascensão socioeconômica de parcela importantíssima da população não branca. Mesmo que a estética, os gostos e os perfis desses grupos tenham tendido ao embranquecimento, isto é, a incorporar padrões e valores de certa elite branco-europeia, mesmo que a cor da pele tenha igualmente embranquecido e que as categorias mulato, pardo e *mestizo* tenham caído em desuso para esses mestiços de quarta ou quinta gerações, não se deve desvinculá-los de sua própria história. Independentemente de novos valores adotados e da terminologia distintiva empregada, essa história esteve intrinsecamente ligada a um antigo, intenso e dinâmico movimento de misturas biológicas e culturais que, inclusive, patrocinou essas ascensões. Muito mais fortemente que na Europa, na Ásia e na África mediterrânea, na América esse *corpus* social mestiço forçou a inclusão entre as camadas privilegiadas de muitos filhos de intercursos sexuais ocorridos entre brancos e negros, entre brancos e índios e entre mestiços e esses outros grupos. Obviamente, o impacto de tudo isso sobre os universos culturais americanos e até mesmo sobre os de outras partes do mundo foi enorme. Isso inclui desde formas de organização social, de constituição de famílias, de padrões de beleza e de riqueza, até a música, a alimentação, os gostos, as crenças e os valores, passando também pelas técnicas e conhecimentos de toda natureza. Na verdade, estudos sobre esse complexo processo histórico, sobre essa intrincada rede de relações sociais e sexuais, na perspectiva que se apresenta aqui, estão longe de ser exaustivos, o que coloca a historiadores e demais estudiosos do tema um grande desafio de pesquisa, assim como de revisão de conceitos e da própria historiografia já produzida.

Os mestiços e o *melting-pot* americano

María del Carmen, mulata, quase branca, era neta de uma desgraçada escrava africana, que morrera leprosa, abandonada em sua choça na beira do rio. Era filha do alfaiate pardo ou mulato livre, quase branco, José Espinoza, e da *zamba*[24] María Chiquinquirá, os quais, antes de se casar, viviam em concubinato. Descendente de africana e de índio, essa última era muito jovem quando morreu a matriarca, María Antonia, e fora criada até os quinze anos pela índia Violante, sua madrinha. Com essa idade, saiu da área rural e foi morar em Guayaquil, dinâmica

24 Segundo Saíz, o termo é derivado do latim *strambus* e significava em 1611 "o que tem juntos os joelhos e separadas as pernas para fora". Ainda conforme a autora, "o sentido de índio e negro do século XIX se explica pelo particular desenvolvimento das pernas do negro, de panturrilhas mais finas". Zambo era o termo usado para identificar o mestiço de negro ou mulato e índia ou vice-versa. Ver Saíz, op. cit., p.25.

cidade portuária no Equador colonial, onde nasceu e viveu María del Carmen. Desde que chegara a esse local, sua mãe tornara-se conhecida dos comerciantes e dos escravos jornaleiros, pois, andando pelas ruas, "o movimento de suas cadeiras, percebidas através da saia que, úmida pelo suor do meio-dia, colava em seu corpo e o brilho áureo de sua pele clara", lhe dava fama.[25] Embora vivesse como livre, María Chiquinquirá era escrava e, consequentemente, sua filha também, não obstante tivesse a pele ainda mais clara, seu pai fosse livre, tivesse ofício e boa estrutura econômica, morasse na casa destes e, além de tudo, soubesse ler e escrever. Proveniente do direito romano, base da legislação ibérica colonial, o princípio era o do *partus sequitur ventrem*, isto é, o parto segue o ventre, e filho de mãe escrava, assim o era.

Em 1794, essas duas mulheres receberam notícia inesperada, que lhes traria muitos transtornos. O proprietário de María Chiquinquirá requereu María del Carmen como sua escrava, tirando-a da família e transferindo-a para a casa de uma irmã dele, que era cega, a quem a menina deveria fazer companhia e para quem deveria ler. A reação de sua mãe foi imediata, resistindo à vontade senhorial. O caso, assim como muitos outros, foi parar na Justiça, transformando-se em processo no qual ela construiu argumentos no sentido de comprovar que era livre e, por isso, a filha não poderia ser escrava. Ajudada por uma comadre mulata e por outras mulheres, pretas e mestiças, ela conseguiu apoio do escrivão da cabilda de Guayaquil, que, então, deu início ao pleito. O argumento de liberdade era construído sobre o fato de María Antonia ter sido abandonada pelo antigo senhor por ter contraído lepra e a filha ter nascido depois disso. O abandono da infeliz lazarenta, que morrera só, agonizando e com o corpo apodrecido, transformara-se em liberdade automática. Por isso, Chiquinquirá nascera de ventre livre, não podendo ser tomada, nem a filha María del Carmen, como escrava do herdeiro do antigo senhor da mãe. Quatro anos se arrastaram até que o argumento fosse aceito na Real Audiência de Quito.

25 Ver Chaves, *La estrategia de libertad de una esclava del siglo XVIII*: las identidades de amo y esclavo en un Puerto colonial, p.26.

Durante esse tempo, houve muitas disputas e tensões enfrentadas por mãe e filha, que continuaram recebendo apoio das mulheres pretas e mulatas de Guayaquil, o que revela uma rede de relações sociais bem organizada, que incluía pessoas de variada cor de pele. Entretanto, os mulatos aparentemente se destacavam, talvez lastreados em situação socioeconômica privilegiada em relação à dos pretos, crioulos e índios. Ao longo desses anos de contenda, a menina quase branca, educada à moda senhorial (situação rara até entre as mulheres brancas), não deixou morrer o futuro, ainda que incerto e dramático. Mas saiu livre do processo e, como convinha às moças de igual estampa, María del Carmen já estava prometida a casamento, e o felizardo era também mulato.

Não muito longe de Guayaquil, outra cidade portuária destacava-se no cenário colonial: Cartagena de Índias. Era porta de entrada e saída de mercadorias da Europa e de outros destinos. No local, desembarcaram também várias dezenas de milhares de escravos africanos, sobretudo durante o século XVI e meados do XVII, quando o mercado brasileiro começou a expandir-se rápida e intensamente, tornando-se o maior e mais importante destino escravista americano. Ainda assim, a cidade que precocemente fora transformada em capital de província e sede episcopal não perdeu o brilho e continuou negociando riquezas, defendendo-se da invasão de piratas e corsários e recebendo gente de todas as partes do mundo, transformando-se, segundo as palavras de Manuel Tejado Fernandez, em "uma pequena cosmópolis de vida inquieta e cor insegura, com matiz exótico indiscutível".[26] No meio de todo esse contingente humano, após a instalação do Tribunal do Santo Ofício, em 1610, religiosos, judeus portugueses e espanhóis, pretos e mestiços, além de pretensas feiticeiras e bruxas, deixaram-na ainda mais movimentada. Tão cedo quanto a Cidade do México, Lima e Salvador da Bahia, tão marcadamente quanto elas, o porto do Nuevo Reino de Granada tornou-se verdadeiro crisol de misturas biológicas e culturais, oferecendo-se como riquíssimo espaço de sociabilidades e de

26 Fernandez, *Aspectos de la vida social en Cartagena de Indias durante el seiscientos*, p.21.

Figura 3.4 Desenho que acompanha o manuscrito de O'Crowley, Idea compendiosa del reyno de Nueva España, año 1774, que se encontra na Biblioteca Nacional, Madri.

transgressões comprometedoras da empresa católica no Novo Mundo que, por isso, precisavam ser duramente reprimidas.

Nas ruas de Cartagena de Índias, protegidas pela grande muralha, é que andava desenvolta e astuta doña Lorenza de Acereto, filha de espanhóis que haviam migrado em busca de fortuna, órfã de mãe desde os quatro anos de idade, criada sem o pai, sob a custódia do tio materno presbítero, protegida por amas índias. Nascera em 1585 ou 1586, naquela cidade. Casou-se ali, aos 11 ou 12 anos, com o escrivão público Andrés del Campo, de nobre família castelhana, que contava nessa época 37 anos de idade. Obrigados às bodas pelo clérigo, seu matrimônio foi desastroso. Lorenza conviveu com várias das amantes do marido, e duas delas chegaram a morar juntas, e outra, uma mulata do serviço de Lorenza, teve um filho com ele. Não era receituário para se manter um bom casamento, certamente. Por isso, inicialmente, para que o cônjuge infiel passasse a amá-la e, em seguida, para matá-lo e se ver livre dele, Lorenza recorreu à "feitiçaria", isto é, a poções, orações, práticas mágicas e mezinhas consideradas heréticas pelos inquisidores. Aos 24 ou 25 anos, logo após a instalação do Tribunal cartaginero, ela já havia sido denunciada, sendo presa em 1613. Alguns meses depois de interrogada e julgada, foi anunciada a sentença: leves penas morais, dois anos de desterro e multa de 4 mil ducados de Castilla. O fato de ser casada e ter quatro filhos com o escrivão, além de ser traída, certamente livrou-a de castigo mais duro.

O processo que envolveu doña Lorenza de Acereto, seu marido, criados e cúmplices de ambas as partes revela, entretanto, ainda mais sobre o *corpus* mestiço cartaginero do século XVII, certamente exemplo para outras cidades, como a Guayaquil do período seguinte, da *zamba* María Chiquinquirá e de sua filha mulata María del Carmen. Um dos cúmplices de Lorenza, escravo do frei agostiniano Antonio de Cisneros, o infeliz "mulato criollo de Lima" (assim denominado provavelmente por ter nascido ali), Juan Lorenzo, também foi preso pelo Tribunal de Cartagena de Índias, interrogado e teve de confessar uma série de transgressões. Segundo os autos inquisitoriais produzidos entre 1610 e 1611, ele teria confessado a enorme ajuda prestada a doña Lorenza, que incluíra a obtenção de uma caveira humana, com a qual esta teria produzido um pó colocado na comida do marido; um destilador ou alambique trazido do Panamá por uma negra, usado para "retirar água de uma erva muito boa que existe em Tolú, que dizem que tomando-a nas mãos e untando-se o corpo com ela, morreria o homem pela mulher"; várias orações ensinadas e rezadas a ela.[27] Impressiona nesse pequeno rol a teia de contatos, de sociabilidades e de negócios que envolvia pessoas de diferentes "qualidades", as quais transitavam por várias partes dos impérios espanhol e português, assim como a inequívoca mescla e/ou superposição de conhecimentos e crenças indígenas e católicas. O crisol biológico e cultural que surge

27 A transcrição dos autos está em Fernandez, op. cit.

desses trechos retirados de autos inquisitoriais corrobora fortemente as conclusões apresentadas pelos estudos sobre a temática realizados nos últimos vinte anos, em vários países.

A autonomia com a qual, no dia a dia, esses mestiços investiam-se – tanto os escravos quanto os forros e os nascidos livres –, a mobilidade física, social e cultural que cultivaram, sobretudo nas áreas mais urbanizadas, as perspectivas de ascensão socioeconômica que aproveitaram com maestria, tudo isso parece ter sido comum nas extensas áreas coloniais ibero-americanas. Entretanto, como venho insistindo, nada disso impediu as distinções e os conflitos entre esses grupos e também com os demais segmentos sociais, não obstante compartilharem e cogerenciarem espaços comuns de sociabilidades, bem como redes de contatos e negócios de toda natureza. Na América portuguesa, guardadas as incontáveis diferenças, muitas outras semelhanças existiram com relação à dinâmica social vivenciada nas áreas de domínio espanhol.

Em 1732, o governador de Minas Gerais, então uma das mais dinâmicas e ricas áreas de todo o Império Português, o conde das Galveas, deixou registro curto e impecável sobre o comportamento dos distintos grupos sociais, assim como sobre como eram vistos pelas autoridades. Nessa época, a região era uma das mais importantes produtoras de ouro e de diamantes (além de outras gemas preciosas) de todo o mundo e já contava uma população proporcionalmente grande. A riqueza mineral havia fomentado, rapidamente, o deslocamento – voluntário e forçado – de dezenas de milhares de pessoas em direção a Minas. O resultado foi que em poucas décadas constituiu-se aí uma sociedade comparativamente tão importante e complexa quanto a da Cidade do México, de Lima e também de Potosí. O início efetivo da ocupação e da exploração da área se deu nos últimos anos do século XVII e três ou quatro décadas depois o conde governador, André de Mello e Castro, asseverava, em documento endereçado a Sua Majestade, D. João V, rei de Portugal:

> [...] em ordem aos negros forros é que estes ordinariamente são atrevidos, mas no mesmo tempo trabalham todos [...] os mulatos forros são mais insolentes porque a mistura que têm de brancos os enche de tanta soberba e vai-

dade que fogem ao trabalho servil com que poderiam viver, e vive a maior parte deles como gente ociosa que escusa de trabalhar: Deus guarde a muito alta e muito poderosa pessoa de Vossa Majestade. Vila Rica, 7 de outubro de 1732, o Conde das Galveas.[28]

Uns eram atrevidos porque eram forros, enquanto outros eram mais insolentes, soberbos e vaidosos, pois, além de forros, eram mulatos. Esses adjetivos se traduzem por autonomia e mobilidade, já sublinhadas aqui, que essa gente experimentou e que encheu as autoridades de medo em todo o continente. Entretanto, combatê-los e exterminá-los nunca foi possível nem era conveniente: eram os filhos bastardos dos próprios conquistadores e das autoridades portuguesas e espanholas que engrossaram esse contingente nativo, sedento de poder, de distinções e de mercês. Este foi um dos mais importantes resultados do *corpus* social mestiço colonial: corpos de muitas cores, transitando, produzindo e construindo aquela sociedade.

A adoção ou conversão ao catolicismo de Roma, ainda que não domasse completamente os fiéis de todo o mundo, ajudava a ordenar o viver social e a, pelo menos, amedrontar os corpos e almas desregrados. No entanto, isso não impediu incontáveis concubinatos e rebentos gerados nesse estado, transgressões sexuais de toda ordem, prazeres da carne, sensualidade e sexualidade inchadas pelos corpos à mostra de escravas(os), libertas(os) e livres de todas as "castas". Mas, se o controle sobre o viver não foi suficientemente eficaz, ele o foi muito mais sobre o morrer nessa sociedade colonial. Aí também os corpos mestiços foram alvo de atenção especial, ainda que em nada libidinosa. O morrer dos corpos e o salvar-se das almas eram das mais importantes ferramentas de controle social empregadas pela Igreja sobre toda a população. O aproximar-se do desterro, anunciado por doenças, acidentes e pela própria idade, demandava certa purificação dos corpos pecadores em razão da salvação das respectivas almas, fossem elas para o purgató-

28 Arquivo Público Mineiro/Câmara Municipal de Ouro Preto – códice 35 – "Registro de editais, cartas, provisões e informações do Senado de petições e despachos – 1735-1736", f.118-118v.

rio ou diretamente ao paraíso celeste. Para tanto, um longo ritual se iniciava bem antes do último suspiro e isso também foi praticado por negros, crioulos e mestiços.

Matriarcas pretas de filhos bastardos mestiços acertavam o ritual, quase sempre com as respectivas irmandades religiosas e leigas das quais esperavam tratamentos específicos para o corpo jazido e para a alma ascendida. Elas davam exemplos de comportamento para filhos, parentes e conhecidos, corroborando tradições católicas de legados pios em testamentos e de rituais fúnebres. Joanna da Rocha, preta forra, nascera em alguma parte da África não especificada na documentação e se forrara no Brasil, muito provavelmente em Minas Gerais. Desconfiando que a morte se aproximava, não hesitou em organizar um pequeno espetáculo barroco para quando sua hora chegasse, bem ao gosto da época e da região onde morava. Corria o ano de 1758 na populosa vila de Sabará, sede da comarca do Rio das Velhas, lugar de muitos negócios – ouro, gado, agricultura, comércio de objetos e produtos vindos de todas as partes do mundo –, parada obrigatória entre a Bahia, os sertões e a região central de mineração de Minas Gerais, *locus* de encontros e desencontros de gente que vinha de um sem-número de lugares e também de gente nascida ali. Uns passavam por lá e muitos se instalavam definitivamente na promissora vila de Nossa Senhora da Conceição de Sabará, em Minas Gerais. Foi o caso, por exemplo, de Joanna da Rocha, que morava no distrito do Caquende. Em seu testamento, datado de 1758, a preta forra declarou que era mãe de um filho ilegítimo e que tinha um escravo de ganho e fazia doces, certamente vendidos por esse africano. Não acumulara fortuna, mas, em testamento, demonstrava ter-se preparado para o ritual de passagem derradeiro. Determinou ao seu testamenteiro, igualmente forro, que seu corpo fosse sepultado na Capela de Nossa Senhora do Carmo, "ao pé da pia de água benta", caso ela viesse a falecer no "sítio e fazenda de Francisco da Silva Forte", onde aparentemente vivia. Mas, se a morte lhe visitasse em Sabará, o sepultamento deveria ocorrer na Capela de Nossa Senhora do Rosário (tradicional devoção dos pretos), devendo seu corpo ser amortalhado em hábito de São Francisco, acompanhado

Figura 3.5
Riscos illuminados de figurinhos de brancos e negros dos uzos do Rio de Janeiro e Serra Frio.

por três sacerdotes, "entrando meu reverendo padre" e os outros a rezar missa de corpo presente.[29]

Em uma sociedade de forte traço matrifocal, essas mulheres foram tomadas como referências cotidianas por várias outras, e também por homens. Os impactos de suas opções, de suas incorporações culturais e religiosas, de suas estratégias de convivência e de coexistência ainda não são suficientemente conhecidos. Sabe-se, entretanto, que, nas redes de sociabilidades surgidas em toda a região de ocupação ibérica, elas exerceram papel preponderante na organização das famílias nucleares, das extensas e dos grupos sociais. Maneiras de viver e formas de pensar foram compartilhadas a partir dos muitos casos de sucesso relativos às alforrias obtidas, à ascensão socioeconômica de várias delas e de seus

29 APM/Câmara Municipal de Sabará – códice 24, f.48. Testamento de Joanna da Rocha – Fazenda de Nossa Senhora do Carmo do Rio Abaixo, 30 jun. 1758.

descendentes, mas também a partir dos malogros igualmente frequentes. Converter-se realmente ao catolicismo ocorreu a muitas, assim como a mescla de crenças religiosas africanas, europeias e indígenas. De toda forma, para aquelas que, à beira da morte, contavam com bens materiais e, portanto, deveriam fazer testamento, como era o costume, foi conveniente delinear um perfil de boa cristã.

Thiadozia de Crastos viera de Angola para Minas Gerais na primeira metade do século XVIII e se forrara na região. Solteira, sem filhos declarados, ajuntara alguma fortuna no final da vida. Morava no arraial de Nossa Senhora da Lapa, comarca do Rio das Velhas, e, em 1748, ditou seu testamento. Como muitos outros de gente de todas as "qualidades", este era aberto com uma fórmula preexistente, usada pelos escrivãos e juízes de órfãos. Entretanto, havia espaço para pequenas adaptações, pois as devoções variavam, assim como as invocações, as irmandades de filiação e até mesmo a menção ao santo ou santa de nome igual ao do testador, além do número de missas pela alma e do tipo de enterramento do corpo. Um trecho do testamento da angolana forra Thiadozia é exemplar nesse sentido:

> Em nome da santíssima Trindade Padre e filho Espírito Santo três pessoas e um só Deus verdadeiro. Saibam quantos este instrumento virem que no ano do nascimento de nosso Senhor Jesus Cristo de mil setecentos e quarenta e oito anos aos três dias do mês de fevereiro do dito ano eu Thiadozia de Crastos, preta forra, estando em meu perfeito juízo e entendimento que nosso Senhor me deu de saúde e temendo-me da morte e desejando pôr a minha alma no caminho da salvação, por não saber o que nosso Senhor de mim quer fazer e quando será servido de me levar para si, faço este meu testamento na forma seguinte: Primeiro encomendo a minha alma à Santíssima trindade que a criou e rogo ao Padre eterno pela morte e Paixão de seu Unigênito filho a queira receber como recebeu a sua estando para morrer na Árvore da Vera Cruz. E a meu Senhor Jesus Cristo peço por suas divinas chagas que, já que nesta vida me fez mercê de dar seu precioso sangue e merecimentos de seus trabalhos, me faça também mercê na vida que esperamos dar o prêmio deles que é a glória. Peço e rogo à gloriosa Virgem Maria, nossa senhora Madre de Deus, e a todos os Santos da Corte Celestial, particularmente ao meu Anjo da guarda e à gloriosa Santa Thiadoza Santa do meu nome e à gloriosa (sic)

São Gonçalo, e ao glorioso São Benedito a quem tenho devoção queiram por mim interceder e rogar a meu Senhor Jesus Cristo agora e quando minha alma deste meu corpo sair porque como verdadeira cristã protesto de viver e morrer em a Santa Fé católica e crer o que tem e crê a Santa Madre Igreja de Roma e nesta fé espero de salvar a minha alma não por meus merecimentos, mas pelos da Santíssima Paixão do Unigênito Filho de Deus. [...] Meu corpo será sepultado na Capela de Nossa Senhora da Lapa, filial desta matriz do Sabará, em hábito de São Francisco, e será levado à sepultura com três clérigos e todos me dirão missa de corpo presente por minha alma e, se no dia do meu falecimento se não achar mais que o Capelão da dita capela, este me dará a sepultura e se pagarão todos os direitos paroquiais ao meu reverendo vigário, como é costume. [...] Declaro que meus testamenteiros mandarão dizer por minha alma sessenta missas de esmola de meia oitava cada uma e assim mais mandarão dizer trinta missas pelas almas do purgatório da mesma esmola e assim mais deixo de esmola a Nossa Senhora da Lapa vinte oitavas de ouro e ao menino Jesus, cinco oitavas de ouro [...][30]

Como dito antes, se a religião e a religiosidade não conseguiram domar completamente os corpos no viver cotidiano, isso em toda a extensão da América ibérica, foram-no de maneira muito mais eficaz ante a morte iminente. Na verdade, o embate entre os vícios do corpo e as virtudes da alma era tema muito antigo já à época e havia se popularizado, quando Thiadozia, um mulher escravizada e liberta no Brasil setecentista, assim como tantos outros testadores coloniais, concordou com os termos católicos e acrescentou a eles mais alguns elementos. Aí, corpo e alma retomavam, ainda que de forma menos explícita, papéis a eles atribuídos havia vários séculos.

O atormentado testador, mergulhado naquele mundo colonial barroco e mestiço, tentava, por meio de vários artifícios, salvar sua alma, demonstrando que, muitas vezes, ela discordara das atitudes reprováveis praticadas pelo corpo. Nesse momento, o todo era desmembrado, como se as partes pudessem ser responsabilizadas por ter autonomia compor-

30 APM/CMS códice 20, f.21v-23. Testamento de Thiadozia de Crastos – Arraial de Nossa Senhora da Lapa, 3 fev. 1748.

tamental. Passava-se, então, a mais rogos pela sorte da alma, já que o destino do corpo era apodrecer e retornar ao pó do qual se originara. Talvez por isso, em outras ocasiões, ele aparecia como o dominante e a alma, como submissa, o que poderia vir a pesar positivamente em seu julgamento. Era assim que, de maneira menos incisiva e dramática, a encenação testamentária assemelhava-se aos diálogos imaginários, travados entre o corpo e a alma, comuns na literatura e no gosto popular europeus, desde a Idade Média. Vejamos um trecho de uma dessas conversas, traduzida do castelhano para o português no século XVIII e consumida com simpatia pelos leitores e pelos escutadores da época:

> Lembra-te, Alma adormecida,
> De vícios mundanos farta,
> Que está a hora oferecida
> De deixarmos nossa vida,
> Pois a morte nos aparta.
>
> Que deleites mais gostosos,
> Alma, já são acabados;
> Já os faustos mais pomposos,
> Com os dias mais vistosos,
> De mil prazeres cercados.
> [.....................................]
> Caçando pelos outeiros,
> Com passatempo e folgar;
> Com criados e monteiros
> Correndo como toureiros,
> Sem na mesa cuidar.
> Conta darás desta caça
> E quando andavas jogando.[31]

31 Apud Martins, *Introdução histórica à vidência do tempo e da morte*, v.1, p.165-6. Trata-se da "Prática sentida entre o corpo e [a] alma", que apareceu em letra de forma, em Lisboa, em 1794, vertida por Diogo da Costa Ulisbonense.

A Alma responde ao Corpo, chamando-lhe de cruel e lamentando--se por ter feito tudo para agradar-lhe, e a contenda prossegue com trocas de acusações entre as partes. Esses debates de origem medieval ainda seriam reproduzidos e adaptados por muitas gerações, tanto em Portugal[32] quanto nas áreas de conquistas.

Na América colonial, já perto do século XIX, o *corpus* social mestiço contemplara porções biológicas e culturais de muitas partes e gentes. Nesse universo de mesclas, de convivências e de coexistências, de acordos, afetos, conflitos, complementações e invenções, de manutenção de tradições antigas e de construção de novos gostos e estéticas, homens e mulheres das quatro partes do mundo experimentaram fortemente sua recriação (nem a primeira nem a derradeira). Como em um pretensioso novo *Theatrum orbis Terrarum* (teatro do mundo/teatro universal), marcadamente conectado e mestiço, o pecado original, a *monstrosa* e os "corpos desafeiçoados"[33] pareciam poder facilmente ser depurados e redimidos pelo catolicismo ibérico, já tão adaptado às mestiçagens. É exatamente esta a ideia central do texto: a americanização do mundo ou a globalização mestiça, o que equivale afirmar a conquista universal do mestiço, muito mais ampla e intensa que tudo o que antes existira nesse sentido. Os resultados desse longo processo histórico são tantos e tão diversos que dificilmente se poderia pretender arrolá-los e conhecê-los todos e profundamente. Tarefa impossível! Entretanto, basta dizer que nossa vida hoje, nossos ritmos musicais, nossos gostos e ideias, nossa

32 No início do século XX ainda se podia escutar, em Portugal, versos anônimos como os que seguem: *Corpo, Diz-me aonde vais, Minha leal companheira, Sempre me tens acompanhado E deixas-me desta maneira.*
Alma, Fica-te para aí, Corpo, Que só és cinza e pó, Eu vou dar contas a Deus E lá me acharei só; Seguiste teus apetites E bem nunca lhe encontrei, E as maldades que fizeste Agora as pagarei.
Ver Martins, op. cit., v.I, p.168-9. O imaginário medieval e moderno sobre o encaminhamento das almas ao céu, ao inferno e ao purgatório pode ser examinado nos textos geniais do teatrólogo português nascido no século XV e falecido no Quinhentos: Vicente, *Auto da alma* e *Os autos das barcas.*

33 Descritos pelo cronista Gomes Eanes de Azurara.

gastronomia, nossas formas de pensar, amar, produzir, sonhar e julgar, enfim, nossas formas mais comuns e prosaicas de viver são todos derivados íntimos desse *melting-pot* colonial. Deveria afirmar que se trata de uma estrondosa vitória mestiça?

Conclusão

É sempre arriscado dar um fim, ainda que relativizado, a um tema sem fim... Como concluir um texto calcado em pesquisas insuficientes, em parca bibliografia, em pontos polêmicos e em verdadeiros tabus intelectuais? Não há respostas prontas para esse dilema que geralmente acompanha o trabalho dos historiadores.

Entretanto, posso, com convicção, sublinhar alguns pontos e reafirmar certas ideias expostas ao longo do texto. Iniciei chamando a atenção para o fato de as imagens e representações relativas aos povos da "Terra dos negros" terem se tornado muito depreciativas a partir do século XIV ou do XV, sobretudo diante de um olhar europeu e cristão, ao contrário do que se possa encontrar nas crônicas anteriores, escritas por viajantes, peregrinos e geógrafos muçulmanos. A célebre batalha de Lepanto, travada em 1571, com vitória dos cristãos sobre os muçulmanos, foi marco importante nessa mudança de olhar sobre os "pretos" e, a partir daí, cada vez mais se aprofundou a confusão feita na cristandade entre "turcos", "mouros", "pretos" e islâmicos. A expulsão dos muçulmanos da Península Ibérica em 1492 e a expansão do catolicismo ibérico sobre o Mediterrâneo africano e sobre o Novo Mundo são outros marcos indispensáveis para entender melhor a depreciação física, intelectual, cultural, religiosa, humana dos negros da África e, inclusive, para se compreender o enorme e inédito comércio transatlântico de escravos que se inicia em seguida. Obviamente, não são apenas esses acontecimentos que explicam a construção do imaginário pejorativo, e muitos outros elementos certamente podem ser evocados para elucidar o fenômeno. Até mesmo a Bíblia, mais exatamente o Livro de Gênesis, foi frequentemente usada nesse sentido, voltando-se à maldição que Noé proclamara sobre os descendentes de Cam, um de seus filhos. Também as célebres cruzadas, em resposta ao anterior avanço do Islã sobre todas as direções do mundo conhecido, contribuíram para enegrecer a pele de todos os não cristãos e, assim, associá-los às trevas, ao mal e à silhueta disforme e horrível do demônio.

A imagem demonizada, deturpada e deformada dos negros africanos encontrava-se arraigada no universo da cristandade, quando o Novo Mundo foi conquistado. É claro que, com os conquistadores e autoridades e também com os populares ibéricos que migraram para as Índias Ocidentais, isto é, para a América, esse imaginário transpôs o Atlântico e implantou-se com algum vigor. Entretanto, desde as primeiras décadas de ocupação, o Novo Mundo, mais que a Europa, recebeu numerosas levas de pretos. Não obstante, o radicalismo relativo à depreciação física e cultural desses povos não parece ter adquirido a mesma dimensão existente no Velho Mundo. Claro, estava afastado o contexto da reconquista, das cruzadas contra infiéis, das batalhas religiosas... O universo americano era bem distinto e possuía características únicas. Os povos nativos, chamados de índios, ainda que em decadência demográfica, eram elemento novo e a este não se dispensou o mesmo tratamento dado aos negros, bárbaros, infiéis e judeus. A mestiçagem biológica e cultural, ainda que não fosse fenômeno inédito, assumiu tais dimensões no Novo Mundo tanto na rapidez que as mesclas ocorreram quanto na extensão adquirida e em seu impacto mundializante, que acompanhou uma americanização do planeta. Esse fenômeno esteve calcado no trânsito de gente, de culturas e de mercadorias que se ampliou e se intensificou enormemente depois do século XVI. Enfim, diferentemente do ocorrido na Europa, nas Américas o contingente de escravos negros, muito expressivo já no século XVI, parece ter sido menos demonizado, incluídos os corpos deles, que, sublinhe-se, mais descobertos ficaram em clima tropical. Não significa afirmar que esses homens e mulheres não experimentaram os sofrimentos do cativeiro nem que viveram tranquilos e felizes... Mas em sociedades novas, de fronteiras abertas, em sentido amplo, representaram menos riscos e foram mais necessários. Afinal, povoar era mister.

Índias, negras e, mais tarde, mulatas, pardas, cabras, *mestizas* e mestiças de maneira geral, além de algumas mulheres brancas, conformaram o *corpus* gerador das mestiçagens americanas, que conferiram novos valores aos grupos sociais e transformaram seus frutos mesclados em principais artífices de um mundo novo. Este não foi cristão invadido por muçulmanos e reconquistado, como a Península Ibérica; não foi muçulmano, como o Oriente Próximo e boa parte da Ásia e da África; não foi hindu nem foi império fechado, como a China. Ao contrário, nasceu e desenvolveu-se sob a égide de muitas misturas, sem um eixo identitário único, amálgama político, religioso e cultural, ainda que mitificado. Há, portanto, uma diferença histórica bastante importante entre essas partes do mundo e a quarta, que, em poucas décadas de constituição colonial, já causava impacto planetário. O *corpus* social mestiço nas Américas formara-se, biologicamente, a partir de corpos deslocados no espaço e no tempo e de nativos, que se mesclaram ao longo do período. Talvez por isso o imaginário americano relativo aos negros seja bem mais matizado e menos radical que o europeu. Mães negras, pretas e crioulas de filhos bastardos, cujos pais eram autoridades metropolitanas, negociantes, militares, religiosos ibéricos instalados nos arraiais, vilas e cidades coloniais, assim como *criollos* espanhóis e filhos de portugueses já nascidos no Brasil, foram muito comuns em todo o período. Parte significativa desses bastardos, classificados como pardos, mulatos e até mesmo como brancos, de acordo com a necessidade e a conveniência, ascendeu social e economicamente, estudou em universidades e em colégios americanos e europeus, ocupou cargos administrativos e militares e sagrou-se religiosa; enfim, engrossou a elite colonial. Não se deve esquecer disso nem subestimar a importância desse fenômeno. Até a proibição de uso de insígnias e de objetos distintivos por parte de não brancos foi norma real impossível de se fazer valer nas áreas coloniais americanas. Os casos reproduzidos na última parte do texto exemplificam bem esse universo mestiço colonial americano, acentuando-se dois outros aspectos imprescindíveis para sustentar os argumentos aqui apresentados: a mobilidade social experimentada por eles e a dinâmica social que coproduziram. Por isso, é necessário sublinhar: esses poucos personagens evocados aqui não são exceções pinçadas nos arquivos antigos. Longe disso: são incríveis sumários do viver e do morrer, do empreender e do resistir, do pensar e do acreditar que conformaram aquelas sociedades e as pessoas de distintas "qualidades", castas e cores de pele que nelas atuaram. Por tudo isso, pode-se dizer com convicção que o *corpus* mestiço colonial americano alcançou dimensões que superaram em proporção e em complexidade os movimentos anteriores de misturas biológicas e culturais ocorridos nas outras partes do mundo.

É óbvio que, durante todo o período de escravidão, os negros africanos (com os índios) ocuparam a base da pirâmide social, inclusive no que se refere aos padrões de beleza, à capacidade criativa e ao nível de civilização, para usar termos e valores daquela época. Entretanto, ainda que fossem considerados (principalmente as mulheres negras) matrizes de uma anunciada e cultivada degenerescência social, o ambiente profunda e dinamicamente mestiçado americano serviu para amortecer o peso de imaginário e de representações demasiadamente depreciativas e desqualificativas deles. Afinal, não foi coisa sem importância, nesse quadro, ter mães, avós e, às vezes, pais e avôs negros. A família, ao contrário do que se pensou durante muito tempo, foi instituição sólida entre escravos e libertos. No entanto, na maioria das vezes não teve o mesmo formato da família cristã/europeia, o que confundiu muitos estudiosos, que não conseguiram vê-la.

As ideias de moral degenerada, de desregramento sexual, de preguiça natural, de incapacidade criativa, pelo menos desde a segunda metade do século XIX, estiveram intimamente ligadas a outra: a de raça inferior. Este seria o principal legado negativo do passado marcadamente africano e mestiço, na visão de intelectuais, autoridades e políticos daquela época. Opinião muito semelhante se cultivou em vários dos então recém-independentes países americanos, quase todos repúblicas. Mas essa visão negativa sobre os ascendentes antigos perdurou poucas décadas e, mesmo assim, não foi homogênea. No dia a dia das populações americanas, tão profundamente mixadas, contrapuseram-se práticas culturais que, generalizadas, não permitiram a completa desqualificação do passado e do presente mestiços, nem uma absoluta deformação das matrizes negras. A música popular da época, a culinária, a indumentária, a sensualidade do viver, a estética corporal, todas muito mescladas, já se encontravam impregnadas de nacionalismos e de identidades populares, evocadas por vários grupos. No início do século XX, o elogio da mestiçagem ou, pelo menos, de certa civilização com tal peculiaridade, já aparecia nos escritos de importantes pensadores latino-americanos, no Brasil, em Cuba, no México e em outras partes. A americanização do mundo, tão marcante nos séculos XVI e XVII, parecia querer revigorar-se, e a civilização mestiça, sobretudo à brasileira, pretendeu-se modelo universal de sociedade. Nessa altura, a mulata já era a tal e até hoje não perdeu o rebolado.

4

O corpo vazio: o imaginário sobre a esterilidade entre a Colônia e o Império

Mary Del Priore

Segundo pesquisadores franceses,[1] desde a chegada do Viagra ao mercado, o tom do discurso público sobre a sexualidade alterou-se sensivelmente. A pílula milagrosa do prazer, de acordo com eles, tomou o lugar do preservativo, que limitaria o deleite, mas também protegeria da morte. No Brasil, desde seu lançamento, o Viagra vem se mantendo na ponta de lança da mídia, com destaque na imprensa falada e escrita. Além da mudança no discurso sobre a sexualidade, como explicar o interesse, as reações e as esperanças suscitadas pelo medicamento? Se estas revelam as grandes modificações nos comportamentos, também traduzem imobilidades e permanências extremamente duráveis.

Para entender estruturas mais antigas, ainda muito profundas, comecemos por abordar as mais recentes. Nos últimos trinta anos, graças à pílula anticoncepcional, uma transformação "silenciosa" teve lugar, conduzindo as mulheres a serem mais ativas nas relações se-

1 Bajos; Bozon, La sexualité à l'épreuve de la medicalisation: le Viagra. In: *Actes de la recherche en sciences sociales (Sur la sexualité)*, p.34-7.

xuais, mais exigentes quanto a seus parceiros, e levando-as, além disso, a prolongar sua vida sexual. Mais frequentemente que nossos antepassados, vivemos, hoje, homens e mulheres, uma sexualidade assertiva que desejamos fazer durar além do limite biológico-social da menopausa ou da andropausa. Esse prolongamento inscreve-se na revolução que transformou o sexo em fonte de bem-estar e prazer, diferentemente do que significou para nossos ancestrais: medo, culpa ou problema moral. Mas se tal revolução instaurou práticas mais igualitárias de gênero e entre os parceiros, não varreu a assimetria profunda do lugar do desejo de homens e mulheres na atividade sexual. Quando da sua realização, o desejo e a excitação física continuam percebidos como domínio e responsabilidade exclusiva masculinas. Ora, essa obrigação de virilidade sempre se revelou, ao longo da história, portadora de profunda ansiedade.[2] Geradora de igual sentimento e de temores, a contrapartida era o dever feminino de demonstrar fecundidade por meio de múltiplas gravidezes.

Mudanças? Poucas. Homens e mulheres, por exemplo, ainda reconhecem com grande dificuldade a existência e a autonomia do desejo sexual feminino, como se o jogo erótico dessas últimas tivesse de se esconder atrás da afetividade. A descoberta do Viagra e a acolhida que o medicamento recebeu traduzem bem a transformação e as novas expectativas em relação à sexualidade, mas também – convém frisá-lo – uma persistência do desejo masculino. Sempre foram eles que determinaram, pelos sinais da ereção, o momento do coito.

Como bem demonstrou Michel Foucault em obras clássicas, muito antes de se tornarem discursos públicos ou casos de saúde pública – passando lentamente de "frigidez" a "pane sexual" e desta a disfunção erétil –, os comportamentos cotidianos em relação à impotência medravam na esfera da magia analógica, da teologia e da incipiente medicina.[3] Trezentos anos atrás, como veremos, o Viagra era de outra natureza. A angústia, contudo, nascida da obrigação de virilidade,

2 Ver Darmon, *Le mythe de la procréation à l'âge baroque*.

3 Foucault, *Histoire de la sexualité* – La volonté de savoir.

já estava profundamente arraigada em nossa cultura. O historiador francês Pierre Darmon foi o primeiro a sublinhar que a sociedade ocidental não era machista apenas com as mulheres: era-o, também, com os homens. Provas históricas? Um breve papal, datado de 1587, definia a impotência masculina como um "impedimento público" ao sacramento do matrimônio.

Na França, por exemplo, os processos contra os maridos "frígidos" foram legião entre os séculos XVI e XVIII. A chamada "prova do congresso", com exames de elasticidade e ereção, era humilhante. Durante uma semana, o homem acusado de impotência tinha de tentar sua chance com a esposa, diante dos olhos escrutinadores de uma matrona designada por um tribunal. A isso se seguia a *inspectio corporalis*, masturbação na frente de um médico ou padre que analisava a cor do esperma fresco – branca, boa; amarela, ruim. Enfim, tudo colaborava para que "a hora da verdade" fosse um pesadelo. Não faltava quem considerasse o procedimento indecente, mas todo o esforço, mesmo entre os mais puritanos, era para indicar a "boa via ao marido inexperiente".[4]

Na Espanha do século XVII, acumularam-se poemas nos quais a "agudeza" descrevia em detalhes como era árduo o encontro de corpos marcados por dificuldades sexuais. Em Portugal, em novembro de 1668, teve início o processo de anulação do casamento de d. Afonso VI com d. Maria Francisca Isabel, duquesa de Saboia. O golpe de misericórdia dado pela rainha contra o rei veio sob a forma de uma carta em que essa acusava, sem rodeios, o marido:

> Rei e senhor; Deixei minha pátria, vendi minha fazenda por vir buscar a V. Majestade e servi-lo; Não se agradou V. Majestade de mim, não é meu marido como V. Majestade bem sabe.[5]

---

4 Excelente sobre o assunto é o texto de Dueer, La preuve de l'impuissance et la copulation publique. In: ______ . *Nudité & Pudeur* – le mythe du processus de civilization.

5 Serrão, *História de Portugal (1640-1750)*, p.200.

Na América portuguesa, as *Constituições primeiras do arcebispado da Bahia*, impressas em 1720, fonte da regulamentação moral no período colonial, não deixavam dúvidas: a impotência era causa de anulação matrimonial, quando algum contraente, já antes do matrimônio, "não era capaz de geração por falta ou desproporção dos instrumentos da cópula ou a falta provenha da natureza, arte ou enfermidade, contanto seja perpétua".[6]

Mas a pergunta do historiador é: como se sobrevivia no passado à maldição da impotência? Que cuidados existiam para aprimorar a então chamada "obra de Vênus"? Graças ao pesquisador italiano Piero Camporesi, sabemos que a potencialização da luxúria tinha função explícita: restaurar o arsenal sexual do amante, solicitar, acordar e excitar o apetite viril. Isso, pois, nessa cultura e nesses tempos, o sentido da vida e a presença humana ativa sobre o teatro do mundo passavam pela medida de virilidade e fecundidade. Estas eram teste fundamental quanto à capacidade de interpretarem, homens e mulheres, seu próprio papel na cena das representações insidiosas da carne. Insidiosas, porém necessárias, afinal, "o crescei e multiplicai-vos" era obrigatório, e a Bíblia já o tinha estipulado.

Sublinha Henrique Carneiro, especialista no estudo e em fármacos, que essa preocupação foi estrutural na sociedade ocidental cristã. Só que, na Idade Média, os limites entre virilidade, fecundidade e os desdobramentos do desejo sexual excessivo ainda não tinham sido de todo demarcados. Os filtros do amor, por exemplo, alimentaram a literatura do Renascimento medieval. O exemplo máximo é a história de Tristão e Isolda, em que a poção mágica tem decisiva importância na trama que leva a heroína aos braços do herói. No século XII, o filtro é considerado um instrumento legítimo do desejo, mas uma viragem ocorreu. O casamento monogâmico e indissolúvel, tal como foi instituído pela Igreja Católica no período, era tido como um remédio contra a concupiscência. Seu objetivo fundamental era a procriação e os filhos; a felicidade e o desejo eram secundários. Prova disso é que, um

6 *Constituições Primeiras do Arcebispado da Bahia.*

século mais tarde, acirrada repressão se abateu sobre práticas afrodisíacas baseadas em poções, cuja condenação foi explicitada até no *Manual dos inquisidores* escrito pelo Inquisidor Nicolau Eymerich, em 1376.

Segundo Henrique Carneiro, nos registros da colonização portuguesa, tanto na Ásia quanto na América, os afrodisíacos aparecem tanto que nos fazem crer que eram buscados com insistência. Era como se, no início da Idade Moderna, tanto a tradição afrodisíaca quanto aquela outra, normativa, recém-instaurada, ainda estivessem largamente imbricadas. Garcia da Orta, autor seiscentista português, preocupa-se em registrar, nas suas observações de naturalista, tudo o que pudesse dizer respeito à disfunção ou ao aprimoramento das funções sexuais. Em suas obras, ele menciona o âmbar, "bom para conversação com mulheres"; a "assafétida", para "levantar o membro" e para as "festas de Vênus"; as cubebas para "ajudar a Vênus" e o bétel, "que para as bodas de Vênus é principal alcoviteiro".[7]

Até o ópio, conhecido como anfião, segundo um surpreso Orta, era usado com fins luxuriosos, pois, embora "os físicos todos letrados me afirmavam, tornava os homens impotentes", confessa, deixava-os "fora de si", estimulando a "virtude expulsiva", ou seja, aquela que "deita nos testículos a virtude genital". Comia-se ópio para prolongar o prazer sexual, ou, como se dizia então, "para acabar o ato venéreo mais tarde". A banana e o figo, conforme esse autor, possuíam, por virtudes analógicas óbvias com as partes sexuais masculinas, também aquelas de "excitar a deleitação carnal".[8] A jaca assada com castanhas, idem, de acordo com Cristóvão de Acosta, médico e naturalista português. O banguê, ou maconha, era mastigado para ajudar o "ato venéreo" ou ingerido em pó, misturado a cravo e noz-moscada.

A própria pimenta, especiaria responsável pelo comércio ultramarino, permitia associar o ardor do alimento com a inflamação erótica, sendo considerada "fumacenta e penetrativa [...], prejudicial à saúde,

7 Ver Orta, *Colóquio dos simples, das drogas e das cousas medicinais da Índia.*

8 Ibid.

maiormente da alma, porque provoca a sensualidade".[9] Perfumes e odores, como o almíscar, extraído do cervo ou do castor, ou o âmbar gris, do intestino de cachalotes, aproveitavam-se muito para a "conversação com mulheres". E o século XVII, que assistiu a uma avalancha de processos contra impotentes, viu, também, o desenvolvimento de polvilhos, contas, incensos, pastilhas e águas odoríferas com nítida referência afrodisíaca.

A preocupação que sempre seguia à descrição de tais produtos era, contudo, de ordem moral. Diferentemente do que ocorria na Idade Média, o excesso do consumo de afrodisíacos passou a ser severamente condenado. É importante lembrar ainda que, pelo menos durante o Renascimento, se a reprodução era assunto importante para médicos e teólogos, a chamada "cópula carnal" revestia-se, no entender desses profissionais, de grandes riscos.

É bom não esquecer que a mulher era considerada, então, um acólito de Satã e portadora de uma porta úmida que se abria para o inferno. Acreditava-se que o obscuro golfo da vagina escondia, em suas águas lívidas, seivas nefastas impregnadas de pecado e doenças ignóbeis. A "sombria caverna", o pântano pútrido, abrigava o membro considerado por Aristóteles como inobediente a seu dono. Não é à toa que cronistas e os primeiros médicos que vêm para a América portuguesa, como o holandês Guilherme Piso, registrariam que excessos libidinosos comuns entre indígenas ou mazombos levavam a "perpétuas vigílias" e a febres. Culpa das mulheres e das obras de Vênus.

Segundo Carneiro, essa visão tornou-se mais densa a partir do século XVII, momento em que, em um contraste evidente com textos médicos botânicos do século XVI, "o serviço de Vênus", ou a luxúria, passa a ser atacada. Mais: a ser medicalizada, sendo considerada, além de pecado, enfermidade. Não obstante, afirma tal autor, as plantas incitadoras dos sentidos sensuais continuam a ser registradas em algumas obras, afinal, persistia a preocupação com o bom desempenho sexual. Entre elas, acha-se a prosaica hortelã – "esta erva é quente e seca [...]

---

9 Carneiro, *Filtros, mezinhas e triacas*: as drogas no mundo moderno, p.90.

é boa para dores de cólica, de estômago, do útero e da cabeça; provoca atos libidinosos", informava o médico português Francisco da Fonseca Henriques, em 1731; "os nabos são quentes e úmidos, cozem-se com facilidade e nutrem pouco [...] pelo seu calor e flatulência incitam a atos libidinosos"; igualmente, "a cenoura [...] quente e seca".[10]

Questões relativas à potência sexual percorreram, durante a Idade Moderna, a região fronteiriça entre o pecado, a doença e o vício, como afirma Carneiro. O uso de plantas para fins libidinosos era evidenciado na importância dos unguentos e filtros e na perseguição de benzedeiras, curandeiros e bruxas, que os empregavam na magia capaz de tornar qualquer um impotente.[11] Desde o século VII, quando Isidoro de Sevilha registrou o uso de uma planta, denominada *satyrion*, "pelo incêndio libidinoso que produz", até o XVIII, quando a satiríase será diagnosticada como uma doença, a arte da afrodisia sofrerá perseguições. Se os cronistas quinhentistas registravam o uso suntuoso dos aromas e dos óleos para fins sensuais com insistente curiosidade, os médicos dos séculos posteriores condenavam cada vez mais tais procedimentos. Em 1629, o médico luso Aleixo de Abreu descreverá, de forma exemplar, a sequência de enfermidades que teve quando uma inflamação do fígado foi seguida por outra de rins, depois por uma satiríase, até chegar à febre. Instalada inicialmente em vários órgãos, ao atingir o sexo a doença tornava-se violento e compulsivo desejo.

Como terapia – é sempre Henrique Carneiro[12] quem nos informa –, Aleixo tentaria debelar a doença do desejo com as mesmas sangrias que recomendava para outros males, pois seria "o grave calor do sangue" que causaria o "incêndio no lombo", aquecimento de artérias, enviando "espíritos ao membro". Relatar como foi acometido de satiríase e o modo

10 Henriques, *Âncora medicinal para conservar a vida com saúde*, p.341.

11 Ver Freyre, *Casa-grande e senzala*; Mello e Souza, *O diabo na Terra de Santa Cruz*; Calainho, *A metrópole das mandingas, religiosidade negra e Inquisição portuguesa no antigo regime*. Rio de Janeiro: Garamond/Faperj, 2008.

12 Carneiro, op. cit., p.102.

pelo qual se curou não era incomum. Errado seria não ter diagnosticado a natureza de um mal no enrijecimento do seu próprio pênis, pois, não sendo doença, tal coisa só poderia ser luxúria, condenável em qualquer cristão e mais ainda em um médico, pois como dizia outro autor, Brás Luís de Abreu, "deixa de ser médico, se é lascivo".[13]

Outras "doenças" sexuais também aparecem. A "erotomania ou melancolia amorosa", mal da época a atingir homens e mulheres obcecados por virilidade e fecundidade, era combatida com sangrias copiosas, realizadas nos braços, nos pés ou atrás das orelhas. João Curvo Semedo preferia às sangrias cocções à base de corações de ratos domésticos e ouro puríssimo.[14] Dietas eram obrigatórias e delas varriam-se todos os alimentos "quentes", baseados em especiarias e condimentos como as pimentas. Os fármacos empregados eram de natureza "fria e úmida", visando apagar o incêndio da carne. A doença, chamada "febre amorosa", era descrita nos seguintes termos:

> Nossos modernos práticos chamam febre amorosa os batimentos do coração, inchamento do rosto, apetites depravados, tristeza, suspiros, lágrimas sem motivo, fome insaciável, sede raivosa, síncopes, opressões, sufocações, vigílias contínuas, cefalalgias, melancolias, epilepsia, raivas, furores uterinos, satiríases e outros perniciosos sintomas que não recebem mitigação nem cura na maior parte das vezes do que pelos remédios do amor.[15]

Sua causa poderia ser tanto um veneno como um remédio ou filtro amoroso. Esse mal, metaforizado em um guerreiro a conquistar uma fortaleza, atacava inicialmente pelos olhos, fluía pelas veias como um veneno, chegando ao fígado, que inflamava de forma a transmitir um calor aos rins e ao lombo, que se tornavam sedes importantes do sistema erótico, chegando finalmente ao cérebro, então, escravizado:

---

13 Abreu, *Portugal médico ou monarquia médico-lusitana*: prática, simbólica, ética e política, p.734.

14 Pereira, *Piso e a medicina indígena*, p.43.

15 Fernand, *Traité de l'essence et guérison de l'amour*, p.264.

> O amor, tendo abusado dos olhos, como verdadeiros espiões e porteiros da alma, deixa-se deslizar docemente por um par de canais e caminha insensivelmente pelas veias até o fígado, imprime subitamente um desejo ardente da coisa que é ou parece amável, acende a concupiscência e por este desejo começa toda a sedição [...] vai diretamente ganhando a cidadela do coração, o qual, estando uma vez mais assegurado como o mais forte lugar, ataca depois tão vivamente a razão e todas as potências nobres do cérebro, que ela se sujeita e torna-se totalmente escrava.[16]

Para se prevenir contra tal febre, evitava-se dormir de costas, tomavam-se banhos gelados e usavam-se remédios frios e úmidos, como águas de alface e grãos de cânfora. Costumava-se untar rins, pênis e períneo com unguentos feitos de ervas "muito frias". Os médicos do período preocupavam-se tanto com os excessos da luxúria quanto com a temida impotência. Confundindo o medo desta com os excessos da primeira, os esculápios não duvidavam em diagnosticar que "o diabo, autor de toda a maldade, pode resfriar os amores lícitos e acender os ilícitos".[17]

Esse tipo de asserção era comum. Sabemos que o corpo físico, no passado e mais precisamente durante a Idade Moderna, era visto como o palco nebuloso no qual Deus e o Diabo se digladiavam. As doenças, entre elas a impotência, eram consideradas desregramentos do espírito punidos com o açoite divino, ou um mal demoníaco, ou feitiço diabólico. Esse imaginário, que tornava o corpo um extrato do céu ou do inferno, constituía-se em um saber capaz de orientar a medicina, suprindo provisoriamente as lacunas de seus conhecimentos.[18]

No século XVII, a medicina que era praticada em Portugal ou em seus domínios no além-mar ecoava as diretrizes da Igreja, para adequar o uso da sexualidade ao casamento, e somente a ele. Qualquer outra manifestação erótica ou sensual acendia o sinal de alarme. Inúmeras

16 Ibid., p.218.

17 Pereira, *Anacephaleosis médico-theológica mágico jurídica moral e política*, p.241.

18 Ver Del Priore, Magia e medicina na Colônia: o corpo feminino. In: *História das mulheres no Brasil*, p.78-114, assim como *Ao sul do corpo, mentalidades e maternidades no Brasil colonial*.

prescrições afloravam nos textos de médicos letrados ou paramédicos cujas observações bracejavam no desconhecimento, mas eles se preocupavam em anotar todos os possíveis desvios. Num clima de crenças e superstições extremamente arraigadas no que diz respeito ao uso e aos cuidados do corpo, proliferava um saber que se valia de analogias, esconjuros e benzeduras, drogas e elixires afamados. E na crença de que somente Deus podia contra os perigos dos pecados da carne.

Eis por que Bernardo Pereira, conhecido médico da Corte portuguesa, diagnostica com tanta insistência a luxúria – sublinhe-se, outrora, um pecado, agora, doença –, descrevendo literalmente sintomas, delírio, contágio, infecção –

> aquele fogo ou febre ardentíssima que introduz na alma infernais incêndios, somente se apaga e se modera com o uso da oração e penitência, com a lembrança e consideração do inferno [...] se acaso há tardança nessa aplicação, degenera em terribilíssimos sintomas e na maior parte das vezes imedicáveis, pois passa a delírio, que descompõe a honestidade dos costumes, e a contágio, que infecciona a pureza dos afetos.[19]

Concluindo, faz a analogia simbólica da medicalização do pecado, considerando estar a origem das doenças no ato rebelde de Adão

> ao pecado do primeiro homem, chama a Igreja peste mortal [...] para te curar desta tua enfermidade, veio do céu à Terra o Divino Médico [...] aplicou a tua doença o maior remédio [...] um lavatório não de água elementar, mas sim de seu próprio sangue preparado na Botica do calvário [...] para te curar das recaídas deixou na Igreja sete remédios receitados que foram os sete sacramentos.

E o enfermo,

> tocado da peste do pecado, deve procurar médico sacerdote para lhe confeccionar este emplastro saudável para a sua alma, como triaca medicinal, que haja de extinguir o veneno do pecado; para o que deve dar inteira conta

19 Pereira, op. cit., p.242-3.

e verdadeira informação de toda a doença que padece e dos sintomas que o oprimem.[20]

Henrique Carneiro observa que o texto de Pereira expõe de forma exemplar a fusão entre o pecado e a doença, a confissão e o interrogatório médico, bem como seus sujeitos. A presença da impureza moral ou física no quadro da vida conjugal erigia-se então como termômetro para o coito, fazendo da esterilidade feminina um estigma. O excesso de interesse pelo sexo, visto como "desordenamento" por padres e médicos, tanto podia atrasar quanto impedir uma gravidez, e estava associado pelos tratadistas a um castigo de Deus às mulheres lascivas.

Em nome da sacralidade e dos fins do matrimônio, a impotência de ambos os sexos constituía-se, aos olhos da Igreja, em "impedimento dirimente", levando à anulação do casamento. Nicolas Venette, autor do importante *La génération de l'homme, ou Tableau de l'amour conjugal*, obra de 1696, repetia os antigos, afirmando que as mulheres eram mais responsáveis pela esterilidade que os homens.[21] Sua opinião encontrava respaldo em presunções populares, correntes nos séculos XVI e XVII, de que as mulheres muito bonitas eram impotentes por castigo de Deus, irado com suas vaidades. E as muito feias também o eram, em uma punição divina, por sua inveja das primeiras.

Mas é bem distante dos debates entre Igreja e medicina que o historiador encontra restos da preocupação que se tinha, no passado, com a esterilidade e na ênfase dada pelas comunidades à questão da procriação. Outrora espaço onde se amalgamavam crenças em malefícios, influências cosmológicas e magia, as práticas contra a esterilidade revelavam a resistência das populações à eliminação de práticas ancilares que traduziam o controle de homens e mulheres sobre seu próprio capital seminal. A solidez de crenças e de uma mentalidade havia séculos enraizada, ainda que mediada pelos "doutores", esclarece que a eficácia de rituais de combate à esterilidade tinha sua fonte em um saber

20 Ibid., p.242.

21 Apud Darmon, op.cit., p.27.

analógico. Pereira, por exemplo, ao explicar a "frigidez", incorporava elementos mágicos e teológicos a sua "observação científica":

> A impotência, geralmente falando, ou é para não poder gerar, que é a que dá nas pessoas estéreis e infecundas; ou é para não poder coabitar, que é a que se acha nos estatutos canônicos. Chamam frios (os estéreis e infecundos). Esta segunda, ou é perpétua, que não se pode remediar nem por indústrias da medicina nem por benefícios de remédios eclesiásticos, ou é temporal, que deixa por tempo determinado; esta se subdivide mais em impotência absoluta, que é a que se dá em um homem para todas as mulheres, ou nestas para todos os homens; e em respectiva que é a que se dá com respeito a um homem ou mulher determinados; e esta finalmente ou provém de causa natural somente, ou de malefício.[22]

Ou seja, estéreis e frios podiam sofrer de impotência perpétua ou temporária. E mais: essa "frialdade" poderia ser respectiva, tendo como alvo o cônjuge; ou absoluta, quer dizer, de uma mulher ou de um homem em relação aos demais membros do outro gênero. A crença generalizada que explicava a impotência de tipo "respectivo ou absoluto" era, aliás, a maldade do demônio. Demônio este capaz de conectar, por arte satânica, as partes sexuais, incapacitando-as para seus movimentos naturais. Ora, o grande número de mezinhas receitadas aos "ligados" ou impotentes "por malefício", encontrado em manuscritos na Biblioteca Nacional do Rio de Janeiro, sublinhava a concepção mágica que se tinha nesse período sobre a procriação. Pouco importavam as explicações médicas, mais valendo a simbologia analógica de certos medicamentos de uso tradicional.

O comer "pegas assadas e cozidas", ave corvídea também conhecida por pica-pica, e a erva "hipericão", aplicada aos rins, ajudava:

> Ir urinar num cemitério pela argola da campa de uma sepultura, urinar pelo anel da esposa antes, e depois do ajuntamento, ou pelo nó de uma ripa, ou tábua cortada [...] da água que cair da boca de qualquer cavalo que beber

22 Pereira, op. cit., p.232.

> em corrente apanhada, logo escrevem alguns há grande virtude [...] Tomar erva de carrapatos ou figueira-do-inferno e metida em uma panela nova se lhe lance em cima urina do doente e depois de cozida se enterre em parte, ou lugar fora do caminho, porque o feitor do malefício sentirá grandes dores, e estimulado disto desfará o malefício.[23]

Tanto em Portugal quanto na Colônia vivia-se a crença de poderes diabólicos sobre o corpo e a sexualidade, rastreados, aliás, por todos os manuais inquisitoriais de demonologia, os quais exigiam medidas combativas contra a esterilidade. Eis por que as *Constituições do arcebispado da Bahia* mencionam a impotência como uma das artes de Satã. Além de buscar a neutralização do mal, tais receitas, quando não eram eficientes, serviam como desculpa para esposos interessados em reverter o quadro de indissolubilidade matrimonial, os quais valiam-se da alegação de não cumprimento do débito conjugal. Para os menos impressionáveis, recomendava-se que os ligados, abstendo-se do congresso alguns dias, recorressem a Deus com deprecações para que, por seu filho unigênito, Jesus Cristo, fosse servido destruir as obras do Demônio:

> [...] que se inquirissem e revolvessem os cantos, cama, casa e couceiros das portas, e, achando-se alguns instrumentos, se queimassem e mudassem ao menos o leito e a cama [...] e que se purgassem com os remédios adequados ao humor em que residia o venéfico [...] bebendo-se em cima um pouco de vinho generoso, e, passada hora, coabitassem, com os quais remédios se reduziriam ao estado antigo e cessará o venéfico.[24]

Se as receitas médicas não funcionavam, não faltavam mandingueiros, calunduzeiros e outras "castas" de feiticeiros que propunham soluções distantes daquelas da Igreja ou dos médicos. Os saberes africanos, organicamente incorporados ao cotidiano em função de sua presença, ofereciam também recursos considerados eficientes. Processos de africanos e seus descendentes denunciados à Inquisição do Santo Ofício

23 Ibid., p.234.

24 Ibid., p.235.

demonstram que seu sistema religioso estava conectado ao cristianismo e, para interferir nos "ligados", não faltavam preparos como os feitos por certa escrava Domingas Fernandes, em 1612. Ela aprontava unguentos à base de urina, mel e três escarros da pessoa, dizendo em oração: "tu que estás ligado, eu te desato com Deus Pai e a Virgem Maria, sua madre, e como o santíssimo sacramento que é a verdadeira vontade".[25]

Para aqueles que quisessem tão somente conjurar os riscos do malefício, vivendo em "amor pacífico", recomendava-se ao marido "trazer consigo o coração da gralha macho, e à mulher, o da gralha fêmea". E, finalmente, para os que quisessem testar suas sinceras afinidades, uma fórmula que conciliava os que "se tratam com amizade recíproca, e aos que se aborrecem, aumenta a inimizade – "os pós de andorinhas vivas em uma panela a torrar no forno dadas a beber em vinho".[26]

Encorajadas ou condenadas pela medicina, essas práticas tinham em comum o fato de realçar as partes do corpo, cujas conotações sexuais eram valorizadas por registros simbólicos. Bernardo Pereira sugeria aos ligados:

> Lavar as partes pudendas com cozimento da semente, flor e erva chamada vulgarmente pombinha, defumando depois com dente de defunto lançado em tijolo feito brasa, amaciando-o quando em quando em aguardente, e, depois de limpo o suor, untar com assa-fétida, embrulhando as partes (sexuais) em panos quentes defumados no mesmo.

Aconselhava também defumadouros à base de "pós de rasuras dos sinos raspados onde dá o badalo", tomados com "pós de genital de touro".

As unções com fel (fezes) de corvo ou de cão, os untos de "pardal e enxúndia de cegonha" e os banhos íntimos com açafrão, noz-moscada, carne de vitela, leite e vinho eram de uso recorrente. Inspirado em Garcia de Orta, que destacara os resultados da assa-fétida (para alguns autores, asa de morcego, para outros, uma planta da família das umbe-

25 Apud Calainho, op. cit., p.152.

26 Pereira, op. cit., p.235.

líferas) "para levantar o membro", Curvo Semedo, em 1707, recomendava um óleo em que "tivessem infundido *cinquenta* formigas que têm asas",[27] e Oliva Sabugo pedia atenção para "manjares que comem marido e mulher [...] porque a *forma* sempre retém alguma coisa da matéria". Desaconselhados eram os "maus mantimentos, nem coisas fleumáticas, nem melancólicas, ao tempo que há aptidão na mulher para emprenhar, para que a semente seja de boa matéria".[28] Entre os "casados frios e velhos", havia esperança para os que untassem

> levemente o membro, e principalmente a fava, com uma migalha de algália [...] porque acodem tantos espíritos a ela e a engrossam de sorte que alguma vez não pode sair do vaso (feminino).[29]

Araújo lembra que o contato com os índios na América portuguesa levou ao emprego da pirótica, ou seja, do fogo nos procedimentos de cura. Homens cuja impotência causava-lhes dissabores e vergonha untavam o escroto e a região púbica com sebo de bode, "sentando-se sobre brasas vivas", isto é, aproximando-se, o mais possível, de um "caco" (vasilha de barro em forma de alguidar) cheio de brasas. Provavelmente, de tal prática, informa-nos esse autor, nasceu a expressão "estar sentado em brasas". Garrafadas à base de catuaba, largamente utilizadas até hoje, também decorrem dos empréstimos aos conhecimentos fitoterápicos dos tupis-guaranis.[30] A necessidade mística de progenitura atingia em cheio as mulheres. Comparadas a terras inférteis, humilhadas pelos companheiros e pela comunidade, associadas a mulas – animais estéreis geneticamente que eram conduzidos pelos padres, estes infecundos (pelo menos teoricamente) por vocação –, encaravam a impos-

27 Semedo, *Atalaia da vida contra hostilidades da morte*, p.235.

28 Sabugo, *Nova filosofia da natureza do homem, não conhecida nem alcançada dos grandes filósofos antigos, a qual melhora a saúde e a vida humana*, p.224.

29 A algália era medicamento extraído de excremento animal. Sobre o assunto ver Andrade, (1980) e Semedo (1720, p.148).

30 Araújo, *Medicina rústica*, p.155.

sibilidade de procriar como uma tara ou um contrassenso. Ao inverter o ciclo das gerações, interrompendo as linhagens e contrariando os ciclos agrícolas e a natureza, à qual seu período vital deveria comparar-se, a mulher estéril parecia ter o corpo entupido, fechado e prisioneiro de forças estranhas.

Além dos recursos devocionais às santas Ana e Comba, padroeiras da fertilidade conjugal, era preciso quebrar o obstáculo que obstruía a passagem da preciosa semente que poderia fecundá-la. As explicações médicas para os descaminhos fisiológicos do corpo eram impregnadas de magia. As exigências do moderno casamento cristão, bem como as condições para sua dissolução, não pareciam, porém, penetrar as teorias sobre a infertilidade feminina. As dificuldades para reunir em uma classificação os vários males "da madre", as anomalias de órgãos que não podiam ser examinados porque internos e o mito da passividade da mulher na procriação contribuíam para que seu corpo fosse encarado, segundo Lígia Bellini, como uma "coisa obscura".[31]

Possuidora de

> faculdades adormecidas, a madre devia despertar pela ação de piolhos e percevejos metidos no orifício do cano [...] para que, com mordeduras e movimentos que fazem, excitem a faculdade repelente adormecida.

Sua desobstrução se faria

> metendo-lhe na boca uma pequena castanha-da-índia, furando-a e atando-a bem com fio de retrós e deixando-a estar quatro ou seis horas, porque não só provoca bem a conjunção, mas alimpa a madre de todos os maus humores que são quase sempre a causa de muitas mulheres não conceberem.[32]

As analogias com animais de grande fecundidade faziam sugerir receitas à base de "sal fixo de ratos e caldo de galo velho", por conce-

31 Bellini, *A coisa obscura*: mulher, sodomia e Inquisição no Brasil colonial.

32 Semedo, *Observações médico-doutrinais de cem gravíssimos casos*, p.177.

berem esses roedores "de uma só vez cinco ou seis ratinhos". Beber "pelo tempo de três meses água cozida com uma mão cheia de sálvias machucadas" era indicação do "virtuoso" padre Jerônimo Lobo, religioso da Companhia de Jesus, conforme aprendera no Japão. Tomar feijão-fradinho misturado à água em jejum ou ingerir óleo de copaíba, como sugeria João Ferreira da Rosa, em Pernambuco, no século XVII, "alimpava o útero de sordícies" que atrasavam a concepção.[33] Piso, por sua vez, lembrava que, do óleo em que se assavam "aqueles vermes que vivem nas palmeiras", deviam fazer-se emplastros colocados sobre o umbigo: "tem-se visto não vulgares efeitos destes e semelhantes remédios, e mulheres consideradas estéreis vieram a recobrar a vitalidade para si e para a geração".[34]

"Achaques diabólicos contra a lei divina" atingiam também as mulheres estéreis, aconselhadas a pendurar "artemísia à entrada da porta" ou dissolver o malefício passando "esterco da pessoa amada no sapato direito"; a primeira que sentisse o fedor dissolveria o encantamento.[35]

"Inimigo da saúde e da salvação das criaturas", "invejoso da paz e do sossego que logram na terra os que bem vivem", o demônio que obstaculizava a procriação tinha de ser rechaçado com defumações "das partes vergonhosas com os dentes de uma caveira".[36] Sua ação sobre a coisa obscura era imensa, embora a mulher, como demonstrou o historiador francês Jean Delumeau, fosse sua agente.[37]

As histórias sobre esterilizações maléficas eram várias:

---

33 Apud Rosa, Tratado único da constituição pestilencial de Pernambuco, 1636. In: Andrade, G. O. de. *Mourão, rosa e pimenta*: notícia dos três primeiros livros em vernáculo sobre a medicina no Brasil, p.282.

34 Piso, op. cit., p.43.

35 Moura, apud. São Paulo, *Linguagem médica popular no Brasil*, p.541.

36 Pereira, *Anacephaleosis médico-teologica*, p.52.

37 Delumeau, *La peur en Occident*.

> Se achou uma mulher nobre que estava tábida e consunta, a qual era fabricada de cera com um orifício em que estava engastada e metida a figura de um coração e na parte posterior escrito o nome da mulher.[38]

Outra vomitara uns poucos cabelos enlaçados, um molho de rosetas, agulhas e uma massa do tamanho de um ovo, do qual saiu multidão de formiguinhas que exalavam fedor tão horrendo que nenhum dos circundantes poderia tolerar. Com o segundo vômito expulsou um animal como um punho negro, capiloso, com cauda grande e modo de rato que, depois de andar pela casa com muita presteza, morreu. Para fugir ao estigma da esterilidade, elas ainda untavam seus genitais com "esterco de raposa" e sebo de vaca, portavam amuletos feitos com genital de lobo, dentes de "mínimo de sete anos", pedras de águia, além de rezar a Santo Hilário, conhecido por seu "remédio para os casados terem filhos e afugentar o demônio".[39] A grande prole e o poder de gerá-la associavam-se às práticas de fecundidade cujos restos, ou amostras, encontramos nas receitas mágico-medicinais inventariadas e "traduzidas" pelos doutores da época.

Mulheres e doutores, por sua vez, movimentavam-se ao longo do antigo regime em um mesmo continente, aqueles drenando lentamente conhecimentos que se originaram em um espaço especificamente feminino: o da cozinha, o do quintal, o da horta, onde, entre ervas, frutos e animais domésticos, as mulheres praticavam corriqueiramente um saber sobre as doenças, as feridas, as dores e a procriação. Reunidas empiricamente pelos doutores, tais receitas perdiam a especificidade, mas não deixavam de ser aplicadas. Grande parte dessas fórmulas caseiras era realizada por comadres e parteiras, excluindo a intervenção do médico, que só se tornará decisiva no século XIX, com o avanço da obstetrícia.

Em 1872, um estudo pioneiro realizado por Guilherme Augusto M. Guimarães, denominado *Da esterilidade*, era apresentado na forma de tese à Faculdade de Medicina do Rio de Janeiro. Suas impressões

38 Pereira, 1734, p.29-30.

39 Sequeira, *Botica preciosa e tesouro precioso da Lapa*, p.263.

consolidavam a visão de profundo mal-estar que ainda se tinha sobre o assunto. Segundo ele,

> a esterilidade nos apresenta uma imagem seca e árida do nada, [...] o triste celibatário só oferece a nossos olhos um coração frio e vazio, devotado ao amor de si próprio.

Conforme a antropóloga Fabíola Rohden, o tema da reprodução se encontra presente em muitos trabalhos científicos e debates intelectuais do século XIX. De acordo com eles, a inação dos órgãos sexuais podia trazer uma série de doenças, como a ninfomania, a catalepsia e a insônia. Só o casamento saudável e ordenado poderia pôr fim a todos os riscos e garantir que a espécie se reproduzisse de maneira adequada. Na virada do século XIX para o XX, a questão da infecundidade se atrelou ao debate sobre o povoamento da pátria e a sobrevivência da espécie. Médicos martelavam a ideia de que a esterilidade era um problema grave que tinha consequências para a ordem social e para a nação.[40] Mudavam as razões e as explicações, mas não o tema.

No universo da privacidade burguesa, o fantasma da impotência também batia à porta. Na Europa, desenvolvera-se uma aritmética do coito, com os homens contando e anotando em seus diários o número de vezes em que faziam sexo com suas esposas. Essa contabilidade – que pode ter chegado aqui como uma moda emprestada – tinha por objetivo evitar que a mulher se tornasse carente e também, dentro de certo espírito burguês, contornar os riscos do desperdício de sêmen. Era importante controlar a gestão do esperma. Nada de excessos. O medo do fiasco era total. Não faltavam teóricos a quantificar a capacidade anual de intercursos entre homens e mulheres. E tudo se misturando à valorização da vida espiritual que fazia do sexo, entre as mulheres, um verdadeiro sacrifício. A valorização extrema da virgindade feminina, a iniciação sexual pelo homem experiente, cuja responsabilidade no

---

40 Ver Rohden, *A arte de enganar a natureza* – contracepção, aborto e infanticídio no início do século XIX, 2003.

casamento fora imposta pela medicina, faziam parte do horizonte de ansiedade que os casais tinham de enfrentar. Do lado delas, o risco era de serem acusadas de histéricas, de estéreis, de estarem na menopausa, de ninfômanas, de lésbicas. Não faltavam anátemas para controlar o perigo da mulher não pacificada por uma gravidez.[41]

Em uma sociedade patriarcal também não houve ausência de indicações, na literatura e na poesia, a insistir no sonho das ereções permanentes, infatigáveis, perpétuas, apesar dos cuidados, entre uma pequena elite, com os desperdícios de sêmen. Haja vista o célebre poema de Bernardo Guimarães, aluno da Faculdade de Direito em São Paulo, intitulado *Elixir do pagé*, retrato de um Viagra *avant-la-lettre*, publicado clandestinamente em 1875 e aqui parcialmente reproduzido:

> Que tens, caralho, que pesar te oprime
> que assim te vejo murcho e cabisbaixo
> sumido entre essa basta pentelheira,
> mole, caindo pela perna abaixo?
>
> Nessa postura merencória e triste
> para trás tanto vergas o focinho,
> que eu cuido vais beijar, lá no traseiro,
> teu sórdido vizinho!
>
> Que é feito desses tempos gloriosos
> em que erguias as guelras inflamadas,
> na barriga me dando de contínuo
> tremendas cabeçadas?
>
> Qual hidra furiosa, o colo alçando,
> co'a sanguinosa crista açoita os mares,
> e sustos derramando
> por terras e por mares,
> aqui e além atira mortais botes,

41 Ver Del Priore, *História do amor no Brasil.*

dando o co'a cauda horríveis piparotes,
assim tu, ó caralho,
erguendo o teu vermelho cabeçalho,
faminto e arquejante,
dando em vão rabanadas pelo espaço,
pedias um cabaço!

Um cabaço! Que era este o único esforço,
única empresa digna de teus brios;
porque surradas conas e punhetas
são ilusões, são petas,
só dignas de caralhos doentios.

Quem extinguiu-te assim o entusiasmo?
Quem sepultou-te nesse vil marasmo?
Acaso pra teu tormento,
indefluxou-te algum esquentamento?
Ou em pífias estéreis te cansaste,
ficando reduzido a inútil traste?
Porventura do tempo a destra irada
quebrou-te as forças, envergou-te o colo,
e assim deixou-te pálido e pendente,
olhando para o solo,
bem como inútil lâmpada apagada
entre duas colunas pendurada?

Caralho sem tensão é fruta chocha,
sem gosto nem cherume,
linguiça com bolor, banana podre,
é lampião sem lume
teta que não dá leite,
balão sem gás, candeia sem azeite.

Porém não é tempo ainda
de esmorecer,
pois que teu mal ainda pode
alívio ter.

Sus, ó caralho meu, não desanimes,
que ainda novos combates e vitórias
e mil brilhantes glórias
a ti reserva o fornicante Marte,
que tudo vencer pode co'engenho e arte.

Eis um santo elixir miraculoso
que vem de longes terras,
transpondo montes, serras,
e a mim chegou por modo misterioso.

Um pajé sem tesão, um nigromante
das matas de Goiás,
sentindo-se incapaz
de bem cumprir a lei do matrimônio,
foi ter com o demônio,
a lhe pedir conselho
para dar-lhe vigor ao aparelho,
que já de encarquilhado,
de velho e de cansado,
quase se lhe sumia entre o pentelho.
À meia-noite, à luz da lua nova,
co'os manitós falando em uma cova,
compôs esta triaga
de plantas cabalísticas colhidas,
por sua próprias mãos às escondidas.

Esse velho pajé de pica mole,
com uma gota desse feitiço,
sentiu de novo renascer os brios
de seu velho chouriço!

E ao som das inúbias,
ao som do boré,
na taba ou na brenha,
deitado ou de pé,
no macho ou na fêmea

de noite ou de dia,
fodendo se via
o velho pajé!

Diferentemente de hoje, quando a pílula azul – o Viagra – tornou-se assunto de medicina pública, nossos antepassados encaravam a impotência com profundo temor: medo do maligno, de feitiços, além do preconceito em sociedades tradicionais em que o "crescei e multiplicai-vos" era lei. Buscava-se, então, toda sorte de simpatia, remédio analógico ou mezinha milagrosa apta a combater um mal capaz de ameaçar a função de homens e mulheres sobre a face da Terra. Resta saber se no entusiasmo com que se recebeu o Viagra não sobram, ainda, traços desse quadro mental.

5

O corpo sedento. Bebidas na História do Brasil

Henrique Carneiro

As bebidas são para o corpo as fontes maiores de ingestão, tanto em volume quanto em relação à frequência dos gestos, mais constantes e mais diversificados que os de alimentar-se apenas de sólidos (os quais também contêm água, é claro). Os líquidos são garantia não só de nutrição para nossas seivas e sumos vitais, mas também representam uma das maiores fontes de nossos símbolos e metáforas. Não há melhor definição de um apetite insaciável e irreprimível que chamá-lo de sede.

O corpo humano é composto por cerca de 60% de água, e ingerir líquidos surge como primeira necessidade vital após respirar. Assim, das fontes, rios, chuvas e regatos é absorvido o precioso licor da existência, também criado com sabores, aromas e propriedades particulares: fazemos sucos, refrescos, cervejas, vinhos e outras bebidas.

No Brasil, ou melhor, na América portuguesa, muitas bebidas foram usadas ao longo do período colonial. Pinga, cauim, caracu, tiquira, tiquara, aluá, mucururu, chibé, chimarrão, tereré, chá, chocolate, guaraná, café, cerveja, vinho ou sucos, além da simples água, fria ou esquentada, misturada com sementes torradas, ervas secas ou fermentadas, para aquecer ou refrescar, mas sempre hidratar e umedecer. Assim se condimentam, edulcoram-se ou perfumam-se os líquidos que o corpo deve absorver em uma média de, ao menos, dois litros ao dia para a sede saciar.

Líquidos pontilham a existência humana desde seu início. O feto fica imerso no amniótico e, mais tarde, por muitos meses, o bebê tem como alimento exclusivo o leite materno. Daí que o mar tenha esse simbolismo: em suas águas boiamos, em sua infinitude descansamos nosso olhar e em sua tepidez salgada, como os fluidos corporais, banhamos nosso corpo. Muitos líquidos contemos, expelimos, reciclamos. Derretemos de calor e de paixão, congelamos de medo e de ódio, efervescemos de alegria e de arrebatamento.

A metáfora hidráulica servirá para Freud descrever a libido: represada, canalizada, condensada, sublimada. Nossa energia desejante move-se como um fluido com viscosidades diversas, mais ou menos fluente. Mais que apetites, o que temos de mais premente é a sede. Atrás da solidez aparente das coisas, flutua sempre a possibilidade de um ondulante estado de fusão, de evaporação. As cristalizações são passageiras.

Figura 5.1
Vendedor de água e/ou refresco.

A liquidez serve não só como metáfora para a disponibilidade de dinheiro corrente, mas também a própria noção de fluxo sanguíneo foi paralela a uma visão da circulação monetária; ambos os corpos, individual e social, vivem do que corre liquefeito em suas veias e artérias. Na história das religiões, os líquidos serão veículos sagrados, como unções sobre os corpos, imersões batismais, libações para os deuses e, sobretudo, como bebidas extraordinárias.

Na história do corpo, essa relação direta surge como um terreno especial de criação: dos próprios líquidos, em sua condição de gêneros primordiais da cultura material, os únicos, junto aos alimentos sólidos ou pastosos, que o organismo ingere incorporando em sua própria substância a materialidade viscosa dos fluidos. Não apenas tomamos, em goles ou borbotões, em grandes talagadas ou pequenos sorvos, mas fazemos desse ato momento precioso de ritualização e simbolização. Formas, brindes e libações sacrificiais, recipientes como taças e cálices, ocasiões como banquetes ou idílios amorosos são tão importantes como as próprias bebidas para a definição social do beber.

Tal ação não equivale apenas a ingerir líquidos, mas também a absorver ritos e segredos, instituir alianças e selar pactos, mergulhar a consciência em instâncias conspícuas de alterações da consciência e do humor. A boca é uma das portas da percepção. Lábios e línguas são vigias permanentes do templo do corpo, recusando a passagem ao muito amargo, reconhecendo o insípido e o picante como polos metafóricos de todos os estímulos. Não conseguir engolir algo é o paradigma da recusa e da negação.

Humor é o termo grego para "líquido"; refere-se aos fluidos vitais que governariam nosso corpo. A chamada "doutrina humoral", proveniente da medicina hipocrática e galênica, considerava que a presença e o equilíbrio entre quatro fluidos básicos determinavam nossa saúde ou enfermidade, nosso temperamento e nossa constituição física e mental. Sangue, fleuma, bílis e bílis negra eram os líquidos que os antigos acreditavam formar nossa substância vital. O temperamento sanguíneo, úmido e quente, era visto como o paradigma da saúde, correspondendo ao elemento ar, à primavera, à juventude e à manhã.

A umidade estava na origem da vida, que germina no líquido, enquanto o ressecamento significava a morte. O sangue era a alma da carne, que banha todo o organismo com sua substância e, assim como o leite, podia coagular, solidificando suas partes constitutivas. Alimento básico dos povos pastoris, o leite e seus derivados foi alçado à perfeição e considerado digno dos deuses, descrito na Bíblia como símbolo paradisíaco, em que lhe corriam regatos, assim como de mel, no Éden original, altamente valorizado no mundo védico indiano. Os povos nômades turcos-mongóis, chamados genericamente de tártaros, difundiram não só a palavra iogurte como as diversas técnicas da fermentação láctica, sendo por isso chamados de lactofílicos por Piero Camporesi, em oposição aos chineses lactofóbicos.[1]

A cosmovisão da doutrina humoral que existia há muitos séculos na Europa se encontrou, chocou-se e, em muitos aspectos, acabou até por se miscigenar com as formas de pensar e agir dos indígenas americanos em relação às bebidas, aos alimentos e às noções de saúde e doença. Entre os ameríndios, um trânsito entre as diferentes espécies animais pode ser realizado pelos xamãs, quando em êxtase. Assim, escreve o antropólogo Mauro Almeida,

> as disposições e hábitos que ordenam o corpo e a mente para esse trânsito seriam, nesse caso, efetuadas por modificações rituais nos fluxos, líquidos e secreções que atravessam a membrana que delimita um corpo – a pele, a boca, as narinas [...][2]

Os líquidos do corpo humano, o sangue, a saliva, o esperma, o leite, as lágrimas, a urina e o suor podem, desse modo, ser comparados com os fluidos obtidos da natureza e ser vistos como seivas vitais produzidas ou alteradas em sua relação com os líquidos do mundo.

A importância dos fermentados

Na Europa, as bebidas mais valorizadas foram as fermentadas, consideradas desde a Antiguidade até a época moderna como superiores à água pura, uma vez que esta poderia estar contaminada, e os vinhos ou as cervejas tinham a capacidade de purificá-las, combatendo alguns dos micróbios transmissores de doenças. Além disso, a fermentação sempre

1 Camporesi, *La vie del latte dalla padania alla stepa*, p.24.

2 Almeida, Introdução. In: Labate; Araújo, *O uso ritual da ayahuasca*, p.15.

foi vista como um processo mágico, um cozimento sem fogo, que produz calor, gases, efervescência, borbulhas. Por isso, certas civilizações, especialmente entre os ameríndios, relacionam-na ao sêmen humano e à formação da própria humanidade, constituindo, assim, o alimento cultural por excelência.

Entre os indígenas americanos, também se evitava tomar água pura. Os que viviam em nosso território antes da chegada dos portugueses não misturavam os atos de beber e de comer. A cada um, o seu momento: quando se comia, não se bebia e vice-versa. André Thevet, em 1558, relatou o que chamou de "esquisitíssimo hábito – quando comem jamais bebem, a qualquer hora que isso seja". Esse costume indígena teria influenciado outros contemporâneos em regiões do Nordeste brasileiro, onde não só não se ingere nenhum líquido enquanto se come, como se considera ruim para a saúde misturar água ou outras bebidas ao alimento sólido.[3] Ao beber, entretanto, preferiam sempre jogar um pouco de farinha, pois a água pura faria "transpirar".

O leite era uma bebida desconhecida entre os indígenas, com exceção, é claro, do materno para os bebês, e tampouco se praticavam as técnicas da fermentação láctica. Tais restrições permaneceram na cultura popular brasileira, como escreveu Câmara Cascudo:

> O leite é bebido pelas crianças à força e pelos adultos por prescrição médica. No sertão toma-se leite com alguma coisa, jerimum, batata, cuscuz, rara, raríssimamente puro. [...] a ideia da coalhada persegue o povo, pensando que no estômago processar-se-á o mesmo estado. [...] pavor de leite coalhado, talhado, petrificado nas entranhas, esbarrando o curso do sangue, obstruindo a circulação.[4]

Em vez de misturarem alimentos líquidos e sólidos, os indígenas adotaram o "alimento-líquido", ou seja, o mingau (ao qual os portu-

---

3 Apud Lima, *Pulque, balchê e pajauaru na etnobiologia das bebidas e dos alimentos fermentados*, p.151.

4 Cascudo, *História da alimentação no Brasil*, p.761.

gueses vão acrescentar leite). Assim escreve Oswaldo Gonçalves de Lima a esse respeito:

> A importância que conferem aos alimentos líquidos é uma interessante peculiaridade dos indígenas americanos, sobretudo dos sul-americanos e brasileiros, deles sendo encontrados comumente dois gêneros fundamentais correspondendo à tiquara e ao mingau. [...] O mingau é o primeiro alimento do dia, é o alimento da noite, e o alimento das reuniões, a bebida da confraternização, da sobriedade, a bebida da restauração, e do conforto, a bebida-medicina que se proporciona ao enfermo querido.[5]

A tiquara[6] é a mistura de farinha de mandioca – ou de milho – com água fria, bebida antes de qualquer fermentação. O mingau seria igual composto, mas cozido ao fogo, podendo ser feito tanto com farinha como com a goma ou mesmo o pó finíssimo da mandioca apodrecida (puba), torrada e socada, chamada de carimã. Essas formas de consumir as farinhas das grandes fontes de amido existentes na América (sobretudo o milho e a mandioca), ao serem submetidas à salivação, sofreriam a reação química da amilase – quebra do amido em açúcares –, a chamada sacarificação, que facilitou a fermentação, ou seja, a transformação desses açúcares em álcool pela ação de bactérias e fungos microscópicos. Talvez a origem dessa técnica esteja nas mães que mastigavam as farinhas para darem-nas dulcificadas aos bebês, de caráter eminentemente feminino, que levou à descoberta das bebidas fermentadas com a ajuda da salivação, especialmente de mulheres, tal como observou o grande estudioso polonês da história da alimentação, Adam Maurizio:

> as macacas e as mães primitivas costumavam mascar certos alimentos antes de os oferecerem aos filhos, o começo de uma prática que conduziu ao uso

5 Lima, op. cit., p.149.

6 Não confundir com a tiquira, uma aguardente de mandioca feita no Maranhão, cuja denominação provavelmente vem de tiquara. Sobre a primeira, ver Tarcisio, A produção de tiquira no Maranhão: história de uma ausência. In: Venâncio; Carneiro, *Álcool e drogas na história do Brasil*, p.217-29.

dos produtos de fermentação ácida (láctica, propiônica, butírica, acética) ou alcoólica dos amiláceos.[7]

Essas bebidas possuíam papel de alta valorização cultural e serviam como os grandes lubrificantes da vida social, tanto nas festas como nos trabalhos coletivos. Mesmo antes de fermentar, a água misturada com um pouco de farinha vai constituir as bebidas mais comuns, como a tiquara, o chibé, a jacuba, o caribé, a catimpuera ou as diversas formas de aluá. Quando compostas ao mesmo tempo de farinhas de mandioca e de milho, eram chamadas caracu.

A fermentação tem uma relação cultural direta com o domínio das técnicas da cerâmica, que permitiram a fabricação dos recipientes adequados para a produção dessas bebidas, pois as bactérias e leveduras que realizam esse processo se fixam nas paredes porosas dos vasos e cuias, otimizando o processo de transformação dos amidos em açúcares e álcool.

A ação das bebidas alcoólicas no corpo é psicoativa. Melhor seria mudarmos o emprego dessa palavra, que continua a separar mente e corpo, e adotarmos algum neologismo, como ontoativo ou psicossomativo, para expressar efeitos que as drogas em geral e as bebidas fermentadas em particular produzem e que não são apenas psíquicos. Tais substâncias, que também podem ser nutritivas, e, portanto, alimentos, transcendem, contudo, essa mera condição, são alimentos-drogas ou, nas palavras do antropólogo Richard Rudgley, "substâncias essenciais".[8]

As vantagens nutricionais dos fermentados resultam não apenas do fato de essas bebidas serem feitas de cereais na forma de "pão líquido", mas do aumento de seu valor, tanto em relação ao conteúdo proteico como de vitaminas e sais minerais, corrigindo, assim, as carências de uma dieta de ingestão pura de cereais. A fermentação, dessa forma, fornece, tanto no sentido estrito como no simbólico, um acréscimo de valor às substâncias de que é feita, representando tanto uma solução

7 Citado por Lima, op. cit., p.194.

8 Rudgley, *Essential substances*, p. 193.

nutricional adequada como um imenso material metafórico do processo vital em que a efervescência e o calor se somam a seus efeitos peculiares para representar, em um conjunto de mitos indígenas da criação, a própria gênese do universo e da humanidade.

No caso dos indígenas do Brasil, havia diversas substâncias essenciais, entre as quais o tabaco, os rapés alucinógenos (paricá e yopo), as bebidas enteogênicas, como a ayahuasca, mas, antes de tudo, por sua difusão extremamente ampla, os diversos líquidos fermentados (pouquíssimos foram os grupos indígenas amazônicos ou litorâneos que desconheceram-nas, diferentemente dos norte-americanos ou do extremo sul patagônico).

Um grande cientista brasileiro das drogas e bebidas, o pernambucano Oswaldo Gonçalves de Lima,[9] cujo reconhecimento de suas contribuições originais ainda é insuficiente, estudou profundamente todos esses processos de fermentação tanto no Brasil como em outros países, especialmente o México. Escreveu, assim, os trabalhos pioneiros da etnozimologia (estudo das fermentações tradicionais), dando conta das formas antigas e contemporâneas de produção dessas bebidas como resultado da ação de bactérias e leveduras.

No nível mais simples, encontramos os bebedores de seivas de palmeiras, muitas vezes por meio de um buraco diretamente no tronco, em que, em poucas horas, o líquido leitoso e doce fermenta, podendo ser absorvido da própria planta (tal como faziam os guatós, do Pantanal). O mel também servia para essa finalidade, misturado com a cera em água, produzindo um hidromel de fraco teor alcoólico, especialmente utilizado pelos tapuias do sertão, assim como por outros hábeis colhedores de colmeias, como os kaingang do sul.

A fermentação por "salivação e esputo", ou seja, por mascagem da mandioca, feita em geral por mulheres, é um dos métodos mais conhecidos, mas também se produzem bebidas alcoólicas por meio da fermentação de beijus, como é o caso do pajauaru, especialmente na região do rio Negro. Nessa técnica, a mandioca é mergulhada por alguns dias

---

9 Lima, op. cit.

na água e lama de um riacho e se torna “puba”, um pouco apodrecida, tornando assim mais fácil a amilase, ou seja, a quebra dos amidos.

Entre os índios brasileiros, o principal fermentado era o cauim.[10] Assim eram chamados nas regiões litorâneas habitadas pelos tupinambás todos os sucos da mandioca e das frutas doces e generosas, como o ananás e o caju, mas também o cacau, a mangaba, a jabuticaba, entre tantas outras. Outro método era de frutas liquefeitas e trituradas com água que fermentavam e precisavam ser rapidamente consumidas antes de se estragar. Fossem fabricadas com mandioca, milho ou frutas, alcançavam um teor alcoólico máximo de 7%, no caso do abacaxi (o mais rico em açúcares), variando de acordo com o teor de açúcares do produto usado, o que é a característica geral de todos os fermentados.

Outros métodos também desenvolvidos, além da insalivação, eram o da fabricação de beijus, que, deixados embolorar, ficavam sacarificados pela ação do mofo e depois, misturados à água, fermentavam, constituindo o caxiri (especialmente nas regiões do rio Negro, influenciadas pela cultura aruaque), o mucururu, a caiçuma e o pajauaru, ou então a massa da farinha de mandioca ou milho era envolta em folhas de bananeira (a técnica da moqueca ou da pamonha brasileira ou, ainda, da *huminta* andina) e também deixada embolorar para depois ser transformada em uma bebida fermentada, tal como o masato amazônico.

Essa busca, em todos os produtos da natureza, de matérias-primas transformáveis em bebidas fermentadas, foi uma das características mais amplamente difundida entre os indígenas americanos que, com exceção daqueles dos extremos sul e norte, fabricaram em quase todas as regiões licores alcoólicos, cuja denominação mais geral, além de cauim, foi, a partir das regiões da colonização espanhola, *chicha*. O mais provável é que o termo seja caribenho, como registrou no século XVI o cronista

10 Sobre o cauim, ver também, entre os estudos mais recentes: Dias, “Usos e abusos de bebidas alcoólicas segundo os povos indígenas do Uaçá” e Sztutman, “Cauim, substância e efeito: sobre o consumo de bebidas fermentadas entre os ameríndios”. In: Labate, Labate (Orgs.), *Drogas e cultura*; e a tese de Fernandes, *Selvagens bebedeiras. Álcool, embriaguez e contatos culturais no Brasil colonial.*

Gonzalo Fernandez Oviedo. Passou a designar os diversos fermentados americanos, o mais comum sendo o de milho germinado (maltado), mas podendo ser feito também de mandioca, batatas, pinhões, cogumelos e todos os tipos de frutas. Essa propensão a também fazer de todos os produtos comestíveis fontes para a fabricação de bebidas não escapou aos olhos dos primeiros europeus. O próprio Colombo, ao chegar na Ilha de La Hispaniola (atual República Dominicana e Haiti), registrou que *do que fazem pão, fazem vinho.*

No processo de colonização ocorreu uma contaminação dos brancos, africanos e mestiços pelos rituais idolátricos indígenas, em que o consumo sagrado do cauim, do pulque ou da chicha muitas vezes é acompanhado de outras substâncias psicoativas ainda mais fortes, mais desconhecidas e mais inquietantes. Isso tornou-se um pesadelo para as autoridades eclesiásticas, que desencadearam, com seus aparelhos policiais inquisitoriais, inúmeras campanhas de "extirpação de idolatrias" em que o alvo era sempre a embriaguez, especialmente no Peru no século XVII, quando as festas (taquis) e bebidas (chicha) dos índios eram perseguidas como depositárias de antigas tradições sobreviventes que deveriam, para a boa cristianização, ser completamente extintas.

Sempre há embriaguez em seus pecados, diziam dos indígenas as autoridades eclesiásticas. Por isso, buscavam proibir suas festas, rituais e cerimônias em geral e, especialmente, as que eram alimentadas pelo calor dessas poções de ebriedade. A embriaguez indígena passou a ser vista por quase todos os cronistas europeus como a causa principal da idolatria. O padre jesuíta José de Acosta, por exemplo, afirmará, em relação ao Peru, que tal não só é um pecado, como também é a causa principal de todos os outros.

Essa embriaguez descontrolada que atingiu os indígenas americanos, livres dos antigos controles tradicionais, abrangeu ainda os colonizadores europeus, assim como os escravos trazidos da África, que já possuíam o domínio das técnicas da fermentação, produzindo o *pombe*, cerveja de sorgo, assim como os diversos vinhos da seiva de palmeira, chamados *malafo*, mas só tomaram contato com o vinho de uvas e sobretudo com os destilados, a partir do contato com os europeus.

O colapso das grandes civilizações ameríndias se deveu, em grande parte, ao choque biológico com as novas doenças europeias, além da desarticulação dos sistemas sociais existentes. No entanto, os contemporâneos desta que talvez tenha sido a mais grave hecatombe demográfica conhecida (morte de cerca de 90% da população original) buscaram outras explicações para o enorme despovoamento. Generalizada em toda a América pelos colonizadores europeus, uma delas culpava os supostos maus hábitos indígenas por essa catástrofe. No Peru, o padre Lizárraga afirmava que o alcoolismo e a sodomia foram as causas da despovoação das Índias.[11] O demônio teria estabelecido seu império sobre aquela gente e todas as suas crenças e devoções foram identificadas a ele pelos missionários. O próprio conhecimento das plantas inebriantes teria sido transmitido pelo demônio aos povos originários, enquanto as consideradas puramente medicinais teriam outra fonte de saber.

Os usos de bebidas fermentadas e outras drogas foram objeto de grandes discussões teológicas entre vários autores durante o século XVI, com o dominicano Bartolomé de Las Casas defendendo os indígenas e sendo tolerante com suas formas de embriaguez e até com suas "superstições", enquanto outros teólogos, que predominariam, viam em suas festas, bebedeiras, adivinhações e cultos de lugares, plantas, animais e coisas manifestações demoníacas que deveriam ser extirpadas.

No tempo anterior aos espanhóis, entretanto, no regime dos incas e dos astecas, foi reconhecido pelos próprios cronistas europeus que se bebia menos e de forma mais controlada, em razão da severidade das leis que proibiam a embriaguez fora dos seus usos rituais. No México, o franciscano Bernardino de Sahagun, na segunda metade do século XVI, atribuiu aos antigos astecas um controle severo do uso das bebidas, sob pena até de morte, e elogiou essa antiga lei. E um estudioso contemporâneo, Christian Duverger, afirmou que "talvez jamais uma civilização considerou os perigos do alcoolismo com mais lucidez e inquietude".[12]

11 Apud Valdizán, *Locos de la Colonia*, p.121.

12 *L'Esprit du jeu chez les Aztèques*, p.51. Apud Varella, *Substâncias da idolatria. As medicinas que embriagam os índios do México e Peru em histórias dos séculos XVI e XVII*, p.199.

Mas não foi apenas nas grandes civilizações andinas e mesoamericanas que ocorreu um fenômeno identificado pelos colonizadores como de uso excessivo e pecaminoso de bebidas alcoólicas. As poções e beberagens indígenas tradicionais dos grupos jê (chamados tapuias na época colonial) e tupis da Amazônia e da costa atlântica da América do Sul também tiveram papel central nas culturas ameríndias das fermentações. Seu uso era ritualizado em grandes festas periódicas, por exemplo, as cauinagens entre os ameríndios do Brasil. As descrições destas, feitas por missionários portugueses e franceses, trazem sempre a noção de uma festa selvagem e diabólica que deveria ser erradicada, como aponta o historiador Ronald Raminelli:

> Para Anchieta, preocupado com os entraves à catequese, o cauim desencadeava a desordem, ou melhor, conduzia os catecúmenos ao passado, ao tempo anterior à conversão, mantinha a "inconstância da alma selvagem". Extinguir a cauinagem era o meio de viabilizar a catequese e prosseguir a expansão da cristandade. O cauim tornava-se o motor da tradição, promotor das resistências e tão inimigo dos padres quanto o rei dos diabos, o guaixará.[13]

Em uma sociedade iletrada, a crônica oral indígena renovava-se por meio da cauinagem cuja matéria-prima cumpria o papel de guardiã do passado, das histórias gloriosas dos guerreiros que, ao serem repetidas durante o ritual, inscreviam-se em sua memória coletiva, como relatou o jesuíta Jácomo Monteiro em 1610: "Os vinhos são os memoriais e crônicas de suas façanhas". O que levou o antropólogo Eduardo Viveiros de Castro a escrever que os índios bebiam "para não esquecer".[14]

Mesmo com diversos nomes e em diferentes grupos etnolinguísticos, a forma dos rituais de cauinagem, entretanto, guarda semelhanças. Bebiam por dias seguidos, sem ingerir mais nada. Alfred Métraux, em 1924, reuniu boa parte das referências à cauinagem feitas pelos cronistas

13 Venâncio e Carneiro (Orgs.), *Álcool e drogas na história do Brasil*, p.42.

14 Fernandes, *Selvagens bebedeiras. Álcool, embriaguez e contatos culturais no Brasil colonial*, p.302.

e viajantes da época colonial no capítulo "A festa do cauim", do livro *A religião dos tupinambás*, no qual consta que:

> Nada ocorria de importância na vida social ou religiosa dos tupinambá que não fosse seguido de vasto consumo de certa bebida fermentada conhecida pelo nome de cauim [...] discussão de assuntos importantes [...] jamais seriam levados a bom termo se, precedentemente, não fabricassem os índios o seu cauim para dele beberem até não mais poder [...] as bacanais duravam de dois a três dias; por esse tempo ninguém comia e apenas se interrompia a beberagem para fumar.[15]

Como o hábito era parte da iniciação à vida adulta, todos eles bebiam, inclusive as mulheres, que eram as únicas que fabricavam o cauim. O sentido muito mais profundo da cauinagem do que o de mera festa hedonista foi anotado por Métraux, que concluiu o capítulo ressaltando que

> não é, pois, de surpreender que um tal estado tenha sido considerado pelos tupinambás como uma crise mística da coletividade, na qual todos se sobrepunham acima de si mesmos.[16]

A palavra cauim, entre os membros desse grupo, significava "bebida fermentada". Com a chegada dos destilados, as denominações passam a ser cauim-retê ("verdadeiro"), cauim-táia ("ardente") ou cauim-tatá ("de fogo"). Mesmo que os padrões de uso desses novos e mais poderosos embriagantes tenham trazido elementos de desagregação entre as populações ameríndias, há vários historiadores que divergem da apreciação de que os seus resultados sociais tenham sido apenas negativos, do ponto de vista dos interesses dos próprios indígenas. William Taylor, Carmem Salazar-Soler, Thierry Saignes e João Azevedo Fernandes, por exemplo, ressaltam o sentido diferenciado da ritualização do consumo alcoólico existente nessas sociedades. O primeiro deles, em um estudo sobre o México, afirma que:

---

15 Métraux, A. *A religião dos tupinambás*, p.173.

16 Ibid., p.174.

beber diária e solitariamente era condenado em geral, mas beber em excesso periodicamente em ocasiões rituais, frequentemente até chegar à saturação total, se aceitava como modelo de moderação e não se considerava que fosse uma conduta que trouxesse ridículo ou vergonha sobre quem se embriagava.[17]

Thierry Saignes se refere a uma *ordenanza* de Cuzco de 1572 que dizia que "todas as idolatrias se fazem com embriaguezes (*borracheras*) e nenhuma embriaguez se faz sem superstições e feitiçarias".[18] A historiadora peruana Carmem Salazar afirma categoricamente que "a repressão à embriaguez permite instaurar um controle social global e um princípio sistemático".[19] Conter a idolatria, a embriaguez, a sexualidade, as plantas sagradas, as roupas e os demais costumes das culturas ameríndias foi parte de uma mesma estratégia de repressão, adaptação e ocultamento empregada como técnica central da colonização posta em prática especialmente por meio de seus agentes eclesiásticos.

O uso em si das bebidas não era condenado, pois os europeus também o faziam, mas sim a busca deliberada dos "transtornos que afetam a mente", dos efeitos psicoativos das diversas manifestações e formas das ebriedades, consideradas todas, fossem de bebidas fermentadas, fossem de tabaco, de coca ou de ololiuqui como "borrachez", sendo assim censuradas como embriaguez no sentido geral de alteração voluntária do estado mental, que era exatamente a marca mais característica das formas de beber indígenas, intensas e extremadas. A perseguição à embriaguez buscada de forma deliberada e sistemática, em rituais de convívio, com significados de devoção e hospitalidade, foi uma das grandes obsessões dos colonizadores das Américas.

No âmbito do mundo luso-brasileiro, João Azevedo Fernandes reuniu boa parte das evidências existentes nas fontes primárias a respeito da perseguição implacável dos colonizadores, especialmente os cléri-

17 Taylor, *Embriaguez, homicídio y rebelión en las poblaciones coloniales mexicanas*, p.70.

18 Saignes, T. (Org.), *Borrachera y memoria. La experiencia de lo sagrado en los Andes*, p.48.

19 Ibid., p.37.

gos, com os ritos da cauinagem, vistos como a verdadeira religião sem templo dos aborígenes.[20] O antigo "regime etílico" indígena, regrado, ritualizado e servindo de elemento central das culturas nativas, foi praticamente destruído, interditado e substituído pelos derivados da cana-de-açúcar, sobretudo a cachaça.

A predominância dos destilados

A chegada à América dessa matéria-prima (cana-de-açúcar) e seu processamento em engenhos criaram as condições para enorme expansão do uso das bebidas alcoólicas derivadas de seu caldo: garapas, cachaças e o rum do melaço, que substituíram os cauins. Sua utilização se tornou tão significativa economicamente que as leis metropolitanas tentaram proibir seu fabrico, no caso da América portuguesa, o que não impediu a cachaça e o tabaco de se tornarem os principais produtos usados como moeda de troca no tráfico dos escravos africanos para o Brasil.

Quando os brancos chegaram, trouxeram outra chicha e outro cauim, que passou a ser chamado pelos autóctones de "verdadeiro". A "verdade" do poder embriagador havia sido apropriada por outra cultura com uma "técnica de êxtase" mais eficiente. Essa bebida destilada não era mais apenas água e um pouco de fermentado alcoólico, mas sim licores fortes, de alto teor alcoólico, "água de fogo", "água ardente".

Na Europa medieval, até o século XVII a aguardente tinha sido principalmente um produto de botica, um remédio caríssimo, feito da destilação do vinho ou de cereais. Os fermentados de cevada ou de trigo eram as bebidas mais populares, consumidas como desjejum, no caso da cerveja em países nórdicos.

Logo que conheceram alguns dos líquidos da Europa, como o vinho, os indígenas tupis do litoral sul-atlântico não os apreciaram nem quiseram bebê-los; cuspiram-nos, como nos conta a carta de Pero Vaz de Caminha, ao primeiro contato. Mais tarde, porém, a poderosa

20 Fernandes, op. cit., 2004.

atração dos destilados se sobrepôs às formas indígenas tradicionais de consumo dos fermentados.

Chegou, então, nas Américas, de sua remota origem extremo-oriental, a doce e alta gramínea da cana-de-açúcar, que das mãos dos árabes passou para as dos portugueses, que empregaram cada vez mais escravos para plantarem-na em suas ilhas e depois em sua grande colônia atlântica: o Brasil.

Da garapa, escuma dos líquidos apurados nos engenhos para virarem açúcar, fermentou um sumo, chamado "vinho de mel", que, depois de fervido e destilado, se tornou uma das águas ardentes mais abundantes e preferidas dessa terra.

A "revolução do álcool", assim chamada pelo historiador Fernand Braudel, ocorrida no século XVII, também teve lugar na América portuguesa. No caso europeu, foram os holandeses os responsáveis pela popularização dos destilados de cereais, especialmente os aromatizados com junípero, chamados gins ou genebras, que alcançaram todo o continente a partir da Guerra dos Trinta Anos, entre 1618 e 1648. Pouco depois, em 1655, os ingleses tomaram a Jamaica e passaram a incluir o rum na ração dos marinheiros da Royal Navy.

Em diversas regiões produtoras de açúcar das Américas, os engenhos também estimularam os alambiques. Na América portuguesa,

Figura 5.2 Carregadores de tonéis.

apesar das muitas proibições, o "vinho de mel" passou cada vez mais a ser destilado em água ardente, que veio a ser consumida tanto pelos escravos como pelos senhores e logo tornou-se a principal moeda de escambo no tráfico de escravos vindos da África.

Por essas razões, a jeribita dos engenhos teve sua produção proibida pela Coroa em várias ocasiões do século XVII, o que não impediu que continuasse a ser produzida em engenhocas e engenhos e até nos quilombos.

Alguns estudos recentes[21] têm enfatizado a importância econômica decisiva desse gênero no contexto do século XVII. Desde 1638, há menções nas atas da Câmara de São Paulo a respeito do comércio de cachaça, que, em 1639, teve sua fabricação proibida pelo governador e capitão-general na Bahia. Em 1649, a medida foi reforçada por um alvará real que proibiu, além desse produto, a venda de vinho de mel e aguardente no Brasil, com exceção da produzida pelos escravos para consumo próprio. Essa norma, contudo, não foi adotada e, em vez disso, as câmaras por todo o país começaram a cobrar taxas e impostos, chamados na época de "subsídios". Isso desatou, em 1660, no Rio de Janeiro, a famosa "revolta da cachaça", que por seis meses destituiu o governador e tomou a Câmara, até a repressão e execução de seu líder, Jerônimo Barbalho. Após 1661, o subsídio da aguardente passou a pagar a defesa do Rio de Janeiro, assim como na Bahia e em outros lugares. Em São Paulo, a primeira cadeia de pedra e cal foi construída em 1646, também com recursos oriundos de taxas sobre a venda da cachaça.

Após uma proibição da cachaça em Minas Gerais na primeira metade do século XVIII, passará a haver um estímulo geral, a partir de 1780, para sua fabricação e o reconhecimento oficial de sua necessidade para o trabalho escravo nas lavras de mineração, a ponto de alguns pesquisadores encontrarem evidências de que ela teria sido, ao final desse período, o principal item em importância econômica no Rio de Janeiro e em Minas Gerais. Depois da vinda da família real e da Independência, a produção cresceu no século XIX, ocupando o

21 Ver Figueiredo et al., *Cachaça*: alquimia brasileira.

oitavo lugar na pauta de exportações do país. Ao mesmo tempo, também foi elevada à condição de símbolo nativista e solicitada em brindes patrióticos, em vez do vinho do Porto.

Em toda a América, a fabricação e o comércio de bebidas alcoólicas tornou-se um grande negócio. No caso mexicano, o uso do pulque (bebida fermentada do maguey) e do mezcal (pulque destilado, também conhecido em certas regiões como tequila) tornar-se-á tão importante economicamente que, segundo Braudel, "o pulque chega a render ao estado, na Nova Espanha, metade do que lhe dão as minas de prata!".[22]

Duas visões contraditórias emergem do imaginário sobre a relação entre a embriaguez e o Novo Mundo: uma vê no álcool em geral, especialmente nos destilados, o elixir da submissão, da desagregação e da aculturação, uma das principais armas da colonização. Em 1770, Raynal, por exemplo, em sua obra *História filosófica e política dos estabelecimentos e do comércio dos europeus nas duas Índias*, afirmou, a respeito da aguardente, que essa bebida era o presente mais funesto que o antigo mundo fez ao novo.

Outra ótica, entretanto, é a que identifica na embriaguez ritual indígena, tradicionalmente com os fermentados, mas também assimilada aos destilados, sua forma privilegiada de se rebelar contra a ordem social e cultural e reencontrar uma linguagem extática em que podem expressar seus símbolos, sua nostalgia da sociedade desagregada pelo invasor e sua busca de novas significações para o enfrentamento de seus novos senhores.

Fernand Braudel expressa esses dois aspectos em *Civilização material e capitalismo*, primeiro ao dizer que

> não se pode negar que a *acquavitae* ou *eau-de-vie*, o rum e a água ardente (o álcool de cana) não tenham sido os presentes envenenados da Europa às civilizações da América [...] Os povos índios sofreram muitíssimo com este alcoolismo que se lhes oferecia.

---

22 Braudel, *Civilização material e capitalismo*, p.202.

Mas, por outro lado, também reconhece que

> as bebidas não são somente alimentos. Desde sempre representam o papel de excitantes, de evasões: por vezes, como em certas tribos índias, a embriaguez é até um meio de comunicação com o sobrenatural.[23]

Outras bebidas brasileiras

Contra os consumos extáticos da cauinagem, a colonização acabou por espalhar o uso das aguardentes. Outras plantas indígenas foram, contudo, tratadas de maneira diferenciada. Algumas, como o guaraná, o mate e o tabaco, foram assimiladas desde o período colonial e incorporadas pela sociedade oficial. No entanto, houve ainda aquelas, como a bebida ayahuasca (sem falar de outras, como o paricá, que é um rapé alucinógeno), que continuaram com uso restrito a comunidades indígenas mais isoladas, até o século XX, quando passaram a ser mais difundidas na sociedade brasileira e mesmo no exterior.

O guaraná (*Paullinia cupana*) é originário da região dos índios maués, do Rio Negro. Já em 1669, o padre jesuíta João Felipe Betendorf escrevia que:

> tem os andirazes em seus matos uma frutinha que chamam guaraná, a qual secam e depois pisam, fazendo dela umas bolas, que estimam como os brancos o seu ouro, e desfeitas com uma pedrinha, com que vão roçando, e em uma cuia de água bebida, dá tão grandes forças, que indo os índios à caça, um dia até outro não tem fome.[24]

No século XIX, com a crença de que era afrodisíaco e protegia contra vermes e malária, teve expansão comercial testemunhada pelo famoso viajante e naturalista alemão Carl Von Martius, que em 1819

23 Ibid., p.182.

24 Henman, *O guaraná*, p.25.

recolheu uma amostra original da planta cujo fruto possui um teor de cafeína entre 4 e 5%, mais alto que o chá (2%) ou o café e o mate (1%). O irmão de Martius, Theodor, vai ser o primeiro a extrair o princípio ativo do guaraná em 1826, por ele chamado de guaranina, que se descobriu mais tarde ser uma tetrametilxantina idêntica à cafeína, à teobromina (do chocolate) e à teofilina (do chá). Apesar do alto teor de cafeína, o guaraná não é considerado tão excitante como o café, talvez em decorrência dos efeitos das saponinas que ele também possui (semelhantes às que se encontram no ginseng, por exemplo).

Uma erva presente, entre outras, na cultura guarani, o *ylex paraguaiensis*, denominação proposta por Karl Martius em 1822, conhecido no Sul do país como erva-mate ou chimarrão, também é encontrada em Minas Gerais, sob a denominação de "congonha". Hoje é, certamente, a bebida típica e mais característica do Uruguai, da Argentina e do Sul do Brasil, onde é consumida quente, com todo o aparato tradicional da cuia e da bomba. Já no Paraguai é ingerida com água fria, recebendo o nome de tereré.

A historiografia do mate é bem ampla, dada sua importância econômica especialmente no Paraná, assim como seu significado cultural em todo o Sul do país. Nos primórdios da colonização, chegou a ser proibido no Paraguai pelo governador Hernandárias, em 1596, mas logo os padres das missões passaram a cultivar e vender a erva, recebendo em 1645 uma licença oficial que lhes concedeu verdadeiro monopólio. O comércio dessa erva, chamada "ouro verde", ajudou a formar várias das cidades paranaenses, inclusive a capital, Curitiba. Temístocles Linhares, com seu livro *História econômica do mate*, escreveu o trabalho certamente ainda insuperável sobre o tema. A palavra mate vem do quíchua e significa "cabaça" (ou cuia, em espanhol porongo). Em guarani, é simplesmente *caa*, ou seja, erva.

Além dos usos tradicionais, a erva-mate conheceu ampla difusão na forma de bebidas geladas, misturada com limão e muitas outras frutas e mesmo leite, aveia, chocolate etc. Essas novas utilizações das últimas décadas do século XX expandiram seu consumo, antes restrito às formas quentes do chimarrão ou do chá em saquinhos.

A jurema (*Mimosa hostilis*) é uma pequena árvore da caatinga nordestina cuja casca, em geral misturada com bebidas alcoólicas, serve para fazer um produto conhecido como "vinho de jurema". Também pode ser fumada com tabaco e, em todas essas formas, é usada em ritos afro-indígenas brasileiros, conhecidos como "candomblés de caboclos", especialmente na variante chamada catimbó.[25]

José de Alencar, ao escrever a obra máxima do indigenismo romântico brasileiro, o livro *Iracema*, descreveu a jurema como a bebida secreta dos pajés, usada para fazer os guerreiros sonharem, que a filha do pajé vai revelar para o branco por quem se apaixona, sendo por isso expulsa da tribo e dando origem, com seu filho Moacir ("filho da dor"), ao povo mestiço do Brasil.

Em 1946, estudando o ajucá, uma bebida dos pancararus de Pernambuco, Oswaldo Gonçalves de Lima isolou um alcaloide da jurema-preta que chamou de "nigerina". Somente treze anos depois a nigerina foi identificada como DMT, substância que havia sido inicialmente sintetizada em laboratório, em 1936, e mais tarde também foi isolada da bebida yagé, conhecida por vários outros nomes, como ayahuasca, que é um dos mais famosos compostos inventados pela sabedoria tradicional indígena amazônica, ao misturar duas plantas que são sinérgicas, ou seja, só agem quando estão juntas.

A partir do ciclo da borracha, uma grande leva de imigrantes, especialmente do Norte e Nordeste do país, foi para o Acre, onde conheceu a ayahuasca e a adotou, originando um movimento sincrético que formou os troncos mais conhecidos das religiões fundamentadas no consumo da planta: o Alto Santo, fundado por Raimundo Irineu Serra, o mestre Irineu, no início dos anos 1930, e a União do Vegetal (UDV), do mestre Gabriel, em 1961. Do primeiro tronco, surge a partir de 1974 uma dissidência que ficou conhecida como Santo Daime, do padrinho Sebastião, constituído desde 1978 como Centro Eclético de Fluente Luz

25 Sobre os usos da jurema ver Mota, *Jurema's children in the Forest of spirits*: ritual and healing among two Brazilian indigenous groups.; sobre o catimbó, ver Prandi (Org.), *Encantaria brasileira*.

Universal (Cefluris). Esse movimento é uma expressão da religiosidade cabocla brasileira, formada de tradições indígenas, do panteão católico e de influências africanas. Hoje, tais cultos possuem membros em vários países do mundo, que recebem do Brasil a bebida de uso ritual.

Entre os indígenas amazônicos, mais de cinquenta grupos étnicos distintos continuam a consumi-la. Comum a todas essas beberagens ameríndias do tipo da ayahuasca é a presença da substância DMT, um poderoso alucinógeno psicodélico (análogo em sua estrutura molecular ao LSD e ao neurotransmissor cerebral serotonina) cujo primeiro descobridor em uma planta foi Gonçalves de Lima.

Contraponto de sobriedade aos líquidos embriagantes, o café, uma bebida de origem africana exótica, tornou-se, entretanto, um emblema nacional, nossa mercadoria mais importante entre os séculos XIX e XX. Constituidora da memória oficial, adornou o brasão imperial, espalhou-se pelo baixo e o alto Paraíba, a Mogiana paulista, o Paraná e Minas Gerais. Para o café foi feita a primeira estrada de ferro, trazidos os imigrantes europeus e japoneses, a República foi governada e, assim, o nome dessa planta etíope entrou para a definição da nossa primeira refeição do dia, incorporou-se ao trabalho como estimulante da produtividade e tornou-se ritual nacional da hospitalidade.

O café (*Coffea arabica*) chegou ao Brasil por meio de um contrabando realizado pelo português Palheta, que em 1723 conseguiu roubá-lo em Caiena, capital da Guiana, dos franceses, os quais, tendo recebido a planta dos holandeses, mantinham um controle cioso de seus espécimes, o que, não obstante, foi habilmente contornado por esse traficante de plantas proibidas – ofício muito valorizado entre as nações que disputavam monopólios no cultivo e comércio de vários vegetais preciosos que foram sistematicamente erradicados da natureza para serem guardados em jardins botânicos e plantações cuidadosamente cercadas (como ocorreu com o cravo, a noz-moscada, além do café, entre outros).

A demanda por esse produto a partir do século XIX só pode ser compreendida à luz da Revolução Industrial e da nova valorização dos estimulantes do trabalho, tanto intelectuais como manuais. Entre eles, o café alcançou a predileção de muitos dos novos burgueses imbuídos de uma ética produtivista, assim como dos intelectuais iluministas que se aficcionaram a uma bebida que aumentava a disposição mental. Sua reputação tornou-se oposta à do chocolate, visto como uma substância aristocrática, afrodisíaca e voltada ao luxo e à ociosidade. Já o café tornou-se emblema da burguesia ascendente e das classes médias, do produtivismo e do desempenho laboral e era visto como antierótico, ou seja, anafrodisíaco. Misturado com leite, tornou-se sinônimo de desjejum.

No início do século XIX, o pintor francês Jean-Baptiste Debret, em viagem pelo Brasil, atribuía ao grande número de estrangeiros que chegaram ao Rio de Janeiro, após a transferência da Corte, o aumento considerável do consumo de leite, "o qual, em combinação principalmente com o café e o chá, é de uso generalizado e renovado até três vezes por dia em quase todas as casas particulares".

Para essa demanda mundial por uma bebida excitante e estimuladora do trabalho, o Brasil foi o maior fornecedor, concentrando no Sudeste do país bilhões de pés de café, nosso principal produto de exportação até o final da década de 1950. Entretanto, após a crise dos anos 1930, quase um quarto da produção nacional foi, durante uma década e meia, queimada para a manutenção dos preços, calculando-se que cerca de 78 milhões de sacas foram assim destruídas (enfileiradas, seriam suficientes para dar uma volta e meia ao redor da Terra).

Outra droga indígena que se tornou um produto central da economia brasileira foi o tabaco (*Nicotiana tabacum*), que até hoje adorna, com o café, o brasão da República, como já o fazia na época imperial. Absorvido por ingestão, aspiração nasal e mesmo enemas, foi na forma de fumaça que mais se difundiu. Ao vê-lo pela primeira vez, os europeus acreditaram que os índios bebiam a fumaça. Como relatou o padre Fernão Cardim, ao final do século XVI,

> é uma das delícias e mimos desta terra, e são todos os naturais e ainda os portugueses perdidos por ela e têm por grande vício estar todo o dia e noite deitados nas redes a beber fumo e assim se embebedam dele como se fora vinho.[26]

26 Cardim, *Tratados da terra e gente do Brasil* [1590/1606], p.70.

O ato de fumar era praticamente desconhecido na Europa (embora já fosse praticado na Índia e no mundo islâmico), especialmente em cones enrolados em que era praticado no Brasil seiscentista, e foi inicialmente perseguido como ato diabólico. Logo, porém, seu uso difundiu-se pelo mundo.

Algumas das primeiras e mais conhecidas imagens do uso do tabaco foram feitas por André Thevet, dos tupinambás que ele viu na Baía de Guanabara. Os índios também bebiam o tabaco em formas líquidas e pastosas, mas esses usos não se difundiram pela sociedade colonial, que o utilizou muito mais como fumo e, em certas elites, especialmente eclesiásticas, como rapé, além, é claro, de diversos empregos medicinais, em particular para lesões da pele.

O chá (*Camellia sinensis*) foi encontrado pelos portugueses na China, no século XVI, e mais tarde uma princesa portuguesa, Catarina de Bragança, ao casar-se com o rei da Inglaterra, Carlos II, em 1661, levou o hábito de seu consumo para a ilha. No Brasil, as primeiras tentativas de aclimatação e cultivo da planta foram feitas logo após a chegada da família real. D. João VI estimulou a vinda de chineses para desenvolverem plantações de chá, introduzido em 1812 no Jardim Botânico, onde uma centena desses imigrantes trabalhava. Em Ouro Preto e Mariana, em Minas Gerais, houve grandes plantações, que, contudo, fracassaram. Em São Paulo produziu-se com maior êxito e é onde até hoje se encontram, especialmente no Vale do Ribeira, os maiores cultivos.

O consumo do chá, em especial entre as mulheres, trouxe grandes mudanças de hábitos a partir do século XIX, quando se tornou objeto de um conjunto complexo de ritualizações, de aparatos de preparo e serviço e de sociabilidades especificamente femininas. Ao contrário do café, servido em lugares públicos de frequência masculina, o chá se tornou um ritual doméstico, acompanhando os gestos e momentos mais íntimos na vida das casas, cumprindo ainda um papel extremamente valorizado como remédio. O chá da noite se tornou um hábito familiar.

A louça, o bule, as xícaras ou chávenas, os pires, as colheres e as toalhas específicas para o seu serviço tornaram-se uma parafernália de

Figura 5.3
Vendedores de alimentos.

porcelana e metal indispensável para um cerimonial que, ao longo do século XIX, espalhou-se por inúmeros países, inclusive o Brasil senhorial. Se o café da manhã passou a ser para nós sinônimo de desjejum, o chá das 9 da noite marcou a vida social oitocentista. Essas bebidas se acompanharam de tantos artefatos ligados a seu consumo que a hierarquia das colheres, pela ordem de tamanho, incluiu desde a menor, de café, até a maior, de sopa, passando pelas de chá e de sobremesa.

O papel do chá foi central na emancipação feminina, possibilitando um espaço de privacidade exclusivo, o que levou até a libertação do uso compulsório do espartilho como vestimenta pública, com o surgimento de um vestido mais leve e menos apertado, chamado *tea-gown* na Inglaterra nos anos de 1870 cuja primeira referência no Brasil data de 1889.[27]

A época industrial vai conhecer um consumo cada vez mais elevado de líquidos engarrafados. As cervejas europeias passaram a ser importa-

27 Lima, op. cit., p.99.

das, especialmente após a vinda da família real e a abertura dos portos em 1808. A produção no Brasil foi artesanal até 1848, quando surgiu no Rio de Janeiro a Vogelin & Bager. Em Petrópolis, a mais antiga cervejaria nacional, a Bohemia, iniciou suas atividades em 1853. Em São Paulo, no bairro da Água Branca, onde havia o Parque Antártica, uma empresa de gelo tornou-se fabricante da bebida em 1888. Hoje, o Brasil é o quinto produtor mundial da bebida e conta com uma companhia que é parte do maior conglomerado mundial do ramo. No entanto, a história desses produtos, como os refrigerantes, as águas minerais, os sucos engarrafados e outras beberagens mais recentes, como os energéticos ou isotônicos contemporâneos, foge do objetivo deste texto. Da mesma forma, a história da geladeira, ligada à da eletricidade, embora seja central no que diz respeito ao hábito de consumir as bebidas resfriadas, não será abordada aqui.[28]

Os líquidos são produtos centrais da cultura material, muitas vezes até relativamente esquecidos diante dos alimentos sólidos. Ambos, contudo, são matérias-primas não só para a sobrevivência e a manutenção dos organismos humanos, mas também nos oferecem o maior repertório possível de simbolizações e de usos rituais, sendo assim substâncias para ingerir e para pensar.

Sua relevância econômica foi fundamental não só para a formação do Brasil colonial, como também para a própria constituição tanto da economia europeia moderna dos fermentados e dos destilados como do sistema colonial, em que açúcar, aguardente, chá e café, entre outros, foram os produtos mais importantes. O significado social das formas de consumo dos líquidos define posições de classe, etnia, gênero e idade, além de identidades e ideologias. Os aspectos culturais, como vimos, manifestam-se particularmente nas histórias da vida cotidiana e das atitudes e técnicas diante do corpo, constituindo quase uma esfera líquida dos significados literais e metafóricos da vida corporal.

28 Sobre a história da geladeira e de outras inovações técnicas, ver Silva, *Cozinha modelo*. O impacto do gás e da eletricidade na casa paulistana (1870-1930).

6

O corpo morto e o corpo do morto entre a Colônia e o Império

Cláudia Rodrigues e Maria da Conceição Vilela Franco

Na cultura fúnebre brasileira, o período posterior a meados do século XIX, principalmente na Corte, assistiu ao início de uma significativa transformação no que diz respeito aos cuidados e rituais prestados ao corpo do morto, resultante da ruptura na forma como ele era concebido de modo geral. Até então, nas atitudes e representações do catolicismo luso-brasileiro que predominaram na sociedade colonial e durante as primeiras décadas do Império, o corpo morto era associado ao universo do sagrado. Isso demandava uma série de rituais e cuidados com o defunto,[1] com base na crença de que seriam fundamentais para alcançar a salvação e a bem-aventurança no outro mundo, segundo os códigos culturais daquela que era a religião oficial da monarquia lusa e, a partir de 1822, brasileira.

1 Forma mais comum com que se referia ao "morto", no século XVIII, seja na documentação produzida pela Igreja Católica, seja pelas pessoas em geral. Ver Bluteau, *Vocabulário portuguez e latino.*

A partir de meados do século XIX, tais crenças sofreram mutação com a emergência do saber médico e com a progressiva secularização e laicização da sociedade, que introduziriam novas ideias e concepções acerca do corpo morto. Ele passaria a ser visto prioritariamente da perspectiva materializada e biológica e, portanto, menos sacralizada; aspecto que implicou a desritualização – em comparação com o período precedente –, gerando novos cuidados e atitudes diante do que, progressivamente, passaria a ser chamado cadáver,[2] levando a que se lhe dessem novos e polêmicos destinos, alguns dos quais impensáveis antes, a exemplo da cremação. É esse processo de transformação que será analisado aqui.

Cristianismo e sacralização do corpo morto

Se o além e as concepções sobre a imortalidade da alma apresentavam-se curiosamente como uma preocupação quase ausente no Império Romano dos séculos II e III – tendo em vista a opinião predominante de que a morte era um "nada", um sono eterno –, apenas entre pequenos grupos ou seitas acreditava-se em um destino *post mortem*. Mas mesmo assim as ideias sobre o além presentes nesses coletivos derivavam mais de uma crença do que da autoridade de uma religião estabelecida, com seus dogmas, que interferisse na comunicação entre os vivos e os mortos. Com efeito, na cultura greco-romana da Antiguidade, o culto aos mortos era um costume familiar e doméstico, e o sepultamento era assunto de parentes, constituindo-se as tumbas em lugares privados, segundo o Direito romano. A piedade das famílias se manifestava por meio de oferendas e banquetes realizados sobre as tumbas.

---

2 Definido no *Dicionario portuguez* como "corpo de homem morto" e como corpo sem alma, era um termo menos usado no século XVIII do que no XIX. Comparativamente a "defunto", sugere uma associação maior com uma concepção mais física da morte e, portanto, não seria mero acaso o predomínio de sua adoção a partir do século XIX.

Esses ritos funerários objetivavam, ao mesmo tempo, apaziguar e conjurar a alma a fim de que ela partisse para o repouso. Acreditava-se que seu não cumprimento, segundo os costumes, poderia fazer que as almas não fossem aceitas pelos espíritos ou *manes* e ficassem errando sobre a Terra, manifestando-se sob a forma de "fantasmas" perigosos. Nesse sentido, o culto e os rituais funerários tinham mais o objetivo de impedir que os mortos – suas almas – perturbassem os vivos do que propriamente cumprir os preceitos de uma religião institucionalizada.

Seria com a ascensão da cristandade, a partir do século IV – quando o Cristianismo se tornou religião oficial do Império Romano e cada vez mais se institucionalizou –, que a Igreja se introduziria entre o indivíduo, os mortos, a família e a cidade, afirmando que o clero era o grupo capaz de preservar a memória dos que partiram e gerenciar a relação dos vivos para com eles. Foi a partir desse momento que progressivamente uma sólida doutrina cristã sobre o além, pregada pelo clero, se dispôs a "instruir" os vivos sobre o sentido da morte, trazendo literalmente os defuntos e seus corpos para o seu seio. Doravante, a Igreja empreenderia, a partir dos séculos IV e V, um longo trabalho de clericalismo do culto privado e familiar aos mortos, buscando dar-lhe um caráter público e cristão. Até então vinculado às relações de parentesco carnal, a Igreja procurou substituí-lo pela imposição de laços espirituais, sob o argumento de que se ocupava das almas e não dos corpos, da salvação e não apenas de suas sepulturas.

Diferentemente das antigas representações em relação à morte, aos falecidos e ao além-túmulo, a Igreja insistiria nos chamados "fins últimos",[3] pregando a ideia da salvação no *post mortem* e tornando-a a grande marca do cristianismo; ou seja, uma religião soteriológica[4] por excelência, que propunha outra vida após a morte, que poderia ser paradisíaca ou infernal. Essa concepção acabaria por conceder ao corpo

3 Também chamados de "Os novíssimos", representam, segundo a doutrina cristã, as quatro coisas que constituem a realidade última da vida dos homens: morte, juízo, inferno ou paraíso.

4 Relativo à *soteriologia*, que é a parte da Teologia que trata da salvação do homem.

dos mortos apenas um valor irrisório e uma duração efêmera, em comparação com a ideia da imortalidade da alma.

A angústia diante do fim se deveria menos à decomposição do corpo e mais às incertezas do cristão em relação à sentença que lhe seria proferida: se a condenação ou a salvação. Assim, nessa concepção religiosa, a decomposição do físico após o enterro antecederia o "longo parêntese do repouso" antes do dia do juízo, que seria marcado pela esperança – sempre perpassada de dúvidas – acerca do renascimento/ressurreição corpo-alma para ocupar o lugar à direita de Deus. Desse modo, na economia da salvação, a corrupção e o desaparecimento do corpo seriam de fato apenas passageiros, embora, no dia da ressurreição, ele seria recomposto em todo o seu esqueleto – o único a sobreviver à decomposição.[5] Pelo que se pode perceber, portanto, apesar de a cultura eclesiástica priorizar a salvação da alma, ao corpo morto também era atribuída uma função ou um papel no processo que culminaria na ressurreição. Diante disso, cabe-nos a pergunta: qual o lugar do corpo morto na cultura funerária cristã?

Um aspecto primordial passou a ser sua preservação por meio da inumação, levando os cristãos a se tornar avessos à cremação, largamente praticada no Império Romano. Justamente pela crença nos dogmas da imortalidade da alma e na ressurreição, via-se como fundamental tal preservação, ainda que em forma de esqueleto. Assim, não por acaso o cristianismo foi responsável pela introdução dos mortos no interior das cidades, diferentemente dos costumes greco-romanos, cujas sepulturas se localizavam além de seus limites, ao longo das estradas.[6]

De início, os cristãos eram enterrados nas mesmas necrópoles que os chamados "pagãos", sempre fora das cidades. A passagem da antiga repugnância ante a proximidade dos mortos entre os cristãos antigos

---

5 Daí a preocupação dos cristãos com a preservação dos ossos nos ossuários após um período posterior à decomposição do corpo.

6 A repulsa que a cultura romana da Antiguidade tinha para com os mortos e que levava, por exemplo, os romanos a mantê-los a distância, justificava-se pela ideia de que eram impuros e, quando muito próximos, poderiam poluir os vivos.

e a nova familiaridade que se construiria se daria pela fé crescente na ressurreição do corpo, associada ao culto aos antigos mártires e a seus túmulos. Segundo a escatologia cristã, progressivamente difundida, só ressuscitariam os que tivessem recebido sepultura adequada e inviolada, o que se traduziu no medo de o corpo não receber tal tratamento após a morte, comprometendo o despertar no "último dia" e, por conseguinte, a salvação.

O temor da violação teria originado o costume de inumar os mortos perto dos túmulos dos mártires (os únicos dentre os santos cujo lugar imediato no paraíso já estaria certo), que velariam os corpos a seu redor, repelindo os profanadores de sepulturas. Com o tempo, esse enterro *ad sanctos*[7] deixaria de se fundar apenas no medo da violação e, com o avançar da Idade Média, entre os séculos VII e VIII, buscar-se-ia assegurar a proteção não só ao corpo morto, mas também para o dia do "despertar" e do juízo, já que no discurso eclesiástico a proximidade dos santos mártires também comunicaria ao defunto um pouco de sua virtude, resgatando-lhe os pecados no além-túmulo.

Com o passar do tempo, ao lado desses túmulos venerados ou capelas, foram construídas basílicas para receber as multidões de peregrinos vivos atraídos pelo culto dos santos mártires e por suas relíquias. Progressivamente, esses locais tornaram-se a morada definitiva dos mortos[8] e, assim, o núcleo do novo cemitério *ad sanctos*, sobre ou ao lado da antiga necrópole. Não demoraria muito para tal costume atravessar os muros, atingindo as catedrais do interior das cidades nas várias re-

---

7 Termo em latim que significa "em direção aos santos".

8 Como se pode ver, o culto às relíquias (restos dos corpos dos santos) é tão antigo quanto a Igreja. Desde que foi autorizado, estabeleceu-se o costume de construir um santuário em torno do túmulo dos santos e quando uma comunidade não tinha a chance de ter um corpo, exigia-se obrigatoriamente que a pedra do altar sobre o qual se celebraria o sacrifício da missa contivesse uma parcela da relíquia solicitada. Desse modo, mesmo morto, o santo continuava sendo objeto de grande veneração, sendo o seu corpo receptáculo do sagrado. O culto das relíquias se baseava na ideia da transferência de sua santidade para o devoto e parcela desses restos fundaria comunidades, acreditando-se que podiam curar e salvar as pessoas.

giões abarcadas pelo Império Romano (desde, é claro, a sua sede até as da África, passando pelas do continente europeu), que ainda não continham túmulos e passariam a receber os cadáveres de bispos, cônegos e outros membros do alto clero.

Isso significou, progressivamente, o completo abandono da antiga interdição e sua substituição por uma atitude nova de familiaridade com o corpo morto e de indiferença diante da ideia de que o contato com este e suas sepulturas era perigoso. A partir daí e por muitos séculos, esse medo foi deixado de lado, até a ponto de os defuntos comuns também serem introduzidos no centro das cidades, de modo que não mais haveria igreja que não recebesse túmulo em seu interior ou a seu redor ou que não fosse ligada a um cemitério. Estabelecia-se, assim, a vinculação entre igreja e cemitério nas várias localidades do Ocidente medieval, e o costume do sepultamento *ad sanctos* e, agora, também, *apud ecclesiam*[9] tornou-se de tal modo generalizado que, quando os mortos não iam até o santo, este deveria ir até eles, por meio do depósito das relíquias nos túmulos dos nobres e de sua família.[10] Nas zonas rurais, muitas vezes as sepulturas de família acabaram originando capelas em que um sacerdote contratado celebrava a memória do falecido proprietário.

A reunião dos corpos em torno das relíquias dos santos e das igrejas construídas sobre elas tornou-se um traço específico da civilização cristã. Doravante, os cemitérios não seriam mais considerados simples necrópoles e reservatórios de cadáveres, mas lugares sagrados, públicos e frequentados, destinados às orações pelas almas dos antepassados, com base na crença de que essas pareciam ser mais eficazes quando ditas perto dos túmulos. Esse costume se estabeleceu mesmo quando

9 Termo em latim que pode ser traduzido como "no espaço da igreja".

10 Justamente nesse período os corpos dos mártires foram levados para o interior das basílicas, como forma de os bispos controlarem o culto aos mortos. Suas tumbas passaram a ser propriedade pública, diferentemente dos demais túmulos. Assim, a Igreja assumia, gradativamente, o monopólio sobre as sepulturas e os sepultamentos, em um processo crescente de retirada dos mortos do espaço e do domínio doméstico e familiar, colocando-os sob seu controle direto e simbólico.

a hierarquia eclesiástica tentou por séculos, por meio dos decretos conciliares, distinguir o interior da igreja do espaço consagrado em torno dela, impondo inutilmente a obrigação de se enterrar ao lado dos templos e não em seu interior, com exceção de bispos, padres, monges e alguns leigos privilegiados. Mas essas proibições eram desrespeitadas pelo próprio clero, que permitia o sepultamento no interior dos templos como forma de angariar fundos para as fábricas[11] das suas igrejas.

Tais concepções construídas ao longo do período medieval predominariam na maior parte do Ocidente, atravessando a época moderna. Nesse processo, se o racionalismo presente nas concepções de alguns filósofos e da reforma protestante implicou o surgimento de questionamentos a algumas dessas crenças, a partir do século XVI a Contrarreforma procurou firmemente reafirmar os dogmas do que passou a ser mais identificado como catolicismo (depois da cisão provocada pelos protestantes), e os pontos de vista acerca do corpo morto atravessaram o Atlântico, instalando-se na América conquistada pelos portugueses.

O corpo do morto: cuidados, atitudes e rituais no âmbito do sagrado

Ainda que nesse processo a cultura lusitana embebida na concepção sacralizada acerca do corpo morto entrasse em contato com as demais e diferentes crenças indígenas e africanas, com o passar dos séculos, seriam as representações do catolicismo as predominantes em termos oficiais. Isso não significa que os vários grupos étnicos tenham deixado de adotar seus costumes fúnebres tradicionais, na medida em que não raro dessem destinos específicos ao corpo do morto, mas também não quer dizer que, em vários momentos, não houvesse encontros e apropriações mútuas entre esses três universos

11 A fábrica era o organismo que administrava o patrimônio e os rendimentos de uma paróquia e zelava pela conservação de seus bens móveis e imóveis, significando, assim, o patrimônio e a gestão das igrejas matrizes.

culturais preponderantes na região na época, gerando práticas e rituais, por vezes bastante sincretizados ou miscigenados em relação ao corpo do morto, ao longo dos séculos.

Seria em torno dessas concepções, ora marcadamente católicas ora mescladas, que se conformaria a rica cultura funerária do Brasil colonial e em parte do Império, gerando diferentes atitudes em relação aos despojos mortais. Apesar de algumas especificidades, elas apresentavam certo padrão ou predomínio das práticas do catolicismo – ainda que marcado por forte presença de elementos "pagãos" ou "pré-cristãos" da antiga tradição ibérica –, que nas terras brasileiras se uniram aos elementos das culturas indígenas, e sobretudo africanas, configurando o que foi chamado por João José Reis de "catolicismo barroco".[12]

No processo de ocupação e povoamento da América portuguesa, em termos mais gerais, aquela concepção sacralizada tanto do corpo morto quanto dos locais de inumação, segundo a lógica do sepultamento *ad sanctos apud ecclesiam*, acabou sendo transplantada para a Colônia. Uma vez estabelecidos, os colonos demonstravam enorme cuidado com a morte e o enterramento católico na busca da salvação da alma. Com efeito, atrás de uma capela que vingava estava um grupo interessado em ser enterrado nos moldes cristãos – fosse um senhor de engenho preocupado com a salvação de sua alma ou um bandeirante que queria ter seu arraial reconhecido junto às instâncias do poder temporal –, demonstrando a relação entre a constituição de capelas, as doações de terras e as obrigações de missas para seu fundador.

Desse modo, o cuidado com o "bem morrer" e a proximidade das relações entre vivos e mortos foram elementos que contribuíram para o assentamento de colonos e o início da expansão urbana em várias regiões. Renato Cymbalista acredita que, se procurarmos buscar as origens dessas relações nas cidades paulistas, não poderemos sequer afirmar que os vivos chegaram antes. Para ele, as fundações de Itu, Campinas e Limeira servem de exemplos de que, na São Paulo colonial, mortos e vivos podem ter trabalhado em conjunto para que a

12 Reis, *A morte é uma festa*: ritos fúnebres e revolta popular no Brasil do século XIX.

urbanização se viabilizasse. Apesar de considerar que a criação de uma freguesia significava a possibilidade de crescimento e desenvolvimento urbano, o autor afirma que a cidade de Campinas surgiu da rogativa de homens simples e anônimos que evocavam a presença dos mortos como argumento para que, sobre o cemitério bento já existente, se instalasse a capela de que tanto precisavam, sob a justificativa de que isso os livraria do pecado. Sua crença era de que, com o pároco e as missas, viriam os encontros, as trocas, a possibilidade de instalação de casas, o comércio e os serviços no patrimônio da capela. Ou seja, em alguns lugares as sepulturas marcariam a origem de determinados povoamentos, de modo que os corpos dos mortos chegavam antes dos vivos.[13]

Com efeito, os cuidados prestados aos corpos falecidos eram perpassados pela crença na vinculação entre o morto e o sagrado, a ponto de, até meados do século XIX, na maioria das cidades brasileiras, o sepultamento *ad sanctos apud ecclesiam* ter sido majoritariamente adotado, inclusive pelos próprios escravos, crioulos ou africanos, na busca por fugir de inumação considerada pouco digna por estar sujeita à profanação. Foi assim que, para escapar do Campo da Pólvora – como era chamado o cemitério dos indigentes, no qual os corpos eram mal sepultados e poderiam ficar expostos aos animais –, os membros da irmandade de Santa Efigênia, em Salvador, encaminharam, em 1764, uma petição ao governo metropolitano. Nesta, afirmavam que, ainda que ao fim da vida muitos deles, mesmo sendo escravos, libertos e, minoritariamente, negros livres, encontravam-se como indigentes e miseráveis, mereciam ser sepultados "com modéstia e competente decência", segundo a fé que tinham na imortalidade de suas almas e na "futura ressurreição de seus corpos". Por essa razão, suplicavam que se lhes fosse garantido um "honesto e humilde funeral" que os conduzisse à igreja do convento de São Francisco e nela fosse dada sepultura a seus corpos "com piedade cristã e caridade fraternal". Essa preocupação dos negros os levou a buscar também o sepultamento eclesiástico, a fim de

13 Cymbalista, *Cidades dos vivos*: arquitetura e atitudes perante a morte nos cemitérios do Estado de São Paulo.

fugir de condições "indignas" de inumação, como não raro aconteceu, como podemos ver a seguir.

Na cidade do Rio de Janeiro, aos corpos dos negros falecidos ou que viessem a morrer, imediatamente após chegarem da África – chamados "pretos-novos", ainda não integrados à comunidade –, que se encontravam quase sempre no mercado de escravos para serem comercializados, inicialmente restava o cemitério localizado no terreno detrás do hospital da Santa Casa da Misericórdia (destinado aos indigentes e aos impossibilitados de pagar pela sepultura em uma igreja) e, depois de 1722, próximo à igreja de Santa Rita.[14] Isso quando não eram deixados nos campos ou em terrenos baldios, segundo relatos da época.

Por volta de 1769, no processo de transferência do mercado de escravos da Rua Direita (atual Primeiro de Março, na altura da Praça XV) para o Valongo,[15] o cemitério dos "pretos-novos" também se mudou para lá. Um viajante estrangeiro, G. W. Freireyss, que passou pelo Rio de Janeiro entre 1814 e 1815, descreveu-o como um espaço cercado por um muro, dentro do qual estava sentado um "velho com vestes de padre", lendo um livro de rezas pelas almas dos africanos. A uns vinte passos dele, alguns pretos ocupavam-se em cobrir de terra seus patrícios mortos, sem se dar ao trabalho de fazer uma cova. No meio, restos de

14 A partir de 1696, o cemitério da Santa Casa da Misericórdia do Rio de Janeiro passou a dar sepultura aos corpos mortos dos escravos mediante o pagamento de 400 réis por parte dos senhores, conforme acordo estabelecido com o governo português, que tinha o objetivo de diminuir e evitar a prática de abandono dos cadáveres dos cativos por parte dos senhores. Segundo Mariza de Carvalho Soares, havia o caso, inclusive, de irmandades pobres abandonarem os corpos de irmãos na porta de igrejas para serem enterrados "pelo amor de Deus", por causa das dificuldades de custearem o sepultamento, sendo, por isso, enterrados de graça pelo pároco. Não se pode deixar de lembrar que, tradicionalmente, a Santa Casa detinha o monopólio do serviço funerário, do sepultamento e do transporte de cadáveres, no período colonial, como contrapartida da assistência que prestava aos pobres e escravos.

15 Compreendido hoje na zona do Cais do Porto, o Valongo era o trecho urbano, pertencente à freguesia de Santa Rita, que compreendia os bairros da Saúde e da Gamboa.

cadáveres descobertos pelas chuvas podiam ser observados e ainda havia muitos no chão que não tinham sido enterrados. Esses corpos estariam nus, envoltos apenas em uma esteira amarrada por cima da cabeça e por baixo dos pés. Segundo o viajante, o mau cheiro era insuportável, a ponto de terem decidido queimar de vez em quando um monte de cadáveres semidecompostos.

No caso dos demais negros indigentes, cativos ou não, um dos locais de sepultura existente na cidade do Rio de Janeiro era aquele detrás da Santa Casa. Entre as descrições referentes a este, uma é a do capelão inglês R. Walsh, que esteve no Rio entre 1828 e 1829. Segundo ele, no fim do corredor do hospital, havia um grande cemitério, "refúgio geral dos pobres", no qual o enterro era "muito simples". Fazia-se uma cova profunda em que os corpos eram colocados e, antes, eram depositados sobre um estrado, em uma casinha que ficava no meio do cemitério, até que houvesse um número suficiente destes. Então era realizada uma cerimônia fúnebre para todos, que eram inumados sem os caixões, algumas vezes nus, mas normalmente envoltos em lona. Eram colocados de lado, geralmente com a cabeça virada para os pés do outro. De acordo com o viajante, ele nunca esteve naquele lugar sem que houvesse menos

Figura 6.1
Enterro de negro pobre.

Figura 6.2:
Sepultamento
de negros.

de quatro ou cinco corpos esperando para serem enterrados e, quando saía, sempre via outros chegando.[16]

Para evitar esse destino é que muitos negros se filiavam às irmandades religiosas, a fim de buscar um sepultamento "digno", bem como a salvação de suas almas ou a tranquilização de seus espíritos, segundo suas crenças ancestrais, como vimos anteriormente na petição dos irmãos de Santa Efigênia, em Salvador.

Fosse nas covas das fábricas ou de suas irmandades situadas nas igrejas matrizes ou, ainda, nas sepulturas das capelas/basílicas, o sepultamento católico era buscado pelos negros como meio de obter um terreno ao abrigo da profanação e dos animais. Não à toa, conforme verificado nos relatos do francês Jean-Baptiste Debret, acontecia de seus companheiros recolherem esmolas para pagar os custos de um enterro eclesiástico.

Também não seria por motivos diferentes a existência do costume de abandonar os cadáveres de negros na porta de uma igreja, para que fossem sepultados "pelo amor de Deus".[17] Segundo Vieira Fazenda, logo que transferiu o cemitério dos "pretos-novos" do Largo de Santa Rita para o Valongo, o Marquês do Lavradio teria mandado pôr ali, por muito tempo, uma guarda de soldados de tropa de linha, para evitar a continuidade dos sepultamentos no local. No entanto, em uma noite, três homens de braços dados aproximaram-se da porta da igreja de Santa Rita e se ajoelharam. Ao fim de algum tempo, dois se retiraram e um deles ficara de joelhos. Decorridas algumas horas, o soldado aproximou-se do devoto e ordenou que se levantasse, mas não teve resposta; fez nova observação, bateu no ombro do homem que parecia orar, e este caiu no chão. Ao examiná-lo, a sentinela reconheceu que tinha diante de si um cadáver.[18]

16 Walsh, *Notícias do Brasil.*

17 Debret, *Viagem pitoresca e histórica ao Brasil.*

18 Fazenda, antiqualhas e memórias do Rio de Janeiro. In: *Revista do Instituto Histórico e Geográfico Brasileiro*, t.86, v.140.

Esse relato indica a provável resistência dos negros em dar como destino aos corpos de seus mortos uma cova que não fosse próxima a uma igreja paroquial, em solo sagrado. Desejava-se e, provavelmente, sabia-se que seu cura ou coadjutor não deixaria um cadáver à porta de seu templo, providenciando-lhe sepultura "pelo amor de Deus" em um terreno em volta. Certamente, essa teria sido uma das razões para a grande proliferação de irmandades de negros pela cidade, bem como de suas igrejas.

A preocupação com o abrigo do corpo morto nos sagrados templos católicos levou a que, em seu interior e a seu redor, os vivos convivessem cotidianamente com as várias sepulturas, como se pode identificar na ilustração de Debret, representando a igreja da Candelária na quarta--feira de Cinzas.

Não por acaso, o cronista Luiz Edmundo assim se referiu a essa relação em suas observações sobre o cemitério do cristão:

> Enterra-se nas igrejas pelo solo, pelas paredes, debaixo dos altares, por cima deles, por detrás dos oratórios: recheio de tolo é bazófia, recheio de porco é farófia; recheio de igreja é defunto.

Figura 6.3
Manhã de quarta--feira santa.

O que ele descreveu com certa jocosidade era, na verdade, a expressão do que analisamos anteriormente, demonstrando a grande apropriação da escatologia católica pelos fiéis, seja no continente europeu, seja nas áreas de conquista.

Os testamentos redigidos e os registros de óbitos referentes à maior parte dos habitantes da América portuguesa, principalmente do século XVI a meados do XIX, demonstravam a preocupação com o destino dado ao corpo após a morte. Nos testamentos, a maioria afirmava a vontade de ser sepultada no interior ou no adro de um templo católico e detalhava o ritual que desejava após sua morte, que, em grande parte dos casos, se destinava aos cuidados com o corpo.

Desse modo, não bastava o sepultamento próximo dos santos e no espaço das igrejas. Na iminência da morte, os moribundos recebiam os "últimos sacramentos",[19] fosse para obter a cura da enfermidade ou para garantir uma "boa passagem", fortalecendo a alma que, naquele momento, corria o risco de ser roubada pelas forças demoníacas. Uma vez mortos, seus corpos eram envoltos em roupas especiais – chamadas mortalhas –, que podiam ter a forma das vestes do santo de sua devoção, ser feitas em tecidos de cores específicas – as crianças batizadas, até os sete anos, geralmente eram vestidas com tecidos coloridos, em alusão à ideia de que já estavam salvas –, ou, ainda, ser um lençol, em referência à simplicidade do tecido que teria envolvido Cristo (no caso de pessoas de posses) ou à efetiva pobreza e impossibilidade de se adquirir uma mortalha de santo ou de um tecido especial.

Diferentemente dessa época contemporânea, por trás do costume da sociedade colonial e imperial de amortalhar o cadáver com uma vestimenta especial, estava a crença de que, na "passagem" para o além, o morto deveria estar convenientemente vestido. A simbologia fazia-se presente tanto entre os católicos como entre os africanos, sendo o seu uso uma das formas de se garantir a "boa morte", uma espécie de código que permitisse a passagem para o outro mundo. Para os cristãos,

19 Termo usado para se referir aos sacramentos recebidos na iminência da morte: penitência (após a confissão), eucaristia e extrema-unção.

o objetivo era obter a salvação. Aos africanos, tratava-se, também, de se preparar para o encontro com os ancestrais.

Em várias pesquisas realizadas, identificou-se a predominância do uso da cor branca, principalmente no período escravista. Tal prevalência pode ser explicada pelo significado que lhe era dado em ambos os universos culturais. Entre os vários grupos étnicos africanos, simbolizava a morte e o nascimento para uma nova vida. Para os cristãos, a esperança na eternidade, prometida por meio da ressurreição, expressando também uma identificação com o santo sudário – tecido branco que envolveu o corpo de Jesus Cristo após a morte no calvário e com o qual ele revivera. Tanto para os africanos como para os cristãos, tal cor representava tanto a morte como o (re)nascimento. Os primeiros, todavia, demonstravam fazer maior uso do branco.[20]

Uma vez organizado e decorado o local do velório – que até meados do século XIX era realizado nas casas e/ou igrejas –, e antes do sepultamento, o corpo do morto era depositado sobre esses lugares ou catafalcos, enquanto eram realizados os ofícios fúnebres (encomendação da alma e missa de corpo presente). Para a Igreja Católica, tais cerimônias favoreceriam que a alma fosse entregue a Deus e se livrasse quanto antes das penas que teria de sofrer no purgatório em função dos pecados cometidos.

Segundo as *Constituições primeiras do arcebispado da Bahia*,[21] nenhum defunto poderia ser enterrado sem antes ser encomendado pelo seu pároco ou outro por ele autorizado – era a oficialização da entrega do corpo à Igreja, sendo também uma forma de o sacerdote garantir o recebimento dos emolumentos pagos pelos parentes vivos por ocasião dos óbitos, além de ter o controle sobre o registro das mortes ocor-

20 A escolha do branco, principalmente entre os africanos, relaciona-se com as religiosidades africanas, segundo as quais é frequentemente a cor da morte. Ver Thomas, *Antropologia de la muerte*.

21 Primeira compilação da legislação eclesiástica a ser aplicada na Colônia, escrita pelo arcebispo Sebastião Monteiro da Vide, em 1707, servia de base para a implementação das doutrinas católicas até o período imperial.

ridas em sua paróquia. A encomendação poderia ser simples, com a presença apenas do vigário, ou mais aparatosa, com a participação de outros sacerdotes além do pároco, adquirindo um caráter solene. Em várias localidades brasileiras, chegou a haver casos em que o defunto foi encomendado por até mais de 25 sacerdotes. Quanto à missa de corpo presente, sua quantidade era, em geral, determinada pelo fiel no momento de redigir seu testamento, havendo os que pediam de uma – os mais remediados – até centenas ou milhares (registros dão conta de solicitações de 5 mil ou mais) – principalmente no caso dos portugueses e de colonos com posses, inclusive ex-escravos africanos.[22]

Antes do sepultamento no interior, em torno do adro das igrejas ou em cemitérios contíguos aos templos, os defuntos eram acompanhados por um cortejo que poderia incluir, além dos familiares, párocos, sacerdotes e irmandades religiosas às quais fossem afiliados em vida. O objetivo era ampliar ao máximo o número de pessoas que pudessem orar pela salvação da alma do falecido. No período colonial, sobretudo, era muito comum que os que tivessem condições para tal estipulassem em seu testamento a presença de pobres nesse cortejo, pois, desde a era medieval, eles eram encarados como escatologicamente necessários à salvação, uma vez que associados à pobreza de Cristo, tornando-se potenciais intercessores junto à alma daquele que lhes deixasse esmolas para que fossem alimentados. Como se pode perceber, todos esses cuidados com o corpo do morto tinham como alvo alcançar a salvação da alma, de modo que se pode dizer que esta tinha prioridade em relação àquele.

---

22 É importante notar que aos escravos e menores de quatorze anos não era permitido redigir testamentos. No caso dos primeiros, pelo fato de não se considerar que tivessem a propriedade sobre si e, portanto, fossem oficialmente capazes de ter bens a serem legados – apesar de, na prática, muitos poderem acumular dinheiro por meio de trabalho extra, nas zonas urbanas, ou da venda de produtos agrícolas de seus lotes de cultivo, nas zonas rurais. Mas não há notícias de escravos que tenham feito testamentos, seja na Colônia, seja no Império.

De maneira geral, até meados do século XIX, os caixões eram utilizados apenas para transportar o corpo, não servindo ainda para sepultá-lo. Isso só passou a acontecer a partir das recomendações médico-higienistas, objetivando conter a emanação dos eflúvios produzidos pela putrefação do cadáver e a contaminação do ambiente. Até então, quem não tivesse condições de ser levado em um caixão ou esquife – geralmente alugados – era conduzido à sepultura em uma rede, geralmente usada para o transporte dos escravos e indigentes e, como exceção ao costume da maioria dos paroquianos, pelos indivíduos com posses que quisessem demonstrar maior simplicidade e despojamento diante da morte, com vistas à salvação de sua alma.

Seguidos todos esses passos, o sepultamento nos templos ou ao seu redor era o último cuidado com o corpo no cerimonial católico então predominante. A partir daí, restariam os sufrágios realizados em intervalos regulares, pelas missas de sétimo dia, de mês, de ano e de aniversário da morte. Ou seja, novamente cuidados mais com a alma do que com o corpo, que só voltaria a ser objeto de uma ação específica por ocasião da transferência dos ossos para ossuários construídos nas igrejas e, posteriormente, a partir de meados do século XIX, dos cemitérios públicos extramuros.

Essas atitudes seriam alteradas com o passar do tempo, principalmente a partir da segunda metade daquele século, em virtude da transformação da concepção sobre o corpo morto. Cada vez mais, este passaria a ser identificado como um despojo, um resto, mais que tudo, capaz de causar doenças em decorrência do processo de putrefação, o que levaria ao progressivo distanciamento dos vivos para com eles, em uma ótica mais biologizada do que sacralizada.

De defunto a cadáver: perda da dimensão sagrada do corpo morto

Apesar de diferentes, corpo e alma estavam ligados na concepção cristã, principalmente católica. Muito embora o primeiro fosse visto como destrutível e degradável (por se acreditar que fosse portador de uma dignidade menor) e a segunda, como indestrutível, transcendente e sublime, eram categorias que dificilmente estavam separadas. Uma estava vinculada à outra, tanto que a doença do corpo era vista como da alma.

A própria tortura era justificada como uma ação sobre o espírito, de modo que todos os sofrimentos aplicados ao corpo eram estabelecidos sobre a alma e vice-versa. A tortura, como as práticas de autoflagelação, era vista como um caminho para a salvação, na medida em que constituía absolvição. Nessa perspectiva, os tempos medievais concebiam a abertura do corpo, as dissecações e as autópsias como sacrilégio e tabu, ainda que tais práticas tivessem a finalidade de estudo. A dificuldade medieval de tolerar as experiências anatômicas se justificava pela concepção de que abrir o corpo implicava bulir no espírito, tanto que as pouquíssimas universidades que efetuavam dissecações de cadáveres dependiam de uma autorização especial do papa e as faziam cercadas de rituais e cerimônias, em épocas do ano consideradas propícias, com exorcismos que se estendiam por vários dias, antes, durante e depois de sua realização. Apesar da interdição eclesiástica, dissecações foram feitas, principalmente a partir de ações noturnas nas quais se roubavam cadáveres dos cemitérios.[23]

Foi somente com o aparecimento do dualismo cartesiano, o qual distinguia corpo e alma – e foi o ponto de partida para a progressiva associação do primeiro à matéria, desvinculando-o do sagrado –, que essa concepção começou a ser posta em xeque. Descartes concluiu que a alma racional era totalmente distinta do corpo no qual habitava e ao qual governava, pois o considerava análogo a uma máquina. Ele foi, com efeito, o primeiro que formulou o dualismo completo entre a alma e o corpo, entre a mente e a matéria, o qual posteriormente se impôs como crença geral e como uma filosofia doravante importantís-

23 A partir do século XV, houve uma retomada das práticas de dissecação de cadáveres, em virtude do acesso aos escritos da Antiguidade Clássica, traduzidos pelos árabes.

sima. Enquanto a filosofia de Platão, Aristóteles e toda a tradição eclesiástica cristã via corpo e alma como diferentes, mas ontologicamente unidos, de modo que não se conseguia pensar em um dissociado do outro, Descartes estabeleceu essa ruptura, ao afirmar que a alma não precisava do corpo para pensar e sentir, bem como ele tinha existência própria e independente da "coisa que pensa". Era a oposição entre *res extensa* e *res cogitans*.[24]

Segundo tal lógica, ambos se distinguiam efetivamente como duas substâncias. Concebida como uma que pensa, a alma seria irredutível ao atributo da extensão, própria do corpo. Gerado como uma máquina, regida por leis da mecânica (além da extensão, o repouso e o movimento), a este correspondiam o movimento e o calor. Daí a possibilidade de concebê-lo sem o espírito e vice-versa. O essencial da alma não consistia em estar unida ao corpo, podendo existir sem ele, quando ambas as substâncias se separavam no momento do fim, não estando, desse modo, sujeita a morrer junto, embora fosse imortal. Assim, para Descartes, a união entre alma e corpo era simplesmente um fato da existência que não afetava a essência da alma. Essa argumentação tornará possível que, dali em diante até o século XIX, os homens da ciência concebessem o cadáver como matéria, apesar de continuar a acreditar na ressurreição da alma.

Assim, Descartes foi um dos pioneiros – senão o primeiro – a propor tal distinção. E esse seu mecanicismo preparou terreno para o materialismo subsequente, sobretudo a partir do século XVIII. Com

24 Enquanto o termo *res extensa* está associado à matéria, ao corpo, a expressão *res cogitans* se vincula à alma. Três pressupostos constituíram o ponto de partida de Descartes na formulação dessa distinção: o primeiro, a ideia do ser pensante (alma), que seria a base sobre a qual deduziu sua psicologia; o segundo, a ideia de um ser perfeito e infinito (Deus), que serviu de base para sua teologia; e o terceiro, de extensão (matéria/corpo), sobre a qual baseou sua física, enquanto o pensamento constituía a essência da alma, a extensão (em suas três formas: longitude, latitude e profundidade) formava a do corpo. Desses pressupostos, podemos identificar a dissociação que Descartes operou entre corpo e alma, com a afirmação da independência do primeiro (pensamento) em relação ao segundo (extensão).

seu método racional, também abriu caminho não só para a diferença entre a filosofia e a teologia, mas também para a separação e a efetiva oposição entre o pensamento racional e a fé. Por isso, a Igreja Católica pôs suas obras no *index* dos livros proibidos.[25]

Essa tese cartesiana foi a base para a posterior concepção de que algo da existência fosse descartável. Segundo José Carlos Rodrigues, foi premissa indispensável para conceber que alguma coisa do humano ou mesmo qualquer fração do mundo pudesse ser considerada como resíduo, como sobra.[26] Na visão cartesiana, o corpo não passaria de um cadáver, e o próprio Descartes foi bem explícito nessa comparação, ao afirmar que não era senão aquilo que sobrava da vida de uma alma. Na cosmovisão medieval e predominante até então, o corpo jamais poderia ser considerado como dejeto, nem de espírito nem dos objetos, embora essa lógica não existisse na Idade Média. O resultado era a convivência com o perecível.

A possibilidade da associação do corpo à matéria, e não mais ao sagrado, que começou a ser disseminada a partir de certo momento da época moderna, implicou outras transformações das concepções medievais que unificavam alma e corpo,[27] a exemplo da maior projeção

25 Não se pode desconsiderar, contudo, que a penetração e a difusão de seu pensamento foram lentas, difíceis e acompanhadas por acirradas polêmicas. Somente no final do século XVII, suas ideias conquistariam as grandes universidades europeias, permanecendo no centro da cultura daquele continente, enquanto as condenações cairiam em desuso. Apenas em meados do século XVIII, sua física seria destronada pela de Newton.

26 Rodrigues, *O corpo na história*.

27 Outra transformação, conforme demonstrou José Carlos Rodrigues, foi o rompimento da ideia de que o sofrimento do corpo significava a penalização da alma e a purgação dos pecados. Esse pressuposto tanto amenizava como retirava os impedimentos morais e religiosos para a realização das dissecações cadavéricas da parte dos médicos anatomistas. Não à toa as dissecações oficiais se difundiriam a partir dos séculos XVI e XVII e, no XVIII, a dessacralização do corpo já seria vista como rotineira. Em termos de história da medicina e da doença, os séculos XVII e XVIII representavam o ápice da anatomia patológica, a partir da realização de inúmeras autópsias e dissecações cadavéricas, que conduziriam às

do papel do médico em relação ao do sacerdote, na medida em que a "doença do corpo" passou a ser desatada da "doença da alma", sendo a primeira encarada mais como desequilíbrio biológico do que resultado de pecado.

Até o desenvolvimento dessa nova concepção mais medicalizada, predominou o significado religioso, segundo o qual a enfermidade do corpo era encarada como a ocasião na qual os demônios poderiam tomar a alma do fiel, aproveitando-se das fragilidades ocasionadas pela doença. Por isso, era fundamental que, em sua ocorrência, o sacerdote estivesse presente para que, com ritos e orações apropriados, o enfermo se sentisse confortado para a hora do "passamento". Os chamados "últimos sacramentos" (penitência, eucaristia e extrema-unção) adquiriam a importância de proporcionar conforto, força, esperança e auxílio na hora da morte. Traziam também a possibilidade de cura da doença do corpo, haja vista que sua causa quase sempre era vista, nessa época, como resultado de um mal da alma; daí a eficácia das orações empreendidas pela Igreja Católica e seu clero.

Compreendida como resultado dos males da alma, a doença era vista pelo discurso teológico como castigo em decorrência de pecado. Exemplo disso foi a divulgação, em 8 de março de 1566, da bula papal *motu próprio*, pelo pontífice Pio V, determinando que todos os médicos que fossem chamados para tratar dos enfermos deviam, antes de qualquer terapia, admoestá-los à confissão, tendo como base a noção de que a causa da doença física não estava no corpo, e sim no pecado, sob pena de serem condenados e privados da licença para exercer seu ofício. Assim, a doença funcionava para a Igreja Católica como arma eficaz para levar os fiéis a receber os sacramentos, principalmente diante da insistência eclesiástica em apresentá-los como remédio para todos os males.

---

transformações nas concepções de que as doenças decorriam, na verdade, de alterações nos órgãos. Estas deixariam de ser encaradas como "mau comportamento da alma", passando a ser compreendidas em termos fisiológicos.

Principalmente no período colonial, essa concepção podia ser observada nos testamentos, em que frequentemente aparecia a expressão "doente de doença que Deus foi servido dar-me". Mas também esteve presente na legislação eclesiástica, a exemplo das *Constituições primeiras do arcebispado da Bahia*. Assim, diante do primeiro sinal de doença, os médicos eram firmemente exortados a chamar o pároco, antes de ministrar os socorros para o corpo. Além disso, tanto médicos como familiares eram incitados a buscar a confissão do enfermo, tão logo aparecessem os primeiros sintomas. Observa-se, assim, a prioridade dada à figura do sacerdote e aos rituais religiosos/eclesiásticos em detrimento do papel da medicina.

Ao mencionarem o sacramento da extrema-unção e a forma como deveria ser administrada, as *Constituições primeiras* o definiram, de modo semelhante ao *Breve aparelho e modo fácil para ensinar a bem morrer um cristão*,[28] como aquele que dava especial ajuda e conforto na hora da morte, em que as tentações costumavam ser mais fortes e perigosas, em virtude do pouco tempo que os demônios teriam para tentar os fiéis. Entre os efeitos desse sacramento, estavam dar em toda ou em parte a saúde corporal ao enfermo, para bem de sua alma e para consolá-lo, dando-lhe confiança e força para que, na agonia, pudesse resistir às investidas do inimigo e levar com paciência suas dores. Ainda segundo as *Constituições primeiras*, os párocos deveriam administrar o espiritual socorro da extrema-unção a seus enfermos com toda a diligência e cuidado, para que mais facilmente pudessem rebater, na última hora, os cavilosos assaltos do demônio.

---

28 Castro, *Breve aparelho e modo fácil para ajudar a bem morrer um cristão, com a recopilação da matéria de tratamentos, e penitência, várias orações devotas, tiradas da escritura sagrada, e do ritual romano de N. S. P. Paulo V, acrescentada da devoção de várias missas*. Manual português de preparação para a morte, que teve bastante circulação no mundo português, entre meados dos séculos XVII e XVIII, instruindo os católicos a se preparar para o momento da morte. Suas orientações foram seguidas na Colônia, sobretudo no segundo período. Desde o século XV, era costume europeu a redação desses chamados "manuais de bem morrer" ou "artes de bem morrer".

Essa associação entre pecado e doença era fato bastante presente na sociedade brasileira da época, bem como na maioria das do antigo regime. Por isso, inclusive, era para os santos, anjos e demais membros da Corte Celestial, assim como para os amuletos e outras práticas associadas ao sagrado e/ou sobrenatural, que a população se voltava nos momentos de enfermidade. As conjunturas epidêmicas eram ocasiões em que esses recursos, feitos de forma coletiva, se identificavam com mais evidência.

Tal relação explicava-se pela inexistência de uma fronteira rígida entre os domínios dos mundos natural e sobrenatural, como analisou Márcia Moisés Ribeiro, em seu trabalho sobre a arte médica no Brasil do século XVIII.[29] Concebida muitas vezes como prova da ira de Deus e da ação do demônio, a doença era tratada pelo viés do sobrenatural, por meio do recurso à magia e aos exorcismos, em uma prática que associava médicos, "feiticeiros" e clero na tarefa de promover a extirpação dos males do espírito, no sentido de obter a cura. Entre os próprios profissionais da saúde daquela época ainda predominava a crença nos processos de cura que recorriam à magia e ao sobrenatural. Isso acontecia principalmente quando não se conseguiam soluções pelo caminho do natural, não obstante as tentativas, por parte do Estado português, de fiscalização e de controle sobre tais práticas, a partir da segunda metade do século XVIII, em razão do movimento da Ilustração portuguesa.

No pensamento médico daquele período, essa indissociação não era contraditória ou singular, haja vista que, na época, a concepção que se tinha sobre a doença ainda comportava perfeitamente os princípios religiosos. Não havia a predominância da concepção médica que procurava explicar a enfermidade em termos fisiológicos e de alteração nos órgãos, que se disseminaria no Brasil do século XIX. Esse fato se coaduna com a vigência da visão pré-cartesiana.

A associação entre doença e corpo falecido à dimensão do sagrado predominou na maioria das localidades brasileiras até meados do século

29 Ribeiro, *A ciência dos trópicos*: a arte médica no Brasil do século XVIII.

XIX. Nas grandes cidades, como Salvador, Recife, Fortaleza e Rio de Janeiro, emergiu um processo de transformação dessa sensibilidade em relação aos despojos mortais, a partir da década de 1830, em razão do desenvolvimento de uma concepção medicalizada da morte. Essa visão preconizou a vigilância olfativa em relação aos cadáveres e às sepulturas e a transferência dos sepultamentos para fora dos limites da cidade. Defendia a criação de cemitérios públicos extramuros. Na maioria das localidades, no contexto da disseminação da concepção médico-higienista e das políticas de saúde pública que progressivamente seriam implementadas ao longo do período imperial, especialmente entre as décadas de 1840 e 1850, essas necrópoles continuaram a ser de jurisdição eclesiástica, embora distantes dos templos, em virtude da necessidade de serem bentas pela autoridade episcopal do lugar, antes de entrar em funcionamento, segundo a lei imperial de 1828.

Tal processo de deslocamento dos mortos do centro das cidades decorria da disseminação da ideia de que seus corpos seriam prejudiciais aos vivos, segundo as teorias miasmáticas de que os eflúvios emanados do processo de putrefação cadavérica causavam doenças entre os vivos, sendo responsáveis pelo aparecimento de surtos epidêmicos e pelo aumento do número de falecimentos. Doravante, cada vez mais se buscaria fugir da convivência entre vivos e mortos – estes até então presentes na cultura funerária brasileira. A partir de fins da década de 1870, na conjuntura de intensos conflitos entre Igreja e Estado e da disputa da elite política e intelectual liberal brasileira pela jurisdição civil dos cemitérios – e com o fim da ingerência da Igreja Católica sobre diferentes instâncias da sociedade –, o desdobramento foi a crescente defesa dessa mudança.

Nos debates parlamentares em que se defendeu o projeto da chamada "secularização dos cemitérios", fica evidente a presença de um novo discurso e uma nova concepção a respeito do corpo morto. Um exemplo dessa transformação pode ser visto nas argumentações dos deputados defensores de tal projeto, a partir de 1879, de que tanto o cemitério como os cadáveres sepultados deveriam ser objeto de ação do poder público e civil, posto que eram assunto de higiene e não de religião, uma vez que o corpo era matéria, distinto da alma que nele se abrigara durante a vida. Esta, sim, era assunto das religiões, das igrejas e das "seitas" – como se falava –, sendo-lhe reservadas as cerimônias e os rituais.

Talvez nesse sentido seja possível perceber a fala do político liberal Joaquim Nabuco em um de seus discursos parlamentares, também no ano de 1879, no qual disse que, enquanto o dia do juízo final não se aproximasse e as moléculas que compuseram o organismo humano se dispersassem em outras combinações, a circulação da matéria não permitiria que o homem entregue ao túmulo deixasse de se dissolver no pó. Assim, em qualquer parte que se colocassem os cemitérios religiosos, a matéria haveria de circular, e nada impediria que os átomos que compuseram o corpo de um judeu se encontrassem com os de um católico, para dar lugar a novas e incessantes combinações da natureza. Assim, qualquer que fosse o "sentimento estreito" que teria ditado a política funerária de dividir os partidários de crenças diversas nos cemitérios, a matéria se encarregaria de fazer a síntese da humanidade, que era a grande síntese da morte. E ainda que as almas se distribuíssem por campos diversos, no espaço infinito, os corpos acabariam por se fraternizar no túmulo, independentemente do espírito religioso que os tenha animado.

Nessa sua argumentação, vê-se que, por serem todos compostos de matéria, os cadáveres não apresentavam diferenciação em termos de sua decomposição. Para Nabuco, era o destino de todos os mortos. Sua fala nos sugere uma concepção de cadáver que, muito diferentemente da que a Igreja buscara disseminar, fugia da esfera do sagrado – ainda que continuasse a mostrar sua crença no juízo final; ou seja, de que haveria outra vida após a morte.

Por trás dessas palavras, constata-se a apropriação daquela explicação de origem cartesiana que distinguia corpo e alma e teria sido a base da transformação nas concepções acerca de doença/cura nas sociedades ocidentais. Tal discurso possibilita analisar uma questão que poderia estar na base da proposição da secularização dos cemitérios, qual seja, o rompimento da visão sacralizada acerca do cadáver.

Os defensores da secularização do cemitério geralmente viam o corpo morto como matéria putrefata ou sujeita à putrefação. Daí serem as necrópoles da competência da medicina, da higiene, do poder público e civil, e não mais da alçada da Igreja, que deveria ter apenas a jurisdição sobre o cerimonial religioso. Esse ponto de vista não necessariamente estava abrindo mão do sagrado ou da crença nele, mas conferindo-lhe novos espaços. Ou seja, estava operando a separação entre o que era sagrado e o que não mais era. Assim, cemitério, enterro e cadáver não seriam mais dessa esfera e não mais lhe competiam.

Essa distinção só era possível mediante a desvinculação entre corpo e alma. Assim, a concepção materializada do cadáver, bem como da necrópole – havia os que questionavam, inclusive, a bênção do terreno –, caminhava no sentido da separação que a época moderna operou nesse sentido, em contraposição à concepção medieval. O ponto culminante dessa ruptura seria a defesa da cremação de cadáveres, a partir da década de 1880, entre alguns médicos brasileiros, mas que só seria efetivada um século depois, a exemplo das cidades de São Paulo, em 1975, e do Rio de Janeiro, em 1995. Em tal contexto está a resistência à doação de órgãos, sob o argumento de não se bulir no corpo morto, prejudicando sua chegada no além-túmulo.

Em relação à resistência da sociedade brasileira em recorrer à cremação – ainda pouco disseminada certamente não apenas por ser mais cara –, é possível aventar que se deva a resquícios daquela concepção cristã acerca da necessidade de preservação do corpo morto. Assim, ainda que tenha havido transformações, a crença na doutrina da ressurreição no fim dos tempos e da salvação da alma parece persistir entre parte significativa da população.

De qualquer modo, se parece não ter havido grandes alterações na escatologia católica na cultura funerária da maioria dos brasileiros da atualidade, o mesmo não pode ser dito em relação aos cuidados com o corpo do morto que, nitidamente, é alvo de um processo cada vez maior de desritualização e de mundanização. São os paradoxos da história.

7

Vestindo o corpo: breve história da indumentária e da moda no Brasil, desde os primórdios da colonização ao final do Império

Márcia Pinna Raspanti

Mais que fazer um inventário sobre o assunto em um período tão extenso – do século XVII ao final do Império –, o objetivo deste capítulo é discutir a importância do vestuário ao longo do tempo, além de investigar como as diferentes maneiras de utilizá-lo e a "moda"[1] estão ligadas aos acontecimentos históricos, sendo parte integrante da construção da sociedade nacional. Para evitar generalizações, é preciso levar em conta as diferenças regionais e sociais que influenciaram a indumentária dos brasileiros, resultado da interação de diversas culturas que alteraram substancialmente o modelo europeu e "branco" que deveria ser transplantado para a Colônia.

Desde o início da colonização portuguesa, a preocupação com o vestuário esteve presente nos escritos sobre o Novo Mundo. Em uma terra onde os nativos andavam nus, os europeus trouxeram uma cultura em que os trajes tinham a função de identificar classes e demarcar as ori-

1 "O modo de trajar, falar e fazer qualquer cousa, conforme o costume novamente introduzido", cf. Bluteau, *Vocabulário portuguez e latino.*

gens de cada um, formando uma intrincada e complexa dinâmica social. Relatos de religiosos, viajantes europeus e governantes portugueses nos trazem informações preciosas sobre o modo de vestir dos habitantes da Colônia. O padre jesuíta José de Anchieta, em 1585, contava que

> os homens e mulheres portugueses nesta terra se vestem limpamente de todas as sedas, veludos, damascos, razes e panos finos como em Portugal, e nisto se tratam com fausto.[2]

Enquanto a sociedade mais abastada procurava se distanciar da massa de brasileiros pobres e escravos, os moralistas da Igreja e do Estado, pessoas que se preocupavam com o chamado "bem público", condenavam o luxo, a vaidade e a ostentação. Nos séculos XVII e XVIII, política, economia e religião se misturavam, assim como teologia e retórica estavam intrinsecamente ligadas. Portanto, não é de estranhar que a Igreja estivesse alerta a tudo o que pudesse desestabilizar o modelo idealizado de sociedade. Alguns ensinamentos proferidos pelos jesuítas nessa época têm raízes no pensamento clássico e são baseados em autores como Aristóteles, Cícero e Quintiliano. De acordo com São Tomás de Aquino, uma das principais fontes de inspiração para os teólogos de então, a paz social só poderia ser atingida caso cada grupo se mantivesse dentro de seus limites e cumprindo sua função – obviamente a realidade era muito distante desse ideal.

Em tal modelo fortemente hierarquizado, não poderia haver quebra das regras preestabelecidas e isso se estendia à indumentária. No *Vocabulário portuguez e latino*,[3] a definição de moda vem acrescida de ensinamentos morais:

> [...] os vestidos (no sentido de traje e não de roupa feminina, como entendemos hoje) se fizeram para cobrir o corpo e como todos os corpos humanos, em

---

2 Anchieta, Informação da província do Brasil para o nosso padre. In: *Cartas*, p.434.

3 Bluteau, op. cit.

todo o tempo, sempre são na figura os mesmos, é muito para estranhar a prodigiosa mudança de vestiduras, que uma às outras continuamente se seguem.[4]

O autor da obra, o padre Bluteau (1712-1728), da Ordem de São Caetano, deixava claro que as roupas serviam unicamente para cobrir o corpo de maneira decente e não deveriam ser usadas para ostentar.

Ele desaprovava abertamente aqueles que se preocupavam em exibir trajes novos, rendendo-se à moda. Atribuía tais invencionices às "mulheres e aos moços do Norte", que as criavam influenciados pelos mercadores que só queriam vender seus produtos. A moda trazia "perniciosas consequências" à sociedade. Sua relação direta com o pecado foi feita por Bluteau quando este definiu "vestido" (sinônimo de traje), momento em que também aproveitou para pregar. "O pecado foi a causa por que se introduziram os vestidos, quem se glorifica deles, do pecado se glorifica", ressaltou.

O caráter efêmero dos modismos, que tanto escandalizava Bluteau, foi justamente o fator que possibilitou o nascimento da moda, no final da Idade Média, segundo o filósofo Gilles Lipovetsky. Essa inconstância diferenciava as sociedades antigas das modernas, já que as primeiras não aceitavam a desqualificação do passado, condição inerente ao fenômeno da moda. Na primeira fase de sua existência, que duraria cerca de meio milênio de acordo com o autor (a etapa seguinte se instalaria ao longo da segunda metade do século XIX, quando surgiram sistemas de produção e difusão duradouros), a moda restringiu-se à aristocracia, uma elite que podia dar vazão a seus caprichos e luxos.[5]

---

4 Ibid.

5 A discussão sobre o conceito de moda é extensa e, portanto, não temos a pretensão de esgotá-la neste capítulo, cujo objetivo não é debater questões teóricas. As colocações de Lipovetsky situando o surgimento da moda em determinado tempo histórico são bastante úteis para nortear as pesquisas sobre indumentária no Brasil e, por isso, resolvemos adotá-las. Lipovetsky, *O império do efêmero* – A moda e seu destino nas sociedades modernas.

Nessa época, "estar na moda" era estar em sintonia com o que era usado pela alta nobreza. Rainhas, reis, príncipes e princesas eram em quem todos gostariam de se espelhar. Mais do que elegância, vestir-se como os poderosos mostrava *status*, origem, classe social. A indumentária era sinal de pertencer a um grupo muito seleto de pessoas e diferenciar-se da grande massa. As cortes mais importantes se alternavam como grandes referências do que se deveria ou não vestir. Portugal nunca ocupou esse lugar de honra entre as nações europeias. Espanha, Inglaterra, Veneza, Florença e, principalmente, a França ditavam moda.

Foi importado para o Brasil o sistema europeu em que se estabeleciam regras rígidas de como cada grupo social podia se apresentar em público. Naquele continente, a alta e a pequena nobreza, o clero, os negociantes, os cortesãos, os trabalhadores braçais, as prostitutas, os servos, os judeus, todos tinham obrigações e restrições quanto ao uso de determinados tecidos e outros pequenos luxos. É interessante observar não apenas a moda da aristocracia, mas, sobretudo, os esforços da população em geral em imitar os poderosos. O estudo da indumentária também pode nos ensinar muito sobre as relações sociais e raciais desde os primeiros tempos da colonização.

Os fidalgos e o gosto pelo luxo

Um jesuíta ilustre, o português Antônio Vieira, levantou a questão da ostentação e do luxo na indumentária colonial em uma de suas famosas pregações. No "Sermão de Santo Antônio (aos peixes)" de 1654, ele advertiu:

> Quem pesca a vida dos homens do Maranhão e com o quê? Um homem do mar com retalhos de pano [...]. No triste farrapo com que saem à rua, é para isto que se matam todo o ano.[6]

6 Vieira, *Sermões*, p.432.

Figura 7.1
Símbolo de *status* entre os colonos: uma senhora vestida à francesa passeia em uma liteira ricamente adornada, sendo carregada por escravos usando libré, e seguida por um cortejo de mucamas, todas bem-vestidas e com os pés calçados – detalhe raro entre os cativos.

Vieira chamava a atenção dos maranhenses para o pecado da vaidade, admoestando seus ouvintes sobre a riqueza excessiva que caracterizava o vestuário – dos mais abastados ou de quem gostaria de assim parecer – no Brasil Colônia. Entre os artifícios da "nobreza" colonial para demonstrar fidalguia, o uso de tecidos finos e a ostentação de joias eram os preferidos. A indumentária servia para marcar a distância entre a aristocracia local e o restante da população. Uma elite, formada por senhores de engenho, grandes proprietários de terra e traficantes de escravos, buscava se destacar na Colônia, aguardando ansiosamente pelos navios que vinham da Europa com novos produtos e notícias sobre a moda vigente nas cortes europeias – que chegavam sempre com atraso, por sinal.

No mesmo sermão, Vieira criticava aqueles que não hesitavam antes de assumir dívidas e mais dívidas, comprometendo suas posses, apenas para apresentar-se com roupas de luxo e parecer fidalgos. Nem só os mais ricos viviam nessa ânsia de mostrar distinção social. Muitos queriam ser identificados com a nobreza, mesmo sem ter o estofo econômico necessário. Por outro lado, a ostentação exagerada da classe mais alta podia criar descontentamento e murmuração entre os demais membros da sociedade. No projeto colonial – escravista e baseado no *status* nobiliárquico – não havia espaço para essas "quebras" da hierarquia, que, como vimos, eram comuns. Assim, podemos entender por que a inadequação do modo de vestir incomodou tanto Vieira e outros ilustres da época. E também, em contrapartida, compreendemos a ânsia da maior parte da população em adquirir os artigos de luxo e inserir-se nas camadas mais elevadas.

Uma parcela da população local buscava ser reconhecida como nobre e tentava reproduzir aqui os usos e costumes da nobreza europeia, especialmente a portuguesa. Existem diversos relatos de época contendo informações sobre o luxo do vestuário dos brasileiros. A maioria demonstra certo espanto com as roupas e os modos dos membros da elite, que quase sempre pecavam pelo excesso. No Brasil, os títulos de nobreza eram raros, pelo menos até a chegada da família real portuguesa, em 1808, quando D. João VI começou a distribuir honrarias. Formou-se uma casta de fidalgos, geralmente sem título, mas com posses, disposta a provar a todo custo seu caráter nobre e distinguir-se da "gentalha de cor", como se dizia então, com desprezo. Receber o hábito de uma das ordens militares – de Cristo, Santiago ou Avis – era uma honraria cobiçadíssima pelos pretensos fidalgos, mesmo porque representava uma quantia em dinheiro e uma série de vantagens fiscais.

O conceito de "cor" e o de "pureza de sangue" se confundiam no Brasil colonial. Em Portugal, possuir árvore genealógica sem mácula – o que era fundamental para ser considerado um membro da nobreza – significava não ter ligação nenhuma, mesmo que em um passado remoto, com mouros, judeus e trabalhadores "mecânicos" (que faziam tarefas manuais ou braçais). Na Colônia, ainda era importante não se misturar com africanos e índios, os quais eram chamados "negros da terra". Com o passar do tempo, porém, a classe fidalga local precisou fechar os olhos para tais detalhes, pois casamento, dinheiro e terras proporcionavam o "branqueamento social" de algumas pessoas, que conseguiram deixar para trás o estigma da cor e do trabalho árduo. A indumentária era uma das formas de externar essas tentativas de branqueamento e inserção social.

Antes de Vieira, Gabriel Soares de Souza, em 1587, comentava os hábitos dos moradores de Salvador, que era a maior povoação de caráter urbano da época. Segundo o cronista, havia um número considerável de famílias ricas, que possuíam terras, cavalos e escravos e "demasiados vestidos, sobretudo as mulheres, que não vestem senão sedas". Também as pessoas de "menor condição", contava ele, gastavam muito com o vestuário, já que "qualquer peão anda com calções e gibão de cetim ou damasco, e trazem mulheres com vasquinhas (saias pregueadas) e gibões dos mesmos tecidos" e ainda andavam cobertas de joias.[7]

As *Constituições primeiras do arcebispado da Bahia*, de 1707,[8] mostram que nem os religiosos escapavam do exibicionismo e do luxo excessivo no vestuário, como podemos notar pelas disposições do documento que tentava impedir que os clérigos adotassem as modas dos seculares. Os padres eram proibidos de usar bordados ou quaisquer detalhes em ouro ou prata, meias com ligas de seda, galões, guarnições, retrós e outros mimos que faziam parte da indumentária dos fidalgos da terra.

A tentativa de parecer nobre nas terras coloniais ou a "presunção de fidalguia",[9] como explica Emanuel Araújo, não se limitava ao vestuário, manifestando-se de várias formas. A exibição de uma árvore genealógica sem mácula (mesmo que falsa), ter amizades influentes, praticar o

---

7 Souza, As fortunas de Salvador (1587). In: Caldeira (Org.), *Brasil* – A história contada por quem viu, p.103. Aqui, gibão é um tipo de camisa que se usava por baixo da roupa e chegava até a cintura. No decorrer do capítulo, encontraremos outros significados para a palavra, como uma espécie de colete sem mangas ou o gibão de couro de anta usado pelos bandeirantes.

8 *Constituições primeiras do arcebispado da Bahia, feitas e ordenadas pelo ilustríssimo e reverendíssimo senhor dom Sebastião Monteiro da Vide, arcebispo do dito arcebispado e do Conselho de Sua Majestade, propostas e aceitas em o sínodo diocesano que o dito senhor celebrou em 12 de junho do ano de 1707.*

9 Araújo, *O teatro dos vícios*, p.109-29.

ócio e exibir títulos (muitos de procedência duvidosa) eram as formas preferidas de demonstrar distinção social. Para ser reconhecido como fidalgo e ter os privilégios que isso proporcionava, não era suficiente possuir terras e um grande número de escravos. Era necessário deixar bem visíveis os sinais que exteriorizavam essa condição. O ser e o parecer se confundiam em tal sociedade.

A vaidade não era apenas feminina, apesar de as mulheres terem sido o alvo preferido dos rigorosos pregadores e cronistas, afinal, as "filhas de Eva" eram consideradas as grandes responsáveis pelos pecados da luxúria. Quando eram bonitas e atraentes, o perigo da tentação era maior ainda. Os homens também eram vaidosos e esmeravam-se na hora de aparecer em público. Atrasada em relação aos modismos e com acesso limitado às novidades, a aristocracia local tentava se destacar exibindo tecidos e materiais nobres (ouro, prata, pedrarias, bordados, rendas, sedas e veludos).

É compreensível que os tecidos fossem tão valorizados no período colonial, já que eram todos importados via Portugal e comercializados a preços altíssimos pelos mercadores, que os traziam de navio ao Brasil. Nas primeiras décadas da colonização, a produção nacional se restringia aos algodões mais grosseiros para o uso da população em geral e dos escravos. Os índios já cultivavam e fiavam o algodão selvagem quando os portugueses chegaram por aqui. No século XVIII, essa cultura ganhou importância considerável, principalmente nos estados do Nordeste. A chita logo caiu no gosto popular e foi bastante usada até pelos mais abastados em cortinas, almofadas e na decoração.

Em 1785, quando a produção estava em franca expansão, o famoso decreto de D. Maria I proibiu a criação de manufaturas neste território para estimular a fabricação portuguesa e favorecer o comércio com a Inglaterra (que vendia para o Brasil por intermédio de Portugal). Enquanto isso, os algodões da Índia se tornavam cada vez mais cobiçados pelos fidalgos de toda a Europa e seus preços disparavam. No Brasil, o hábito de tecê-lo se manteve no âmbito doméstico, executado pelas escravas. Com a escassez de tecidos de boa qualidade e de outros produtos de luxo, os mercadores e os mascates, que percorriam as fazendas e povoados oferecendo seus artigos, lucravam muito com a vaidade brasileira.

Os tecidos (em forma de retalhos, roupas, colchas, lençóis, toalhas de mesa etc.) eram tão preciosos que constam nos inventários de bens confiscados pela Inquisição, ao lado de joias, objetos de ouro e prata (incluindo fivelas, botões e abotoaduras), armas (que eram acessórios importantes do traje masculino), mobiliário, animais, terras e escravos, entre outras mercadorias. Fato interessante ainda é que muitos inventariados ou réus nos processos inquisitoriais citavam dívidas com mercadores, alfaiates e sapateiros.

Um dos exemplos é o do lavrador de cana Antônio da Fonseca Rego, de Olinda, preso em 22 de novembro de 1729, que declarou possuir

> um vestido de lameite preto novo que constava de casaca, veste e calção forrado de baeta preta que tinha custado 40 mil réis, com meias brancas de seda e talabarde de marroquino [...] quatro gravatas [...] com uma rendinha muito pequena.

O mercador Belchior Mendes Correa, da Bahia, preso em 22 de novembro de 1726, declarou a posse de "um roupão de seda azul-claro matizado com várias cores forrado de tafetá carmesim, novo, que valeria 20 mil réis".[10] Para se ter uma ideia do valor desses luxos em comparação a outros bens, observemos qual o custo dos animais de criação nos mesmos documentos. Diogo Nunes Thomas, lavrador de Pernambuco, preso em outubro de 1729, possuía "um cavalo e uma égua, que poderiam valer 13 ou 14 mil réis cada um" e ainda "três vacas paridas, cada uma com a cria valeria 4 mil réis".

A Inquisição também usava o vestuário como ferramenta de punição, tornando público o fato de que a pessoa em questão havia pecado contra a fé. Entre as penalidades aos condenados pela Inquisição, estava a imposição do uso de um hábito com a cruz vermelha e amarela no peito e nas costas, o "sambenito". Era um castigo terrível infligido aos

10 Novinsk, *Inquisição*: inventários de bens confiscados a cristãos-novos no Brasil.

"penitentes reconciliados", pois o traje trazia a vergonha da heresia, e todos que o vissem sabiam que o portador estava marcado para sempre. Esses pobres coitados também eram proibidos de usar seda, ouro, prata e espadas; enfim, lhes era negado qualquer símbolo de distinção ou fidalguia. Era uma situação de extrema humilhação para quem vivia em uma sociedade que valorizava tanto o "parecer".

Os portugueses e as modas francesas

Não eram somente os moradores da Colônia que exageravam na dose na hora de se vestir. Os lusitanos trouxeram para a América o costume de se exceder e copiar sem pudor os modismos franceses, apesar da fama de "carolas" que tinham na Europa. A suntuosidade da Corte de Luís XIV, o Rei-Sol, influenciou as maneiras dos nobres portugueses – cujo país sempre havia tentado, em vão, impedir que os trajes lusitanos perdessem as características originais. D. João V usava camisas e perucas francesas. As mulheres vestiam saias de seda sobre bambolins armados feitos com barbatanas de baleia, forrados com tafetá, corpetes muito justos, decotes ousados, meias coloridas, sapatos de salto e bordados. Os penteados eram elaborados e costumava-se orná-los com joias. Fitas, laços e pedrarias eram acessórios comuns.

Pintavam-se os lábios, as maçãs do rosto com ruge e ainda salpicava-se a face com sinais de tafetá negro. A maquiagem se tornou carregada. E tudo isso eram artifícios usados por homens e mulheres. Os representantes do sexo masculino rendiam-se a casacas de seda, veludo e lã; coletes de cetim colorido; botões de vidro e metal; gravatas e meias de seda branca; calções justos e sapatos com fivelas e saltos. O chapéu era o tricórnio vermelho de feltro, ou modelos de seda e plumas. Perucas curtas, envolvidas em redes ou tafetá, e até amarradas com fitas. As proporções dos trajes foram mudando ao longo do século; ora os coletes eram mais curtos ora mais longos; as casacas foram mais rodadas ou tornaram-se quase um fraque. Nos tempos de D. Maria I, por exemplo, os chapéus encolheram para duas pontas.

Essa orgia de tecidos, bordados, rendas, detalhes e excessos era vista com ressalvas pelos governantes lusitanos. Várias leis pragmáticas foram estabelecidas para conter o luxo nas roupas, mobiliário e carruagens. Em 1749, D. João V – ele mesmo um adepto dos modismos exagerados e que talvez quisesse reservar tais privilégios apenas para si – determinou que "nenhuma pessoa de qualquer graduação ou sexo" pudesse "trazer ornatos, enfeites, brocados, fitas, galões, galancins, passames, franjas, cordões, espeguilhas, debruns, borlas", ou exibir ornamentos de ouro ou prata (mesmo que falsos), nem pedras preciosas ou mesmo imitações delas. Sedas de primeira qualidade também ficavam proibidas, bem como rendas ou bordados de seda. Até a roupa de baixo tinha restrições. A lei valia também para as colônias portuguesas e havia itens específicos para os negros e mulatos, que não podiam usar qualquer tecido fino. A Coroa tentava diminuir a importação de tecidos de outros países, incentivando as manufaturas lusitanas, protegia a ourivesaria local e combatia o uso indiscriminado de ouro, prata e pedras preciosas que vinham das colônias.

O luxo das roupas despertou mais um inimigo poderoso: a partir de 1750, o Marquês de Pombal retomou os esforços para a nacionalização do traje lusitano, o que significava uma volta à simplicidade. A moda dos tecidos mais grosseiros e "panos da terra" retornou forçosamente. Capotes e capas com capuz (o tradicional modelo "josezinho") se tornaram quase obrigatórios. Porém, como já havia ocorrido com várias pragmáticas, essa onda teve vida curta, e o luxo entrou em cena mais uma vez. A Revolução Francesa, que modificou bastante os costumes e a moda na Europa, chegou tardiamente aos trajes de Portugal. Aos poucos, as simplificações radicais da indumentária, que se amenizaram também na França, foram esquecidas nas terras lusitanas. Os mais poderosos arrumaram diversas maneiras de rebuscar o vestuário, que deveria possuir o despojamento pós-revolucionário – basta lembrar o riquíssimo e enorme guarda-roupa da imperatriz Josephine, mulher de Napoleão Bonaparte, que comentaremos adiante.

Até o século XIX, as mulheres fidalgas que viviam no Brasil pouco podiam sair às ruas, a não ser para ir às igrejas, em comemorações de datas religiosas, procissões ou nas festas do Estado. Nas grandes cidades, a aristocracia podia frequentar os espetáculos de teatro e alguns outros eventos sociais, como bailes, cavalhadas e saraus. Até os funerais dos mais ilustres, cheios de pompa e luxo, eram ocasiões festivas. Nas cidades menores e no meio rural, as atividades sociais eram raras. Quando circulavam, quase sempre em direção à Igreja, as mulheres seguiam acompanhadas de parentes do sexo masculino (pais, irmãos ou maridos) e de suas mucamas. Nessas ocasiões, nossas damas costumavam vestir uma capa ou mantilha (de renda, sarja ou mesmo lã), que lhes cobria todo o corpo e deixava apenas os olhos de fora. Por baixo de tanto recato, vestiam-se à moda francesa, com tecidos de boa qualidade e muitas joias – as brasileiras adoravam tais mimos.

Era comum também arrumar-se para ficar nas varandas e janelas, apreciando o movimento e mostrando-se de maneira misteriosa para quem passava pelas ruas. Na poesia atribuída a Gregório de Matos, observa-se que nem mesmo esse hábito era bem-visto, já que poderia dar oportunidade para as mulheres praticarem coisas ilícitas e marcar encontros amorosos. O autor satirizou as "janeleiras", sem piedade:

> Mas que outra mãe sem cautela
> a filha crie com vício
> sem outro algum exercício
> mais, do que o pôr-se à janela:
> que queira, que uma donzela
> seja honesta, e recolhida,
> quando não tem outra vida
> mais do que ser janeleira
> Boa asneira.[11]

11 *Obras completas de Gregório de Matos Guerra (Crônica do viver baiano seiscentista)*, v.II, p.509-10.

Com tão poucas chances de exibir seus encantos, não é de estranhar que as mulheres caprichassem tanto quando saíam de casa ou mesmo que se vestissem com luxo para espiar pelas janelas o movimento de fora. As saias eram volumosas e compridas – tanto no Brasil como em Portugal houve certo pudor em mostrar os pés, até o século XIX. No século XVII, a moda era o *verdugadim* ou verdugo, um tipo de enchimento de ferro e tecido colocado na altura dos quadris para dar volume e emprestar forma de cone ou cilindro às saias. Já no XVIII, foram criados os bambolins ou *panniers*, armações laterais de arame trançado ou de barbatanas de baleia, que ficavam sob o tecido das saias. Quanto maior a largura dessas, mais chique era a dama (e mais rica, pois usava mais tecido). Os corpetes eram justos e decotados, feitos com armação de barbatanas de baleia – não tão reveladores quanto os das ousadas francesas. Ao longo do século, as saias murcharam um pouco e os decotes desceram. As damas locais apreciavam misturar cores diferentes nas suas produções, principalmente nesse período.

As perucas não foram muito populares no Brasil, tanto entre homens quanto entre mulheres, apesar de terem sido bastante usadas na Europa. Já os penteados extravagantes eram adorados pelas brasileiras, que mantinham seus cabelos muito compridos, em tranças. O inglês lorde George Macartney, que fez uma parada de duas semanas no Rio de Janeiro, em novembro de 1792, espantou-se com as ousadias tropicais. O diplomata britânico notou que os habitantes eram "muito ostentatórios no vestir". As mulheres usavam trajes semelhantes aos que se utilizava na Europa, mas o exotismo dos penteados o impressionou:

> Os cabelos das mulheres deste lugar estão sempre presos e adornados com flores artificiais, contas e penas fantasticamente arranjadas; nas costas, eles caem em longas tranças, que são entrecruzadas com fitas coloridas e acabam num grande laço.[12]

12 França, *Visões do Rio de Janeiro colonial*. Antologia de Textos (1531-1800), p.229.

Em ocasiões especiais, a cabeleira era armada para o alto com a ajuda de arames formando as "patas", que eram moda no final do XVII. Outro penteado famoso foi o "trepa-moleque", preso com pentes especiais de ouro ou prata, que só pelo nome podemos imaginar a que altura chegava. Houve ainda a moda das "favoritas", canudos feitos de cabelos que caíam sobre o rosto. As sinhás e sinhazinhas apreciavam enfeitar as madeixas com toucados, fitas de cetim, rendas, plumas, pedrarias, joias, flores e até, segundo alguns relatos, frutas e legumes. Os homens também caprichavam nos penteados, ajeitando seus topetes e prendendo os cabelos para trás, com tranças e rabos de cavalo.

Em contraste com a exuberância das vestimentas usadas nas ocasiões em que podiam respirar um pouco de liberdade – ainda que vigiada –, as mulheres adotavam um traje bem simples para ficar em casa e mesmo para receber as raras visitas. Era um tipo de camisolão ou camisa de mangas curtas, de tecido leve e transparente, decotado. Eram chamados de "timão" ou "lava-peixe". Algumas colocavam uma saia leve sobre essa roupa. O "macaquinho" de linho também era uma opção. As finas senhoras quase não usavam meias ou sapatos, apenas chinelas, ou ficavam descalças. Nada de espartilhos ou corpetes. O peito ficava descoberto, sem pudores. Os cabelos eram soltos, dispensando os exóticos apetrechos tão apreciados. Luís dos Santos Vilhena, em 1800, veio em defesa das senhoras de Salvador, que eram vistas como "pouco honestas" pelos estrangeiros, por

> andarem dentro de casa em mangas de camisa, com golas tão largas, que muitas vezes caem, e se lhes veem os peitos [...]. Igualmente as notam de andarem em suas casas muitas vezes descalças [...] sem meias, com camisas de cassa finíssima e cambraia transparente.[13]

Os homens também se tornavam desleixados na intimidade: dispensavam as meias ou as usavam caídas, a camisa branca ficava para fora dos calções, sem coletes, casacas ou capas. No máximo, uma jaqueta fina

13 Vilhena, A vida em Salvador. In: Caldeira, op. cit., p.290.

ou gibão (casaco curto). Os mais despojados vestiam apenas ceroulas e camisa. Sapatos eram substituídos por chinelos. Os ricos senhores de engenho adotaram um roupão "burguês" de algodão da Índia ou *robe de chambre* quando recebiam visitantes – o que era sinal de prosperidade e refinamento. Muitos viajantes estrangeiros se sentiam intrigados com a falta de elegância e decência dos trajes que os moradores locais usavam em casa, deslize que costumavam atribuir ao calor tropical.

A indumentária masculina "de fora", contudo, nada tinha de modesta. Além das roupas propriamente ditas, os homens elegantes não dispensavam alguns acessórios, como espada ou espadim (que poderiam ser verdadeiras joias), bengala e bastão, guarda-chuva, lenço, chapéu e luvas. As pintas e sinais de tafetá, a exemplo do que ocorreu em Portugal, também se popularizaram aqui.

Os calções dos aristocratas eram de cetim ou outro tecido nobre, variando entre os mais curtos (quase como o *balonê*, visto nas recentes coleções de moda feminina) e os mais justos, que chegavam até os joelhos; meias de seda; sapatos com fivelas de ouro ou prata, com saltos; botas; camisas e coletes de veludo, seda ou damasco; gravatas quase sempre de renda; roupas de baixo brancas, rendadas ou bordadas. Os chapéus mais chiques ora tinham três pontas, ora duas, ora tinham forma de meia-lua. As cores mais em voga também variaram ao longo dos séculos XVII e XVIII, e, apesar de as escuras predominarem, muitos senhores abusavam das vivas. Para arrematar a elegância, redingotes, casacos, gibões ou paletós de tecido mais pesado. Os botões e abotoaduras eram de metais e pedras preciosas. Por cima de tudo, a capa, que também era moda entre os homens fidalgos. O calor devia ser torturante.

E o povo pobre, como se apresentava em uma sociedade tão dada à ostentação? A maioria da população não tinha outra saída a não ser conformar-se e adotar os "panos grosseiros", sonhando com o dia em que poderia exibir algum artigo mais nobre. Alguns portavam peças usadas e fora de moda, adquiridas de segunda mão. As mulheres de classe mais baixa vestiam-se com saias, gibões e corpetes, capotes no estilo "josezinho" e mantilhas.

Para proteger-se do sol e da chuva, os "homens mecânicos" lançavam mão de chapéus de feltro ou de palha, com abas largas. O cuscuzeiro espanhol era um dos modelos preferidos nas cidades e povoados. Nos pés, alpercatas ou sandálias ou botinas grosseiras; camisas, calças e casacos rústicos; e todo o conjunto coberto pelas capas "à espanhola" ou capotes pesados. Os homens do povo eram proibidos de portar espadas, mas a maioria exibia facas e punhais. O uso das capas e mantas devia dar um toque oriental e até assustador às cidades brasileiras, onde os estrangeiros só conseguiam avistar vultos totalmente cobertos, apenas mostrando os olhos. Ao passar dois meses no Rio de Janeiro em 1757, o navegador francês M. De La Flotte observou:

> A maioria dos portugueses só sai de casa coberta por uma manta, guarnecida por um chapéu rebaixado e armada por uma daga (*adaga*), espécie de punhal.[14]

Havia variações no vestuário de acordo com a região e com a atividade exercida: os bandeirantes e tropeiros de São Paulo, por exemplo, adquiriram muitos hábitos indígenas, como andar descalços por longas distâncias no interior da mata. As roupas se resumiam a calças e camisas de tecido grosseiro, o gibão de couro de anta (espécie de colete fechado e acolchoado), chapéu de palha, mosquetes, pistolas e espingardas enferrujadas, além de forquilhas, arcos e flechas. Já nos engenhos do Nordeste, os lavradores de cana, que passaram por um empobrecimento considerável no século XVIII, vestiam-se com tecidos grosseiros e roupas de trabalho, mas não dispensavam as esporas de prata e o redingote para visitar a cidade. Sobre os regionalismos, Gilberto Freyre destacou ainda o uso do poncho pelos gaúchos e do chapéu de couro e das pederneiras pelos vaqueiros do Norte. Na interpretação idealizada do autor, esses "brasileirismos telúricos" eram uma espécie de resistência aos padrões europeus.[15]

---

14 França, op. cit., p.107.

15 Freyre, *Vida social no Brasil nos meados do século XIX*, p.88.

A roupa dos escravos

Em 1711, o jesuíta italiano João Antônio Andreoni publicou *Cultura e opulência do Brasil*, sob o pseudônimo de André João Antonil. A obra, dedicada aos senhores de engenho, trazia conselhos práticos de como manter a hierarquia colonial. Andreoni, entretanto, a exemplo de Vieira e Anchieta, condenava a ostentação e a soberba. A prudência era a qualidade mais exaltada por esses religiosos, que eram influenciados pelo estoicismo grego. Vejamos os conselhos de Andreoni aos senhores de engenho na hora de selecionar os empregados:

> Sendo a eleição filha da prudência, com razão se arguirá de imprudente quem escolher pessoas ou de ruim vida, ou ineptas para o que hão de fazer.[16]

O homem bom precisava ser prudente em tudo: ao administrar a casa e as terras, ao educar os filhos, ao se relacionar com os outros, ao falar e ao se vestir.

As roupas tinham uma função bastante complexa nessa sociedade, sendo um sinal sensível da condição social. Se havia um modo de vestir da elite – que sonhava em se apresentar como os fidalgos das cortes europeias –, o povo também possuía o seu próprio, o que situava cada grupo dentro da pirâmide. Pequenos comerciantes, lavradores, soldados, costureiras, quituteiras e toda a sorte de mulheres que sustentavam a casa, meretrizes, feiticeiras, mulatos, vadios, escravos "de dentro" e "de ganho", libertos. Enfim, toda a "arraia-miúda" se vestia de acordo com seu papel social e suas posses (ou melhor, assim era esperado que o fizessem).

No caso dos escravos, a responsabilidade de mantê-los decentemente vestidos era dos senhores. Em geral, estes não se preocupavam em oferecer trajes adequados para os servos. Apenas os escravos "de dentro" ganhavam roupas mais luxuosas, principalmente quando saíam à rua, pois era sinal de prestígio exibi-los bem-vestidos acompanhando seus

16 Antonil, *Cultura e opulência do Brasil*, p.81.

senhores e senhoras em passeios pela cidade. Os outros costumavam andar seminus.

Andreoni lembrava os senhores de suas obrigações com o vestuário dos escravos. Era mais um dos deveres daqueles para que fossem reconhecidos como verdadeiramente "nobres".

> O que pertence ao sustento, vestido e moderação no trabalho, claro está, que se lhes (aos escravos) não deve negar, [...] e o modo com que se cubra e vista, como pede o estado de servo, e não aparecendo nu pelas ruas [...].[17]

Mais uma vez, a prudência é exaltada.

Nas Cartas do Senado da Bahia, entre vários assuntos, como impostos e taxas, preços das mercadorias, percebe-se que os vereadores também estavam preocupados em fiscalizar "os maus costumes de trajes desonestos e danças lascivas".[18] Em 15 de dezembro de 1708, os zelosos legisladores pediam que fosse instituída uma norma proibindo as negras cativas e forras, e todos os negros e mulatos, de usarem sedas e outros tecidos finos, joias, brocados e adereços de ouro,

> pelo bem público, reconhecendo quanto a este prejudica o excesso e luxo com que os negros e mulatos se vestem nesta terra, pois deles nascem os roubos e insultos [...].[19]

Além de detalhar o que negros e mulatos poderiam vestir, o Senado ainda tentava normatizar os modos das prostitutas e homens do povo, destacando que estes só poderiam utilizar redes para serem transportados, sendo-lhes proibidas as liteiras fechadas e ornamentadas com riqueza.

> [...] que as mulheres meretrizes e homens mecânicos não andem em serpentinas, mas só possam usar redes descobertas os homens, e com alcatifas (*tapetes*) as meretrizes [...].[20]

---

17 Ibid., p.90.

18 Cartas do Senado, 1699-1710. In: *Documentos Históricos do Arquivo Municipal*, p.38.

19 Ibid., p.130. A expressão "bem público" merece destaque.

20 Ibid., p.131.

Os chamados homens bons do Senado colocaram no mesmo nível vários elementos da "arraia-miúda", porém respeitando a hierarquia.[21]

Os escravos que trabalhavam no campo recebiam peças de baixa qualidade e andavam sempre descalços. Na senzala, vestiam geralmente apenas uma camisa longa ou, no caso dos mais afortunados, calções ou ceroulas para cobrir o corpo. As mulheres usavam saias e blusas muito largas, com o tronco à mostra. Sempre de tecidos rústicos, como o "pano da serra", feito com fios crus. As roupas logo se transformavam em trapos imundos, em razão da rotina de trabalho. É interessante notar que a nudez das classes inferiores não chocava a população tão afeita a regras de comportamento e ao recato.

A quem trabalhava na casa-grande era permitido usar um guarda-roupa um pouco mais completo. Em favor da decência, vestiam calças e camisas de tramas grosseiras. As mucamas usavam saias, blusas leves e soltas, panos e xales nas costas e turbantes nas cabeças. O chapéu de feltro escuro e de abas largas também era comum. Os tecidos podiam ser coloridos, e algumas andavam de chinelas. Os cabelos eram muito curtos ou raspados.

A forma como eram arranjadas as carapinhas das negras – raspadas ou trançadas artisticamente – variava de acordo com a sua origem e permitia aos portugueses identificarem de que "nações africanas" (designação imprecisa adotada na época, que geralmente se referia aos portos de embarque dos cativos na África) elas eram provenientes: nagôs, angolas, congos, rebolos, minas, angicos e outros. As escravas e os escravos indígenas, ou "negros da terra", também passaram a andar parcialmente vestidos, de maneira bem semelhante aos africanos: as mulheres adotaram as saias e panos grosseiros, e os homens, calças e ceroulas.

---

21 A existência de leis determinando que certos grupos sociais se diferenciassem por peças do vestuário já existia nas Constituições Filipinas (1603), código que vigorou no Brasil até 1830 e que obrigava os judeus a vestir carapuça amarela e os mouros, "uma lua de quatro dedos de pano vermelho", por exemplo.

Nas incipientes cidades, a situação dos cativos era um pouco diferente. Até o século XIX, o número de escravos que uma pessoa possuía era considerado pelos brasileiros um forte indicador de nobreza. Os viajantes europeus que passaram por aqui costumavam ficar espantados com a quantidade de negros a serviço dos mais abastados em nossas cidades. Os nobres não faziam nenhum trabalho braçal ou mecânico. Nada era mais imponente para um rico cidadão do que sair às ruas acompanhado de um cortejo de servos. Portanto, os senhores se preocupavam em mostrar que tinham muitos escravos e que podiam manter todos bem-vestidos. Assim, pajens e mucamas costumavam usar roupas à maneira europeia: vestidos, calções, casacas, librés, coletes, camisas e chapéus – de preferência feitos com tecidos finos. Poucos traziam sapatos ou chinelos. As mulheres mantinham o hábito dos turbantes e lenços na cabeça.

Figura 7.2
Nas cidades, os escravos gozavam de maior liberdade e as vestimentas costumavam ser mais elaboradas: tecidos coloridos, adereços de cabeça e até joias enfeitavam a população "de cor", que não se conformava com as restrições impostas ao vestuário.

Uma cena comum era avistar um senhor ou senhora sendo carregado em liteiras fechadas (que também podiam ser cadeirinhas, palanquins ou redes para os mais pobres) por dois ou mais homens e um cortejo de escravos ou mucamas caminhando atrás, todos com roupas de luxo, provavelmente já usadas. As sinhazinhas andavam pela cidade (nas raras vezes em que lhes era permitido) com suas mucamas, que seguravam sombrinhas para evitar que o sol lhes escurecesse a delicada pele.

As joias também podiam fazer parte do visual dos cativos e eram uma forma de dar *status* aos proprietários. As negras e mulatas tinham especial apreço por figas, corais, pulseiras e argolas de ouro e prata. Quanto mais rico o senhor, mais cativos bem trajados podia exibir. Era a lógica da época. Quem não era tão abastado, ostentava como podia. Era costume fazer sacrifícios ou entrar em pesadas dívidas para adquirir pelo menos um escravo – muitos senhores e senhoras "respeitáveis" viviam à custa da exploração do aluguel de seus cativos.

Os escravos das cidades gozavam de relativa liberdade para os seus negócios. Havia muitos "de ganho" ou aluguel, que realizavam serviços em troca de pagamento. A maioria precisava entregar parte de seu lucro aos donos, mas mesmo assim era possível acumular certo capital para comprar a tão sonhada carta de alforria. As atividades desses cativos variavam muito: quituteiras que vendiam doces e outras iguarias, costureiras, bordadeiras, lavadeiras, ferreiros, pedreiros, vendedores, alfaiates (principalmente no século XIX) e outros que competiam com os brancos pobres nos ofícios mecânicos. Os negros e mulatos forros se incorporavam à massa de trabalhadores. A prostituição foi uma das alternativas de ganho para as mulheres cativas e libertas. Com isso, não é difícil deduzir que muitos escravos podiam adquirir mercadorias, como roupas e joias.

Como já vimos anteriormente, o luxo da "população de cor" era tão incômodo que uma lei foi criada para evitar que "negras, negros e mulatos" usassem tecidos finos, joias, brocados e adereços de ouro. Mesmo sem ser cumprida, como várias determinações semelhantes, sua publicação mostra a preocupação com a quebra de hierarquia e a "promiscuidade de classes" que o costume, tão difundido, causava aos olhos dos governantes. Na visão deles, era preciso evitar a "murmuração" da população, o que só seria possível com estrita obediência às leis e às normas.

A vida dos libertos: o mito de Chica da Silva

A sociedade colonial era formada por uma infinidade de grupos, cores e ocupações e estava longe da divisão esquemática entre negros, brancos e indígenas, ou entre proprietários e escravos. Uma parcela da população, muitas vezes esquecida, é a dos libertos, forros ou alforriados – os escravos que tinham conseguido alforria, por diversos meios, e passavam a ocupar uma posição delicada nesse modelo que se pressupunha hierarquizado e estático. Mas, afinal, como os ex-escravos viviam? A maior parte estava condenada à miséria e à exclusão. A historiografia recente já demonstrou, porém, que existiu uma parcela que conseguiu se estabelecer, adquirir propriedades e até se incorporar à sociedade.

A descoberta do ouro e dos diamantes causou um aumento muito grande na população de Minas Gerais: homens livres de todo o Brasil e de Portugal chegavam todos os dias para tentar a sorte e a fortuna.

Traziam escravos para trabalhar na rotina dura do garimpo. Havia uma desproporção enorme entre eles e as mulheres – tanto entre os livres quanto entre os cativos. Isso incentivava mais ainda o concubinato entre os homens brancos e as escravas (negras, crioulas, mulatas e *cabras*). No período, a participação feminina entre os alforriados foi majoritária. Senhores costumavam dar liberdade às companheiras apenas depois de mortos, por meio de testamentos. Muitas dessas ex-escravas desfrutavam de relações estáveis com homens brancos, das quais nasciam filhos, geralmente amparados pelos pais. Elas adotaram uma série de atitudes para tentar apagar o passado de escravidão, miséria e preconceito.

Vamos destacar, de maneira breve, o caso de Chica da Silva, a mais famosa dessas mulheres e que foi objeto de inúmeras histórias, lendas e mistificações – que só contribuíram para tornar sua trajetória mais nebulosa, como demonstra Junia Ferreira Furtado, em *Chica da Silva e o contratador de diamantes – o outro lado do mito*. A vida dessa mulata nos ajuda a entender como funcionava o mecanismo de "branqueamento social" pelo qual os alforriados tinham de passar para serem, pelo menos parcialmente, aceitos na sociedade. Chica e o poderoso contratador de diamantes João Fernandes de Oliveira viveram juntos por 17 anos e tiveram 13 filhos. João Fernandes a libertou logo após tê-la comprado de seu antigo proprietário – o que não era tão comum.

Chica se esforçou para afastar dos filhos – e dela mesma – o peso da escravidão. Providenciou educação para a prole, adquiriu escravos (chegou a ter 104 cativos), montou casa "grossa" (uma construção imponente e ampla, decorada ricamente e cheia de serviçais) e não dispensou nenhum sinal exterior da posição que passou a ocupar. As roupas e os adereços eram um dos mais importantes indícios de que a mulata passara de escrava a senhora. Chica e as outras forras sabiam disso e aderiram à ostentação no vestuário, típica das classes mais abastadas. Vestidos de cetim e seda, meias de seda, capas, chapéus, sapatos forrados de tecidos finos, saias e blusas coloridas de chamalote, anáguas, espartilhos, tudo isso adornado por fivelas e botões de metais preciosos, colares, brincos, pulseiras e muito ouro e diamantes. As alforriadas em melhor posição social, como Chica, colocavam todo esse aparato para sair às ruas em suas cadeirinhas e serpentinas luxuosas, seguindo para as missas, como faria qualquer branca rica. Uma curiosidade: as perucas, que ficaram associadas à figura de Chica por causa dos filmes, novelas e outras obras de ficção, não faziam parte do vestuário dela nem de nenhuma mulher da região, sendo um acessório masculino, mesmo assim pouco usado nas Minas Gerais de então.[22]

As atitudes das mulheres forras escandalizavam alguns "homens bons" e religiosos que temiam pela ordem social. Antonil observava com desaprovação que boa parte do ouro retirado das minas era destinado a "cordões, arrecadas e outros brincos" para as "mulatas de mau viver, e as negras, muito mais que as senhoras".[23] O governador de Minas, em 1732, Conde Gouveia, também achava um absurdo assistir ao desfile das "atrevidas" mulheres "de cor", no Tejuco, entrando "na casa de Deus com vestidos ricos e pomposos e totalmente alheios e impróprios de suas condições".[24] Se, de um lado, as forras recorriam à ostentação para mostrar que não eram diferentes das senhoras brancas, do outro, incomodavam os mais conservadores ao apropriar-se dos meios que deveriam ser exclusivos da classe fidalga. A tensão social fica clara na guerra silenciosa da moda.

Talvez por causa dos excessos no vestir, Chica tenha sido retratada, pela historiografia mais antiga e por obras de ficção que se inspiraram nela, como uma mulher frívola e deslumbrada. É justo ressaltar que as forras não lançavam mão de nenhum artifício que não fosse típico dos fidalgos, ou seja, o pecado delas não foi apreciar o luxo e a ostentação, mas utilizar meios que não lhes pertenciam para se afirmar em uma sociedade que as rejeitava. Eram as sutilezas do racismo à brasileira – bem distante da "democracia racial" que alguns estudiosos enxergam aqui.

---

22 Furtado, *Chica da Silva e o contratador de diamantes* – O outro lado do mito, p.142.

23 Antonil, op. cit., p.194-5.

24 Furtado, op. cit., p.136-7. O destaque na fala do governador é do autor deste artigo.

A chegada da família real em 1808

A transferência da Corte portuguesa para o Brasil, em 1808, trouxe uma série de mudanças na sociedade da época, inclusive no que se refere à indumentária e à moda. O Rio de Janeiro, que possuía uma população de 60 mil pessoas, foi invadido por uma multidão de 10 a 15 mil cortesãos. Podemos imaginar o impacto que tal fato causou nos mais diversos aspectos, do ponto de vista tanto urbanístico quanto social.

Uma das resoluções mais importantes de D. João VI foi a abertura dos portos brasileiros às "nações amigas". Com isso, esse território foi invadido por uma infinidade de produtos importados, principalmente vindos da Inglaterra. Tecidos, roupas, chapéus, bengalas, cosméticos, águas de colônia, acessórios em geral, utensílios domésticos: novidades úteis e inúteis passaram a fazer parte do cotidiano dos colonos. A moda e todos os serviços ligados à beleza tiveram grande impulso.

A Corte que chegou de Portugal, contudo, não primava pela elegância e luxo. Atolada em dívidas e abatida por uma viagem marítima exaustiva e difícil, a família real e seu séquito não eram tão glamorosos como idealizavam os colonos. Mesmo assim, sua chegada foi alegremente celebrada: enfim, a realeza estava ao alcance das mãos. O povo saiu às ruas para dançar e dar as boas-vindas à Coroa. Canhões saldaram os recém-chegados.

O século anterior havia sido um período de mudanças políticas e sociais decisivas: as treze colônias norte-americanas declararam independência em 4 de julho de 1776, criando os Estados Unidos da América; na Europa, a Revolução Francesa havia propagado os ideais de igualdade, liberdade e fraternidade; Napoleão Bonaparte ameaçava a soberania das outras nações; a América espanhola fervilhava com ideias de liberdade. Até aqui houve turbulências políticas, como a Inconfidência Mineira. Naquele momento, porém, os brasileiros mergulhavam em um estado de satisfação e entusiasmo. O foguetório iluminou o porto do Rio de Janeiro, a exemplo do que havia ocorrido em Salvador dias antes.

Carlota Joaquina e as princesas portuguesas já chegaram *lançando moda*, se bem que sem nenhuma intenção. Para fugir de uma epidemia de piolhos que assolou os navios, as damas rasparam seus cabelos ou os cortaram bem curtos e amarraram turbantes nas cabeças. A mulherada local, ávida por novidades e eufórica com a presença das "altezas", não teve dúvida e tosou seus longos cabelos, segundo os cronistas da época. Episódio cômico para os dias de hoje, mas compreensível naqueles tempos em que, para "estar na moda", era preciso adotar os usos dos reis, rainhas e princesas, sem se importar se os piolhos fossem a verdadeira inspiração para os penteados reais.

O príncipe regente decidiu liberar a entrada dos visitantes de outros países no Brasil. Até então, a Coroa era bastante rigorosa nesse quesito, limitando drasticamente o número de estrangeiros por região. Graças à liberalidade da medida adotada por D. João VI, é possível conhecer mais detalhes do cotidiano da sociedade de então. Cartas e relatos de viajantes, além de pinturas de artistas como Jean-Baptiste Debret, Johann Moritz Rugendas e Nicolas-Antoine Taunay, entre outros, permitem maior detalhamento do cotidiano e da indumentária dos brasileiros na época da chegada da Corte portuguesa.

A princesa Carlota Joaquina e a rainha D. Maria I não vieram vestidas com as últimas modas francesas; traziam ainda as saias rodadas (corolas), já ultrapassadas pelos ares da Revolução Francesa. Depois, estabelecidas no Brasil, Carlota Joaquina e as princesas aparecerão em vários retratos, como os de Debret e Taunay, em modelos tipo império, aquele com recorte abaixo do busto e saia rente ao corpo, sem grandes enchimentos, como camisolas. Longas luvas, plumas na cabeça e joias discretas compunham o figurino das fidalgas nas ocasiões mais cerimoniosas. Os cabelos curtos não "pegaram" por aqui, e as damas exibiam as "favoritas".

Para entender melhor a mudança radical na silhueta feminina que se deu no final do século XVIII e início do XIX, é preciso relembrar as transformações que a Revolução Francesa (a tomada da Bastilha pelos revoltosos em 1789 é considerada o auge dos acontecimentos) trouxe ao vestuário, que chegaram, ainda que com atraso, a Portugal. A Corte de Maria Antonieta e Luís XVI foi marcada pela ostentação e pelo luxo. A moda da época dá pistas dos desmandos da nobreza: saias enormes, joias caríssimas, uma infinidade de sapatos, tecidos finos e importados, penteados inacreditavelmente armados e perucas, sempre polvilhadas com farinha de trigo. Chegou a faltar pão em Paris por causa desse hábito dos poderosos.

A revolução trouxe uma modificação radical na indumentária, rejeitando tudo o que lembrasse a monarquia e a nobreza. Os poderosos optaram por adotar trajes mais simples, sem ostentação e bem diferentes do que se usava até então. A inspiração era a cultura greco-romana. Nesse contexto, surge o vestido tipo império, que aposentou – não por muito tempo – a tradicional figura de mulher composta por corpete justo e saias volumosas.

A suposta simplicidade dos primeiros tempos, contudo, foi substituída aos poucos por um luxo tão desmedido quanto o que Maria Antonieta e Luís XVI ostentavam. Com a ascensão de Napoleão Bonaparte, primeiro como cônsul e depois como imperador (1804), e de sua mulher Josephine, os desmandos da aristocracia retornaram, inclusive de maneira mais agressiva, já que a Corte transpirava ares de novos-ricos, como diziam as más-línguas da época. A imperatriz também adorava *lançar moda*, como fizera anteriormente a rainha Maria Antonieta.

Os vestidos império usados por Josephine, de tecidos finos, transparentes e mangas bufantes, tornaram-se coqueluche em quase toda a Europa – as damas aderiram até na Inglaterra, inimiga feroz da França à época. Para proteger do frio, redingotes no estilo dos militares, capas e xales. E dá-lhe brocados, rendas, telas de ouro e prata, damascos, veludos, sedas e musselinas. E ainda: muitas plumas, joias enormes, sapatos rebuscados, luvas, chapéus. A moda é mesmo surpreendente e possui uma incoerência intrínseca em seus domínios: os franceses cobriram de luxo o que deveria ser simples e despretensioso.

Portugal, sempre conservador, demorou mais para aderir às mudanças no vestuário pós-revolução. Napoleão Bonaparte foi responsável pela transferência da Corte lusitana para o Brasil, já que o príncipe regente veio se refugiar na Colônia justamente para escapar à sanha conquistadora do imperador da França. Pressionado pela Inglaterra, D. João tomou a decisão ousada de cruzar o Atlântico e fixar-se no

Figura 7.3
D. João e D. Carlota (que muitos estudiosos acreditam ser D. Leopoldina) não eram propriamente modelos de elegância ou glamour. Mesmo assim, a presença da Corte proporcionou cenas como essa, uma bela representação do casal mais importante do reino, vestido à moda francesa.

Rio de Janeiro. Não é que política e moda formaram uma teia complexa naqueles tempos? Fugindo de um ataque do exército francês, a Corte portuguesa acabou possibilitando o reinado absoluto no Brasil das modas do destino inimigo. Muitos franceses puderam se estabelecer aqui e logo impuseram outro tipo de dominação, já que o comércio de roupas e adereços femininos se tornou território quase exclusivo deles.

D. João VI, Carlota Joaquina e sua Corte até que tentavam copiar os modismos da França. Não tinham, porém, lastro suficiente para reproduzir o luxo e a ostentação daquela rica Corte nem a imponência dos poderosos, conforme os relatos da época. D. João VI era o exemplo do desleixo, muito gordo e desprovido de beleza, com suas casacas sujas, calções surrados e aparência pouco asseada. Mesmo assim, na cerimônia de coroação – que ocorreu apenas em 1818, apesar de ele já ser rei desde 1816 –, surgiu com uma capa bordada com fios de ouro e roupas de tecidos nobres.

Nas ocasiões formais, o monarca aparece elegantemente retratado com calças presas logo abaixo dos joelhos, casaca tipo fraque e de golas altas, colete bordado, camisa branca, meias de seda e sapatinhos baixos e com grandes fivelas de metal (provavelmente ouro). Galões e condecorações douradas lhe enfeitavam a casaca. A princesa Carlota Joaquina também nunca foi elogiada pela elegância, muito menos pela beleza. Apesar de pouco atraente, foi eternizada de maneira favorável em vários quadros, trajando vestidos tipo império, plumas, manto real e joias discretas. Os pés aparecem sob as saias, em sapatos forrados de seda, demonstrando que o tabu de mostrá-los em público acabara.

Com a Corte no Rio de Janeiro, mesmo empobrecida e atrasada, as damas e os cavalheiros da aristocracia local passaram a ter mais oportunidades de tirar as joias e os tecidos finos dos baús. A vida social ganhou novo fôlego. Além das missas de domingo, as senhoras cariocas podiam frequentar reuniões da Corte, bailes e espetáculos, como teatro e ópera, que passaram a ser bem mais numerosos. Havia ainda as cerimônias próprias da realeza, como o "beija-mão", em que D. João VI recebia centenas de súditos, nobres ou não, que se enfileiravam, esperando a vez

para cumprimentá-lo. O ritual, já ultrapassado no restante da Europa, era realizado anteriormente pelos vice-reis do Brasil e perdurou até a época de D. Pedro II.

Os relatos dos viajantes estrangeiros são outra fonte preciosa de informações sobre os hábitos da população. Esses textos seguem certo padrão em voga na Europa: em geral, eram elogiosos sobre as belezas naturais e criticavam duramente a sociedade local. Em termos de vestuário e moda, há várias descrições sobre as preferências dos brasileiros – muitas delas negativas.

Exemplo são as opiniões de Rose Freycinet, uma francesa que esteve no Rio de Janeiro em 1817, acompanhando o marido. A atenta senhora comentou a deselegância da família real, que teve oportunidade de encontrar em uma ópera. D. Pedro I (que na época ainda não tinha o título) era um homem "bonito e alto", segundo seu relato, mas de uma vulgaridade total: "Vestia-se com um fraque marrom, calças de nanquim, traje bastante ridículo para as 8 horas da noite, numa grande festa pública". D. João VI não tinha nenhuma "majestade" e portava maior simplicidade, porém menor inadequação, de acordo com a autora.

Quem também não escapou do rigor da visitante foi a princesa Leopoldina.

> A pobre austríaca estava vestida com uma roupa de montaria cinza, de um tecido ordinário, e com blusa plissada; seus cabelos estavam em desalinho e presos com pente de tartaruga.

Em contraste, as outras princesas estavam de veludo ou cetim e traziam enfeites de plumas e flores na cabeça. A francesa se espantou com o fato de Leopoldina estar tão mal-arrumada, já que suas maneiras "em nada lembram a postura nobre e cerimoniosa que se cultiva na Corte da Áustria".[25]

Entre ingleses e franceses

No Brasil do século XIX, enquanto a moda feminina era dominada pelos franceses, a masculina tornou-se "inglesada", como diziam os lusitanos. O mesmo ocorreu em Portugal. Os ingleses detinham a venda de artigos para homens, concentrando-se nas Ruas Direita e da Alfândega, no Rio de Janeiro. Segundo Gilberto Freyre, os negociantes

---

25 França, *Mulheres viajantes no Brasil (1764-1820)*, p.93.

provenientes daquele país possuíam os melhores armazéns de fazendas e lojas para tal gênero.[26] Dificilmente tornavam-se alfaiates ou costureiros como os franceses.

Além de tecidos para "senhores finos" (casimira, seda, cetim, lãs, pelicas, veludos, rendas e algodões), comercializavam "fatos feitos", meias e lenços de seda, luvas, casacas, chapéus, coletes de seda e de tecidos mais ordinários, gravatas, jaquetas, espingardas e pistolas, artigos para montaria. As cores eram escuras, com muito azul e preto, mas alguns itens coloridos (carmesins, roxos ou verdes) eram trazidos ao Brasil e tinham boa aceitação entre os cavalheiros. A chegada da ferrovia trouxe uma contribuição interessante para o vestuário masculino: os ingleses introduziram o guarda-pó branco, de algodão ou linho, usado sobre a roupa nas viagens de trem. Na segunda metade do século XIX, tal casaco virou moda entre os mais abastados que circulavam nos vagões.

Já os franceses ocuparam a Rua do Ouvidor. Era uma infinidade de lojinhas e *maisons,* que ofereciam todos os mimos até então inimagináveis às brasileiras: roupas, tecidos, perucas, luvas, lenços, sapatos, águas de colônia, cosméticos, leques, bijuterias, meias, espartilhos; enfim, tudo o que havia de mais chique. Os chapéus passaram a ter lugar de destaque na indumentária feminina. As mulheres de classe mais alta se orgulhavam em exibir tais adereços ricamente adornados por tecidos finos, flores, penas, fitas e outros enfeites.

No Brasil, a abundância de aves consideradas exóticas pelos europeus, somada à criatividade e à habilidade dos artesãos, fez que os enfeites de penas coloridas se tornassem cobiçados pelas cabecinhas privilegiadas da época. As flores de penas eram uma mania entre as damas da sociedade, muito usadas em chapéus. Os leques feitos do mesmo material também entraram na moda. Esses pequenos luxos eram produzidos nas manufaturas do Rio de Janeiro e de Salvador, tornando-se mais populares a partir de 1860.

---

26 Freyre, *Ingleses no Brasil.*

Os enfeites de penas coloridas podiam ser encontrados na chiquérrima Rua do Ouvidor, comercializados por jovens francesas e, posteriormente, pelas mulatas vestidas à europeia. Eles seduziram igualmente as estrangeiras que visitaram o país. A imperatriz Leopoldina, casada com D. Pedro I, e a princesa Teresa da Baviera enviaram exemplares dessa bela arte para a Europa. Até hoje existem peças produzidas com penas da nossa fauna, feitas aqui, expostas no Museu de Etimologia de Munique, na Alemanha. Contudo, como consequência negativa da febre pelas penas coloridas, a captura indiscriminada das aves acabou por ameaçar algumas espécies.

A instalação do comércio de luxo em algumas ruas da cidade carioca trouxe uma mudança no comportamento da elite: os mascates ou caixeiros-viajantes – tão esperados nas décadas anteriores – foram substituídos pelo hábito de visitar pessoalmente o comércio mais sofisticado e fazer compras nas lojas. Franceses e ingleses conseguiram dividir o território do Rio de Janeiro pacificamente, pelo menos no mundo da moda.

O mercado da vaidade

A abertura dos portos para os comerciantes estrangeiros não foi vantajosa apenas para a aristocracia, que teve a oportunidade de adquirir produtos de luxo e ostentar com mais vigor seu *status* privilegiado. Os escravos e a população "de cor" em geral, incluindo cativos forros e mestiços pobres, que ficavam à margem da sociedade, também foram beneficiados em certa medida.

Voltemos um pouquinho aos séculos anteriores. Além de servir melhor à casa, os escravos que sabiam exercer algum ofício eram mais valorizados na hora da venda; portanto, os senhores estimulavam os cativos a aprender alguma profissão. Os escravos "de ganho", por sua vez, também podiam obter lucros com suas habilidades, mesmo tendo de reparti-los com os donos. No século XVIII, os preços dos escravos alcançaram as alturas, por causa da descoberta das minas, que absorveu muita mão de obra e, posteriormente, das restrições ao tráfico impostas pelos ingleses. Somando-se tudo isso ao gosto dos colonos por roupas luxuosas, formou-se um grupo de escravos e de "gente de cor" que tinha grande familiaridade com roupas e acessórios de moda.

Cabia aos escravos e escravas cortar e costurar as roupas, bordar, fazer as famosas rendas com seus bilros, consertar as vestimentas usadas, tecer panos de algodão para cama e mesa, enfim, cuidar do vestuário em geral. No século XIX, quando começaram a pipocar estabelecimentos comerciais para dar conta da "demanda reprimida" da vaidade, causada por séculos de isolamento da Colônia, tais habilidades lhes valeram uma oportunidade de inserção social. Não eram apenas costureiras e alfaiates que tinham lugar garantido nesse incipiente mercado de trabalho, mas também peruqueiros, joalheiros, sapateiros, cabeleireiros, artesãos. Enfim, todos os ofícios ligados à beleza e à moda tornaram-se um ótimo negócio.

No início, negros e mulatos eram empregados ou servos de ingleses e franceses que dominavam tais artes. Começavam aprendendo como fazer ofícios delicados e sofisticados. Aproveitando a onda favorável, parte dos cativos conseguiu juntar dinheiro, comprar a alforria, estabelecer-se e adquirir propriedades. Mais uma pequena brecha dentro da estrutura aristocrática dos tempos coloniais, que foi bem aproveitada pelos escravos, libertos e outros excluídos que lutavam contra as regras de uma sociedade tão injusta.

A volta triunfal das crinolinas

Já falamos das reviravoltas políticas do início do século XIX que acabaram por tornar as saias mais modestas e murchas, sem aquelas armações de outros tempos. O Brasil assistiu a uma série de transformações: Independência (1822), o Primeiro Reinado e as revoltas regionais, as regências, a coroação de D. Pedro II (1841), o Segundo Reinado, a abolição dos escravos (1888) e, finalmente, a chegada da República (1889). Começou a predominar a "mentalidade burguesa" nas classes mais altas; as cidades maiores passaram a ter um caráter urbano. As mudanças no âmbito do vestuário também se tornaram cada vez mais rápidas: sucessivamente, os modismos chegavam e eram esquecidos.

A despeito de todas as revoluções e ideais, as saias rodadas, sustentadas pelas crinolinas (armações redondas de crina de cavalo, barbatanas de baleia ou arame retorcido), voltaram com toda a força, ainda na primeira metade do século XIX. As damas mais abastadas adotaram o visual romântico com gosto, deixando para trás a leveza dos modelos império. Os pés se esconderam novamente sob as saias, que ainda podiam ser adornadas por cascatas de babados, no caso das mais jovens. O espartilho voltou a reinar. Os penteados eram formados por cachos, à europeia. O xale ainda era indispensável na indumentária feminina, inclusive entre as mulheres mais pobres.

Gilberto Freyre conta[27] que, além da capital Rio de Janeiro, Recife, Olinda e Salvador eram polos mais importantes econômica e socialmente, com uma aristocracia dada à ostentação e ao luxo. A elite era formada principalmente por senhores de engenho do Nordeste, plantadores de café do Sul, criadores de gado das províncias do interior e do Rio Grande do Sul. A economia de São Paulo começou a se desenvolver na segunda metade do século, tornando-se, mais tarde, a terra dos "barões do café". Enfim, o dinheiro "grosso" permaneceria nas mãos dos grandes proprietários.

O hábito de marcar as diferenças sociais e distanciar-se cada vez mais dos mais pobres continuava a direcionar a moda dos ricos. As iaiás do Nordeste se vestiam com cores mais claras, rendas de bilros (de preferência do Ceará ou de Bruxelas), saiotes engomados de algodão, luvas, leques e chapéus. Os decotes eram mais discretos que no século anterior, com colarinhos fechados e broches arrematando as golinhas brancas. O tafetá, especialmente negro e de cores escuras, parecia dominar as preferências das matronas dos engenhos e senhoras das fazendas do interior. As mulheres da aristocracia rural eram mais austeras com relação aos adornos que as damas do Rio de Janeiro. Nas festas e nos

27 Freyre, *A vida social no Brasil nos meados do século XIX*, p.80-5.

Figura 7.4
Com a queda do Império e a Proclamação da República (1889), a moda masculina passa por uma transformação: os ternos escuros e austeros, como este que D. Pedro II exibe, são substituídos pelo paletó de casimira de cores claras. A mudança reflete a rejeição a tudo que poderia lembrar a antiga sociedade patriarcal do Império.

bailes, preferiam mostrar os ombros e as saboneteiras; os braços também podiam ser exibidos, nus ou envolvidos em tecidos transparentes. Joias e mais joias complementavam o visual. Os homens vestiam casacas compridas ou sobrecasacas, calças de vinco, coletes, camisas brancas, relógios de bolso com vistosas correntes, bengalas, luvas, lenços e gravatas de seda. As cores eram escuras e sóbrias. Os tecidos podiam ser linho, flanela, feltro, alpaca ou lã fina. Os chapéus altos de feltro e as cartolas também eram indispensáveis para sair às ruas, bem como sapatos escuros ou botas muito lustrosas, de preferência, tudo comprado dos elegantes comerciantes ingleses. Cabelos curtos, barbas e bigodes eram cuidados com esmero.

A Corte de D. Pedro II não era das mais glamorosas, mas no Rio de Janeiro havia alguns bailes, espetáculos de teatro e saraus nos salões. No verão, era costume do imperador e da elite ir a Petrópolis, para onde eram transferidas as reuniões sociais. No Palácio do Governo de Pernambuco, as recepções eram consideradas refinadas para os padrões brasileiros. Rendas, sedas e cetins eram os tecidos dos vestidos de festa nas principais cidades do país.

A Corte refletia o estilo pessoal do soberano, que era avesso a qualquer pompa ou exuberância monárquica. D. Pedro II andava sempre com uma casaca preta comprida, colete, cartola e calças escuras. A imperatriz Teresa Cristina também era austera e sem nenhum traço de sofisticação. Quem trouxe um pouco de frescor ao paço foi a Condessa de Barral – preceptora das princesas e amante do imperador –, que passava muito tempo em Paris, frequentando os melhores círculos sociais. Com ela, Isabel e suas irmãs conheceram os modismos europeus e a etiqueta dos salões.

As mudanças dos novos tempos

No final do século, as armações das saias femininas se deslocaram para trás, criando as sugestivas "anquinhas". Aquele modelo rodado ao extremo foi deixado de lado. Os espartilhos tornavam a cintura feminina cada vez mais fina. O gosto pelos chapéus continuou. O século XX chegou transformando tudo, inclusive a indumentária. A silhueta se simplificou e as roupas tornaram-se mais práticas. Os homens também abandonaram as calças e casacas escuras, passando a adotar tecidos mais leves e de cores claras (principalmente o linho); a cartola foi substituída pelo charmoso chapéu-panamá, de palha clara, enfeitado por uma fita preta.

Sob protestos dos conservadores, a mulher das classes mais altas começava a ter mais independência para sair às ruas. As mais pobres passaram a "trabalhar fora", não apenas fazendo serviços domésticos nas casas abastadas. As armações desapareceram, as saias encurtaram e o decote voltou à moda. O espartilho virou o século torturando os corpos femininos. Botinhas cobriam pés e tornozelos. Luvas e chapéus eram acessórios indispensáveis para todas as classes sociais. O século XX, com suas mudanças vertiginosas na moda e na história, porém, é assunto para outro capítulo.

Figura 7.5
Durante sua estada em Paris, o dândi Santos Dumont adere à moda do chapéu-panamá que, na primeira década do século XX, toma o lugar das sisudas e escuras cartolas na indumentária dos homens elegantes e modernos.

8

A cólera, a tuberculose e a varíola: as doenças e seus corpos

Jorge Prata de Sousa

O livro bíblico *Levítico* fornece pista acerca de como atitudes com determinadas doenças, assim como conhecimentos sobre elas, podem conter, nos dias atuais, ideias residuais. A obra se divide em cinco capítulos, constituídos por textos direcionados aos preceitos de um ritual para os sacrifícios, um para a consagração dos sacerdotes e critérios para distinguir o que é puro do que não é. Os costumes e hábitos que o texto bíblico profere encarnam duas noções básicas; primeiro, por meio dos sacrifícios – o holocausto de animais – o homem reafirma a aliança com o deus Javé e, ao ritualizar seus pecados, seu desejo de viver segundo as normas prescritas, purificando-se. Dentre os cinco capítulos, o terceiro, denominado de "Puro e o impuro", oferece a ideia de doença como um mal a ser evitado, um símbolo de impureza adquirido como resultado de uma conduta irregular, cujas consequências contaminariam os laços da aliança com Javé pelo contágio de seu próprio povo. Nesse sentido, pode-se interpretar tal passagem como expressando tanto um mal da alma como do corpo do indivíduo.

O texto bíblico se organiza de forma didática, com repetições sistemáticas, e utiliza-se do recurso da exemplificação para a compreensão do problema. Para facilitar o entendimento, toma três fatos: uma doença (a lepra), um comportamento (vida sexual) e uma dieta (alimentos puros/impuros). Ao eleger a lepra como exemplo de contágio, anuncia as fases com que a sociedade configura uma enfermidade; em um primeiro momento, esta é resultado do desregramento de valores morais e/ou espirituais, cabendo o castigo divino, seguido de um sentimento de terror, medo ou pânico e, por fim, a exclusão do doente.

É expressiva a descrição do corpo do leproso, caracterizado como impuro, malvestido, desgrenhado, barbudo, autoproclamado impuro. Assim, viverá "separado e morrerá fora do acampamento". As roupas e pertences do leproso serão transmissores da doença e devem ser evitados por seu potencial de contágio. Por imagens e metáforas, constrói-se um corpo leproso, impuro, que desfaz a aliança entre o doente e duas outras instâncias: Javé e seu povo. Conclusão: o texto bíblico nega ao enfermo seus vínculos espirituais e sociais como possuidor de um corpo insano e, no decorrer da história das doenças, pode-se constatar que o procedimento é similar com aquelas que se apresentam como de caráter epidêmico.

Este texto pretende esboçar as características representadas nos corpos daqueles que sofreram com males dessa natureza que grassaram no Brasil no século XIX: a cólera, a varíola e a tuberculose, bem como as construções das imagens dos corpos doentes, tendo a metáfora bíblica como ponto de partida.

Um corpo colérico ou um cadáver de sangue quente

O manuscrito de Antônio Corrêa de Lacerda, médico português do século XIX, sustentou a existência da cólera em caráter endêmico e correlacionou sua natureza epidêmica a determinantes climáticos, associada a questões sociais como alimentação, condições de trabalho e insalubridade. Conforme suas descrições, os sinais e sintomas da cólera submetiam o paciente a experiências dramáticas muito bem pintadas nos registros dos memorialistas com expressividade plástica realista. Diante desses relatos, tem-se a impressão de estar em frente de um morto-vivo:

> A pele perde o calor natural; evacuações abundantes e frequentes, bilioso-serosas, seroso-biliosas ou seroso-bilioso-sanguinolentas ou semelhantes à lavagem de carne, o seguem; uma fraqueza inesperada toma conta de todos os membros e comumente de todo o corpo; o relaxamento do ânus e do rectum acontecem logo em seguida; comumente nenhuma dor se faz sentir em todo o trajeto intestinal, entretanto, dores mais ou menos fortes se fazem sentir algumas vezes separadamente ou em conjunto nas regiões epigástrica, umbilical, hipogástrica e anal; depois das primeiras evacuações, mais cedo ou mais tarde, o esfíncter do ânus se irrita e se contrai, mas isso é muito raro; uma magreza extraordinária se anuncia depois da primeira invasão, se aumenta a vista d'olhos a cada momento; os olhos escondem-se nas órbitas, as bochechas desaparecem: as paredes abdominais vão tocar a coluna vertebral; um decrescimento espantoso se mostra por toda parte; e parece que só se vive para vê-lo decompor-se e reduzir-se a uma múmia [...] o nariz, as orelhas, os pés e as mãos começam a esfriar; logo, o infeliz doente a uma temperatura de [trecho incompleto] centígrados é acometido da cabeça à ponta das unhas e dos cabelos de um frio medonho e que, em um piscar de olhos, se torna glacial. O tocá-lo deixa sentir em seu corpo uma temperatura abaixo da dos objetos que o rodeiam e de um cadáver após 48 horas [...]; a glândula lacrimal se enche de serosidade e perde a cor, [...] a adinamia domina por toda parte; o doente não pensa nem em si nem em quem o rodeia, um pequeno delírio se mostra de tempo em tempo; os soluços, esse último esforço da natureza, vêm ainda atormentar o doente; a respiração, o mais comumente sem o embaraçar, se enfraquece; e, quando menos se pensa, o doente toca a extremidade da morte de muito tempo começada.[1]

1 Sanjad, Cólera e medicina ambiental no manuscrito "Cholera-morbus" (1833), de Antonio Correa de Lacerda (1777-1852). In: *História, Ciências, Saúde* – Manguinhos, v.11, n.3, set./dez. 2004, p.587-618.

Essa descrição de natureza médica, embora se esforce em compor um quadro isento de emotividade, ainda assim deixa impressões fortes sobre o estado dos coléricos, as quais são recorrentes em alguns relatos disponíveis na literatura de memórias durante a guerra contra o Paraguai. A passagem utilizada pelo profissional da saúde acerca do estado moribundo do colérico – "decompor-se e reduzir-se a uma múmia" – lembra a expressão utilizada por Dionísio Cerqueira, "cadáver de sangue quente". A imagem fixada em relatos de época quase sempre revestia-se de grande impacto visual, o que influía no comportamento das responsáveis por cuidar do colérico ou mesmo enterrá-lo. A seguir, o relato de um subdelegado de polícia encarregado de recolher um defunto acometido por cólera:

> Comunicando-me este momento (meio-dia) o Dr. Jose Caetano de Almeida, que na casa da praia pequena, pertencente a D. Maria da Graça, falecera ontem um escravo da mesma, o qual no dia 15 do corrente viera doente da fortaleza de São João da Barra, onde se achava ao serviço de um filho da dita graça, e sendo tratado pelo cirurgião Damasceno Salgado classificando este de cólera morbus a moléstia de que sucumbira o dito preto, aterrada toda a família desamparara a casa deixando insepulto o cadáver, que ali se conserva não só por não terem seus senhores disso cuidado como por não terem querido nenhum dos moradores do lugar a isso prestar-me, inclusive o próprio inspetor de quarteirão a quem isto foi participado [...][2]

Vejamos a semelhança com a descrição feita por um testemunho do conflito com o Paraguai:

> Medonhos cadáveres! Um dia entrei numa enfermaria próxima do Batalhão. Havia um montão deles arrumados em andaime nas tarimbas. Tinham a pele enrugada e os olhos fundos. Estavam azulados, escaveirados como se tivessem morrido de fome. Uns mexiam-se, outros não tinham a algi-

2 AN: IJ 6-220. Secretaria de Polícia, 1855. Ofício da Secretaria de Polícia da Corte. Carta em 17 de agosto de 1855, assinada por Gouvêa. Para esse mesmo ano, há boletins diários informando número de mortos de cólera; ver também IJ 6-221, Secretaria de Polícia, 1855.

dez da morte; eram cadáveres quentes. Os músculos do peito e dos braços contraíam-se como se aqueles mortos ainda vivessem. Vi um braço encolhido distender-se e a mão bater em cheio na face do camarada deitado ao lado, que pela primeira vez ficava impassível.[3]

A deformação proveniente do desenvolvimento da doença assustava a todos que com o paciente tomassem contato. Bastava um simples anúncio evocando a cólera que logo isso era lido como presença da morte:

> O cólera [...] a esta palavra de terror e de morte não há quem se não sinta abalar-lhe o ânimo, quem se não sinta possuir de uma apreensão de dor, e de recordação efetiva, tanto mais quanto de todos é já sabida a horrorosa veemência desse mortífero mal, cujas vítimas elevam-se a um compute que espanta![4]

O Marques de Caxias, ao perceber que a cólera já atingira os hospitais do Exército, exigia total controle no embarque dos convocados e voluntários da pátria e determinava atenção redobrada na limpeza dos vapores que faziam o transporte do contingente para o cenário da guerra. Como medida suplementar, dada a profusão de casos, criou um lazareto a duas léguas de Corrientes para não prejudicar a tropa do mal que se anunciava.[5] Estabelecida a imagem do corpo doente, seguia-se o rito da separação.

À parte o aspecto horrendo do infectado, o simples anúncio da enfermidade, segundo as autoridades mais previdentes, poderia provocar um sortimento de sentimentos que facilitava seu contágio.

---

3 Cerqueira, *Reminiscências da campanha do Paraguai, 1865-1870*, p.265.

4 *O Comercial*, p.1-2, citado por Barbosa, As doenças viram notícias. In: Nascimento; Carvalho, *Uma história brasileira das doenças*, p.83.

5 AHEx. Ofícios e correspondências, v.I, pasta 39. *Carta do Marquês de Caxias a João Lustosa da Cunha Paranaguá.*

O excessivo noticiário sobre a doença poderia causar terror, medo e raiva, que predisporiam o corpo ao seu desenvolvimento.[6]

Diante do irremediável, a população se prostrava à espera da intervenção da misericórdia divina. O jornal *Comercial* de Fortaleza chegou a afirmar que a salvação para tal calamidade estava nas mãos de Deus. Rezava na imprensa a ideia de que Deus criou para o homem o prêmio e o castigo e que a "história nos ensina que os povos têm florescido por suas virtudes e sofrido grandes calamidades pelos seus vícios, seja qual for a sua religião".[7] Concepção bem próxima às assinaladas nos ensinamentos bíblicos.

Em torno do doente, além de seu aspecto fúnebre, havia toda uma higiene de natureza privada condizente com seu estado: limpeza do corpo e do recinto, troca diária da roupa de cama, arejamento do ambiente, não acúmulo das águas sujas e dejetos humanos e moderação em relação às atividades sexuais, hábitos alimentares e de trabalho.[8]

Em Paris, a cólera interferiu nos hábitos funerários, obrigando o Exército a ceder seus carros para o cortejo; porém, seus eixos sem molas e suas rodas de aros de ferro faziam excessivo barulho à noite nas ruas de pavimentação irregular. A solução foi empregar veículos puxados por homens e depois por carrinho de mão. Os carpinteiros não davam conta da demanda por caixões, e a solução foi encaminhar os cadáveres para os cemitérios, expondo suas dejeções infectantes e quase sempre sem cerimônias.[9] Em 1849, a França perdeu 20 mil habitantes por cólera, seguindo-se outros surtos em 1852-4, 1865-6, 1873 e 1884. Esses dados muito contribuíram para a criação de uma política institucional voltada para a saúde pública, para reformas urbanísticas realizadas somente no tempo de Luís Felipe e do Segundo Império. E o espectro da morte foi traçando seu périplo e definindo hábitos e costumes.

6 Pimenta, Doses infinitesimais contra a epidemia de cólera em 1855, op. cit., p.39.

7 *O Comercial*, p.3, citado por Barbosa, op. cit., p.84.

8 Ibid.

9 Sournia; Ruffie, *As epidemias na história do homem.*

Na província de Buenos Aires, em Rosário, a epidemia devastou a população do município. Em 1868, em um único mês, enterraram-se nos fundos da igreja 492 vítimas, segundo Richard Burton, e boa parte da população evadiu-se com medo dos doentes, fugindo mesmo da benigna colerina.[10]

No Brasil, o medo gerou uma recusa sistemática à aproximação, a ponto de tornar-se comum o não sepultamento do pobre defunto. Na Bahia, a epidemia da cólera na década de 1850 possibilitou aos médicos desenvolverem suas políticas de higienização da cidade, prescrevendo o dessecamento dos pântanos e a proibição do enterro nos adros das igrejas.[11] O bispo local Romualdo Antônio de Seixas via na propagação da enfermidade "a mão de Deus", identificando-a como "a cólera divina" trazida à Terra para curar os pecados que, segundo ele, eram muitos: usura, prevaricação, profanação, fraude e violência. Sua solução ao mal divino passava pelo esforço iniciado pela Igreja Católica de romanização do catolicismo luso-brasileiro. Nesse sentido, a terapia proposta pelo bispo para dirimir os males da cólera passava por total obediência aos sacramentos e às autoridades eclesiásticas.

Diferentemente do discurso católico contra a propagação da epidemia, a Junta de Higiene Pública recomendava que se fumigasse a cama dos falecidos com ácido sulfuroso, vinagre, cloro, se destruíssem as roupas usadas pelo paciente e se envolvesse o defunto em cal e cloreto, para encaminhá-lo aos ritos fúnebres. Autoridades da Santa Casa de Misericórdia reclamavam da falta de barqueiros que se dispusessem a conduzir os coléricos ao cemitério de São Francisco Xavier e imploravam às autoridades municipais um veículo para o cortejo.

Nas freguesias rurais da Corte, como Jacarepaguá, Guaratiba e Irajá, a epidemia se alastrou. O vigário dessa última localidade, Domingos Lourenço da Cruz Penedo, lamentava o estado de seus fiéis e justificava a recusa de alguns em socorrer os enfermos:

---

10 Burton, *Cartas dos campos de batalha do Paraguai*, p.217.

11 David, O. R. *O inimigo invisível*: a epidemia de cólera na Bahia (1855-1856).

> É a pobreza, sobretudo, sofre, e sofre muito, pois que os faz obrigados a atender aos doentes de suas fazendas, veem-se muitas vezes contrariados nos desejos de acudir aos que aflitos lhes imploram socorro, tornando-se assim, em grande parte, inútil a caridade.[12]

Na capital fluminense, Niterói, o enterro estava a cargo da Câmara Municipal que, por sua vez, os fazia demoradamente, por falta de quem se comprometesse com o sepultamento e com os sacramentos. A necessidade de diminuir o contato com o paciente infectado ou já falecido levou a casa de saúde local a estabelecer horários, denominando-os "visitas sanitárias e de polícia médica", uma vez mais, o rito das impurezas a se separar do corpo saudável. As notícias da cólera em Niterói corriam soltas. No hospital de Santa Isabel, em Jurujuba, as autoridades marítimas proibiam que se recebessem os doentes civis pobres, pois estes poderiam comprometer a saúde dos pacientes militares ainda não infectados.[13] Vemos aqui a doença excluindo corpos a partir de uma oposição com o civil.

Em alguns recantos da província fluminense, o comércio se viu prejudicado e as mínimas atitudes de higiene pública se viram comprometidas, com a recusa de se enterrarem os pacientes acometidos com a cólera. Em Magé, em 1867, o delegado de polícia acusou o aumento do número de mortos vitimados pela enfermidade e reclamou às autoridades provinciais da negação das pessoas de sepultarem os mortos. Em toda a província, a atitude diante do falecido por cólera foi similar; em Campos, São João da Barra, São Francisco de Paula, São Sebastião de Itabapoana e São Fidélis, as queixas das autoridades policiais e médicas eram idênticas: homens livres se embrenhavam nas matas por medo da doença, motivo da diminuição do recrutamento para a Marinha e o Exército. O comércio local se viu prejudicado a ponto de faltarem alimentos para abastecimento da cidade, e não havia quem enterrasse

12 Arquivo Nacional: IS 4.47 – Instituto Vacínico, 1860-1867. Ver a carta do vigário Domingos Lourenço da Cruz Penedo, 25.6.1865.

13 Aperj: PP2-15.4 Ver ofícios de 15.4, 9.5 e 23.5.1868.

as vítimas do mal.[14] Os medicamentos dados pelo governo, reclamavam os interioranos, não foram suficientes, obrigando a anuência dos fazendeiros no fornecimento de remédios.

Nos primeiros anos da década de 1850, o relatório da Junta Central de Higiene destacava ainda o fato de a mortalidade na infância até os sete anos ter representado alta expressiva nesses índices. Segundo Alfredo Morales de los Rios Filho, o Rio de Janeiro imperial, entre 1851 e 1854, apresentou 7.201 casos de falecimento por cólera. Comparando esses dados com os provenientes da Junta Central na tabela a seguir, nota-se em meados daquela década totais anuais ainda superiores ao desses quatro anos.[15]

Os registros da Secretaria de Polícia eram meticulosos, com as ocorrências anotadas diariamente, o que permite reconstituir a trajetória da cólera em uma mesma via. Por exemplo, na Rua do Sabão, 263, morreu Maria Alexandrina do Coração de Jesus e, dois dias depois, sua vizinha.[16]

Tabela 8.1 Totais de falecidos por cólera na província e na Corte do Rio de Janeiro (1856-61).

Ano	1856	1857	1858	1859	1860	1961
Falecidos	7.879	8.699	9.681	9.832	11.018	8.587

Fonte: AN: IS 4-25: Relatório sobre a salubridade da cidade do Rio de Janeiro durante o ano de 1861. Junta Central de Higiene Pública.

Sérgio Buarque, ao prefaciar a obra de Davatz, diz que durante a epidemia de cólera, em 1856, reduziram-se espantosamente os braços, as fortunas e a produção, obrigando os fazendeiros a adquirir negros em

14 Aperj – Fundo Presidente da Província. PP 2 – 1.1, 2-15.4/15.5/15.6. Cartas e ofícios dos delegados municipais.

15 AN: IS4-25. Junta Central de Higiene Pública. Relatório sobre a salubridade da cidade do Rio de Janeiro durante o ano de 1861.

16 AN: IJ6-220. Secretaria de Polícia da Corte. Ofícios com anexos.

outras freguesias a preços exorbitantes.[17] Coincidentemente ou não, é a partir da década de 1850 que os fazendeiros do Vale do Paraíba se viram na situação de melhorar as condições higiênicas e sanitárias de suas escravarias, chegando alguns a implantar enfermarias para tratá-las.[18]

Em 1859, respaldando os números da tabela anterior, o chefe de polícia da Corte, desesperado, clamava ser "indispensável que esta repartição" tivesse uma carroça igual à da Casa da Correção para conduzir os cadáveres que eram encontrados nas praias, nas ruas da cidade, uma vez que os serviços da Santa Casa de Misericórdia eram morosos em mandar buscar os corpos já em estado de adiantada putrefação.[19] O mesmo se pode dizer do cemitério de Muruhya, a cargo da Câmara Municipal de Niterói, que também fazia os enterros demoradamente.[20]

Na guerra com o Paraguai, a cólera marcou as vivências dos soldados em combates. O abandono dos doentes foi registrado em inúmeros relatos, sendo o de Taunay o mais expressivo, do ponto de vista literário. Em sua descrição consta uma passagem em que os soldados, embora já cansados dos combates, tinham o dever de carregar em padiolas os moribundos por cólera e, quando o faziam, era na presença dos oficiais, ameaçando-os com suas espadas, pois, não obstante fosse uma obrigação, a cumpriam contrafeitos:

> Como desvairado, ordenou, então, o coronel que, à luz de fachos imediatamente na mata vizinha, se abrisse uma clareira, para onde seriam os coléricos transportados e abandonados. Ordem terrível de dar, terrível de executar; mas que, no entanto (forçoso é confessá-lo), não provocou um único reparo,

17 Buarque de Holanda, Prefácio à obra de Thomas Davatz. In: *Memória de um colono no Brasil.*

18 Sousa; Mariosa, Nota prévia: a documentação familiar do comendador Manoel Antônio Esteves, 1850-1900. In: *Cadernos Saúde Coletiva*, v.XIII, n.2, abr./jun. 2005, p.571-6.

19 AN: IJ 6-484. Secretaria de Polícia da Corte. Ofício do chefe de polícia ao Ministro da Justiça José Thomas Nabuco de Araújo em 26.2.1859.

20 AN: III M-686. Ofícios do Comando do Corpo de Imperiais Marinheiros de Villegaignon, 1868.

> um único dissentimento. Puseram os soldados, logo, mãos à obra como se obedecessem a uma ordem comezinha; e – tão facilmente cede o senso moral ante a pressão da necessidade – colocaram no bosque, com a espontaneidade do egoísmo, todos estes inocentes condenados, os desventurados coléricos, muitos deles companheiros de longo tempo, alguns até amigos provados por comuns padecimentos.[21]

A situação constrangedora para as altas patentes do Exército era, entretanto, uma prática comum entre os civis. Em 1853, em meio a um surto da enfermidade na Corte, a Secretaria de Polícia informava do descaso com que as autoridades encarregadas da higiene da urbe tratavam o corpo colérico, como ocorrera com o caso do escravo de dona Maria da Graça, que ficou insepulto, conforme comunicado por dr. Jose Caetano de Almeida.[22] Em 1867, de acordo com os registros dos hospitais da Marinha na Corte, a letalidade da doença era de 35,8%.[23] Em outros estabelecimentos do gênero e em enfermarias próximos ao local das batalhas, os índices eram altíssimos, como se constata a seguir:

Tabela 8.2 Índices de letalidade de cólera nos hospitais e enfermarias durante a guerra contra o Paraguai, 1865-1870.

Hospitais e enfermarias	Total de ocorrências	Total de falecidos	% letalidade
Cerrito	306	150	49
Saladeiro	155	105	67,7
Passo da Pátria	356	195	54,7
Charitas	275	105	38,1

Fonte: Arquivo Histórico do Exército, Rio de Janeiro. *Entradas e saídas em hospitais e enfermarias militares brasileiros durante a Guerra do Paraguai.*

21 Taunay, *A retirada da Laguna*, p.113.

22 A.N: IJ6-220. Secretaria de Polícia, 1855. Ofício de Joaquim B. de Gouvêa em 17.ago.1855.

23 Relatório do Ministério da Marinha, 1867. Ver o mapa dos doentes tratados nos hospitais, enfermarias e navios de guerra da armada durante o período de 1865 a 1867.

Em 1868, ano crucial no combate da cólera, as autoridades médicas fizeram duas reuniões definindo ações preventivas diante da epidemia. A comissão indicava como medidas dessa natureza: limpar os logradouros públicos, lançando ao mar, longe do litoral, as imundícies; enterrar os cadáveres em lugar remoto; dessecar e aterrar os pântanos, charcos, valas inúteis, sempre nocivos à saúde pública; realizar lavagem, ventilação e desinfecção de edifícios, cadeias, casas de detenção e depósitos de africanos, dando-lhes banho e roupa seminal; visitar os cortiços, as boticas, as cocheiras; remover os inválidos para o asilo da mendicidade; promover a fiscalização nos víveres e bebidas; criar um hospital em lugar conveniente para onde seriam remetidos os indigentes. A partir de então, a doença foi descrita em seus detalhes: seus sintomas, período de incubação e tratamento necessário. Recomendava-se, para fazer frente a seus primeiros indícios, escalda-pés com mostarda ou cinza por vinte minutos e tomar, a cada quatro horas, chá de flor de barragens e de sabugueiro com acetato d'amônia (1/8).

Em junho do mesmo ano, a Secretaria de Polícia da província do Rio de Janeiro convocou uma reunião com a participação de médicos e delegados distritais para analisar a propagação do mal. Motivo: combinar as medidas que deveriam ser tomadas para socorrer as classes pobres e estabelecer uma enfermaria que atendesse aos mais desvalidos. As opiniões eram várias e eloquentes. O dr. Álvaro de Castro achava necessário recolher os enfermos atacados pela cólera – os pobres – e enviá-los em vapor ao hospital de Jurujuba e, seguindo as recomendações do Instituto Médico Niteroiense, manter as praias e os largos da cidade limpos. O dr. José Victorino da Costa e o dr. José Martins Rocha acreditavam que as enfermarias não deviam ser provisórias, e sim no local das epidemias, como mandavam as instruções de 18 de fevereiro de 1867 da presidência da província. Dr. Tavares era contra o envio dos enfermos para o hospital de Jurujuba por causa da demora no atendimento. A solução parecia ser o estabelecimento de locais apartados do convívio social, isolando o doente e suas impurezas. Na freguesia de São

Lourenço, onde a situação era grave, estabelecer-se-ia uma enfermaria própria.[24]

Diagnosticado o mal, depois de acompanhá-lo por várias cidades e províncias, restava propor a exclusão em quarentena dos doentes ou suspeitos. Arribada no porto da cidade em 27 de novembro de 1867, a embarcação *Tre Sorelle* contava 1.760 passageiros a bordo, dos quais quatorze apresentavam sintomas de cólera, além de outros seis já caracterizados como doentes. O navio, a mando do inspetor de saúde e a pedido do cônsul italiano, foi posto em quarentena na enseada de Jurujuba. Apesar de o foco de contaminação provir do hospital, os pobres da localidade dele não puderam se socorrer, pois o cirurgião-mor do Exército ordenou o não atendimento à população civil por entender ser essa a causa da infecção nos quartéis.[25]

A tuberculose: peito enfermo e pulmões carunchados

O grego Arete da Capadócia fez a mais antiga descrição de que se tem notícia sobre os sintomas de doentes tuberculosos: febre baixa, mas contínua, perda das forças progredindo para o aspecto final de um cadáver vivo, com faces rosadas e salientes, olhos brilhantes encerrados nas órbitas. Um relato mais completo só viria a ser realizado dezoito séculos depois, por Laënnec, um médico que, além de inventar o estetoscópio, se preocupou em estudar a doença e apresentar uma nosologia completa a respeito.

As características fixadas pela sintomatologia da tuberculose cristalizaram-se em tosse, prostração, emagrecimento, definhamento, estado melancólico, desgaste do corpo e febre. Com isso, a enfermi-

24 Aperj – Fundo Presidente de Província, p.2-15.4; 15.5; 15.6. Ata da reunião realizada a 18 de junho de 1868 na Secretaria de Polícia da Província do Rio de Janeiro.

25 Aperj – Fundo Presidente de Província, p. 2-15.4. Ocorrências na cidade de Niterói, 1868.

dade trouxe para a vida social da época uma série de pequenos objetos: escarradeiras, bacias, pequenas vasilhas portando areia para amenizar a contaminação da secreção. Andrade Lima,[26] em análise de escavações arqueológicas em depósito de lixo doméstico no perímetro urbano da cidade do Rio de Janeiro, coletou vários exemplares de escarradeiras de faiança, porcelana, vidro e metais nobres, confirmando uma prática de usos e costumes desses objetos. Inicialmente, tais objetos estiveram associados ao hábito compulsivo de mascar tabaco e, aos poucos, se transformaram em utilitários no combate à tuberculose, transformando-se durante o século XIX em costume não só nos salões do Império, mas também nos pequenos lares das classes pobres, nos cortiços, nas fábricas e nos teatros.

Entre 1899 e 1904, o governo baixou normas determinando várias atitudes de profilaxia: desinfecção domiciliar em caso de óbitos, proibição de cuspir no chão e do exercício profissional no comércio se infectado, isolamento de doentes nos hospitais, reiteração do uso da escarradeira em público. Muito dessa legislação não surtiu efeito e, aos poucos, o hábito de utilizar aquele objeto foi combatido, sobretudo por Afrânio Peixoto:

> Entre nós os luxuosos ou modestos escarradores que existem são os aparelhos de faiança, de vidro, de metal pousados a chato sobre assoalhos ou tapetes, recebendo de longe o escarro que se lhes projeta: bem merecem o epigrama referido por Knopf – são vasos de flor em redor dos quais se escarra [...] Quando o escarro não cai fora das bordas, fixa-se nas paredes afuniladoras do vaso, desseca-se, contamina milhares de moscas que ali vêm pousar e nos transmitir depois às roupas, aos cabelos, à pele, aos alimentos os germes recolhidos em profusão.[27]

Entretanto, deve-se ressaltar que, antes que o corpo apresentasse as evidências da doença, o tuberculoso experimentava uma vivência

26 Lima, Humores e odores: ordem corporal e ordem social no Rio de Janeiro, século XIX. *História, Ciências, Saúde* – Manguinhos, p.44-96.

27 Peixoto, Os escarradores. *Gazeta Médica da Bahia*, p.417-21.

de abandono, de vergonha e de culpa. Se o caso da cólera despertava a visão, neste, os sentidos eram mais complexos. À mera notícia, o corpo do doente era excluído do convívio familiar, isolado em seu quarto, suas roupas e pertences eram separados dos da família e, em um segundo passo, ele era afastado de seu lar a caminho dos sanatórios. Uma nova arquitetura hospitalar surgiu com a disseminação da tuberculose. A vergonha experimentada pelos enfermos se expressava no fato de exporem sua família ao comentário da vizinhança e sua casa ser vista como foco de contágio. A culpa advinha de ainda no século XX persistir a ideia de que a tuberculose poderia ser hereditária, o que agravava o estigma, pois expunha o capital hereditário familiar.[28]

A propagação de sanatórios – leia-se isolamento e exclusão do corpo doente – iniciou-se na França por volta de 1917 e se caracterizará pela estética modernista e de ideologia nacionalista. O poder público procurava ocupar os espaços e, nessa perspectiva, cabe, entre outros, a Le Corbusier, o papa da arquitetura moderna, a elaboração de projetos para os sanatórios populares, verdadeiras "máquinas de tratar" que os arquitetos sociais edificaram nas perspectivas funcionalistas desse movimento. Pode-se dizer que, na França, graças principalmente à tuberculose, médicos ganharam importância reconhecida até pelos políticos. Assim, coube a estes, quando a saúde se tornou uma questão nacional, coordenar as diretrizes das políticas para a área, que passavam, necessariamente, pela normalização e pela moralização dos costumes.

A tuberculose era vista por muitos como a doença dos gênios, dos músicos, dos poetas. Mas, para a grande massa, apresentava-se de forma quase epidêmica e sem o glamour das viagens às estações das águas ou ao sanatório de Arcachon. Esses cidadãos, por não terem como se tratar, representavam um perigo público.[29] Durante muito tempo, os bairros insalubres franceses esperaram por alguma ação governamental que

28 Porto, Tuberculose: a peregrinação em busca de cura e de uma nova sensibilidade. In: Nascimento; Carvalho, op. cit.

29 Guerrand, Guerra à tuberculose! In: Le Goff (Coord.), *As doenças têm histórias*, p.187-201.

atacasse o bacilo de Koch. O primeiro sanatório popular foi implantado por Albert Calmette em 1901, e logo percebeu-se que o combate à tuberculose não poderia ser feito de forma truculenta; entendeu-se que as entrevistas com os doentes deveriam ser realizadas por pessoas do povo, capazes de ter iniciativas e dedicação, pois só assim o doente poderia aderir ao tratamento.

Entre nós são conhecidos os esforços de Emílio Ribas, diretor do Serviço Sanitário do Estado de São Paulo, em promover a infraestrutura urbana e de transportes nas cidades de São José dos Campos e Campos do Jordão, visando facilitar o recolhimento dos "doentes do peito". Os esforços dos políticos em implantar uma infraestrutura que favorecesse a instalação de sanatórios nas regiões montanhosas de São Paulo e Minas Gerais criaram toda uma indústria da saúde, vendida como possibilidade de cura definitiva para o mal, nem sempre alcançada. É conhecido o romance de Thomas Mann, *Montanha mágica*, em que o autor retrata a vida de um sanatório nos Alpes. Entre os vários discursos orquestrados sobre a tuberculose, a literatura romântica tratou de construir uma imagem muito interessante do doente: pessoas cuja sensibilidade se expressava no aspecto melancólico, pendor para a poesia, para um estado permanente de debilidade. Enfim, uma individualização burguesa que conferiu uma aura à enfermidade. A lista dos poetas tuberculosos é interminável: Manuel Bandeira, Ascânio Lopes, Keats, as irmãs Brontë, Chopin, Musset, Paganini e muitos outros artistas cujos testemunhos foram deixados em obras de ficção.

No Brasil, temos o exemplo da novela escrita em 1949 por Dinah Silveira de Queiroz (1988), *Floradas na serra,* que também abordou o cotidiano da vida sob o regime de isolamento. A ação dramática se desenvolve sem nunca mencionar a doença, cujas consequências eram experimentadas por moças adolescentes em seu processo de amadurecimento por meio da trágica experiência. Manuel Bandeira, em suas poesias, deixou vários testemunhos de sua vivência como tuberculoso, indicando a vida "que poderia ter sido e que não foi". Na crônica jornalística e nos escritos memorialistas, Nelson Rodrigues relatou sua experiência asilar na década de 1930, no sanatório em Campos do

Jordão. Encaminhado como indigente, preferiu pagar com serviços o atendimento dispensado a ele. Expressões como "casa dos mortos" e uma "fauna misteriosa e tristíssima de tosses" são metáforas que desmistificam a visão romântica dos acometidos da "dor no peito".

As sensações de abandono, de isolamento, de total exclusão do convívio social são pungentes nas crônicas desse autor. Segundo o cronista e teatrólogo, as cartas escasseiam logo nos primeiros meses, as visitas dos familiares eram artifício da imaginação que tentavam diminuir o sofrimento. A vida se reduzia a porções vegetativas da existência e testemunhava-se a insatisfação da abstinência sexual forçada. Enfim, um quadro que se aproximava da antecâmara da morte.

Para exemplificar, Ascânio Lopes, no poema *Natal do tuberculoso*, tão bem sintetizou:

> Eu pensei que Papai Noel passasse por aqui
> E pus na janela do quarto
> Meus sapatos inúteis de doente que não mais andará.
> [...]
> Mas Papai Noel passou sem nada me dar.
> Achou decerto enormes meus sapatos.[30]

O glamour romântico dará lugar a uma construção mais naturalista ou realista. Com a chegada da classe operária no cenário urbano como mão de obra imprescindível à consolidação do capitalismo, o glamour toma outro sentido, muda de signo. A tuberculose é agora percebida como doença própria da insalubridade das classes menos favorecidas. Advém daí uma série de modificações na organização social e na intervenção engendrada pelos governos no espaço urbano, momento de grande prestígio da engenharia sanitária e dos médicos da área, agentes de análises do corpo social entendido como a classe operária perigosa. Não se espera, no caso dos trabalhadores, enviá-los para tratamento nos sanatórios e, menos ainda, tardar o tempo de cuidado dos

30 Ruffato, *Ascânio Lopes*: todos os possíveis caminhos, p.81.

infectados. Enviá-los ao sanatório não desorganizaria a produção? A mesma questão se coloca quanto às "férias pagas", que naquela época já começavam a ser reivindicadas. A questão esbarrava no econômico. A ideia de internar trabalhadores era avançada demais para a época. A solução foi de caráter público e coletivo. A tuberculose, na visão dos movimentos organizados, passou a ser um instrumento de pressão para exigir dos patrões e do governo a construção da infraestrutura sanitária básica, permitindo a diminuição da taxa de mortalidade, e assegurar direitos mínimos no ambiente do trabalho. Mesmo desenvolvendo ações de natureza profilática, a doença não deixou de sonegar sua vítima os convívios social e familiar.

A varíola e suas bexigas

Os sintomas são febre, dores nas costas e cefaleia, os quais se agravam do sétimo ao décimo sétimo dia, e o vírus se estabelece na garganta e nas fossas nasais, quando a enfermidade assume sua forma mais violenta, começando a aparecer erupções avermelhadas, que se manifestam na garganta, boca, rosto e, depois, espalham-se pelo corpo inteiro. Com o tempo, tais lesões evoluem e transformam-se em pústulas, que provocam coceira intensa e dor, podendo levar o paciente a infeccionar os olhos por causa do hábito de se coçar.

O remédio era recorrer aos deuses: a Shitala Mata, para os hindus; a São Nicásio, bispo de Rheims, visto como padroeiro das vítimas da varíola; a T'ou-Shen Niang-Niang, cultuado pelos chineses; a Chinzei Hachiro Tametomo, para os japoneses; aos africanos, a Xapanã (Sapona), também conhecido como Obaluaê (Senhor da Terra) ou Omolu (Filho do Senhor). No Brasil, essa entidade está associada a São Lázaro, que, de santo protetor dos leprosos, passou a velar também pelos bexiguentos. Para a cultura afro-baiana do século XIX, o "milho torrado com azeite de dendê e pilado ou não" afastava o perigo da varíola. E os pontos de "casa de santo" na Bahia podem ser enumerados: na casa de "tio Yojô", na freguesia de São Pedro, no candomblé de Caboclo de Manuel na Estrada das Boiadas, na estrada do Rio Vermelho, no Gantois e no Engenho Velho, a população buscava alívio para os males e aflições que essa e outras doenças impunham.[31]

Na prática católica cristã, os apelos também eram pungentes. Em 1873, a Câmara Municipal de São Paulo conclamava a população e os fiéis a se unir no esforço de amenizar os males da epidemia. Essa casa solicitava o translado da imagem da Santa Virgem da Penha da paróquia da freguesia da Penha, levando-a até o Brás e depois até a Catedral da Sé, como forma louvar e solicitar ajuda pelo "terrível flagelo da epidemia da varíola".[32]

Além de recorrer aos deuses, a velha prática de abandonar os doentes também foi largamente aplicada no caso da varíola. No mesmo ano de 1873, na província de São Paulo, os coveiros reivindicaram aumento de gratificação, sob o argumento de ampliação do número de enterros realizados diurnamente. Havia, contudo, aqueles que os acusavam de abandono dos cadáveres de mortos por varíola.[33]

A farmacopeia era extensa e variada. Havia remédios para evitar a doença, para tratá-la e para remover as cicatrizes. Na tradição médica árabe, Al-Razi (Rhazes) recomendava os poderes preventivos da cânfora. Outros empregavam o óxido de mercúrio, a água de alcatrão e a tintura de mirra. Os jesuítas sugeriam um composto com flor de papoulas vermelhas, bagas de sabugo, fezes de cavalo bem recentes e bezoártico do Curvo – um preparado que continha pós de bezoar e de chifre de unicórnio, olhos de caranguejo, raízes e folhas de ouro fino, entre outras coisas. Para as cicatrizes, as opções eram suco de miolo de coelho assado, pós de alvaiade e de pedra-ume. Enfim, na tentativa e erro, construía-se o histórico do tratamento.

31 Rios, *Entre a vida e a morte*: medicina, médicos e medicalização na cidade de Salvador (1860-1880).

32 Santos; Ramos, *Câmara Municipal de São Paulo: 1560-1998*: quatro séculos de história, p.41-2.

33 Ibid., p.43.

Na literatura, a varíola representa terror para a vaidade feminina, quase sempre como punição à vida desregrada. Emblemática é a personagem Merteuil, de *As relações perigosas*, de Choderlos de Laclos, que termina "horrivelmente desfigurada" e sem um olho. Em *Nana*, de Émile Zola, a doença não só mata Nana, como destrói-lhe a beleza, responsável pela ruína de tantos homens. Em Jorge Amado, está presente na cultura das classes pobres, notadamente afrodescendentes baianos. Ela atormenta os personagens de *Tereza Batista cansada de guerra* e *Capitães da areia*, em que Omolu exerce seu poder de propagar a enfermidade para se vingar dos ricos. Porém, o caso mais espetacular em sua descrição no horror que causava a varíola exemplifica-se com o cronista João do Rio:

> Eu tinha diante de mim um monstro. As faces inchadas, vermelhas e em pus, os lábios lívidos [...] Era como se aquela face fosse queimada por dentro e estalasse em empolas e em apostemas a epiderme [...][34]

Também denominada "peste branca", era desde o início da colonização conhecida nos portos do Nordeste brasileiro, expandindo-se posteriormente para o Norte e Sudeste da Colônia portuguesa. Durante o tráfico negreiro, era presença constante entre os embarcados, bem como junto à população náutica e portuária, considerada como um flagelo próprio dos marinheiros, pois poucos foram os que não trouxeram sobre a pele sua marca após a cura. Inicialmente, o flagelo da varíola atacou os nativos, disseminando-se entre os aldeamentos, como pode comprovar a vasta correspondência dos inacianos e os papéis burocráticos da administração portuguesa. O padre Anchieta, em uma de suas cartas, testemunhou o papel dos jesuítas no processo de tratamento das enfermidades acometidas pelos indígenas:

34 "A peste". Disponível em <http://www.biblio.com.br/defaultz.asp?link=http://www.biblio.com.br/conteudo/PauloBarreto/contosgeral.htm>. Acesso em 17 mar. 2011.

> Nossa casa é botica de todos, poucos momentos está quieta a campanha da portaria [...] os mesmos portugueses parece que não sabem viver sem nós outros, assim em suas enfermidades próprias, como de seus escravos: em nós outros têm médicos, boticários e enfermeiros.[35]

No primeiro século de colonização, a assistência médica foi prestada por padres e irmãos da Companhia de Jesus, conforme relatos constantes em cartas enviadas aos superiores na Europa. Entre os que se ocuparam do cargo de barbeiros, cirurgiões, físicos, sangradores e boticários, destacam-se as figuras de José de Anchieta, João Gonçalves e Gregório Serrão, dentre vários outros que descreveram as práticas que desenvolveram junto aos necessitados.

Outro exemplo é o do padre Leonardo do Valle,[36] que, em carta enviada da Bahia em 1563, relatava o percurso da epidemia e o trabalho efetuado pelos irmãos:

> Não se lhes pode, Charissimos, pintar o trabalho que seus Padres e Irmãos padecião naquellas tres Aldeas que a peste tinha occupadas [...]. E a tudo isto era necessario darem os Padres remedio, afora averem de aparelhar alguns pera o bautismo e outros pera a confissão, ho que tudo era mui trabalhoso [...] era imposivel acodirem dous Padres a tanta multidão como sempre avia, porque, se morrião doze, cayão 20, com ha sua diligencia ser tanta que nem pera comer nem pera dormir, nem pera rezar tinhão tempo certo.[37]

A sortida correspondência dos jesuítas e suas crônicas dos inacianos, sobretudo a de João Felipe Betendorf, enfatizam os estragos causados pelas epidemias de varíola em missões e aldeias nas capitanias do Maranhão e Grão-Pará, entre as décadas de 1660 a 1690, culminando em alto índice de mortalidade entre os nativos e escravos.

As primeiras técnicas de imunização contra a doença remontam às práticas milenares usadas na Ásia e na África. Consistiam em aplicar

35 Leite, *História da Companhia de Jesus no Brasil*, v.2, p.572.

36 Padre de Bragança foi professor no Colégio da Bahia em 1567 e produziu um vocabulário da língua tupi.

37 Leite (Org.), *Monumenta Brasiliae:* (1563 – 1568). v.XVII, p.10-1.

o material obtido de lesões de casos menos graves a pessoas sadias, técnica denominada variolização, cuja eficácia era duvidosa, uma vez que possibilitava a transmissão de outros males.

No final do século XVIII, Edward Jenner, médico inglês, observou que ordenhadores, em contato com lesões de pele e úbere de bovinos, não se infectavam com a varíola ou apresentavam uma forma bem mais branda da doença, concluindo por uma perspectiva de controle da epidemia. Com o material coletado dessas lesões, Jenner obteve um produto denominado vacina ("da vaca") que, ao ser inoculado no homem, fazia surgir erupções semelhantes às da varíola. Destas, retirava-se a "linfa" ou "pus", utilizado para novas inoculações, estabelecendo uma cadeia de imunização. Tal técnica ficou conhecida como "vacina jenneriana" ou "humanizada".

O processo de imunização provinha do pus produzido pelas ulcerações nos úberes da vaca, o que, por si só, dificultava o processo de coleta, preparação e distribuição para a profilaxia necessária. Inoculavam-se os pacientes e, em seguida, eles eram convocados a retornar oito ou dez dias depois para a retirada do fluido produzido em seu braço, quando então o pus extraído de sua pústula era utilizado na vacinação de outras pessoas. Esse processo era demorado e quase sempre causava horror à população. Em 1840, o *cow-pox* original foi localizado, iniciando-se uma nova etapa da imunização, com a utilização da vacina produzida diretamente da pústula da vaca. Quebrava-se, assim, a cadeia conhecida como "de braço a braço", inaugurando-se a era da "vacina animal".

Sua aceitação popular nem sempre foi unânime; no Brasil, difundiu-se entre a população negra, escrava e livre, a ideia de que os brancos queriam matá-los, o que dificultou a eficácia da intervenção médica. A doença, para a cultura negra, podia ser causada por feitiços, pela violação a uma tradição ou por erro em um ritual determinado ou, ainda, pelo descumprimento de deveres para com os deuses. Não era natural, podendo ser ou não evocada por feiticeiros, já que estes eram os detentores da cura. Muitos achavam que a epidemia de varíola era um castigo para purificar a comunidade, não podendo haver interferências que a estancassem. Assim, a varíola era uma fase necessária ao indivíduo, um modo de prepará-lo, de torná-lo filho de determinadas divindades. Ao não aceitarem a intervenção médica como legítima, promoviam os curandeiros como intermediários.

A prática de variolização na Corte utilizava-se de dois procedimentos: a vacina braço a braço e a produzida a partir da pústula animal, o que aprofundava ainda mais a desconfiança da população. Na primeira técnica, muitos não retornavam após a aplicação inicial para averiguações, e os pais quase sempre se esqueciam de levar seus filhos para a segunda sessão. A crença de que o corpo humano carregava um vírus variólico criava a descrença no papel neutralizador da vacina. Diversos obstáculos impediam esse processo, entre eles o de manter a qualidade da aplicação e seus efeitos por mais tempo, por causa da falta de um método adequado de conservação. O procedimento de vacinar a população encontrava dificuldades na instabilidade climática e no hábitat; na dificuldade de transportar os fornecedores; no fato de não se retirar a vacina no momento correto, comprometendo sua eficácia; e, sobretudo, no número escasso de agentes cuja imagem era de que exerciam uma forma de poder sobre o cotidiano das pessoas comuns.

A solução foi encontrada em 1865, quando Chambon introduziu a cultura do *cow-pox* original nos bezerros, eliminando o homem como produtor e fornecedor da vacina, criando maior facilidade para introduzi-la e diminuindo alguns obstáculos a seu sucesso, como a não aceitação do portador ou a fuga deste. Somente após 1880 disseminou-se a vacina animal, havendo toda uma política de vigilância nos cortiços e tentativas de conscientização. As incursões dos higienistas, contudo, frequentemente eram tensas e realizadas com ajuda de policiais.

O medo, o afastamento e o recurso de procurar apoio religioso foram constantes em todas as epidemias. No século XIX, quando São Paulo sofria com a de varíola, decidiu-se pelo isolamento em um "lazareto" na antiga estrada do Araçá, surgindo então o Hospital de Isolamento de São Paulo, inaugurado em 8 de janeiro de 1880. Apesar das mudanças no ordenamento urbano da cidade, até hoje o Instituto de

Infectologia Emílio Ribas preserva o primeiro pavilhão do antigo hospital.[38] A epidemia marcou o imaginário popular, chegando inclusive a nomear bairros paulistanos, como o Bixiga.

Nas campanhas militares, a varíola era o terrível flagelo dos exércitos; matava às cegas e cada vez mais. Dionísio Cerqueira, em sua experiência na Guerra do Paraguai, assim desenhava o cenário de quem era acometido pela doença:

> Passados alguns dias, [...] vi Antônio Chiru dentro de uma carreta coberta de couro, deitado sobre pelegos de carneiro, manchados de pus varioloso. Estava disforme, desfigurado, o rosto enormemente inchado e cheio de pústulas denegridas, que exalavam cheiro nauseabundo. Perguntei-lhe como estava; respondeu em voz muito rouca: melhor. Com ele estavam outros bexiguentos. Mais de um delirava. Dois dias depois, enterraram-no naquele deserto, e todos os companheiros da carreta seguiram-no na viagem derradeira.[39]

Já no início dessa guerra, nos hospitais da Armada, acusava-se um índice de letalidade de 27,9%. Mal havia se iniciado a campanha, a desorganização vinha à tona. O recrutamento de um grande número de soldados, o deslocamento de tropas e todos os apetrechos necessários para a estruturação da iniciativa punham em evidência os pontos fracos do Império no que concernia à questão.

Em maio de 1865, a bordo do navio *Princesa*, aportado em Montevidéu, o general Manoel Luiz Osório escrevia ao ministro Ângelo Muniz da Silva Ferraz que, dos 2.600 homens pertencentes à cavalaria, cem já haviam apresentado sintomas de tifo. Outros tantos sofriam do mal do sarampo e da bexiga, a qual, segundo o militar, havia se desenvolvido antes mesmo de os homens terem se posto a marchar. E concluía: veio importada por forças novas que vieram da Corte.[40]

38 Levi, G. C.; Kallás, E. G. Varíola, sua prevenção vacinal e ameaça como agente de bioterrorismo. *Revista de Associação Médica Brasileira*, v.48, n.4, out./dez. 2002.

39 Cerqueira, op. cit., p.98.

40 A.N – Correspondência sobre a Guerra do Paraguai. Carta do general Manoel Luiz Osório ao Ministro dos Negócios da Guerra em 27.5.1865.

Dados no quadro a seguir expressam o estado lastimável das tropas brasileiras com a doença:

Tabela 8.3 Índice de letalidade da varíola nos hospitais e enfermarias durante o período de 1865 a 1870.

Hospitais e enfermarias	Total de ocorrências	Total de falecidos	% de letalidade
Cerrito	158	32	20,2
Brasileiro em Assunção	17	17	100
Saladeiro	126	121	96
Passo da Pátria	1.034	345	33,3
Charitas	29	8	27,5

Fonte: Arquivo Histórico do Exército, Rio de Janeiro. *Entradas e saídas em hospitais e enfermarias militares brasileiros durante a Guerra do Paraguai.*

No Ceará, em 1879, foram infectados em torno de 150 mil habitantes, dos quais faleceram 27.395 somente em Fortaleza. Disseminando--se em todas as classes sociais, simbolizando o horror, a exclusão e a extrema vergonha estampada sobre a pele, a varíola matou Luís XV da França, Mary II, rainha da Inglaterra, o imperador José I da Áustria, o rei Luís I da Espanha, o czar Pedro II da Rússia e d. Pedro Carlos, genro de d. João VI. Muitos sobreviveram; alguns, com mais sorte, quase sem cicatrizes, como Luís XIV; outros bem marcados, como a rainha Elizabeth I e Mirabeau. Catarina de Médicis, Chateaubriand e George Washington também a conheceram.

A santidade do corpo ou quase epílogo

No momento em que se discute a transformação do corpo como biônico, modificado ao infinito, a ponto de se reconhecer nesse processo sua não humanidade, debater velhos padrões históricos de como o homem tem se relacionado com doenças epidêmicas pode ser um bom exercício para rever parâmetros tidos como obsoletos. Os dois últimos séculos foram os períodos em que as ciências sociais e biomédicas apresentaram os maiores avanços; se não responderam a tudo, por certo questionaram quase a totalidade. O marco dessa transformação nos remete à Revolução Industrial, ao surgimento das grandes metrópoles, ao contínuo deslocamento de populações e às consequentes repercussões nos agravos da saúde/doença cujas evidências são materializadas no suporte dessa experiência: o corpo.

Desde o momento em que essa piora alcançou o denotativo de "questão social", desde a experiência de Bismarck, na Alemanha, estendendo-se para a França e a Inglaterra, até a experiência tão particular do governo Vargas, iniciando uma prática sistemática de seguro social extensivo ao trabalho, à saúde e à condição do proletariado nacional, vários foram os princípios modeladores do conceito de saúde, de doença e as representações e configurações sobre o corpo.

Se há várias concepções de políticas públicas, maiores serão os números e as variantes do corpo: modelar, obeso, esbelto, rebelde e, a cada agravo, uma nova, como doente. Em cena, as variantes das ciências médicas: os endocrinologistas, os dermatologistas com suas intervenções de lipoaspiração, *peeling*, *lifting*, os nutricionistas, os geneticistas com suas novas tecnologias reprodutivas, e, por que não? Os *personal trainers*, com suas técnicas vislumbrando melhor performance do corpo. Enfim, o corpo é o objeto sobre o qual se direciona todo um conhecimento multidisciplinar na tentativa de elucidar seu estado de saúde/doença, agora, porém, não mais com exclusividade do saber biomédico, mas amparado por uma avaliação biopsicossocial. Ao incluir o social nessas questões, vale retomar o início de nossa reflexão: o caráter de sagrado ou sua construção social sobre o corpo, sem o qual não há como o homem criar sua subjetividade, sua identidade como indivíduo. Nesse sentido, por mais que o saber médico tenha secularizado o corpo, persiste uma estrutura de longa duração na maneira como se percebem os estados de saúde/doença. Longe da secularização proclamada pela racionalidade da ciência, o homem continua a interpretar a enfermidade como resultado de suas explicações mais elementares entre o sagrado e o profano. A historiografia recente tem comprovado um padrão comportamental, com “respostas sociais similares” diante das epidemias que desafiam a eficácia da ciência e a compreensão humana. A percepção do contágio, sua identificação relacionada a causas ambientais, a exclusão dos infectados, as práticas rituais e as explicações religiosas são recorrentes em diferentes tradições.[41] Pensar os processos epidêmicos como castigo divino e combatê-los com ações discriminatórias, revoltas e terror não são atitudes superadas, que se mantiveram exclusivamente nos tempos bíblicos.

41 Nascimento; Carvalho, op. cit., p.25.

9

Do suicídio e dos corpos: histórias e problematizações

Fabio Henrique Lopes

No Brasil, a partir do século XIX e ao longo dele, um meticuloso e lento processo de constituição, regulamentação e institucionalização de saberes, como o médico, iniciou a busca de definições e de respostas em torno do suicídio e do sujeito que o comete.

Entre os conhecimentos e discursos que participaram da configuração histórica daquilo que passou a ser visto, pensado e aceito como verdadeiro, a medicina e a imprensa se destacaram, sobretudo no agenciamento de enunciados e tipos. De forma geral, tais saberes e falas apresentaram e ofereceram, quase cotidianamente, modos de ver, percepções e conhecimentos sobre o suicídio. Instituíram, nessa cruzada, olhares e dizeres. Criaram, recriaram e divulgaram aquilo que poderia ser definido como o contexto possível para o ato, os meios e as causas, as implicações e consequências sociais desse tipo de morte. Para isso, focalizaram as condições econômicas, sociais e culturais da época, tentaram articulá-las com o território, com a cidade, desenvolveram ligações íntimas com a saúde e as doenças, com as insalubridades, com os riscos e os perigos provenientes não só dos espaços geográficos, naturais, públicos, mas também dos privados: a casa, o lar, as áreas íntimas. Por fim, buscaram no próprio corpo o sinal, a marca, o sintoma da doença, do desequilíbrio, do mal que levaria, inevitavelmente, ao suicídio. Tem-se, assim, a constituição histórica de cartografias diversas, identificações cotidianas e minuciosas, esquadrinhamentos de cantos e antros, normatizações e disciplinamentos de corpos e mentes. Saberes e discursos que procuraram, dessa maneira, encontrar e explicar a essência, o segredo, a origem, a verdade oculta, a natureza do desejo e do ato de pôr fim à vida.

Essas eram possibilidades históricas do século XIX, que não mais propagava indiscriminadamente os suplícios, as penas físicas, as violências contra o corpo de um suicida, morto, doente, abjeto, impuro, mas ao mesmo tempo, muitas vezes, a única prova de um crime ou de um desarranjo mental. Corpo que testemunhava a vitória da morte.

Como amplamente conhecido e estudado, aquele século se constituiu, *grosso modo*, como o do disciplinamento cujas instituições fabricaram, inclusive cientificamente, corpos dóceis. Investimentos sobre os micropoderes intervieram e moldaram-nos, bem como gestos e comportamentos, para, conforme sintetiza Roberto Machado:

> gerir a vida dos homens, controlá-los ao máximo, aproveitando suas potencialidades [...] objetivo ao mesmo tempo econômico e político: aumento do efeito de seu trabalho, isto é, tornar os homens força de trabalho dando-lhes uma utilidade econômica máxima; diminuição de sua capacidade de revolta, de resistência, de luta, de insurreição contra as ordens de poder, neutralização de contrapoder, isto é, tornar os homens dóceis politicamente.[1]

Saberes e discursos, alguns dos quais foco deste estudo, que permitiram e buscaram instituir docilidades, vigilâncias permanentes, domínio dos corpos e das forças individuais. Além dessas estratégias e desses dispositivos, é possível perceber outros níveis de ação. Ardilosamente, o controle não se limitou ao indivíduo, expandindo-se para o corpo social. Prática e gestão governamentais que fariam da população

---

1 Machado, Por uma genealogia do poder. In: Foucault, *Microfísica do poder*, p.XVI. Ver também Foucault, *Vigiar e punir*.

seu principal objeto, a dimensão coletiva definidora do desejo de vida, mas sob o tipo/padrão ordenado e normatizado.

No que diz respeito às perversões nos grandes centros, que poderiam afetar a população, cabe destacar que, ao longo do século XIX, os médicos brasileiros, com outros profissionais – como engenheiros e educadores, todos homens e em sua maioria brancos –, definiram e implantaram aquelas que deveriam ser identificadas e erradicadas do meio social, para assim gerar e garantir a vida ordenada, medicalizada e civilizada. Assim, ao lado dos loucos, prostitutas, alcoólatras, devassos e tantos outros considerados "anormais", os suicidas também foram enquadrados como infames, portadores e produtores de desordem, que precisavam ser reconhecidos, curados e normatizados.

Mas, se no período é possível identificar e contextualizar estratégias, táticas e dispositivos disciplinares que fabricaram corpos e mentes dóceis, como então pensar e problematizar os desejos, as tramas, as lucubrações, os artifícios daqueles que, apesar das vigilâncias e punições, se suicidaram? O que dizem esses atos que continuavam presentes e visíveis nessa sociedade que procurava normatizar a todos? Quão dóceis foram ou são esses sujeitos que optaram – se é que trata, sempre, disso – por dar fim a sua vida? Não poderia ser o suicídio a antítese da docilidade política e da utilidade econômica, insidiosamente articuladas e implantadas? Tais corpos masculinos e femininos marcados por essa morte evidenciariam, muitas vezes, que a sociedade disciplinar também é cravada por resistências e fugas? O corpo de um suicida estendido no chão, pendurado em uma corda ou boiando em um rio não poderia tornar complexos e embaralhar os processos de disciplinamento e formatação de indivíduos e subjetividades? Sugeririam outras possibilidades de compreensão, estudo e análise dessas relações, desse tipo de sociedade e de poderes, do não sujeitar-se, das resistências? Quais as questões, as problematizações possíveis em torno do ato, do corpo de um suicida e das relações do ser humano com este?

Para trazer algumas respostas a essas questões, ou pelo menos dados e pistas para uma reflexão, recorro ao discurso médico e ao jornalístico, em um movimento de aproximação, entrecruzamentos e possíveis diálogos.

É preciso sublinhar que o suicídio, seu sujeito, os valores e sentidos atribuídos a eles são datados. Ao longo da história, várias rupturas se constatam, mudanças nas formas pelas quais a sociedade concebeu esse ato e quem o comete. Claude Guillon e Yves Le Bonniec demonstram algumas dessas especificidades. Segundo eles, os médicos do século XIX, que destroçavam os cadáveres dos suicidas, buscavam no corpo a marca, o sinal, a prova: para uns, o crânio destes seria mais espesso; para outros, se bem averiguado, seria possível observar determinado amolecimento cerebral ou corpos calosos e moles; havia ainda aqueles que perceberam um teor de fósforo superior à média... Nas academias francesas, dissecações eram amplamente praticadas, mas, como não se conseguia chegar a nenhum consenso, médicos de renome, como Esquirol, já ousavam proclamar que o suicídio seria, de fato, uma doença mental ou um sintoma desta. Não passaria, portanto, de uma categoria de loucura.[2]

É mister fazer referência a certas mudanças históricas de sentidos e percepções em torno do ato de se dar à morte, entre elas aquela que começa a se esboçar, sobretudo a partir do século XVI e que, de certa forma, ainda ressoaria ao longo do XIX. Vários estudos sugerem que a insanidade teria sido, a partir desse momento, recorrentemente utilizada como causa para explicar a morte voluntária.[3] Contudo, essa "loucura" seria diferente da que se configurou na e pela medicina social, ou seja, entre o final do século XVIII e o início do XIX. Nesses períodos anteriores à modernidade (ou seja, até meados do século XVIII), a loucura ainda não tinha se instalado na ordem das doenças que exigiam tratamento médico, não era um objeto considerado "exclusivo" desse saber.[4]

2 Guillon; Le Bonniec, *Suicídio:* modo de usar, p.117.

3 Entre as obras, destaque para Veneu, *Ou não ser.* Um estudo sobre a desincriminação do suicídio no Ocidente; Monestier, M. *Suicides.* Histoire, techniques et bizarreries de la mort volontaire. Des origines à nos jours; Minois, G. *Histoire du suicide.* La société occidentale face à la mort volontaire.

4 Ver Foucault, *História da loucura na Idade Clássica*; Moron, *Le suicide.*

A esse respeito, o historiador Georges Minois é categórico ao afirmar que um tipo específico de insanidade foi utilizado em grande escala para explicar a morte voluntária desde o século XVI. A partir de então, tornou-se possível empregá-la como desculpa e fuga diante do pungente problema do pecado, que nutria e fermentava o imaginário acerca do suicídio naquele período histórico. Assim, perseguida pela miséria, morte, obsessão do pecado e medo do inferno, a humanidade teria, segundo Minois, embarcado na "nau dos loucos".[5]

Já no século XVIII, entre os pensadores que se dedicaram ao estudo do tema, dois merecem destaque: Montesquieu e Voltaire, por terem sido amplamente criticados pelos médicos do século XIX.

Montesquieu desenvolveu sua análise a partir de três considerações gerais. Em primeiro lugar, criticou a repressão jurídica, pois, para ele, o suicídio não era um delito. Depois, procurou salientar que esse tipo de morte não era uma falta cometida contra a sociedade. Concluiu indagando se seria ou não uma "perturbação" da ordem divina, da Providência.

Essas questões são encontradas em suas *Lettres persanes*, em especial a de número 76, na qual sua crítica e seu sarcasmo visam desmantelar todas as argumentações contrárias.[6] Como primeiro alvo, as leis da época que puniam o suicida foram apresentadas como injustas. De acordo com ele, a única coisa que conseguiam fazer era matar esses sujeitos pela segunda vez, pois arrastavam os cadáveres pelas ruas, infamavam o morto e confiscavam seus bens. Em segundo, para interrogar os que veem no suicídio um ato nocivo à sociedade, o filósofo instrumentalizava uma série de indagações:

> Por que querem que eu trabalhe para o bem de uma sociedade que decidi abandonar? Que eu cumpra, contra a vontade, uma convenção que nem mesmo firmei? A vida, respondeu ele, me foi concedida como um favor; posso, pois, devolvê-la quando ela deixa de sê-lo.

5 Minois, op. cit., p.96; Foucault, op. cit., p.7-17.

6 Ver Montesquieu. *Cartas persas*.

Por fim, para indicar que o suicídio não perturbava uma suposta ordem divina, perguntava:

> Quando minha alma estiver separada do corpo, haverá menos ordem e harmonia no universo? Pensas que essa nova combinação será menos perfeita, estará menos sujeita às leis gerais? Que com essa mudança terá perdido alguma coisa? E que as obras de Deus serão menos elevadas ou, melhor dizendo, menos imensas?[7]

Como se nota, no lugar de apresentar certezas e respostas prontas, ele incomodou sua época e seus pares com indagações.

Também com o propósito de criticar as sanções religiosas e civis, analisar as razões que levariam um homem ao suicídio e apresentar as aberrações e absurdos nas condutas humanas sobre a questão, Voltaire se debruçou sobre o tema.[8] Da miséria às paixões contrariadas, as causas foram por ele investigadas, e aqui vale destacar três delas. Em primeiro lugar, a influência hereditária. Ele estudou o caso de um homem considerado "sério", ou seja, sem paixões e sem vícios, mas que se suicidou com a mesma idade de seu pai e irmão. Mas como isso seria possível?, pergunta ele. Por meio de um "efeito oculto", presente no corpo. Segundo o pensador, tal efeito levaria vários membros de uma mesma família a cometer o ato, pelos mesmos meios e todos com igual idade. Esse viés para explicar o ato de se dar à morte o "efeito oculto", com outros já conhecidos por Voltaire, consolidava a discriminação e reforçava a imagem do suicida como um sujeito doente – e, por isso, não responsável por suas atitudes.

Em segundo lugar, a recusa por parte do filósofo em aceitar a recorrente acusação de covardia atribuída ao suicida. Isso porque, para ele, seria preciso ter uma alma muito vigorosa e uma extraordinária força de caráter para sobrepor-se ao instinto de conservação. Na sua opinião,

---

7 Apud Minois, op. cit., p.265-8.

8 Ver Voltaire. Commentaire sur le livre des délits et des peines par un avocat de province. Chapitre XIX. Du Suicide. In: *Mélanges*, p.798-9.

o suicida poderia ser muito mais do que um homem fraco ou um soldado desertor. Dessa maneira, as possibilidades de pensar o ato, bem como os sentidos a ele atribuídos, não deveriam descartar a vida e as histórias do sujeito que o praticava.

E, finalmente, em terceiro lugar, ao estudar a loucura como causa de morte, Voltaire destacou a ociosidade como fator favorável ao desenvolvimento das tendências a se pôr fim à vida. Para provar sua teoria, utilizou o exemplo do trabalhador, em que qualquer homem nessa condição utiliza sabiamente seu tempo para o cumprimento de suas atividades profissionais e, por isso, não tem ocasião para ficar melancólico ou para se matar. O remédio para os melancólicos e passíveis de cometer um ato extremo como o suicídio seria: um pouco de exercício, de música, de caça, de comédia e, em último lugar, uma mulher amável.

Naquele contexto histórico, Voltaire foi muito criticado por proclamar a diversidade de razões individuais, por afirmar não ser o suicida "naturalmente" um pecador (agindo contra a vontade de Deus) ou um criminoso (que não respeitaria as leis da sociedade), por denunciar o absurdo das leis penais do chamado antigo regime e por permitir e divulgar outra possibilidade de se conceber e entender tal sujeito. O que se percebe é a possibilidade de o suicida não ser mais visto exclusivamente como responsável por seus atos – ou seja, uma vez considerado enfermo, por portar em seu corpo a moléstia-doença-desarranjo, por ser/estar hereditariamente "contaminado", teria sua culpa, responsabilidade e penalidade reconsideradas, minimizadas e/ou negadas. Ele apresentou questões que nutriram o debate em torno do tema, abriu perspectivas e ampliou algumas possibilidades já desenvolvidas por filósofos que o antecederam. Por tudo isso, continuou sendo muito criticado ao longo do século XIX, principalmente por médicos que se esforçavam em fazer do suicídio um objeto de estudo exclusivo de sua ciência.

Assim, o século XVIII marcou sua singularidade ao propor uma ruptura no debate, permitido por vários tratados. Como um dos resultados, a discussão se proliferou. Nunca se falou ou se escreveu tanto sobre a morte voluntária. Tratados inteiros foram redigidos a favor ou contra esse tipo de morte, e os filósofos não ficaram indiferentes à questão.

Ao longo do século XVIII, com a ajuda inestimável do pensamento filosófico, o suicídio, que até então era problematizado como um crime contra Deus, contra a sociedade e contra as leis, ato destruidor de famílias e pátrias, causa de danação eterna e infelicidade, passou a sê-lo a partir de outro viés: a liberdade e a opção individuais.

Com essa nova formação discursiva, a questão filosófica que se delineava era a de se reivindicar ou não a total liberdade de se dispor da própria vida. Mas não é tão fácil mapear as posições e os argumentos que permitiram o debate. O que imperou foi o jogo de nuanças. Contudo, é possível observar, em quase todos os estudos, a preocupação em responder detalhadamente às críticas e às censuras em torno do suicídio.

Assim, ao mesmo tempo que os saberes passaram a privilegiar as razões individuais, o suicídio tornou-se, nas palavras de Minois, "um dos favoritos objetos de reflexão".[9] No lugar de forças e de influências sobrenaturais, passou-se a privilegiar os homens, passíveis de doenças (como a loucura), desgostos, paixões, pobreza, tirania e superstição. Aos poucos, aqueles estudiosos da morte voluntária passaram a focalizar, estudar e dissecar o corpo humano, atrás de pistas e respostas.

No Século das Luzes, em meio ao debate sobre a liberdade humana, outra causa começou gradativamente a receber destaque: a loucura. Submetida à ordem do racional e demarcada por oposição a ela, foi historicamente tornada desrazão, essa última que seria, na e pela modernidade, transformada em doença mental, motivo principal de suicídio, além de ser convertida em objeto de conhecimento e configurada como doença. Nas listas de causas de morte voluntária, tecidas e apresentadas pelos pensadores do século XVIII, a loucura está presente, mas ainda não recebia o destaque e o interesse que marcariam o período seguinte.

Portanto, os estudos e as considerações a respeito permitiram o surgimento de novas questões:[10] como distinguir, em uma ação consi-

9 Minois, op. cit., p.263-4.

10 Segundo Michel Foucault, o que caracteriza a loucura nesse período histórico é a permanência de um duplo relacionamento com a razão: a loucura é diferença imediata, negatividade pura, aquilo que se denuncia como não ser, em uma evi-

derada prudente, se o ato insano foi cometido por um louco e se pertence a um homem normalmente prudente e comedido?[11] Não por acaso, indagações como estas incitavam estudos e análises que tentavam explicar o suicídio de um indivíduo que "aparentemente" não tinha nenhuma razão para pôr fim a seus dias. Ao longo do século XIX, a loucura foi utilizada como justificativa ou condenação desse ato. Concomitantemente, outra imagem foi associada ao sujeito que se matava: a do louco-doente.

A consciência da distinção entre loucura e razão permitiu a (re)elaboração de uma problemática: a da responsabilidade ou não sobre o ato. Com essa questão e dúvida, tornaram-se necessários olhares precisos e diagnósticos incessantes. Em todos os casos de morte voluntária em que havia incerteza sobre o estado mental do sujeito, tornou-se necessário um exame médico/científico para assegurar a exatidão do diagnóstico. Era mister, então, contar com as garantias e a legitimação do conhecimento científico médico, o único considerado capaz de perscrutar corpos, mentes, desejos e comportamentos.

Foi, portanto, a experiência médica científico-social e masculina do século XIX que passou a ordenar conceitos, referências, diagnósticos e prognósticos em torno do suicídio, visando encontrar sua verdade final. Para se legitimar, o saber médico recusou todos os discursos que não se enquadravam em tais perspectivas e orientações. Paulatinamente, como fruto de um minucioso processo, rechaçou todo e qualquer conhecimento acerca do assunto que não fosse produzido no âmbito da medicina. A partir dessa e nessa esfera, sobretudo em seu âmbito social, a verdade sobre o suicídio passou a existir.

---

dência irrecusável; é uma ausência total de razão, que logo se percebe como tal. Mas é também individualidade singular cujas características próprias, a conduta, a linguagem, os gestos, distinguem-se uma a uma daquilo que se pode encontrar no não louco; em sua particularidade, ela se desdobra para uma razão que não é termo de referência, mas princípio de julgamento. Ver Foucault, op. cit., p.184-5.

11 Foucault, op. cit., p.36.

De acordo com Peter Gray, o diagnóstico do suicídio como o mais desesperado recurso da doença mental entrou em moda por volta de meados do século XIX e abriu a porta para esforços "humanitaristas" de prevenção. Por ser visto assim, reforçou também a disposição para a piedade. Clérigos e juízes simpatizantes se agarravam a veredictos de melancolia incurável ou de insanidade momentânea para liberar os suicidas da responsabilidade moral e, portanto, do pecado mortal. A partir daí, as décadas vitorianas se tornaram a idade clássica da alegação de insanidade para tais práticas.[12]

Dessa maneira, por agir sem o pleno uso da razão, o suicida poderia também não ser o responsável absoluto por seus atos. A tematização da morte voluntária provocada pela loucura, por mais paradoxal que pareça, criou uma alternativa aos recorrentes veredictos médicos: a da inocência.[13] Agora, o suicida poderia ser visto e classificado como um sujeito não responsável por seus atos, por agir sem o pleno uso da razão. Essa mudança, presente em muitos trabalhos médicos do século XIX, essa diferenciação entre a morte provocada por loucura e outra como resultado de uma "deliberação racional" – impondo culpa e penalidades àquele que teria transgredido leis naturais e sociais –, sinaliza uma oportunidade aberta ao sujeito: a de decidir sobre sua vida, mas essa opção é balizada pela distinção entre razão e loucura, entre equilíbrio e desarranjo mentais.

Depois das rupturas do século XVIII, ou seja, depois de direcionar o debate para a liberdade individual, de tentar ver no suicídio uma afirmação da liberdade humana, de repudiar as sanções e as acuações apriorísticas, de publicar inúmeros tratados sobre o assunto, de lutar para não se penalizar aqueles que tentaram pôr fim a seus dias e após a possibilidade aberta de falar criticamente sobre a questão, o século XIX impôs novas regras: do silêncio (tabu), das possibilidades restri-

12 Ver Gay, *A experiência burguesa da rainha Vitória a Freud*: a educação dos sentidos; *A experiência burguesa...*: a paixão terna; *A experiência burguesa...*: o cultivo do ódio.

13 A esse respeito, ver Veneu, op. cit., p.74-6.

tas de fala (tema não apropriado para qualquer momento ou lugar) ou, ainda, do princípio da interdição de quem pode, de fato, dizer algo sobre o assunto. Esse silêncio e os procedimentos de exclusão de discursos tinham finalidades específicas: controlar, selecionar, valorizar e excluir. No século XIX, quando o suicídio passou a ser visto como um mal – mental, moral, físico-patológico e social –, somente estariam autorizados a explicar suas origens e causas aqueles que detinham saber científico para tal.

Essa busca descrita pelos autores anteriormente citados indica que, desde o final do século XVIII, os médicos da Europa já procuravam no corpo dos que se matavam sinais e/ou provas para suas teorias sobre o suicídio. Mas, e os brasileiros? Estariam eles também, ao longo do século XIX, buscando da mesma forma tais respostas? Quais indagações motivaram seus trabalhos?

A maior parte dos estudos médicos brasileiros sobre o tema partia de uma questão: seria o suicídio um tipo de doença, de moléstia ou de distúrbio mental? Após procurarem pistas e esboçarem suas conclusões a respeito dessa primeira indagação, tais análises buscaram apontar as causas e, em seguida, descrever os sintomas "próprios" do ato.

Para os médicos brasileiros, os indivíduos que se matavam podiam ser alienados, loucos, não agir de acordo com o livre arbítrio, doentes que apresentavam algum tipo de alteração em suas faculdades mentais, mas não se enquadravam necessariamente nessas categorias ou de doentes que sofriam de algum tipo de neurose; histéricos etc. Uma tendência, porém, pode ser notada nessas teses: a de vincular todas essas possibilidades de pensar o suicídio a um referencial – o patológico.

A partir dessas referências, muitos médicos no século XIX, assim como pensadores, afirmaram que os casos sem nenhuma explicação ou sem causa aparente teriam sido produzidos por algum tipo de desequilíbrio mental. Seria, portanto, nessa esfera patológica que a resposta deveria, segundo a concepção médica daquele momento histórico, ser buscada e encontrada.

Novos instrumentos conceituais e fundamentos teóricos seriam criados, divulgados e apropriados durante o século XIX. Para definir o que poderia ser dito, que tipo de questões e conceitos utilizar, para participar desse verdadeiro jogo de relações de forças, dessa histórica ordem discursiva, era preciso um saber científico específico.

Vale reiterar que a medicina social, por meio de sua racionalidade e programa, deveria impedir o aparecimento das doenças e controlar sua manifestação. Assim, o suicídio foi estudado para ser compreendido cientificamente, para, em seguida, se propor medidas profiláticas para erradicar do meio social tudo o que pudesse provocá-lo, favorecê-lo ou até mesmo induzi-lo.

Nesse sentido, o discurso médico a respeito se fez e se apresentou como para, sobre e a favor da vida, mas uma vida que fosse controlada, regrada, ordenada, normatizada. Em outras palavras,

> atuando sobre uma massa confusa, desordenada e desordeira, o esquadrinhamento disciplinar faz nascer uma multiplicidade ordenada no seio da qual o indivíduo emerge como alvo de poder.[14]

O discurso médico, por incidir sobre os corpos, buscará e encontrará a maioria das causas e mesmo da "sede" do suicídio no corpo humano, em seus órgãos, em sua economia, em seus desarranjos e imperfeições. Assim, inserindo-se nessa perspectiva de estudo, nessa ânsia de a tudo investigar para tudo aperfeiçoar e medicalizar, o dr. Muniz Barreto, no início da década de 1840, se propôs a estudar as enfermidades dos homens das letras.[15] Ao fazê-lo, destacou a possibilidade de esses se suicidarem em consequência do estilo de vida adotado. Em sua tese, seria o suicídio definido pelo viés patológico-biológico? Como se deu tal tematização?

O suicídio é designado como uma alteração do juízo, ou seja, como um distúrbio da faculdade intelectual, faculdade esta que compara e

14 Ver Machado, op. cit., p.XIX.

15 Barreto, *Considerações sobre as principais enfermidades dos homens de lettras e meios geraes de hygiena, que lhes dizem respeito.*

julga, que aprecia e avalia, inclusive, a conveniência ou não dos atos, das escolhas e das decisões. Mas o que causaria tal alteração?

Muniz Barreto recorreu ao estudo dos órgãos classificados como os mais importantes – o estômago, os rins e o fígado. A alteração do tecido desses órgãos modificaria a ordem e a natureza de suas funções, o que atrapalharia seu bom funcionamento e, como consequência direta, afetaria o entendimento, entregando-se, assim, o homem de letras, sem o pleno uso de sua razão, ao suicídio. Apesar de também estar preocupado com os fatores considerados "externos" – como a influência do meio social e de uma vida sedentária –, sua atenção foi centralizada sobre os órgãos e o corpo, direcionando, assim, o enfoque à esfera patológica.

Se a causa primordial do suicídio entre os homens de letras foi buscada na desordem de certos órgãos, um ponto deve ser salientado: a influência que esse desarranjo exerceria sobre o cérebro, o qual, uma vez afetado, levaria o sujeito a cometer atos que nunca ousaria em estado normal. Segundo esse médico, a alteração em seu juízo faz, por exemplo, que um indivíduo evite a companhia de parentes e amigos; outras vezes, o faz cair em desânimo profundo, desconfiar de todos, transformar-se em vítima de receios quiméricos, chegando a ponto de estar "atormentado por uma tendência horrível para o suicídio".[16]

A mesma perturbação é invocada pelo dr. Fonseca Vianna. De acordo com ele, ela pode ser percebida nas constantes impetuosidades dos desejos que fazem moças inflamadas de amor caírem em profunda melancolia. Esta, também entendida como uma perturbação mental, arrastaria as jovens, sobretudo as donzelas, à solidão, ao silêncio, à dor, ao desespero e, finalmente, ao suicídio.[17] Para Vianna, somente em "estados anormais", ou seja, quando a regularidade do raciocinar e do refletir não corresponde ao naturalmente esperado, é que uma jovem, mesmo aquela que gozou de uma educação "sabiamente dirigida", levanta sobre si "a mão suicida".

16 Ibid.

17 Vianna, *Considerações hygienicas e medico-legaes sobre o casamento relativamente à mulher*.

Em várias teses médicas é possível observar a tendência de se pensar o suicídio a partir da referência mental. Alguns anos depois, o dr. Freitas Albuquerque afirmou que se trata de uma doença; por isso, no corpo estariam suas evidências. Isso seria claro nos casos de monomania, como a suicida.

Segundo esse autor, tal é um delírio da inteligência, com predomínio de uma obsessão, de um sentimento ou de uma paixão. Ela pode ser raciocinante – quando o doente obra com uma convicção íntima, sendo sua loucura evidente –, ou instintiva – quando não é encontrada ou observada nenhuma desordem das faculdades intelectuais. Nesse último caso, o sujeito é levado a atos que reprovaria se estivesse em estado "normal", tendo sua vontade vencida por determinada ideia: de roubo, de incêndio ou de suicídio, por exemplo.

De acordo com Albuquerque, nas monomanias, o conjunto de sintomas é muito variado, ampliando quase ao infinito as possibilidades de elas virem a ocorrer, dificultando assim os "necessários" diagnósticos. Quanto à identificação e à definição dos sujeitos suicidas, segundo ele, ao mesmo tempo que os doentes podem apresentar o rosto afogueado, o olhar vivo e brilhante, também podem ter a face macilenta, amarelada, lívida, contraída, o olhar fixo, sombrio e "ameaçador". Além do mais, se muitos são loquazes, expansivos e galhofeiros, outros tantos são tristes, taciturnos e incomunicáveis. Estabelecendo esses dois extremos, o olhar médico poderia praticamente a todos enquadrar. As balizas não seriam fixas nem *a priori* facilmente identificadas e garantidas.

Porém, nessa diferenciação estabelecida pelo autor – que, por sinal, se baseia em extremos –, um detalhe mereceria atenção especial de todo médico: a apreciação da fisionomia, considerada como "espelho d'alma". Isso porque, de acordo com sua concepção, ela adquiriria um tipo característico: um "quê" indefinível, que fere à primeira vista o observador atento, um detalhe variável segundo a natureza da ideia delirante.[18]

Quanto às causas das monomanias – e dos suicídios –, estas foram divididas em predisponentes, como hereditariedade, idade, tempera-

18 Ver Albuquerque, *Monomania* – tratamento das moléstias mentaes, p.2.

mentos e profissões, e determinantes físicas ou morais. Segundo essa concepção, as últimas são as principais; daí sua subdivisão em físicas – como temperatura, excessos de qualquer natureza, desordens e cessação da menstruação, prenhez, parto – ou morais – como paixões, ódio, amor.

Trilhando outros caminhos, mas com certas aproximações com o que foi apresentado anteriormente, o dr. Nicoláo Joaquim Moreira, assim como outros médicos da segunda metade do século XIX, buscou reconhecer no ato de pôr fim à própria vida a porção ou o grau de enfermidade ligado às faculdades mentais.[19] Esse autor sustentou a tese de que há dois tipos de suicídio: o "filho da loucura" e o "refletido":

> O suicídio, senhores, se uma vez é um ato filho da loucura, outras vezes verifica-se com a integridade da razão, e a prova encontramos no combate travado entre o horror da morte e o peso da vida, entre a desonra e a miséria e o instinto de conservação; nessa luta entre a existência e o aniquilamento, e cujo exame feito no tribunal da consciência do infeliz obtém uma solução conforme seus sentimentos, suas crenças e os hábitos de sua vida inteira.[20]

Em seu entender, o ato é uma transgressão de leis naturais, divinas e sociais. Essa ideia, bem como a da quebra do ciclo vital e do afrontamento ao Criador, é utilizada pelo autor para problematizar o suicídio, que conseguia, com um só golpe, cortar todos os laços que prendem o homem à vida, à família e à sociedade. Tais concepções assinalavam as desordens sociais provocadas pelo suicida.

O tipo "filho da loucura", segundo ele, partiria de um cérebro lesado e sua origem estaria no "seio da loucura". Esses casos seriam de fácil observação. O arguto olhar médico conseguiria, sem dificuldade, locali-

---

19 Moreira, Considerações gerais sobre o suicídio.

20 Para mais detalhes sobre as diferenças entre esses dois tipos de suicídio, ver Lopes, *Suicídio*: teia discursiva e relações de poder na imprensa campineira, final do século XIX; Lopes, *Suicídio & saber médico*: estratégias históricas de domínio, controle e intervenção no Brasil do século XIX.

zar os doentes, preparar seus diagnósticos e desenvolver um tratamento. As causas do ato seriam as mesmas da alienação mental.

Por outro lado, a identificação do suicídio "refletido" exigiria do médico um olhar ainda mais apurado. Como desvendar a origem, o móvel e as causas de um ato oriundo de um cérebro saudável e perfeito? De difícil observação, poderia ser cometido por qualquer pessoa, independentemente de idade, sexo, cor, nacionalidade, estado civil, crenças religiosas e posições filosóficas. Um caminho, porém, foi desenhado pelo autor para facilitar o trabalho:

> As causas, porém, do suicídio refletido são mais conhecidas e podemos mesmo dizer que são tantas quanto os móveis das paixões humanas; a má educação, a ausência de princípios religiosos, os costumes, as crenças, a leitura de livros licenciosos, a pobreza, o amor contrariado, os embaraços financeiros, o orgulho, a vaidade, enfim, todas essas paixões que, suscitadas pelo próprio homem e nutridas em seu próprio seio, tornam-se depois um veneno que, inoculado em seu coração, corroe sua existência.[21]

Contra o suicídio, governos, leis, moral, filosofia, religião, literatura, imprensa e medicina, todos unidos e devidamente guiados pelos mais sábios e experientes no que diz respeito à temática, deveriam mostrar aos homens a necessidade de não se deixarem abater pela adversidade e/ou pelas paixões.

A distinção elaborada por Moreira apresenta um importante fator: o de se definir o grau de responsabilidade do ato. Para ele, é evidente que, nos casos de suicídio provocados por qualquer tipo de doença mental, o sujeito que o praticava não era visto como responsável. Em compensação, aquele que assim agia seguindo um plano devidamente arquitetado por uma mente considerada "sadia e capaz" o era, de modo direto e único, e, por isso, visto como transgressor.

Por essas razões, o autor revelou certa nostalgia do período anterior ao seu, quando o suicídio fora visto como crime e delito, acarretando consequências àquele que ousava praticar um ato tão grave. Segundo

21 Moreira, op. cit., p.6.

ele, era preciso, a todo custo, impedir que continuasse a ser cometido, mesmo que para isso fosse preciso culpabilizar, incriminar e estigmatizar o sujeito que ousasse recusar a vida. Era urgente que os médicos, historicamente transformados em responsáveis pela saúde, permanecessem vigilantes diante desse recorrente perigo à ordem.

O discurso do dr. Moreira sugere que, durante o século XIX, todo um saber – o médico – já havia sido estruturado para pensar, agir e tratar o suicídio interpretando-o como fruto da loucura, pois utilizava os mesmos parâmetros e teorias das doenças mentais. Sua preleção indica a necessidade de observar atentamente o social para completar a tarefa de impedir que atos dessa natureza continuassem a perturbar a ordem e as leis que garantiriam a vida, criadas para o bom funcionamento da sociedade.

Como ocorre com outros discursos apresentados, o dele também se baliza pelo patológico. Afinal, muitos sujeitos estavam inseridos e viviam em igual sociedade, mas nem todos se suicidavam. Homens e mulheres eram influenciados pelas mesmas forças e vícios, mas somente alguns se matavam. Quais as razões? Onde encontrá-las? Em sua opinião, depois de alargar o campo das causas, o olhar médico se voltaria para o patológico, o individual e as predisposições.

Após o trabalho do dr. Moreira, outros seguiram tal percurso. Assim, por exemplo, o dr. Nabuco de Araújo desenvolveu sua tese a partir da diferenciação entre suicídio cometido por um doente mental e outro, seu oposto, "produto de reflexão".[22] Apresentou duas possibilidades de concebê-lo: como ato voluntário ou não.

Quanto ao primeiro, que recebeu destaque no estudo de Araújo, o suicida foi apresentado como um sujeito que dispôs de tempo e astúcia para deliberar sobre seu fim, de modo que se pode, segundo o autor, reconhecer em seu procedimento uma perfeita aplicação do livre arbítrio, cujo facultativo relaciona às faculdades mentais, à razão. Assim, significa, nesse contexto, a capacidade de raciocinar, de refletir sobre os modos e os resultados do ato de se dar à morte.

22 Araújo, *Suicídio*.

Por oposição, há aquele constituído pelo sujeito que pratica o suicídio tão subitamente que é impossível deixar de pensar que tal "infeliz" desvairou-se de repente e foi impelido a abandonar a vida. Esse revelaria em sua escolha o grau de desrazão, de loucura a que estava preso, doenças inscritas e presentes em seu próprio corpo, mas ocultas. Enfermos, seriam incapazes de buscar outra opção e, por isso, se suicidavam.

As causas do suicídio voluntário seriam mais complexas, uma vez que exteriores ao indivíduo. A resolução deliberada é influenciada por erros, vícios, excessos e publicidade ao ato, considerado pelo autor criminoso por negar, também, as conveniências sociais.

O caminho até aqui trilhado permite dizer que, em primeiro lugar, todos os discursos apresentados são unânimes no que diz respeito às causas patológicas do suicídio. Mas há uma diferença entre eles. Se alguns problematizaram esse ato exclusivamente a partir de alterações patológicas, outros identificaram causas exteriores ao próprio indivíduo, mas que afetariam seu corpo-mente, influenciando-o a ponto de acarretar mudanças comportamentais.

Assim, a partir do momento em que os médicos brasileiros começaram a explorar essas últimas causas, o olhar médico foi redirecionado para o social. Vale lembrar que tal postura está de acordo com a medicina social, praticada no Brasil principalmente durante a segunda metade do século XIX. Mas é preciso ponderar que esse mesmo social, considerado "exterior" ao indivíduo, poderia perturbar e/ou modificar as relações dos homens com seu corpo.

Corpos maculados e estigmatizados

O jornal *Diário de Campinas*, de 27 de janeiro de 1878, divulgou um caso de suicídio que tomaria proporções ímpares, tanto em relação ao sujeito e seu ato como em torno da própria divulgação. Tratava-se da morte do doutor Manoel Teixeira Maciel, médico natural do Rio de Janeiro e residente na cidade paulista de Amparo, onde se deu a morte:

> Hoje, (25) foi encontrado na cama o Sr. Dr. Maciel, natural do Rio de Janeiro.
>
> O Dr. Maciel residiu há tempos entre nós e tendo-se retirado para a Corte, resolveu novamente residir nesta cidade, onde era geralmente estimado, achando-se entre nós desde 27 de dezembro último.
>
> O infeliz suicidou-se ingerindo uma poção venenosa cujos vestígios encontraram em um copo à cabeceira da cama [...].

A notícia, por si só, não causaria nenhum espanto ou indignação nos leitores, uma vez que, geralmente naquele período histórico, a veiculação em jornal já era utilizada para tornar públicos os suicídios ocorridos em várias cidades e mesmo em outros países.

Esta nota, em especial, além de sugerir ao leitor a causa da morte, revela algumas percepções, sentidos e práticas históricas presentes na sociedade do final do século XIX, relativas ao suicídio, ao sujeito que o comete e, sobretudo, ao seu corpo, estigmatizado:

> Não se conhece ao certo a causa que levara o Dr. Maciel a suicidar-se.
>
> Sabe-se, entretanto, que tinha contraído casamento no Rio de Janeiro, devendo a cerimônia realizar-se no dia 4 de fevereiro futuro.
>
> Foram encontradas várias cartas fechadas e subscritas a diferentes pessoas, e entre elas uma para seu amigo Sr. Dr. Caetano Breton Ferreira Monfort, a quem, segundo consta, confiara o segredo da causa que o levou a terminar os seus dias [...].
>
> Foi conduzido ao pátio do lazaretto que está sendo edificado e aí dado à sepultura por haver a igreja negado no cemitério público.
>
> Um avultado número de pessoas acompanhou à sua última morada o cadáver do infeliz moço.

A divulgação da notícia provocou uma reação certamente inesperada, envolvendo médicos, representantes da Igreja e jornalistas, revelando o confronto (relações de poder) entre saberes e discursos que se enfrentavam na tentativa histórica de fornecer pistas, respostas e verdades sobre esse tipo de morte. Acompanhemos as implicações e desdobramentos desse caso.

Três dias após a primeira divulgação, ou seja, em 30 de janeiro de 1878, foi publicada pelo mesmo jornal uma carta do dr. Augusto Bittencourt, amigo pessoal e de profissão do suicida, o qual demonstrou muita preocupação com as averiguações e julgamentos que tal morte costumava despertar. Alegando ser o suicídio do dr. Maciel um ato de loucura, Bittencourt tentava, assim, preservar a memória do indivíduo, do médico que, por ser homem da ciência, esclarecido e talentoso, não poderia ter se suicidado sem motivo aparente e sem ter dado a perceber o mal (doença) que – supunha-se – o desnorteara. Dessa maneira, apreensivo com a imagem que seria construída e divulgada pela imprensa, Bittencourt negou a responsabilidade do suicida em relação ao ato:

> O seu ato foi pura e simplesmente o ato de um louco.
>
> Ninguém diria, ainda, no dia de sua morte, vendo-o e ouvindo-o, testemunhando-o todos os seus atos que ele – o moço esclarecido e animado pela centelha do talento, tão bem disposto ao trabalho tão mencidamente [sic] acatado, seria capaz de assim precipitar-se no túmulo.

A imagem que pretendia legar era a do médico alentado pelas mais ridentes esperanças, moço alegre, satisfeito e prestimoso, mas ocultando no cérebro – órgão depositório da razão, do pensar e do ponderar – uma fatal lesão:

> [....] O que é verdade, o que não sofre contestação, é que Teixeira Maciel não é o responsável de sua morte, porque o louco, o monomaníaco, jamais tem a imputabilidade de que nesse estado faz.
>
> [....] Teixeira Maciel ocultava no íntimo do peito um sentimento horrível, porque no cérebro uma total lesão desnorteava o espírito, entregando-o à ação, irresistível de uma verdadeira e completa monomania!

Após alegar a irresponsabilidade – afinal, o cérebro de seu amigo não se encontrava em estado normal –, ele tratou de "acertar as contas" com a Igreja, criticando o fato de essa instituição ter proibido que o cadáver de seu amigo fosse sepultado no cemitério da cidade. Aí outro ponto muito importante de seu discurso: a tensão, o confronto entre o saber médico, representado por Bittencourt, e o religioso, pelo vigário Antonio José Pinheiro:

> No fosso aberto para receber aquele corpo exânime, numerosos amigos, homens de todas as classes, foram dizer o último adeus ao finado.
>
> Pois bem… faltou alguém… alguém que deveria correr primeiro a tomar nos braços o desgraçado cadáver… alguém que deveria oferecer a esse cadáver um jazigo seguro e bem guardado…
>
> Faltou a que se diz – primeira representante da caridade na terra…
>
> Faltou a igreja.
>
> Sim, é doloroso dizê-lo, a igreja não hesitou em decretar imediatamente, sem apelo nem agravo, sem dó nem escrúpulos, sem indagação e cuidado algum, que o corpo de Teixeira Maciel não fosse macular o cemitério dos católicos!
>
> A igreja não quis perder o ensejo de lançar o pronto e fácil anátema ao infeliz suicida… que não teve culpa alguma, porque estava louco!

A postura e a prática da Igreja foram frontalmente atacadas. Para ela, o suicídio era pecado imperdoável se cometido com a integridade da razão, afinal, deveria pertencer a Deus o direito de dispor ou não do tempo, da vida e da morte.

Para reforçar ainda mais a imagem do doutor Teixeira Maciel como homem piedoso e médico prestimoso, em oposição ao transgressor das leis naturais e divinas, Bittencourt concluiu sua carta:

> E a igreja achou bom, justo, decente, sensato mesmo, que um cadáver respeitado, abraçado por uma cidade inteira, por ser o cadáver de um homem bom, prestimoso, que teve o coração sempre aberto aos mais delicados sentimentos da caridade, não tivesse como os outros um lugar sagrado para seu sepulcro! […]
>
> Pois bem, seja como for, Teixeira Maciel teve um lugar bem próprio à sua sepultura.
>
> Em vida muito fez pela criação do lazaretto, que hoje está em construção bem adiantada.
>
> Ali era mesmo o lugar para serem lançados os restos do bom e caridoso médico.
>
> Se a igreja a alguém fez mal foi a si mesma.

Para justificar sua conduta, o vigário Antonio José Pinheiro encaminhou ao *Diário de Campinas* suas explicações, por meio de carta publicada em 1º de fevereiro de 1878, na qual, após reiterar que a Igreja sempre negara sepultura em seu cemitério aos suicidas não loucos, afirmou:

> A terminante afirmativa do distinto médico, Sr. Dr. Caetano Monfort,[23] colega e íntimo amigo do infeliz Dr. Maciel, dissipou a dúvida que haveria em meu espírito a tal respeito e levou-me à mais inabalável certeza.
>
> À vista disso, outro não podia ser o procedimento da Igreja, a não querer-se que tenha ela diferentes pesos e medidas para as diferentes classes sociais [...]
>
> Esquecer-me-ei desta vez como de outras das inventivas de que tão injustamente tenho sido alvo por haver cumprido meu dever. Assim, Deus me ajude para não proceder de modo diverso até o fim de minha jornada.

É importante notar como a Igreja defendeu publicamente seu posicionamento, ou seja, como e por que proibiu o sepultamento do corpo suicida no cemitério. Em outras palavras, o suicídio cometido em plena integridade da razão é um pecado imperdoável; logo, o suicida não poderá gozar, após sua morte, dos benefícios oferecidos àqueles que sofreram, mas que, como Cristo, souberam carregar suas cruzes.

Note-se, nesses argumentos, a ressonância do saber médico, que perscrutava a sociedade, as práticas cotidianas, em busca do irracional e do anormal. Ao deparar com um fenômeno que necessitava de uma explicação, a Igreja utilizou seu aval para posicionar-se. Inclusive para essa instituição, quem dissipou a dúvida sobre o estado mental do suicida foi o médico – neste caso, doutor Caetano Monfort –, aquele que possuía o saber necessário para elaborar tal diagnóstico. Com isso, assegurava o exercício do poder de ser o único capaz de diagnosticar a normalidade ou não no tecido social. Uma vez concluído por Monfort – outro amigo íntimo do suicida e destinatário de uma das cartas

23 Caetano Breton Pereira Monfort, médico e chefe da enfermaria instalada no Hospital Beneficência Portuguesa. Desempenhou importante papel no combate à epidemia de febre amarela em Campinas.

deixadas por ele – que seu amigo não estava louco, a Igreja proibiu o enterro. As palavras do vigário Antonio Jose Pinheiro, "a terminante afirmativa do distinto médico dissipou toda dúvida que haveria em meu espírito a tal respeito e levou-me a mais inabalável certeza", revelam essa postura, apesar da controvérsia entre os diagnósticos de dois médicos, Bittencourt e Monfort.

Outros casos publicados pela imprensa devem ser apresentados. Quando essa precisava noticiar a causa do suicídio de um indivíduo considerado normal pelos seus próximos e pela sociedade, nada tendo encontrado em seus atos e conduta que denunciasse seu estado doentio, recorria ao mental:

> Suicídio
>
> Refere o *Diário do Amparo*, de ontem:
>
> Anteontem, às 5 horas da tarde, no bairro da Virgínia neste município, suicidou-se com um tiro de revólver na cabeça o cidadão Marcolino Moreira Cezar, de 29 anos de idade, casado e filho de José Alves do Amaral.
>
> Segundo algumas testemunhas que depuseram perante a autoridade, o infeliz não teve motivo para tal ato, somente atribuído a um *momento de alucinação*.[24]

O suicídio de alguém bom, honesto, honrado e trabalhador era justificado, portanto, pela perda do juízo e da razão. Em 12 de abril de 1877, o *Diário de Campinas* narrou o caso do corretor Eduardo Klapemboch, que assassinou a mulher e os dois filhos e depois se matou:

> [...] a cidade de Buenos Aires foi dolorosamente surpreendida, na manhã do corrente, pela notícia de um tristíssimo e sangrento episódio, ocorrido no seio de uma família respeitável daquela cidade.

Assim foi explicada a tragédia:

24 *Diário de Campinas*, 15 nov. 1893, p.1. Grifo do autor.

> Eduardo era tido como um modelo de honradez, e não se atina ao certo quais as razões que o levaram a cometer tão horrendo crime, a menos que ele fosse *acometido por um acesso de loucura*.[25]

Doutor Teixeira Maciel, Marcolino Moreira Cezar e Eduardo Klapemboch se suicidaram sem ter demonstrado nenhum sinal anterior de loucura ou perda da razão. Daria para acrescentar muitos outros nomes a essa lista. As páginas dos jornais foram marcadas por pessoas que, segundo se pensava, guardavam o mal em seu íntimo. Como sugerido anteriormente, somente olhos treinados e apurados poderiam detectar no corpo/mente desses sujeitos o desvio, o desequilíbrio, a possibilidade de morte e de suicídio.

Outro caso deve ser lembrado. Segundo o *Diário de Campinas*,[26] alguns alunos do Colégio Culto à Ciência, situado naquela cidade paulistana, encontraram o cadáver do alemão Alexis Studer, que teria se matado com um tiro na cabeça. Após revistar o corpo, a polícia encontrou entre seus pertences um papel com as seguintes palavras escritas em seu idioma de origem (traduzidas pelo próprio jornal):

> São Paulo, 20 de fevereiro de 1887
>
> Mudança de destino.
>
> Alexis Studer, de Kippenhein, perto de Ethenheim do Grão-ducado de Bade, perseguido pela má sorte e cansado da vida, ainda que reúna toda a minha filosofia, não acho meio de salvar-me. Nascido no ano de 1817 a 19 de março.

Ainda conforme a publicação, as autoridades, tendo verificado não haver crime, mas suicídio, definiram que:

> Alexis havia chegado a esta cidade dia 20 do corrente à tarde, ficando desde então em casa do Sr. Traugoth Petter, sem revelar o que premeditava,

25 Grifos do autor.

26 *Diário de Campinas*, 26 fev. 1887, p.2.

contudo anteontem mostrou-se muito sobreexcitado durante o dia, como a noite não apareceu, foi procurado infrutiferamente por alguns conhecidos.

Parece, pois, evidente que o infeliz tinha o cérebro em desarranjo.[27]

Outro ponto importante que essa nota ressalta é a postura policial. O Código Criminal do Império do Brasil de 1830[28] tipificava como crime ajudar alguém a se matar ou fornecer-lhe meios para tal fim com conhecimento de causa. A pena era de prisão por dois a seis anos. Como se percebe, naquele período histórico, não poderia ter sido diferente a conduta dos agentes da lei, mesmo se o suicida fosse encontrado com vida e sobrevivesse. De acordo com Luiz Fernando Emediato, "a justiça brasileira, seguindo as demais, não impõe penas a quem tenta o suicídio, mas somente àqueles que induzem alguém a praticá-lo, é que estão sujeitos a pena".[29]

No entanto, quando chegava ao conhecimento das autoridades policiais alguma morte cuja autoria fosse duvidosa ou desconhecida, era aberto um processo criminal. Por meio dele, buscava-se responder a sete quesitos: qual o instrumento ou meio que ocasionou a morte; se foi por veneno; substâncias anestésicas; incêndio; asfixia ou inundação; se por lesão corporal cuja natureza havia sido causa eficiente dela; se a constituição e o estado mórbido anterior do ofendido concorreram para tornar essa lesão irremediavelmente mortal; e se o falecimento resultou das condições personalíssimas da vítima e, nesse caso, não porque o mal fosse mortal, mas por ter o ofendido deixado de observar o regime médico e higiênico demandado. Respondidos esses quesitos, o delegado concluía se a morte fora provocada ou não por suicídio. Sendo a resposta positiva e não tendo sido induzida por ninguém, ou seja, verificada a inexistência de um crime, davam-se por encerradas as diligências.

---

27 Grifos do autor.

28 Brasil. Código Criminal do Império do Brasil, 1830. Título II: Dos crimes contra a segurança individual; capítulo I: Dos crimes contra a segurança da pessoa e vida; seção I: Homicídio, artigo 196.

29 Emediato, O direito de morrer. In: Guillon; Le Bonniec, *Suicídio*: modo de usar.

O Código Penal de 1890 alterou essa estrutura. Não mais havia um artigo sobre o suicídio no capítulo dedicado ao homicídio, mas um exclusivo.[30] A pena era de prisão celular por dois a quatro anos. O suicídio continuou não sendo crime, e a pena máxima para a indução ou ajuda foi reduzida de seis para quatro anos. Aqui, um esclarecimento se faz necessário. O saber assegura o exercício de poder: a sentença final sobre as condições e o estado de saúde física e mental seria fornecida pelo médico, que normalmente acompanharia as diligências e o inquérito policial – seu diagnóstico tornava-se indispensável para caracterizar ou não o suicídio.

O que os jornais divulgavam sobre esse fenômeno encontrava-se – e se constituía – na verdade da época. A imprensa falava de um objeto e utilizava instrumentos conceituais que não eram estranhos àquele período. Inclusive, ao veicular e apresentar as causas dos suicídios, os jornais seguiam as regras do discurso médico. O que se percebe são apropriações e entrecruzamentos entre saberes e discursos, todos articulados com e em um mesmo dever: o de buscar a essência, o segredo, a origem e a verdade oculta do suicídio, mas determinadas fronteiras e matrizes históricas eram reforçadas.

Suicídio pandêmico?

Também foram constantemente noticiados pelos jornais e, às vezes, citados em teses médicas, suicídios ocorridos em outros países e culturas. Por intermédio desses casos, é possível analisar como as influências e os condicionamentos sociais foram notados.

Em algumas sociedades, esse tipo de morte era considerado falta de coragem; em outras, inevitável. No principado de Montenegro, por exemplo, era visto como supremo ato de covardia, chegando a

30 Brasil. Código Penal, 1890. Título X: Dos crimes contra a segurança de pessoa e vida; capítulo III: Do suicídio, artigo 299: "É crime induzir ou ajudar alguém a suicidar-se, ou para esse fim fornecer-lhe meios, com conhecimento de causa".

impedir, caso o indivíduo sobrevivesse à tentativa, sua permanência no grupo social:

> O SUICÍDIO NO MONTENEGRO
>
> No principado do Montenegro o suicídio é considerado como a maior das covardias. Daí, causou vivíssima impressão, há dias, a tentativa de suicídio realizada por um negociante que se achava impossibilitado de pagar aos inúmeros credores que o perseguiam e que decidiu escapar-lhes metendo uma bala no seio direito.
>
> Chegado ao hospital compareceu logo ali o príncipe Nikita, que o censurou e se comprometeu a pagar-lhe todas as dívidas, ordenando-lhe, porém, imediata saída do principado, logo que esteja restabelecido [...].[31]

Nesse caso, além de ser considerado uma fraqueza pessoal, o suicídio, ou melhor, sua tentativa, impedia que o indivíduo continuasse participando de sua comunidade. Não era admitida a fuga como solução de algum problema; não se podia optar por dar fim à vida mesmo em uma situação considerada intolerável. Tal ato era classificado como capaz de macular não só o indivíduo e sua memória, mas também a comunidade à qual pertencia. Por isso, procuravam-se encontrar medidas capazes de impedi-lo ou, pelo menos, inibi-lo:

> Dois dias depois, publicou-se um decreto fazendo saber aos montenegrinos que os corpos dos suicidas serão doravante expostos ao público durante 24 horas e em seguida enterrados a dez metros de profundidade.

A esse respeito, J. C. Schmitt sugere que sua teatralização foi, sobretudo, medieval, ou seja, o costume de punir o suicida por meio da degradação de seu cadáver fora próprio da Idade Média, quando a comunidade, em um ritual minucioso, manifestava sua iniciativa. O ato central consistia em arrastar o corpo sobre uma esteira: se tal fosse esquecido, todo o ritual podia recomeçar e, na falta do corpo,

---

31 *Diário de Campinas*, 4 ago. 1892, p.1.

um manequim era usado.[32] Ao mesmo tempo que se procurava punir o suicida por haver cometido um ato condenável, também se tentava estabelecer rituais, padrões e exemplos de comportamento para a sociedade. Reforçava-se a imagem do suicídio como ato indesejável, proibido e, principalmente, passível de castigo. Ainda a esse respeito, Marcos Veneu observa que

> o cerimonial de arrastamento do corpo pelas ruas (principalmente na França) e o confisco da herança mobiliária lançavam desonra pública e ameaça da pobreza sobre a linhagem do morto.[33]

O jornal *Diário de Campinas* publicou o costume das viúvas indianas de se matarem após o falecimento do marido. Logo no início da nota, o periódico perguntava:

> Quem há que não tenha ouvido falar no suicídio das viúvas nobres do Indostão? O costume de se imolarem na fogueira, destinada a queimar o corpo de seus esposos, existe ali desde a mais remota antiguidade [...].

Naquela sociedade, o suicídio das viúvas não era considerado um ato condenável e punível.[34] Essa prática era comum e enraizara-se nos costumes sociais. É possível até dizer que era aceito para manter a ordem interna e certos valores dessa sociedade. Afinal, segundo aqueles costumes, o que mais poderia uma viúva fazer, sem a presença e a orientação da figura masculina?

---

32 Apud Guillon; Le Bonniec, op. cit., p.93.

33 Veneu, op. cit., p.29.

34 A socióloga Maria Luiza Dias, ao explorar as diversas formas de conceber o suicídio em sociedades orientais e primitivas, ressalta que, em Java, a esposa preferida era queimada junto ao corpo do marido. Se se recusasse a cumprir o ritual, passaria a ser vista como desonesta e má. Para mais detalhes, ver Dias, *Suicídio*: testemunhas de adeus, p.43.

Além disso, a imprensa também divulgava a morte daqueles que gozavam de uma situação social mais privilegiada. A *Gazeta de Campinas* veiculou o suicídio do ex-sultão Abdul-Aziz. Segundo a junta composta por dezenove médicos, constituída para as devidas averiguações, sua morte

> foi ocasionada pela hemorragia produzida por uma lesão dos vasos das curvas dos braços, e o instrumento utilizado poderia ser perfeitamente aquele apresentado à junta, ou seja, um par de tesouras de dez centímetros; a direção e a natureza dos ferimentos, assim como o instrumento que os produziu nos fazem concluir que houve um suicídio.[35]

Ainda conforme o jornal, o cadáver de Abdul-Aziz foi sepultado, após o cortejo oficial acompanhado por grande multidão, no mausoléu do sultão Mahmoud. Nada de punições, nem confiscos ou quaisquer tipos de represálias. No lugar disso, foram realizados os rituais para preparar o cadáver de um verdadeiro imperador, de um líder, não de um covarde, de um pecador e/ou de um criminoso.

Não eram noticiados, porém, apenas os suicídios ocorridos em sociedades e culturas tão distantes. Outras mais próximas também foram contempladas. Alguns trechos considerados "curiosos" foram retirados do livro que o maestro Offenbach escreveu por ocasião de uma viagem aos Estados Unidos, no qual relata os costumes do povo da "grande república", publicados pelo *Diário de Campinas*:[36]

> A América é perfeitamente o país das liberdades. Ali não pode cavar-se um buraco sem desarranjar toda a jerarquia [sic] governamental, mas em compensação:
>
> - circula-se livremente;
> - casa-se livremente;

35 *Gazeta de Campinas*, 16 jul. 1876, p.3.

36 *Diário de Campinas*, 26 dez. 1877, p.2.

come-se livremente [...]. Há uma restrição bem triste de constatar no meio desta abundância de liberdades.

É que não se bebe todos os dias livremente... É rigorosamente proibido beber (bebida alcoólica) aos domingos. É assim por toda a parte na cidade de Nova York... Singular liberdade!

Com certa dose de ironia, o maestro Offenbach descreve algumas restrições presentes no cotidiano do considerado país das liberdades. Além da proibição na cidade de Nova York da venda de bebidas alcoólicas aos domingos, o maestro relatou:

> Na América não existe também o direito da gente se enforcar.
>
> Um ébrio enforca-se. É um desajeitado. Enforca-se mal, pois que ao cabo de algumas horas fazem-no voltar à vida. Desde que retomou os sentidos, é levado à presença do juiz que o condena a seis meses. Duplicou-se a dose, por que houvera reincidência.
>
> A terceira vez será condenado à morte. Para qualquer um se suicidar é necessária uma autorização prévia do governador [...].

Ainda constata que nos Estados Unidos os indivíduos não possuem o direito de dispor do corpo e da própria vida. O instigante parece, além de outros pontos, o fato de que a terceira tentativa de suicídio acarretasse a condenação máxima: pena de morte. Mas a punição não viria exatamente ao encontro do objetivo de quem tenta pôr fim à vida? A respeito dessa iniciativa polêmica, o *Diário de Campinas* publicou:

> Certo irlandês, membro do parlamento, animado de sentimentos filantrópicos e querendo ver se punha termo aos suicídios, apresentou um projeto para que o suicida fosse punido com a pena de morte![37]

Preocupados em frear um fenômeno que não fazia distinções – atingindo homens, mulheres, brancos, negros, imigrantes, livres, ricos,

37 *Diário de Campinas*, 12 ago. 1877, p.2.

escravos, pobres, viúvas e imperadores –, procuravam-se, a todo custo, medidas eficientes para impedir sua proliferação. Como demonstram os casos mencionados anteriormente, chegou-se a considerar a possibilidade de punir os suicidas por meio de seus cadáveres ou até, caso sobrevivessem, conduzi-los à morte. Mesmo não obtendo "sucesso", o sujeito saberia que a própria sociedade o mataria após outras tentativas.

Retomando as provocações e indagações iniciais, ao longo de todo o século XIX, médicos, jornalistas, entre outros, articularam as causas do suicídio com o universo do mental, com as desordens, os desarranjos, os desequilíbrios, com a formação ou o funcionamento de órgãos. Além do patológico e individual, o meio, o social e o cultural foram lembrados. A articulação dessas instâncias e fatores possibilitou, no caso da tematização do suicídio, a abertura para novas estratégias e táticas de disciplinamento e normatização.

Por fim, esses saberes e discursos oferecem e articulam uma série de investimentos feitos ao corpo. Ao mesmo tempo, produzem enunciação de sentidos e percepções do corpo de um suicida, como portador e/ou sede de doenças e desequilíbrios. Ainda como possibilidade histórica daquele período, o corpo foi usado como prova de teorias, sintomas e doenças. Mas, como bem percebeu Veiga-Neto,[38] não se deve esquecer que a disciplina fabrica corpos dóceis, mas isso não significa, necessariamente, dizer que ela produz corpos obedientes.[39] Entre obediências e revoltas, entre normas e fugas, entre enunciações e agenciamentos, corpos foram delineados, forjados e significados historicamente.

38 Veiga-Neto, *Foucault e a educação*, p.70-2.

39 Ver ibid.

10

Higiene e higienismo entre o Império e a República

Denise Bernuzzi de Sant'Anna

Em sua estada no Brasil, a educadora alemã Ina von Binzer observou que os brasileiros possuíam "ideias bem extravagantes" em matéria de asseio e ordem.[1] Era o ano de 1882 e a estrangeira surpreendeu-se com o fato de adultos e crianças não apresentarem orelhas nem pescoço impecáveis, mesmo depois de serem submetidos ao banho. Também estranhou a insistente presença de escarradeiras dentro das residências, algumas coloridas, sempre aos pares, "tão grandes e vistosas" que, a princípio, Ina pensou serem vasos para flores.[2] A mania de cuspir não lhe causou boa impressão. Escreveu ainda sobre a falta de graxa nos sapatos e a presença incômoda de baratas no ambiente doméstico.

Ina não foi a única europeia a estranhar os costumes locais. Vários estrangeiros escreveram sobre o assunto. Mas seus relatos também foram pontuados por elogios a certas práticas de asseio, diferentes daquelas existentes em seus países de origem. O cuidado com as flo-

1 Binzer, *Os meus romanos. Alegrias e tristezas de uma educadora alemã no Brasil*, p.87.
2 Ibid., p.74.

ros colocadas nos cabelos de algumas jovens, a preocupação com a lavagem dos pés ao final do dia, a insistência em purificar o ambiente doméstico por meio das defumações e o primoroso trabalho de engomar roupas de cama e mesa compunham o quadro de virtudes frequentemente lembrado. O gosto pelo banho, refrigério do corpo, volúpia visual às vezes confessada, também recebeu uma atenção especial de alemães, franceses e ingleses cujos hábitos contrastavam com os encontrados no interior escaldante dos trópicos. Suas críticas e elogios revelavam que as concepções de limpeza do passado não eram similares em todo o Brasil.

A maior parte dos produtos destinados ao asseio da população resultava de fabricações locais e de receitas transmitidas pela tradição oral. Os banhos dependiam da quantidade de água disponível e, sobretudo, da distância necessária a ser percorrida para se ter acesso ao líquido. Por conseguinte, de acordo com a estação do ano e o lugar visitado, era possível concluir que o banho em tinas ou banheiras era raro ou, ao contrário, frequente. Outro exemplo, as escarradeiras podiam provocar aversões obstinadas, mas também serem aceitas como medidas seguras e até elegantes de prevenção contra as doenças do pulmão.

Em meio à variação existiram, contudo, alguns pontos de permanência nos hábitos de asseio que se integraram à passagem do tempo. Por exemplo, em grande parte do Brasil e durante toda a época imperial, as diferenças entre o banho inteiro e as lavagens parciais do corpo ocuparam um lugar de destaque nas recomendações de médicos, curandeiros e benzedeiros. O temor dos miasmas maléficos era recorrente, assim como a expectativa de limpar os ares para livrar o corpo das doenças. O consumo de água para a higiene era muito menor que o do final do século XX, mas o hábito de "limpar a seco" ou com um pano úmido gozava de grande importância em todos os estratos sociais.

Por isso, o estranhamento diante dos costumes do passado também poderia ocorrer ao leitor da atualidade. Habituado ao uso de diversos detergentes, xampus e saponáceos industrializados, à propaganda dos medicamentos inodoros e à ação dos antibióticos, difícil lhe seria perceber a serventia das antigas sangrias ou mesmo imaginar um cotidiano atravessado pelo odor antes comum da alfazema queimada, proveniente dos braseiros feitos de barro ou metal.

De fato, os brasileiros do período imperial possuíam relações com a limpeza e a saúde nem sempre parecidas com as nossas. Desprovidos de sanitários com descargas automáticas, duchas elétricas e inúmeras pias servidas por água encanada, eles recorriam a produtos e técnicas para a purificação corporal hoje tornados obsoletos. Até o gesto, que no presente parece banal, de abrir e fechar uma torneira não o era para os contemporâneos daquela educadora alemã, acostumados à manipulação de cuias e cocos destinados a retirar água dos potes, poços e tinas.

Por conseguinte, outros hábitos imperavam: em diversas localidades, os banhos de rio eram comuns, algumas abluções, uma regra, e a goma para diversas roupas, um dever natural. Se higiene tendia a ser uma palavra menos usual que asseio, este incluía rigores e temores cujas razões foram gradualmente apagadas pelo advento de progressos técnicos e científicos posteriores à República. A mudança do vocabulário resultou, portanto, de transformações sociais mais profundas.

Como será visto, o asseio dependia da água, mas podia ser assegurado sem ela. E mesmo quando o banho das crianças em bacias era um recurso comum, procurava-se temperá-lo com outros ingredientes, entre eles o vinagre e as colônias. Desse modo, seria possível molhar o corpo com segurança e eficácia. O sabão feito com cinzas para lavar roupa à margem dos rios ou nos tanques coletivos e regatos também servia para limpar a pele e os cabelos. A especificidade dos produtos de limpeza corporal ainda não possuía a evidência adquirida mais tarde graças ao desenvolvimento de uma indústria internacional voltada à higiene.

Além das desconfianças referentes à água, temia-se a sujeira transportada pelo ar. Cemitérios, matadouros e hospitais eram definidos como locais suspeitos para a saúde de seus vizinhos, verdadeiros focos de contaminação. Por isso, era melhor residir longe deles, evitar a inalação constante de seus ares propícios à ruína do corpo e à amargura da alma. Tendo em vista tais ameaças, nada melhor que aprender a conhecer a direção dos ventos em cada momento do dia e em todas as estações do ano. Um saber que tinha utilidade quando se acreditava no poder de vida e de morte atribuído a qualquer discreta brisa.

Outro costume importante era conhecer os vários sabores das águas. Em rios e bicas, essas podiam ser férreas, terrosas, ácidas, doces, salobras, pesadas, leves, agradáveis ou intoleráveis ao paladar, servir à lavagem das roupas e, ainda, guardar segredos sobrenaturais cuja revelação nem sempre cabia aos humanos. A espessura dos defeitos e das qualidades do líquido vital importava aos químicos da época e também aos que viviam à margem do mundo científico. A água inodora era certamente uma qualidade. Mas ela sofria a concorrência de alguns sabores, às vezes sutilmente verificados. Antes da emergência da microbiologia, o gosto e o odor serviam como categorias científicas nos relatórios dirigidos às autoridades públicas; eram documentos encaminhados aos governadores das províncias, e neles destacavam-se as informações sobre os tipos de águas que abasteciam o meio urbano.

Durante séculos, esses líquidos foram considerados abrigos naturais de forças e fragilidades cujo entendimento ultrapassava as capacidades humanas. Diante delas, o receio era real, e o respeito tendia a ser geral. A limpeza do corpo ainda não havia ganhado grande autonomia em relação às práticas naturais e sobrenaturais de cura. Por conseguinte, o banho podia ser assíduo – especialmente se era entendido como fator de proteção – ou usufruir de pouco prestígio. Mas a assiduidade, como se sabe, é uma noção relativa: naquela época, não era incomum encontrar brasileiros que recorriam ao banho completo apenas uma vez por mês, especialmente quando a idade avançava e se era pouco beneficiado pela presença dos cursos fluviais.

Sem conhecer os prazeres, recursos e necessidades que envolveram os banhos após a década de 1950, os brasileiros do século anterior nem sempre apreciavam pagar para ter acesso a banheiros e chuveiros, mesmo quando estes se tornaram equipamentos oferecidos em casas de banho e em chalés de limpeza construídos no meio urbano.

No entanto, a partir do final do Império, o higienismo como fonte de progresso se desenvolveu nos trópicos, apoiado pelo desejo de modernizar as cidades e os costumes. Essa modernização que carregou descompassos significativos em seu bojo, pois o crescimento de diversas capitais brasileiras não foi acompanhado por uma estrutura de saneamento adequada – esgotos e água encanada. A distância entre o progresso técnico almejado por diversos brasileiros e a realidade das ruas e moradias da maior parte da população parecia não ter fim.

Além disso, a propaganda de "remédios para a beleza", conforme se dizia, divulgava produtos para a higiene e o conforto vinculando-os à distinção social. Seu consumo se limitava a uma minoria abastada. Assim, segundo os anúncios publicados em jornais, preferir beber as águas minerais engarrafadas e se lavar com os sabonetes ingleses eram maneiras de adquirir ou de comprovar elegância e poder.

Paralelamente, contudo, inúmeras receitas caseiras para embelezar e limpar o corpo mantiveram atualidade e prestígio junto a todas as camadas sociais. Gotas de vinagre de Lubin permaneceram úteis para a limpeza da água do banho, assim como não era exceção encontrar, em pleno século XX, o uso de fumo, carvão ou álcool para clarear os dentes. Antigos temores também continuaram a ecoar entre os brasileiros de várias regiões do país: por exemplo, o medo feminino de lavar os cabelos durante o período menstrual ou de amolecer a vontade e o corpo por meio dos banhos quentes. Equipamentos de asseio inventados no passado não desapareceram rapidamente do dia a dia urbano, como o limpa-pés colocado à porta de entrada de algumas residências e os urinóis de cores e tamanhos variados, dentro dos dormitórios.

A complexidade da vida cotidiana podia parecer contraditória, e é bem possível que o fosse. Mas uma série de razões históricas explica os costumes de limpeza vigentes na sociedade brasileira entre o Império e a República. Destacam-se, por exemplo, as concepções sobre o organismo humano, juntamente com as mudanças de suas representações ao longo dos anos, pois as definições dadas a cada corpo, seus limites e perspectivas desenharam no passado (e ainda hoje não abandonaram essa arte) os traços do que era repulsivo e também desejável em matéria de higiene e civilidade.

Quando Ina von Binzer esteve no Brasil, ainda era forte a tendência de considerar o corpo um microcosmo, imerso no seio de um macrocosmo dentro do qual havia o céu e a Terra. Não se tratava de uma especificidade nacional ou de uma concepção exclusiva do século XIX. Pressuposto milenar, que remonta à medicina hipocrática, a dependência entre o corpo individual e a natureza fazia parte dos textos dos profissionais da saúde e também das artes de curar entre os europeus. Sua evidência é reveladora de uma porosidade corporal cujo perigo não é outro senão o de viver sob o domínio da natureza, sem conseguir submetê-la aos desígnios dos homens.

Em diferentes regiões brasileiras, o vínculo entre o corpo humano e a natureza alimentou o vigor das prescrições destinadas ao asseio, à proteção e à saúde. Para minimizar a suposta abertura ou porosidade do corpo, era preciso vigiar suas partes moles, cuidar para que os ventos, as águas e as mudanças da lua não interferissem maleficamente no funcionamento dos órgãos vitais. O "excesso climático" podia provocar febres, as quais ameaçavam a vida de qualquer corpo robusto. Eram entendidas como sintomas, mas também como doenças, comuns entre os brasileiros. Não por acaso, os cuidados com a saúde buscavam prevenir e curar uma infinidade de febres, palustres ou não, intermitentes, renitentes ou crônicas. Para tais casos, asseio significava principalmente proteção. Por seu intermédio, podia-se fechar provisoriamente as portas do corpo e segurar em seu interior temperaturas combativas dos estados febris.

O consumo do rapé também possuía entre suas finalidades a de proteger o corpo contra miasmas ou odores suspeitos. Não por acaso, havia uma variedade significativa de compartimentos portáteis para guardar o utilíssimo pó. Chamavam-se bocetas, feitas de metal precioso, casco de tartaruga, barro ou couro. Diante de pântanos e cloacas nauseabundas, aspirar um pouco de rapé preservava o corpo de possíveis contaminações.

De modo similar, os defumadores protegiam o ambiente doméstico contra os malefícios dos ares empesteados. Outro exemplo, besuntar o cabelo com banha ou óleo de babosa, além de expressar uma beleza reluzente, especialmente quando se estava sob a luz de velas, indicava asseio e proteção contra a poeira, tão comum em estações secas, quando a maior parte das ruas e estradas era de terra.

Obviamente, o combate à sujeira por meio de água e sabão não era uma novidade. Mas ao lado dessa prática conviviam outras cujo prestígio não era menor: diante da sujeira, arrumavam-se meios para manter o corpo protegido e seguro. Ou então fugia-se dela, procurava--se ganhar distância de suas influências graças ao uso de defumadores, amuletos e até benzeduras.

Dentro de um mundo mais rural do que urbano, limpeza implicava proteger o ser humano contra as ações negativas de origem sobrenatural. Os portadores de mau-olhado podiam viciar os ares, os quais seriam limpos graças a algumas rezas, o porte de figas e das imagens de santos. Havia banhos mornos destinados a evitar tais malefícios. O sereno noturno podia resfriar o corpo e perturbar a alma. Algumas doenças ganhavam o interior do corpo quando se levava um susto ou se era vítima de praga rogada.

Em determinadas circunstâncias, contudo, o banho representava um risco à vida, porque desprotegia, podendo a água fragilizar as defesas físicas e espirituais. O imenso receio das friagens explicava-se, em certa medida, pela possibilidade de alguns ventos frios conterem potências duplamente perigosas: deste mundo e daquele que o ultrapassa. Assim, o "resguardo" – palavra hoje pouco usual, mas bastante utilizada em tempos passados –, aconselhado aos doentes, recém-nascidos e às mulheres em determinadas épocas da vida, previam banhos comedidos, de "meio corpo", ou então a sua interdição absoluta.[3]

Banho funcionava, também, como remédio. Para qualquer pessoa que caísse de uma rede havia, entre outras coisas, a necessidade de tomá-lo frio imediatamente, para restabelecer o equilíbrio mental e corporal. Em algumas regiões do Norte e Nordeste do Brasil, recomendava-se o banho de assento em água resultante da fusão de

3 Araújo, *Medicina rústica*, p.176.

folhas de diversas carrapateiras. A intenção era curar as inflamações das mulheres que tiveram problemas durante o parto. Na dieta após dar à luz, havia quem recomendasse um resguardo de quarenta dias, quando a parturiente devia manter seus ouvidos arrolhados com algodão, vestir uma touca na cabeça e comprimir o ventre com uma toalha de linho preparada com ilhoses e fitas de cadarço. A mulher ficava trancada em um quarto escuro e pouco arejado; depois de oito dias, podia destapar os ouvidos e sair para tomar um banho morno, tendo o cuidado de evitar friagem.

O recém-nascido também devia receber cuidados especiais, como a defumação de seu pequeno corpo, destinada a abençoá-lo, limpá-lo e protegê-lo. Essas três experiências mantinham-se intimamente interligadas, assim como o corpo humano era considerado estreitamente vinculado às condições climáticas e religiosas de cada localidade. Por conseguinte, sua autonomia diante do mundo externo era rara e, se ocorresse, demandava inúmeros preparativos, nos quais estavam inclusos os banhos de proteção. Tais recursos tinham como pressuposto, na dependência infinita entre o corpo e a natureza, que a similitude entre um e outro era uma tendência constante, esperada e normal.

Por isso, diversas doenças pediam como remédio ingredientes julgados totalmente parecidos com o aspecto do mal ou, ao contrário, completamente opostos a ele em sua temperatura, gosto e odor. Não por acaso, a forma visível das doenças e de seus sintomas sugeria sua causa por meio de uma relação de semelhança: por exemplo, diversas micoses eram consideradas "cobreiros", provenientes do contato de alguma cobra com as roupas ou a pele do doente. A cura exigia rezas para afugentar o animal peçonhento e, portanto, eliminar o mal.[4] Contra a calvície, o consumo de produtos provenientes de animais fartamente peludos usufruía de prestígio, assim como o combate ao fedor pedia a inalação de odores igualmente fortes, porém agradáveis ao olfato. Remédios amargos, de cor e cheiro marcantes, sugeriam

---

4 Magalhães, *Medicina folclórica*, p.198-9.

força no combate à doença. Quanto menos agradassem aos sentidos, mais potentes seriam na cura.

Ou seja, combatia-se o mal com ingredientes que, de algum modo, se relacionavam com ele, seja por oposição radical, seja por semelhança literal. Acreditava-se que a natureza continha a solução para os sofrimentos humanos: minerais, vegetais e animais serviam para a preparação de remédios, amuletos e outras formas de proteção capazes de limpar, resguardar e tratar o organismo. E a cura tendia a representar um "retorno" a um equilíbrio anteriormente existente e não tanto um avanço em direção à conquista de um estado corporal inovador. A influência da medicina hipocrática milenar, baseada no equilíbrio dos humores, era comum em grande parte dos cuidados com a saúde e o asseio do corpo, de onde se explica o predomínio de duas grandes tendências que atravessaram os séculos e as culturas: "limpar" internamente o organismo de tudo o que representa sua ruína, graças ao consumo de purgantes, laxativos, da recomendação de vomitórios e do recurso às sanguessugas e, ao mesmo tempo, dotá-lo de "força" necessária à manutenção da vida.

Essas foram duas importantes características dos cuidados com o corpo em diversas sociedades e períodos históricos. Por isso alguns ingredientes eram duplamente eficazes, pois atendiam tanto a uma quanto a outra. Sal e cinza misturados aos banhos tinham o poder de quebrar encantos, limpando e defendendo o corpo das agressões externas. Destaca-se, nesse caso, o caráter preventivo do asseio. Da mesma forma, um banho tépido de água temperada com folhas aromáticas servia para limpar e proteger o corpo contra um futuro mau-olhado.

Mas, quando uma doença se instalava e atacava os intestinos, as "ajudas" revelavam-se excelentes soluções. Espécies de clisteres para banhos internos, feitos com água fervida em ervas, tais recursos serviam para a expulsão dos vermes. A limpeza interna era entendida como um meio de "ajudar" o organismo a aliviar-se do peso e da dor. Tomar um pouco de óleo de rícino periodicamente também auxiliava nesse processo e no fortalecimento de sua disposição e saúde.

Em meados do século XIX, os jornais cariocas anunciavam desde papel perfumado para a defumação dos quartos até sabão e licor antifétido para remover o mau cheiro corporal.[5] Banhos baratos, dentro de hotéis ou em quartos no interior de casas de comércio localizadas nas ruas centrais do Rio de Janeiro, também atraíam a atenção dos cidadãos locais daquele tempo, tanto quanto os anúncios de cremes capazes de remover manchas da pele para dar-lhe um aspecto mais alvo.

Asseio como boa educação, hospitalidade e distinção

Desde tempos remotos, o asseio foi visto como sinônimo de boa educação e uma maneira de obter distinção social. Funcionava como uma prova da alma virtuosa e uma demonstração de delicadeza no trato dos hóspedes. Diversos viajantes estrangeiros sublinharam quanto era natural aos brasileiros receberem visitantes com uma bacia ou gamela de água, juntamente com uma toalha limpa, engomada com esmero, para a lavagem dos pés, das mãos e do rosto. E observaram que uma das primeiras perguntas que faziam a um hóspede era se ele queria lavar os pés. Mesmo quando essa prática não ocorria, podia-se ser convidado para um banho no rio ou no olho d'água das imediações. Em várias regiões do Brasil, a ablução das mãos e da boca era comum à mesa, antes e depois das refeições, o que exprimia a boa educação dos comensais. "Dar-se água às mãos antes do jantar" era uma maneira de bem receber o convidado para as refeições.[6]

Em meio à paisagem social e cultural da limpeza no século XIX, destacava-se a necessidade, igualmente aceita em outras sociedades, de se apresentar com roupas asseadas em ocasiões especiais, como festas e cerimônias. Atestado de boa educação e respeito, tal atitude testemunhava a seriedade da alma e a retidão do caráter. E, como é óbvio, se as roupas fossem luxuosas e variadas, seu aspecto limpo ostentava a

5 Renault, *Rio de Janeiro*: a vida da cidade refletida nos jornais, p.154-5.

6 Alemão, *Diário de viagem de Francisco Freire Alemão*. Fortaleza – Crato, p.151.

riqueza de seus proprietários. Possuir várias vestimentas, sempre bem lavadas e passadas, indicava a possibilidade de pagar por esses serviços. As roupas de cama e mesa, quando se mostravam nessas condições, também funcionavam como indicativo do poderio econômico de seus proprietários, e não apenas como prova de higiene. A limpeza do corpo não era suficiente nesse caso nem facilmente comprovada. Pois, comparados com a atualidade, o final do século XIX e o começo do XX foram períodos de maior austeridade na exibição física. As roupas tendiam a cobrir boa parte do corpo dos brasileiros que viviam nas cidades e eram ricos. Para eles, a vestimenta era o lugar privilegiado das atenções individuais e coletivas

No caso das mulheres de rendas modestas, a exposição de uma casa limpa também significava uma prova de trabalho honrado e virtuoso. As roupas brancas, lavadas e penduradas nos varais dos quintais, assim como as panelas areadas – com areia misturada à água – e expostas para secar sobre o peitoril das janelas, também possuíam tal função, assemelhando-se a troféus obtidos pela labuta diária. Paralelamente, diversas escravas mostravam-se ciosas do asseio em seus arranjos domésticos, o que servia para comprovar suas qualidades.[7]

Mesmo antes do advento da República, alguns médicos escreveram sobre as vantagens do asseio das roupas. Além dos "deveres de civilidade" impostos pela educação, as vestes limpas contribuíam para a cura das doenças. Em um manual instrutivo, escrito por Malaquias José Netto, publicado na Bahia, em meados do século XIX, a necessidade de manter o asseio das vestimentas era uma forma de contribuir para o restabelecimento dos enfermos.[8] Não bastava, nesse caso, que as roupas de cama estivessem cheirosas. Era preciso que se apresentassem cuidadosamente limpas.

7 Leitão, *O Brasil visto pelos ingleses*, p.254.

8 Netto, *O livro das gentes*: primeiro ensaio da medicina reformada para o curativo e regeneração dos doentes servindo de manual instrutivo ao povo, à nobreza e ao clero, p.86.

No entanto, quando se tratava da limpeza do corpo, o cenário podia ser diferente: para algumas famílias do final da época imperial, a virtude e a honra de uma mulher não combinavam com os banhos longos e assíduos nem com uma atenção insistente em torno da limpeza corporal. A conhecida expressão "banho de gato" sugeria a necessidade de comedimento tanto na nudez quanto no recurso à água para limpar o corpo.

Figura 10.1
As casas de banho viraram uma "coqueluche" nas cidades brasileiras no final do Império.

No Brasil, essa história não seguiu uma cronologia linear, indo da raridade na prática do banho à sua crescente adesão. Essa última foi comum ao longo do século XX, mas, antes, oscilava entre a desvalorização e o temor. Por conseguinte, no começo da era republicana, os banhos tanto usufruíam de um valor novo quanto contavam com uma

Figura 10.2
Apesar da novidade das casas de banhos, ainda havia aqueles que preferiam o tradicional.

suspeita moral rigorosa. Entre algumas mulheres de obstinada fé cristã, os banhos completos e uma higiene diária das partes íntimas poderiam abalar a virtude, despertar sentimentos imperdoáveis, sem contar o risco de se habituar demasiadamente à água morna e terminar por amolecer a vontade ou fragilizar os órgãos vitais.

Em diferentes épocas da história, os banhos de rio ou em tinas foram comuns, especialmente quando o calor era constante. Mas, durante as últimas décadas do século XIX, havia quem visse nesse hábito a origem da suposta preguiça ou vida abstêmia dos brasileiros, especialmente das mulheres. Para elas, os banhos demorados podiam provocar incômodos uterinos, interrupção da menstruação. A água, cuja natureza fora há séculos assimilada à feminina, podia modificar profundamente seus humores: o sangue menstrual, por exemplo, corria o risco de migrar das partes baixas do corpo para o centro da cabeça, provocando a demência e a morte.

O organismo humano, especialmente o feminino, era visto como constituído por materiais extremamente suscetíveis à perturbação externa, provocada pelos ventos e pela água. Nesse aspecto, o clima desempenhava função vital. Os órgãos internos do corpo não possuíam a força necessária para vencer as mudanças climáticas que os atingiam de fora. Assim, as fases da lua comunicavam-se diretamente com a intimidade orgânica da mulher, em particular, com seus ciclos menstruais. Era possível, a partir daí, estabelecer certo equilíbrio entre os dois domínios, o interno e o externo, o que devia ser constantemente vigiado, protegido e atualizado.

Já o banho morno, dentro de uma banheira, vinha ao encontro de outras ameaças: corria-se o risco de aproximar o corpo vivo da imagem de um cadáver. Em diversas circunstâncias, parecia mais seguro evitar a prática e adotar como medidas de asseio as abluções, as lavagens rápidas e parciais, misturadas ao uso de limpadores como o vinagre ou o álcool. Em São Paulo, algumas imagens publicadas no semanário humorístico *Cabrião* ilustraram de modo exemplar os temores ligados aos banhos vigentes na década de 1860. Nessa época, surgiu a primeira casa de banhos dos paulistanos, a Sereia Paulista. Segundo o *Cabrião*, havia entre os frequentadores o temor de ficar deitado dentro de uma banheira cheia de água, como um defunto. Também havia o risco de afogamento. Suspeitas soturnas envolviam as banheiras e embaraçavam a positividade de sua publicidade. O "Sr. Segismundo", personagem criado por Pedro Taques, ilustrou de modo primoroso a aflição de seus contemporâneos diante do lavar-se em banheiras, as quais, segundo ele, eram similares a "caixões de pedra e cal", como as "caixas de guardar açúcar no engenho".[9] Além disso, numa época em que a água ainda era amplamente definida como uma bênção, um bem natural, pagar pelo banho era uma experiência no mínimo esquisita. E, ainda por cima, para entrar em uma banheira cheia de água, que mais parecia um cai-

9 Gallota, *São Paulo aprende a rir*: a imprensa humorística entre 1839-1876, p.176-8.

xão de pedra, ficar ali quase imóvel, feito morto em "trajes de Adão"... Tudo isso soava quase como uma desonra.

O banho de chuveiro também não escapava às desconfianças. A queda de água sobre o corpo, considerada exageradamente abrupta, poderia provocar súbitas palpitações. Os primeiros aparelhos, ainda manuais, eram vistos por muitos brasileiros como engenhocas deveras surpreendentes. Uma vez acionados, despejavam um tonel de água sobre a cabeça do banhista. Havia quem gritasse, crispando as mãos e os dedos dos pés. Os "banhos de chuva", ou aqueles proporcionados por "magníficos regadores", conforme se chamavam os primeiros banhos de chuveiro no Brasil, provocavam apreensões hoje em desuso. Nos Estados Unidos, quando essa modalidade – ou o uso da banheira – começou a ser incluída nas diárias dos hotéis, muita gente ainda sentia o coração disparar diante da água despejada sobre a cabeça em forma de ducha.

A visão da própria nudez também era facilitada pelo banho, o que nem sempre era bem aceito. Desse modo, algum apreço por uma austeridade hoje rara ainda favorecia muita gente a associar sem dificuldade a prova da virtude ao desprezo pela higiene corporal. A ausência de "pintura no rosto", conforme observou Luiz Edmundo em relação às cariocas, não incomodava a todos, assim como a falta de banhos completos não significava forçosamente displicência, ausência de autoestima ou sujeira.

Para as crianças, sobretudo do sexo masculino, alguma sujeira estampada no rosto e no corpo ainda podia funcionar como um atestado de coragem e destemor diante dos perigos supostamente enfrentados em brincadeiras dentro de córregos e matagais. E, para diversos trabalhadores rurais, as manchas nas roupas podiam ser interpretadas, honradamente, como provas do esforço no trabalho. Ou seja, a virtude encontrava-se certamente ao lado da limpeza, mas isso não impedia que, em determinadas ocasiões, estivesse associada a seu oposto.

Na capital do Império, quando foi ancorada uma barcaça em frente ao hotel Pharoux, dentro da qual havia uma espécie de piscina natural, com água do mar, a frequência a qualquer tipo de banho ainda estava longe de se aproximar daquela em voga cem anos mais tarde. Isso ocorreu em 1850 e o próprio hotel, considerado luxuoso e limpo por Luiz Edmundo, acabou por abrigar uma casa de banhos.[10] Mas a canalização não era algo comum na cidade. Em 1723, quando foi construído o Aqueduto da Carioca, o chafariz existente nas imediações do local, hoje conhecido como Arcos da Lapa, abastecia diversas residências graças ao trabalho de coleta da água feita pelos escravos. Porém, os períodos de escassez representavam um rotineiro tormento.

Na capital paulista, os banhos públicos conheceram algum sucesso com a construção de uma segunda casa, em um local chamado Ilha dos Amores. Tratava-se de uma edificação sobre os terrenos tidos por paludosos da antiga Rua 25 de Março, à beira do Rio Tamanduateí. Inaugurado em 1874 pelo governador da província, João Theodoro, era local para piquenique, passeio, lazer. No ano seguinte, outro estabelecimento para banhos foi aberto na ilha, apreciado pelos moradores da várzea e do antigo Brás. Ainda não havia água encanada na maior parte das residências e os chafarizes não davam conta de abastecer a todos. Para os idosos, o uso de banheiras existentes nesse estabelecimento era uma novidade disputada em dias empoeirados e calorentos. A ilha possuía um zelador e oferecia "banhos de nado e de chuva". Com um nome deveras inspirador, esta durou menos de vinte anos. Os banhos eram pagos, mas não eram tão caros como os da Sereia Paulista.

De qualquer modo, o sentido da palavra possuía suas especificidades. Um banho podia ser somente a lavagem dos pés, do rosto e das mãos. Ou, então, tratava-se de um banho de rio destinado a refrescar o corpo durante estações calmosas ou proporcionar diversão à molecada. As primeiras piscinas eram raras e ainda chamavam-se cochos. Não eram azulejadas nem repletas de água azulada pelo cloro. Antes da década de 1920, as travessuras à beira de rios e córregos estavam distantes das aventuras mais tarde propostas em modernas piscinas e competitivos esportes náuticos. O casamento entre esporte e higiene ainda era hesitante e incomum.

---

10 Edmundo, *O Rio de Janeiro do meu tempo*, p.99.

A água entre disputas e interdições

O receio de que a água do banho pudesse penetrar no corpo através dos poros não era exclusivo dos brasileiros. Na história da higiene, outras culturas tiveram o mesmo temor. Mas este não era maior do que a dificuldade para obter o precioso líquido, limpo e abundante. Nas cidades brasileiras, os chafarizes secos, a displicência no recolhimento do lixo, as apropriações indevidas de bicas, assim como os desvios clandestinos de regos para dentro de algumas propriedades, foram problemas comuns e de difícil resolução.

Desde o começo do Império, quando muitas caixas d'água eram feitas de madeira e desprovidas de tampas, até o surgimento das primeiras hidrelétricas no século XX, a história dos usos da água no Brasil revela uma miríade de embates e dificuldades: sem canalização suficiente, grande parte da população dependia dos serviços de escravos ou pessoas pobres para a coleta e o despejo.

Mas nem sempre esse trabalho era suficiente. O ofício dos aguadeiros era, portanto, um recurso importante. Vendedores do líquido transportado em grandes barris ou pipas sobre o dorso de animais de carga foram figuras populares. Alguns comercializavam fiado e marcavam nas paredes das casas a dívida dos compradores. Outros trocavam a água por mercadorias. As formas de pagamento variavam. Na capital paulista, o ofício foi bastante disputado entre imigrantes portugueses. No Rio de Janeiro, antes de 1876, quando foi iniciada a construção de uma rede de água para o abastecimento dos domicílios, índios e escravos faziam boa parte daquele trabalho. Em Belém do Pará, diversos aguadeiros chegavam a percorrer longas distâncias para coletar água de poços, rios e igarapés.[11]

Durante todo o período imperial, e ainda ao longo da era republicana, numerosos foram os estrangeiros e brasileiros que se mostraram descontentes com as providências governamentais em relação ao abastecimento de água e à salubridade das cidades. Mas, na medida em que a

11 Almeida, *Águas de Belém do Grão Pará*.

época imperial chegava ao fim, a imprensa das capitais brasileiras tendia a ressaltar uma possível associação entre sujeira e pobreza. Novamente não seria esta uma originalidade nacional, visto que em outros países já havia uma extensa propaganda acerca das possíveis relações entre doença, imundície e pobreza.

Muitas vezes, tal associação referia-se ainda à falta de decoro. Na capital paulista, a partir de 1870, códigos de postura e artigos na imprensa enfatizaram, com uma evidência até então desconhecida, a necessidade de mudar alguns hábitos de asseio julgados imorais. Os banhos de rio, por exemplo, além de serem proibidos por lei, figuravam como atentados ao pudor e, cada vez mais, como experiências insuficientes para a boa limpeza do corpo. Em 21 de fevereiro de 1913, o jornal paulista *A Capital* publicou uma crítica relativa ao hábito diário de meninos e jovens tomarem banho de rio "completamente à Adão". Falta de pudor e também de higiene, pois a notícia insistia no absurdo de ver "quatro marmanjos, em vestes paradisíacas" tomando banho no "lamaçal *immundo*".[12] Banho de verdade passou a ser aquele oferecido em sanitários privados ou então nas casas específicas.

Da mesma maneira, o uso de matagais e ruas como banheiros a céu aberto tornou-se insuportável para os defensores dos novos mictórios públicos, dentro dos quais se aprendia um novo gosto pela privacidade. E mesmo se os urinóis ainda eram utilizados, a segunda metade do século XIX foi, sem dúvida, um momento de progressiva mudança na sensibilidade diante dos cuidados com o corpo. Os mais pobres não eram apenas vistos como os que menos conheciam os benefícios da higiene, mas sobretudo como os que mais concentravam em seus corpos os germes das doenças.

A associação entre pobreza, sujeira e doença se afirmava ao mesmo tempo que uma indústria do banho começava a iniciar uma carreira de sucesso no Brasil e em várias partes do mundo. Novas necessidades foram criadas, algumas tornadas excentricidades pouco atraentes, outras

12 O valle do Anhangabahu transformado em lugar de banhos públicos?. In: *A Capital*, 21 fev. 1913.

percebidas, mais tarde, como necessárias ao que passou a ser chamado de bem-estar individual e, a seguir, autoestima. Banheiras feitas inteiras em pedra, escuras e estreitas foram pouco a pouco substituídas por modelos ora mais leves e claros, ora mais baratos. Algumas ganharam pés e puderam ser transportadas. Quando a moda dos banhos de mar começou a ganhar as páginas dos jornais, mergulhar o corpo na água salgada tornou-se símbolo de saúde e rejuvenescimento. Ao sabor dessa tendência, amplamente fortalecida pelas receitas médicas da época, em março de 1913, uma publicidade no jornal *O Estado de S.Paulo* destacou: "Banho de mar em casa. Com sais extraídos d'água do mar." Tratava-se de adicionar à água doce os sais produzidos por inventores anunciados como sérios e competentes. Graças a eles, podia-se obter "água salgada igual à do oceano".[13]

Em 1913, essas imersões eram provavelmente um exotismo comprado por uma minoria, para servir a ocasiões extraordinárias. Sugeriam a emergência de um interesse especial pelos banhos, em uma época em que os jornais já anunciavam, igualmente, a venda de quartos com luz elétrica, banhos quentes e frios, aparelhos para massagem manual, elétrica e vibratória. Dominar a natureza em favor do conforto dos corpos e de sua limpeza tornou-se uma tarefa possível para as famílias ávidas em esquecer o passado colonial e escravocrata. Nesse caso, o corpo conquistava uma nova autonomia em relação à natureza e, em particular, ao clima. Autonomia seguida, é claro, de uma inusitada dependência em relação ao consumo de produtos industrializados para a limpeza e o bem-estar corporal.

Higiene e progresso

Em 1897, uma importante enciclopédia francesa atribuiu à higiene a designação de uma "ciência moderna".[14] Não apenas uma virtude, como

---

13 *O Estado de S.Paulo*, 1 mar. 1913.

14 Rochard (Org.), *Encyclopédie d'hygiène et de médecine publique*, t,1.

muitos dicionários a definiam, ou arte para conservar o equilíbrio do corpo; doravante, seria uma ciência, o "braço direito" da saúde corporal e da salubridade urbana. Suas possibilidades ganharam amplitude, enquanto seu ensinamento tornou-se rotina para as disciplinas escolar, militar e familiar. Por meio da higiene, podia-se regenerar uma raça, fortalecer uma nação.

Certamente, as regras de limpeza foram essenciais, desde os primórdios das civilizações. Mas era nova a crença de que, por meio da higiene, seria possível alavancar o progresso econômico e social. De acordo com a imprensa brasileira, países como a Inglaterra e a França foram exemplos dessa conquista. Ambos, cada qual a seu modo, ambos contribuíram fortemente para a criação de um campo de estudos e de intercâmbios entre higienistas de diversas partes do mundo, graças à realização de congressos e publicações.

Na Inglaterra, os trabalhos científicos sobre a higiene urbana ganharam importância com a atuação do jurista Edwin Chadwick, autor de um relatório intitulado *Sanitary conditions of the labouring population*. Sobre as condições de salubridade no meio urbano, esse foi publicado em 1842, época em que Londres chegou a ser considerada uma das cidades mais fétidas do mundo, cortada por um imenso esgoto chamado Tâmisa. A higienização desse rio e de toda a cidade representava uma maneira de combater vários tipos de doenças. Todavia, uma das originalidades do trabalho de Chadwick consistia na associação, até então incomum, entre falta de higiene, desconforto e prejuízo econômico. A ausência de uma rede de esgotos e de água encanada digna das dimensões da capital inglesa representava esses problemas para industriais e comerciantes.

Igual percepção estava presente em trabalhos sobre a higiene urbana realizados em outros países. Mesmo antes da criação das sociedades de higiene e de medicina pública e de higiene profissional na França, a imprensa parisiense já anunciava que o preço a ser pago pelo descaso diante da limpeza das ruas, fábricas e residências seria demasiadamente alto. Desde a primeira metade do século XIX, algumas publicações de cunho científico mostravam que aquela nação não poderia se furtar ao casamento entre salubridade urbana, conforto e riqueza. Assim, em 1853, quando Georges-Eugène Haussmann foi chamado em Paris por Napoleão III para assumir a prefeitura da cidade, a ideia de modificar o perfil da capital francesa dependia sobretudo da capacidade de higienizá-la. A antiga relação mimética entre o corpo humano e o cosmos parecia doravante substituída por outra, formada pelo par cidade-cidadão. A semelhança que muitos higienistas e escritores estabeleceram entre o que deveria ser o "corpo da cidade" e o de seu habitante facilitou a transformação da higiene em uma ciência capaz de contribuir para um duplo e simultâneo progresso: social e individual. A Paris de Balzac foi substituída pela cidade haussmanniana, com novos bulevares, cais e avenidas. Doravante, as ações da engenharia e da arquitetura deveriam se alinhar à sensibilidade de higienistas, médicos e educadores. E essa tendência foi rapidamente exportada para inúmeros países, entre eles o Brasil.

No Rio de Janeiro, por exemplo, a influência dos trabalhos de Haussmann e de Belgrand, seu grande aliado, esteve presente nas obras do governo de Pereira Passos e no famoso "bota-abaixo" ocorrido no começo do século XX. Habitações populares foram demolidas para dar lugar a construções consideradas modernas, higiênicas e salubres, dispostas dentro de um espaço cujo aspecto deveria lembrar o de um bulevar francês. Nas diferentes capitais brasileiras, a moda higiênica favoreceu interesses de um novo comércio florescente e, especialmente, a especulação imobiliária. Mas também provocou revoltas populares, além de críticas mordazes entre alguns escritores da época, pois a luta em prol da higiene não deixava de tomar a forma de uma violência contra os menos favorecidos, um meio de acelerar e justificar sua exclusão.

Enquanto isso, as pesquisas epidemiológicas demonstravam que havia um risco significativo de contágio nas águas poluídas, suspeitas de provocar a cólera e o tifo. Um número considerável de cientistas percebeu quanto a higiene representava uma arma poderosa, capaz de prevenir e combater tais males. Com o aperfeiçoamento dos microscópios e o desenvolvimento da microbiologia, abriu-se caminho para a emergência da bacteriologia médica. Na Europa, em 1878, "micróbio" tornou-se um termo científico. O cirurgião Charles Sédillot propôs esse conceito à Academia de Ciências para designar os pequenos seres responsáveis por infecções e pelo estado de putrefação.

Em 1882, Jules Ferry transformou a higiene em matéria obrigatória nas escolas públicas primárias da França. Escovar os dentes e lavar as mãos várias vezes ao dia tornaram-se maneiras de evitar doenças e de se distinguir socialmente. Os manuais sobre o assunto dirigidos aos professores contribuíram para acirrar o medo dos "monstros invisíveis", conforme expressão de Florimond David, em livro transformado em importante referência pedagógica para a época.[15]

No Brasil, a moda higiênica começou a penetrar nas escolas e contribuiu para a promoção da Educação Física. A laicização progressiva do corpo, vinculada à visão triunfalista da ciência, tendeu a inscrever o exercício físico na origem da vida humana. No seio do higienismo, a inspiração de cunho eugênico tendia a associar a limpeza da raça brasileira aos valores da ginástica e do culto à vida ao ar livre. Moda e ciência, apesar das diferenças, tendiam a se encontrar no mesmo afã por silhuetas higienizadas. Isso significava saúde, asseio e também o culto do *sportman*, avesso à palidez e às olheiras, às cinturas femininas apertadas por espartilhos e abafadas por espessos tecidos ou ainda às cabeças cujos cabelos se perdiam em caracóis debaixo de pesados chapéus.

Os vestidos com cauda, por exemplo, se revelaram incômodos e muito propícios ao acúmulo de sujeira. A cauda podia levar para dentro das casas a imundície da rua. Já os redondos ou mais curtos serviam à limpeza e à praticidade, em conformidade com o trânsito em cidades populosas e com ruas empoeiradas. A leveza esperada das roupas exigia uma nova atenção à higiene do corpo, assim como a adoção de novos cuidados de beleza. No começo da década de 1920, conforme trecho de um artigo publicado no almanaque *Eu Sei Tudo*, "a recente moda das saias curtas revelou o que muita gente ignorava, isto é, a que ponto chegou a deformação dos pés entre mulheres".[16] A referência a

15 Trata-se do livro *Les monstres invisibles ou les maladies microbiennes selon Pasteur.*

16 "Nosso corpo. A deformação dos pés". *Eu Sei Tudo*, n.1, p.123, jun. 1920.

alguns modelos norte-americanos modulava a expectativa de se criar uma nova raça, bela, limpa e saudável. Se em 1900 as imagens das cinturas finas, no estilo norte-americano das Gibson Girls, dependiam de espartilhos, a década de 1920 trouxe o charme da silhueta longilínea, próxima ao aerodinamismo dos novos bólidos de corrida. Era apenas o começo do fascínio pelas superfícies lisas, retas, leves e velozes. A partir de então, diversas fotografias de banhistas tornaram-se comuns nas revistas femininas. Nelas, braços, pernas e pés nus, sob a luz do sol, irradiavam um estilo de vida voltado à descontração, à higiene e à jovialidade. A depilação não tardaria a ser necessária às mulheres. E, sob a influência do culto ao verão e à sua exposição na imprensa e no cinema, não demoraria muito para que a ausência de pelos servisse, sobretudo, como testemunho maior de higiene e sedução.

Sedução, mercado e micróbio

No final do Império, a propaganda do Desinfectante Carbolico enfatizava sua "*efficiencia* e prontidão" no combate aos miasmas e micróbios. Ao lado, havia uma série de anúncios dos novos filtros de água, como aquele inaugurado por Chamberlain, um colaborador de Pasteur. Mas também surgiram sabonetes de diferentes marcas e os desinfetantes industrializados. Uma das primeiras publicidades de desinfetante corporal nos jornais brasileiros era do chamado Socorro da Mocidade. Higiene e rejuvenescimento iniciavam uma carreira cujo futuro se revelaria promissor, especialmente depois da Segunda Guerra Mundial.

Mas mesmo antes da Primeira Guerra, a divulgação dos benefícios do *water-close* inglês ou do *bidet* francês foi solidária à atribuição do charme e da sedução no cenário da limpeza corporal. Entre as famílias abastadas residentes na capital brasileira, ainda no século XIX, foram estabelecidos os primeiros *cabinets de toilette*, com água corrente. A seguir, o requinte de algumas banheiras envoltas em veludo, seda e decorações extravagantes definia a higiene dos brasileiros ricos e alimentava a mistura entre o ato de limpar e o de embelezar as aparências. A decoração dos banheiros tornou-se importante entre as famílias de elite. A partir daí, a tendência veiculada pela propaganda não cessou de confirmar a passagem entre duas épocas: a primeira, na qual o banheiro, quando existia, era pouco valorizado, casinha de fundo de quintal, local obscuro, às vezes propositalmente disposto ao lado das cozinhas para se beneficiar das fumegações provenientes dos fogões ainda de lenha. E a segunda, correspondente ao começo do século XX, quando o banheiro tende a se tornar uma vitrine da higiene doméstica nas residências ricas, um espaço atraente, propiciador da satisfação de estar consigo.

Nessa transição, o cotidiano das principais cidades brasileiras também sofreu transformações de peso. Diante do estabelecimento de novos cafés e restaurantes, os antigos quiosques e tabernas pareceram mais do que nunca sujos, pobres e desconfortáveis. A partir da década de 1880, a higiene passou a ser entendida como um instrumento privilegiado de promoção do conforto e do progresso, assim como uma ciência incorporada à assepsia e, portanto, preparada para combater as impurezas invisíveis a olho nu. Com a divulgação das pesquisas em microbiologia, os perigos da sujeira e da doença exigiram uma higiene diferente das defumações e outras práticas usuais até então. Os micróbios existiam aos bilhões, e nenhum lugar estava a salvo de sua presença. Reportagens publicadas nos jornais de inúmeros países alertavam educadores, autoridades públicas e pais de família sobre esse perigo minúsculo, porém avassalador. Conforme a propaganda de um remédio chamado *Pílulas Vegetaes da Graça de Deus*, de 1887, lugares infectos pela decomposição da vegetação também deviam ser rapidamente higienizados.

A partir daí, o imaginário da limpeza sofreu modificações significativas. A sujeira vista a olho nu passou a ser apenas uma parte do risco, pois outro problema grave, impossível de ser flagrado sem a ajuda de um microscópio, ameaçava a saúde de todos. Por conseguinte, a higiene posterior à microbiologia tornou-se uma arma diante da qual as expectativas de médicos, engenheiros e muitos brasileiros letrados não eram pequenas. Seu exercício proporcionaria uma nova autonomia do corpo diante das forças naturais e, sobretudo, uma independência do brasileiro em relação ao que se considerava, ao mesmo tempo, um passado "colonial, escravocrata, indolente e atrasado".

No entanto, os temores e as ameaças à vida não diminuíram, e sim mudaram de natureza. Por exemplo, o banho progressivamente deixou de ser visto como perigoso, substituído pelo risco de os micróbios não serem diligentemente eliminados. Assim, em diversos manuais de higiene publicados a partir de 1900, o banho de chuveiro era indicado como mais eficaz do que o de banheira, pois a visão era de que nela os micróbios do corpo não caíam por terra com a água. Ficavam todos juntos, boiando, vivos; nem uma espécie de sopa anti-higiênica em contato íntimo com o corpo.[17] Além disso, havia o risco de as banheiras serem mal lavadas.

A partir de então, cravou-se no imaginário social uma distinção inovadora entre a limpeza da aparência – insuficiente e falsa – e a higiene total, verdadeira e necessária. Por conseguinte, o apreço pelas roupas limpas não bastava. Os asseios das vestimentas e do corpo deveriam ocorrer na mesma medida, o que exigiu lavagens mais frequentes e potentes de ambos. Os sabonetes perfumados e coloridos apareciam na propaganda impressa como grandes amigos dessa higiene corporal rigorosa, com a vantagem, ainda, de contribuir para aumentar os atrativos de quem os utilizasse. Nos anúncios do sabonete Reuter, por exemplo, estava escrito que as mulheres, depois de utilizá-lo, "não devem na igreja entrar", pois "*si* os santos sentem-lhe o cheiro, são capazes de *peccar*".

Na verdade, a complexidade da realidade social permaneceu forte em tempos republicanos. A igreja podia se curvar às novidades do mercado da limpeza e da beleza, embora a influência religiosa ainda permanecesse visível no cotidiano de muitas jovens. Da mesma maneira, o convívio com os micróbios, assim como o combate a essas minúsculas criaturas, foram experiências constantemente atravessadas por antigas percepções acostumadas ao universo cultural anterior, pois, entre miasmas e micróbios, as rupturas não foram fáceis nem completas, assim como entre ciência e religião nem sempre as diferenças eli-

17 Campos, *Noções gerais*. Hygiene, p.22.

minaram suas conhecidas proximidades. Uma série de ligações entre esses domínios caracterizou uma parte do entendimento sobre a vida e a morte dos brasileiros.[18]

Na propaganda de diversos desinfetantes, as palavras micróbio, germe e miasma apareciam alinhadas em uma mesma frase e vistas como similares. A presença de Higia, deusa grega da limpeza e da saúde, cujo nome originou a palavra higiene, também não escapava da pluma dos escritores e artistas da época. Os rigores do positivismo presentes nas justificativas higienistas ainda viam utilidade e importância na lembrança de uma divindade.

O órgão do governo para tratar dos assuntos relacionados à saúde pública era a Junta Central de Higiene Pública, criada na década de 1850, a qual, em 1886, passou a se chamar Inspetoria-Geral de Higiene. Mas a institucionalização dos cuidados com o corpo não conseguia abranger a diversidade de curandeiros existentes no país responsáveis pela administração da cura e da limpeza dos corpos.

A sujeira no interior do corpo

Em meio aos progressos esperados da ciência higiênica, a propaganda de remédios para a saúde ganhou espaço crescente nos jornais brasileiros durante as primeiras décadas do século XX. Vários de seus anúncios mostravam figuras humanas atacadas por doenças, silhuetas enfraquecidas, olhares tristes e rostos contorcidos por dores insuportáveis. Ainda não havia grande constrangimento em mostrar a sujeira, a doença e a feiura, nem pudores em pronunciar tais palavras. No texto publicitário, ainda existiam longos discursos sobre os detalhes do sofri-

18 Sobre miasmas e micróbios, ver Benchimol, *Febre amarela*: a doença e a vacina, uma história inacabada, p.38; Bresciani, Le brouhada des petites mémoires à la rencontre des langages savants: esthétique moderne et citoyenneté à São Paulo de 1890-1940. In: *Comunicação ao Congresso Internacional Les Mots de la Ville*, p.11.

mento. A narrativa da lamúria e da queixa funcionava como um atrativo para a venda.

Os anúncios do remédio Saúde da Mulher, destinado a tratar das "doenças femininas", ilustravam de modo exemplar essa tendência. Realizados por José Lyra, "homem de propaganda", representando a empresa Daudt & Lagunilla, possuíam longos discursos sobre uma infinidade de males uterinos. Além desse medicamento, o Uterina, os Reguladores Gesteira, Xavier ou Sian prometiam milagrosamente acabar com os "incômodos das senhoras". A antiga ambição de limpar o corpo por meio de sangrias, vomitórios e purgantes atualizava-se nessas propagandas.

Mas os jornais brasileiros também veiculavam publicidade de uma miríade de remédios destinados à limpeza e à saúde de outras partes do corpo, de ambos os sexos. Exibiam de modo espetacular uma sucessão de males capazes de obstruir a circulação da vida. Em seus desenhos e textos, a maioria das doenças da mulher concentrava-se em seu aparelho reprodutor. Já o homem era preferencialmente focalizado de maneira genérica e total.

Há séculos, a imagem do útero, quando vazio, foi assimilada a uma caverna sombria, poderosa em seus malefícios, ameaçadora em suas potências: zona propícia para acumular enfermidades e a causa de todas as indisposições femininas. Assim, não era a primeira vez na história que o imaginário da sujeira uterina se destacava. Várias vezes fomentou temores em relação à mulher tanto quanto a limitou a ser vista como uma pobre vítima de seu útero. Muitas sociedades basearam-se no pressuposto de que esse órgão representava o princípio feminino por excelência. Nesse caso, uma lista rigorosa de interdições sociais era aplicada à mulher durante o período da menstruação.

No começo da era republicana, os ecos desses antigos pressupostos foram amplamente traduzidos pela propaganda brasileira, segundo uma linguagem pretensamente mercadológica. Por meio de narrativas dramáticas, o útero aparecia como um lugar suscetível ao acúmulo de todo tipo de líquido malsão, feridas "empesteadas", sujeiras de toda ordem. A propaganda também atualizava a antiga crença de que o parto e o advento mensal das regras limpavam e revitalizavam o corpo, afirmando a identidade feminina.

Em contraste com esse imaginário, o universo da virilidade masculina foi explorado pela publicidade de remédios promotores da força e do vigor. Tais qualidades concentravam-se em diferentes partes do corpo dos homens, do cérebro aos membros inferiores, passando pelo coração e pelos músculos. A generalidade dessa abordagem contrastava com o centralismo uterino atribuído às mulheres. Mas, nos dois casos, as exigências para impedir que nada de nefasto se acumulasse no organismo eram evidentes e frequentes.

Enquanto às mulheres era prescrito um cuidado obstinado para com o aparelho reprodutor, aos homens, qualquer excesso de inércia, delicadeza ou leveza podia indicar uma perigosa fraqueza viril. Se os remédios para a saúde do útero focavam a necessidade de mantê-lo sempre limpo, livre de acúmulos suspeitos, a propaganda de vários medicamentos promotores do vigor masculino enfatizava o risco do acúmulo de sujeiras no sangue e nos nervos. Estes, antes do desenvolvimento das pesquisas científicas sobre os hormônios, apareciam como extremamente sensíveis às influências maléficas, internas e externas.

O sangue sujo era, portanto, um problema que podia ocorrer não apenas às mulheres. No caso dos homens, impedia o bom funcionamento do cérebro, a irrigação correta do coração e a nutrição muscular. Podia provocar demência, mas o contrário também era um perigo: sangue ralo, fraco, sugeria neurastenias irreversíveis, magreza e indisposição. Para ambos os sexos, havia a necessidade de limpá-lo, mas sem expulsar de sua composição os ingredientes promotores da força e da robustez. A palavra virilidade ainda era pouco empregada, assim como a expressão "prazer sexual". Mas a felicidade conjugal não tardaria a funcionar como uma receita de sucesso para a venda de produtos de beleza, saúde e higiene provenientes de indústrias nacionais e estrangeiras.

Além do sangue, dos nervos e do útero, a propaganda de remédios para combater congestionamentos orgânicos no estômago e nos pulmões ganhou progressivamente a atenção do público leitor dos jornais. A década de 1920 foi a do investimento em organismos pouco dados a volumes "desnecessários e inúteis" e, ao mesmo tempo, a cidades e casas avessas aos cômodos ociosos, sombrios e entulhados. Descongestionar, limpar e tornar útil eram tidos como termos equivalentes. Vedee, por exemplo, era um aparelho anunciado naquela época que mais parecia um moedor de carne. Tratava-se de uma engenhoca movida manualmente e que servia para massagear o peito e a garganta. Sua propaganda prometia descongestionar os pulmões e aliviar a tosse. O anúncio do remédio Alcatrão-Guyet dizia que ele servia para a limpeza dos pulmões, porque funcionava como descongestionante e como "polícia".

As similitudes entre a disciplina almejada para as fábricas, o meio urbano e o organismo humano estavam presentes na medicina, na moda e na propaganda. Diversos anúncios expressavam uma grande preocupação em relação aos restos de comida que não eram devidamente aproveitados pelo estômago e que se depositavam "ociosamente" em locais indevidos. Os gases estomacais podiam apodrecer e provocar doenças, enquanto os intestinos lentos revelavam uma ociosidade mortífera. O antigo mito da eficácia contribuía agora para afirmar a imagem do corpo como uma máquina produtora de energia, e não apenas um lugar de estocagem de matéria.

A partir de então, o receio do homem improdutivo apoiava-se sobre o discurso médico defensor do pressuposto de uma preguiça natural do corpo. Por vezes, a aliança entre trabalho e medicina chegava a ser claramente explicitada: no anúncio "o banho e o trabalho", recomendava-se ducha diária de água fria para "limpar a *pelle*" e "regenerar os nervos". Mas, além desse banho, havia a necessidade de outro, interno, proporcionado pela ingestão de um medicamento chamado Salvitae. Seu consumo, de acordo com a propaganda, aliviava dores intestinais e permitia que o indivíduo trabalhasse tranquilamente.[19]

O tratamento recomendado ao corpo lembrava, em parte, o dado à máquina no emergente universo industrial. Não por acaso, o corpo era frequentemente concebido como um mecanismo energético, contendo um líquido vital, além de um motor chamado coração, com "condutores

19 *Revista da Semana*, n.11, 11 mar. 1922.

que se ramificam ao infinito e distribuem o sangue a todos os órgãos".[20] A novidade da época não estava na proposta de limpar o interior do organismo, depurando-o de modo a livrá-lo das doenças. O uso de laxantes, dos banhos internos e mesmo das sangrias já respondia a essa antiga expectativa. O inusitado naquele começo de século repousava sobre a banalização da associação entre limpeza, produção de energia e vitalidade, um tripé doravante fundamental para erigir não apenas uma raça saudável, mas sobretudo o desenvolvimento da indústria e da urbanização. Um tripé intimamente relacionado à fabricação de uma nova geração de produtos e de uma progressiva medicalização dos cuidados com a higiene e a beleza do corpo.

20 "Preceitos de higiene". *Revista da Semana*, n.11, 12 mar. 1921.

PARTE II

11

O que não se vê: corpos femininos nas páginas de um jornal malicioso

Cristiana Schettini

O comendador Eusébio, "negociante, importador, capitalista e respeitado", casara-se unicamente para ter mulher em casa. A escolhida, dona Adelaide, sofria com os hábitos metódicos do marido e, principalmente, com seu desinteresse pelos "deveres conjugais". Após várias tentativas frustradas de provocá-lo, ela resolveu apelar para outro recurso que não seus próprios encantos: a "leitura sugestiva". Mandou comprar o *O Rio Nu* e o largou sobre a mesa, como se tivesse servido de papel de embrulho. Deparando com o jornal, o bem-sucedido comerciante resolveu tomar satisfações com a mulher:

> – Que é isso? Um jornal destes em minha casa! Então a senhora lê essas coisas?
>
> – Eu não – exclamou Adelaide –, isso naturalmente veio embrulhando alguma coisa.
>
> – A senhora é que quer embrulhar a mim! – rosnou o negociante, abrindo o jornal, desconfiado. – A senhora é que o mandou comprar. Resta saber para quê. Quem sabe se não vem aqui alguma coisa que a interesse... alguma poesia ou novela dedicada à senhora...

E o Eusébio pôs-se a procurar, nas colunas d'*O Rio Nu*, alguma coisa suspeita. Começou de pé, mas as gravuras prenderam-lhe a atenção.[1]

Das imagens, o comendador passou ao texto. Entre contos e crônicas, "que tinham todos por único fim a glorificação da mulher, a descrição minuciosa de suas belezas e o poder mágico de sua carne", Eusébio finalmente começou a ter ideias sobre "a utilidade da mulher em geral e especialmente daquela que ele tinha ali". Para encurtar a história, o plano de dona Adelaide funcionou e mais um casamento terminava salvo graças à leitura de um periódico "alegre".

Histórias como esta, publicada em 1909, que tem como centro a propaganda de certas publicações entre leitores e leitoras em busca de excitação sexual pura e simples, ou de salvar um casamento, eram recorrentes nas páginas de ampla gama de jornais que se especializaram em um tipo de humor malicioso e de duplo sentido, como o *O Rio Nu* e seus congêneres no Rio de Janeiro do começo do século XX. Surgido em 1898 como um despretensioso jornal de humor "cáustico", com um programa de "passear com seus sapatos trocistas por sobre as conveniências sociais", *O Rio Nu* foi se afirmando com o peculiar estilo. Nos seus primeiros anos, parecia mais uma das muitas efêmeras publicações de jovens boêmios com pretensões literárias que começaram a aparecer no fim do século XIX.[2] Mas, em pouco tempo, tornou-se um humorístico de consolidada existência comercial, sendo na maior parte bissemanal, vendido tanto nas ruas como por subscrição para o interior do Brasil. Em suas oito páginas, as ilustrações se alternavam entre textos de comentários de notícias cotidianas e histórias ficcionais, como a do rico Eusébio e sua insatisfeita esposa. Ao contrário de outros tantos repre-

1 Villaflor, D. O efeito da leitura, *O Rio Nu*.

2 Ver, por exemplo, o comentário na *Gazeta da Tarde*, 13.5.1898, que saúda o aparecimento de *O Rio Nu* e afirma que seus redatores eram "rapazes que estão no primeiro plano da nossa boêmia literária". Em 1900, um dos fundadores recorda a intenção de fazer um "jornaleco bem impresso, bem *malcriado*". Bock, Como se fez o Rio Nu, *O Rio Nu*.

sentantes do chamado "gênero alegre" carioca, durou até 1916, sem sofrer interrupções significativas, passando a ser conhecido como um dos principais jornais do tipo.[3]

Sua continuidade no panorama daquela imprensa especializada, e mais especificamente "para homens", ao longo de quase vinte anos, constitui uma oportunidade interessante de indagar sobre os sentidos desse humor peculiar que circulava pelas ruas do Rio de Janeiro e também por cidades pequenas do interior do país. À parte a intenção explícita de divertir e excitar sexualmente seus leitores com gravuras e textos caracterizados por seus autores como "sugestivos" e "maliciosos", porém nunca "pornográficos", jornais como *O Rio Nu* permitiam uma leitura que abordava a linguagem particular no contexto das relações sociais do período. Trata-se de se perguntar sobre a dimensão social das fantasias sexuais veiculadas em suas páginas.

Para isso, vale seguir as sugestões de historiadores culturais que se dedicaram a um panorama muito diferente do encontrado no Rio de Janeiro nos primeiros anos do século XX, em que circulou *O Rio Nu*. Robert Darnton, por exemplo, tomou a literatura libertina francesa no período anterior à Revolução Francesa para desvendar um "sistema cultural" que não existe mais. Os escritos pornográficos estudados por ele estavam profundamente vinculados ao pensamento iluminista. Sendo primordialmente expressões de crítica social, veiculavam ataques à Igreja, à coroa e a outros abusos do antigo regime por meio de histórias de tórridos encontros sexuais protagonizados por padres e freiras. Para os franceses dos anos pré-revolucionários, as narrativas permiti-

3 Sobre a introdução do "gênero alegre" no Brasil com a inauguração do Alcazar Lirique, ver Barreto Filho; Lima, *História da polícia do Rio de Janeiro*, p.218, citado em Menezes, *Os estrangeiros e o comércio do prazer nas ruas do Rio*, p.21. Uma das primeiras publicações a assumir o rótulo foi *Sans Dessous*, que trouxe em seu número inaugural a foto da famosa prostituta francesa Susana Castera, com a legenda: "A iniciadora do gênero alegre no Brasil – uma justa e respeitosa homenagem de *Sans Dessous*". *Sans Dessous*. A expressão é associada, assim, com a introdução de diversões "francesas", de uma vida noturna e com a prostituição.

ram pensar "a igualdade numa sociedade profundamente desigual".[4] Em um sentido similar, a historiadora Lynn Hunt associa o surgimento da pornografia como um gênero diferenciado à modernidade, relacionando-a ao desenvolvimento da cultura impressa e às relações de consumo derivadas desse contexto.[5]

Para seus próprios redatores, *O Rio Nu* não podia ser definido como uma publicação desse gênero. No entanto, sua obsessão com a representação de nus femininos e com histórias de encontros sexuais permite contextualizá-lo em relação a outro momento particular de expansão da cultura impressa e de consumo de publicações pornográficas, descrito pela historiadora Lisa Sigel como um processo marcado por transformações técnicas que permitiram uma circulação de dimensões inéditas de gravuras, fotografias e imagens, por meio de postais, revistas, filmes ou folhetos, que passaram a alcançar públicos amplos e socialmente diversificados a partir do fim do século XIX em diferentes partes do mundo. Além disso, Sigel destaca que a própria representação de corpos femininos desnudos, que erotiza alguns aspectos de suas formas, como seios e glúteos, longe de ser a única possível, também é relativamente recente, remetendo-se ao século XIX.[6]

Dessa forma, ao considerar o caráter histórico e socialmente localizado das imagens centradas em nus femininos e das narrativas sexuais em circulação no período, é possível articular uma pergunta sobre seus significados sociais específicos no Rio de Janeiro nos primeiros anos do século XX. A intenção deste capítulo é empreender tal exercício por meio da confrontação entre as imagens publicadas em *O Rio Nu*, em especial as que retratavam corpos femininos, com seu conteúdo

4 Darnton, Sexo dá o que pensar. In: Novaes (Org.), *Libertinos libertários*, p.28. Sua análise da literatura proibida na França pré-revolucionária, em que os escritos pornográficos se misturavam a outras narrativas "subversivas", está desenvolvida em *Os best-sellers proibidos da França pré-revolucionária*.

5 Hunt, *The Invention of Pornography*: obscenity and the origins of modernity, 1500-1800, p.13.

6 Sigel (Org.), *International exposure*: perspectives on modern European pornography, 1800-2000, p.2.

escrito. Embora o jornal tenha circulado por várias cidades brasileiras, seu âmbito de difusão imediato era o Rio de Janeiro, que passava, justamente naquele momento, por um período de radicais transformações políticas e sociais. Com a consolidação do regime republicano, e em particular com a prefeitura de Pereira Passos (1902-1906), o município viveu um violento período de reformas urbanas que marcaram uma certa maneira de administrar o espaço público. *O Rio Nu* foi testemunha e comentador desses processos. Seus redatores e colaboradores, ao rirem do cotidiano e ao contar histórias de tórridos encontros sexuais, dialogavam com os princípios estéticos franceses em voga, com a ideologia da higiene que despolitizava muitas das tensões sociais naquele momento e com os diferentes projetos de nação em pugna.[7]

Em trabalho anterior, com base nos textos publicados em *O Rio Nu*, argumentei que seus autores e colaboradores terminavam por expressar uma visão hierarquizada das relações sociais, calcada em preconceitos de classe, raciais e sexistas, por meio das fantasias que vendiam a seu público leitor. Nesse sentido, seu conteúdo tendia a ser muito mais social e politicamente conservador que os textos pornográficos do século XVIII. Mas essa estava longe de ser a única leitura possível do que veiculava a imprensa "alegre" carioca. Por causa de sua inserção em uma certa dinâmica de mercado, que o fazia chegar a um público heterogêneo e amplo, e principalmente do cultivo da linguagem maliciosa, que se caracteriza por ser lacunar, por chamar explicitamente o leitor a imaginar e completar seu significado, *O Rio Nu* e seus congêneres eram passíveis de múltiplas leituras. Neste texto, proponho que o contraste entre as narrativas ficcionais, os comentários do cotidiano e

---

7 A bibliografia sobre o Rio de Janeiro do período e sobre esses temas é vastíssima. Destaco o clássico de Sevcenko, *Literatura como missão*: tensões sociais e criação cultural na primeira República; sobre as referências estéticas francesas, Needell, *Belle Époque Tropical*; sobre a ideologia da higiene, Chalhoub, *Cidade febril*: cortiços e epidemias na Corte Imperial; e sobre os diferentes projetos letrados de nação no período, Pereira, *Footballmania*, uma história social do futebol no Rio de Janeiro, além de outros textos citados adiante.

as representações iconográficas sugerem alguns dos limites do discurso aparentemente transgressor e crítico do jornal, apontando o que poderia ser realmente interdito para seus redatores, embora não necessariamente para seus diversos leitores. Ao contrário do que poderia parecer à primeira vista, as figuras de *O Rio Nu* nem sempre "ilustravam" o texto. Seu humor naturalizava relações de poder entre homens e mulheres, e também outras relações sociais em que seus redatores e leitores estavam inseridos, mas, ao mesmo tempo, tanto o texto como as imagens abriam múltiplas significações possíveis.

O uso das ilustrações, como bem demonstra a história do comendador Eusébio, era parte fundamental da estratégia de *O Rio Nu* para atrair seus leitores. Entre eles, Eusébio era socialmente distinto, comerciante e rico, além de portador de um título honorífico. Um dos principais problemas que o jornal enfrentou ao longo de sua existência, que o obrigou algumas vezes a defender-se da acusação de ultrapassar as barreiras do malicioso e cair no pornográfico, decorria exatamente dessas ilustrações tão evidentes, principalmente na primeira e na última páginas, que se tornavam acessíveis a homens da classe trabalhadora e a mulheres que circulavam pelos bondes ou que olhavam as vitrines das lojas de revistas.

Além dos moralistas que o perseguiam e denunciavam, seus próprios colaboradores tratavam, assim, de controlar os significados com que jogavam. *O Rio Nu* participava de uma verdadeira organização comercial em torno do "gênero alegre" no Rio de Janeiro do período, que incluía cinemas, cafés cantantes, a visibilidade de certas modalidades de prostituição e, por fim, uma "pequena" imprensa diversificada e de características instáveis. A dimensão econômica e rentável da atividade se combinava à sua função imediata de divertir e excitar seus leitores por meio de fantasias sexuais aparentemente transgressoras. O lugar das ilustrações dos corpos femininos nesse esquema merece ser investigado mais detidamente, tanto em relação à difusão de dimensões inéditas para um público muito distante do comendador Eusébio, como ao conteúdo das histórias.

Gravuras "de facílima compreensão"

O comendador Eusébio era uma espécie de leitor ideal nas histórias de *O Rio Nu*, mas que pouco tinha a ver com a diversidade de homens que deparavam com os textos e as gravuras do jornal nas ruas da cidade, ou que o recebiam nas agências de vários municípios do interior. Como homem letrado e sério, Eusébio começou pelo texto, buscando algum indício da desonestidade de sua mulher, e foi só em um segundo momento que se distraiu com as gravuras. Esse protocolo certamente não era o mais comum entre leitores reais, que primeiro veriam as imagens, mas expressa bem o cuidado com a distribuição entre textos e gravuras no espaço do jornal.[8] Na primeira e última páginas apareciam desenhos grandes com pequenas legendas. As centrais eram dedicadas a várias charges e gravuras menores, acompanhadas de diálogos picantes, que dividiam o espaço com as propagandas, entre as quais se destacavam as de medicamentos milagrosos para doenças venéreas, além de restaurantes e bares do centro da cidade.

Ao longo dos anos, enquanto buscava afirmar uma identidade particular em meio a uma diversificada e complexa imprensa humorística, *O Rio Nu* buscou remarcar seu traço como malicioso e "sugestivo", dirigido a leitores de bom gosto, ou pelo menos de recursos, como o comerciante Eusébio. É bem verdade que a malícia e o bom gosto significaram coisas muito diferentes ao longo da existência desse jornal. Mas, em distintos momentos, sempre havia colunas como a "Semana despida", dedicada a comentar os acontecimentos mais relevantes do período, "Nas zonas" e "Gambiarras", a fofocas e histórias sobre as prostitutas e atrizes da ocasião, e outras tantas, mais ou menos ficcionais, como a "Avenida central", em que o narrador, "Vagabundo", conta suas peripécias, criticando e ridicularizando figuras (reais) da alta política

8 Segundo Roger Chartier, o protocolo de leitura é dada forma de ler, determinada tanto pela materialidade do impresso como também por interferência mais ou menos explícita dos autores, editores e do próprio texto. Ver Chartier (Org.), *Práticas da leitura*.

nacional, em companhia de sua adorada, a "mulata Filopancia". Tudo isso entremeado de contos pródigos em adúlteras, lésbicas, viúvas alegres, "onanistas", prostitutas, atrizes e criadas. Era uma diversidade de mulheres que terminavam caindo nos braços de um conquistador jovem, viril, esperto e, na maioria das vezes, sem dinheiro, que ridicularizava, com suas aventuras, maridos traídos e "marchantes" impotentes.[9] As referências a pessoas e casos reais de forma mais ou menos explícita em cada uma dessas seções nos trazem de volta a imagem do desconfiado Eusébio, buscando avidamente nas colunas algum indício sobre o comportamento infiel de sua esposa.

As imagens pareciam, à primeira vista, simplesmente acompanhar o texto, trazendo com destaque desenhos de mulheres provocantes, mais ou menos vestidas, interagindo com homens e outras mulheres, não desejáveis, que ressaltavam, por contraste, seus dotes. Tal disposição das ilustrações era uma excelente garantia da venda avulsa do jornal. Além de ser anunciado, como as outras publicações do período, nas ruas e bondes por jovens e crianças que gritavam "ó....ó....ó...lha O Rio Nu!", também era exposto à porta de engraxates, barbeiros e outros lugares de sociabilidade masculina.[10] Em 1912, por exemplo, o proprietário de uma conhecida agência de jornais e revistas foi preso por exibir em sua vitrina "diversos folhetos com estampas imorais na capa".[11] Essa ampla distribuição relativiza a ideia de um conteúdo específico, malicioso e crítico, dirigido a um público muito bem delimitado, restrito e masculino, como o comerciante Eusébio. Muito mais gente entrava em contato com as sugestivas histórias, ilustrações e humor desse jornal,

9 "Marchante" se refere aos homens que sustentavam as prostitutas ou gastavam dinheiro com elas, em sua maioria velhos, gordos e sexualmente impotentes. O personagem "conquistador", por contraste, jamais gastava um centavo com elas, e se orgulhava de conseguir sexo grátis.

10 Sobre o vendedor de *O Rio Nu*, ver *O Rio Nu,* 16 dez. 1903. Sobre as vendas avulsas de jornais ilustrados, ver Cego, Censuramos. *Tagarela,* 28 jun. 1904.

11 Documentação de polícia, pacote 418A, caixa 5557, Arquivo Nacional, 1912.

que se misturava a uma crescente e diversa imprensa humorística que se desenvolvia no Rio de Janeiro no começo do século XX.

Tal circunstância garantiu aos sucessivos proprietários e diretores de *O Rio Nu* algumas dores de cabeça a cada tanto, quando a publicação era acusada de não passar de um pasquim de mau gosto, muito distante de uma autoimagem celebrada em suas páginas, ao longo dos anos, de humor cáustico e independência política, que o diferenciaria dos pasquins facciosos que predominaram no século XIX. Em 1910, o jornal chegou a ter sua distribuição pelos correios proibida, por ordem de um diretor desses de notória ação católica, o que provocou um animado debate nos diários cariocas sobre as instáveis fronteiras entre a obscenidade e a malícia, entre o sugestivo e o pornográfico, entre o erótico e o imoral.

Aos olhos de muitos cristãos conservadores, ou de policiais moralistas, no entanto, o problema não era o explícito, mas exatamente o contrário. Como advertia um articulista de uma publicação policial em 1915, o perigo das "publicações imorais" era a dissimulação. A estratégia de acobertar "a intenção com transparente véu", denunciava, não denotava pudor, mas malícia; não se fazia "por respeito ao público, senão para avivar ainda mais a sua curiosidade e estimular o apetite com maior energia".[12] Em outras palavras, a maldade, ou o sentido erótico do conteúdo de *O Rio Nu*, estava na cabeça de quem o lia, ou via as gravuras. E uma coisa era que homens de posses e instruídos se divertissem com o humor de duplo sentido e os desenhos de corpos femininos nus, outra muito diferente era que os comuns, "homens do povo", e mulheres honestas, pudessem atribuir seus próprios significados a esse conteúdo.

Para gente como o policial citado, esse era um perigo dos novos tempos, um sinal das mudanças modernizadoras que transformaram a cara da capital e a vida de seus moradores naqueles anos, das quais *O Rio Nu* formava parte e era, ao mesmo tempo, como se verá adiante, um observador crítico. Os chamados "romances para homens" já vinham

12 Documentos e informações – Publicações imorais. *Boletim policial*, n.1 a 3, jan. a mar. 1915.

sendo crescentemente popularizados ao longo da segunda metade do século XIX no Brasil, com o barateamento dos custos de impressão, e dirigidos a um público heterogêneo que ocupava os centros urbanos em crescimento.[13] Mas jornais ilustrados circulavam muito mais que livros baratos, e cada vez parecia haver menos controle sobre quem poderia aceder a eles. Poucas vezes essa ideia foi explicitada de forma tão clara como nesse comentário de um defensor da proibição da distribuição de *O Rio Nu* e de outra publicação similar, intitulada *Sans Dessous*, por parte do diretor dos correios. Na concepção do autor, era imprescindível uma intervenção pública para

> cercear no espaço os perniciosos efeitos morais, procedentes de publicações ou desenhos obscenos, ultrajosos ao pudor, e que, pela sua facílima compreensão, jamais hão de escapar à apreciação de quaisquer espíritos, ainda mesmo os menos cultos e por mais elementar ou mais baixo que seja o nível da sua evolução cerebral.[14]

É evidente que a referência não é a Eusébio e sua esposa, que além de espíritos muito educados, usaram as ilustrações de *O Rio Nu* com o nobre fim de salvar seu casamento de uma lenta e tediosa morte. O problema era a ostensividade do jornal, que poderia cair nas mãos dessas outras pessoas, as de "baixa evolução cerebral", mas que, apesar disso, não teriam dificuldades em acessar um conteúdo de "facílima" compreensão.

Para o jurista Gilberto Ribeiro de Sabóia, não havia dúvidas de quem se estava falando. Ao analisar a legislação penal referente ao lenocínio,[15] ele chamava atenção para a necessidade de "educar a

---

13 Sobre os romances para homens, ver El Far, Crítica social e ideias médicas nos excessos do desejo: uma análise dos "romances para homens" de finais do século XIX e início do XX. *Cadernos Pagu*, p.287-8. Ver também, da mesma autora, *Páginas de sensação. Literatura popular e pornográfica no Rio de Janeiro (1870-1924)*.

14 Castro, A circular dos correios. *Jornal do Commercio*, 12 abr. 1910.

15 Crime contra os costumes.

mulher" e "educar o povo", para que deixassem de ser tão vulneráveis aos perigos imorais dos novos tempos. Alertando para os perigos de uma situação de "mulheres de cérebro fraco entregando-se desordenadamente à leitura de romances de um erotismo perfumado e traiçoeiro", o jurista talvez preferisse nem imaginar o que provocariam tais leituras no caso do "homem do povo".[16]

Os redatores de *O Rio Nu* e do *Sans Dessous,* apoiados pelos seus defensores na imprensa diária, estavam em total desacordo com essa visão. Fosse defendendo a liberdade de expressão, questionando a capacidade de discernimento do católico diretor dos correios para separar o pornográfico do "artístico", ou identificando-se com uma tradição da imprensa humorística, eles rechaçavam a acusação em favor do humor malicioso e de bom gosto.

No entanto, o confronto parecia menor em outro aspecto. Curiosamente, nas páginas de *O Rio Nu,* não aparece nenhuma referência a leitores de perfil próximo ao "homem do povo", embora a figura da mulher nessa condição fosse explorada intensamente, sempre no sentido de propagandear os "efeitos" da leitura excitante do próprio jornal e dos "romances para homens". Um estilo de gravura dos mais recorrentes em suas páginas é mostrado na em que uma jovem mulher com seios fartos aparece recostada, com uma das mãos escondida debaixo de um livro apoiado sobre seu sexo. A imagem é acompanhada de uma legenda com as impressões dessa personagem sobre as qualidades "sugestivas" da leitura e também sua ideia de fazer o mesmo que dona Adelaide com seu tedioso marido. A figura da provocante leitora e a sugestão de masturbação mediante aquele conteúdo podiam ser muito ameaçadoras aos olhos de moralistas católicos e de profissionais preocupados com mulheres de "cérebro fraco". Mas os traços que delineiam o corpo

16 Sabóia, *O lenocínio*, p.20. A expressão "homem do povo", usada para se referir ao perigo do acesso de certos grupos a conteúdos imorais aparece em uma petição do Círculo Católico ao presidente Nilo Peçanha, aplaudindo as medidas moralizadoras do diretor dos correios. Tal foi transcrita em Contra a pornografia, *Gazeta de Notícias,* 7 fev. 1910.

exuberante da leitora, no contexto do jornal, compõem uma mulher que não tem nada de fraca ou vulnerável. A referência à masturbação e o reconhecimento do desejo sexual feminino, em lugar de denotar uma mulher dominada por seus instintos e pouco racional, reforçam que é ela quem tem a razoável e conservadora ideia de usar a leitura sugestiva para garantir a manutenção do casamento e da vida conjugal, em um contexto de um marido que não "funciona" como deveria, ou, em suas palavras, é "pouco esperto".

Até aí parece chegar a transgressão de *O Rio Nu*. Com relação a leitores masculinos despreparados e vulneráveis, como adolescentes ou homens "pouco cultos", que, com as mulheres, eram alvo da preocupação dos católicos e de outros grupos de homens ilustrados, nem uma palavra ou desenho. Assim, embora precisasse de um público amplo para seguir existindo comercialmente, *O Rio Nu* se restringia a estampar em suas páginas referências a leitoras e leitores elegantes, inteligentes e, muitas vezes, ricos. Eram personagens que indicavam aos seus pares de carne e osso as chaves de uma leitura apropriada de seu conteúdo. O silêncio se torna significativo, uma vez que contribui para evidenciar a dimensão normativa (uso do desejo sexual nos limites do casamento) embutida em uma mensagem transgressora (masturbação feminina).

Figura 11.1
Jornal *O Rio Nu*, Rio de Janeiro, 13/2/1907.

As gravuras de corpos femininos, fotografias ou desenhos tinham proveniências variadas, circunstância que, de resto, reforçava o contraste entre a caracterização da distinção e elegância nas páginas do jornal, de um lado, e sua grande difusão a um público crescentemente indefinido, do outro. Afinal, uma das características do período de inédito barateamento de custos é a crescente facilidade de copiar e ressignificar imagens. A cada tanto, os redatores de *O Rio Nu* lançavam alguma acusação de plágio contra algum humorístico publicado em cidades do interior. Em 1903, por exemplo, saía uma notinha em que se denunciava um jornal de Pernambuco que "decalcava" as gravuras de *O Rio Nu* e as epígrafes e títulos que as acompanhavam.[17] No ano anterior, porém, era o próprio *O Rio Nu* que enfrentava a acusação, por parte de outro jornal do gênero, de importar figuras "do estrangeiro", com texto "emprestado pelos jornais baratos que também nos *veem* lá de fora":

> Vão vendo: o número que temos em mão traz na primeira página uma gravura do *Sustige Blatter*, de Berlim; nas páginas centrais: um cliché da *Vie de Paris*, ou outro do *Puck* de Nova York, outro do *Judge* de Nova York, outro do *Megendorfer's Blatter*, de Munich, e na última página um cliché de um jornal espanhol, *Nuevo Mundo* ou *Gato Negro*.[18]

As referências aos variados títulos de diversas cidades europeias dão bem a dimensão do cosmopolitismo que envolvia a circulação, de dimensões inéditas, de figuras, personagens e enredos. Não era nada novo. As histórias clássicas da pornografia circularam, foram plagiadas e se reiteraram desde o século XVIII até a atualidade. O que parecia ser novo era a acessibilidade de recursos visuais produzidos em diferentes partes do mundo, facilmente disponíveis para um público cada vez mais diversificado e heterogêneo. Em outras palavras, a inserção dessas gravuras e narrativas no contexto de uma ampla e complexa cultura de consumo.[19]

Paulatinamente, o que aparecia como uma acusação de infame plágio em 1902 parece ter sido incorporado por parte dos jornais "alegres" e ressignificado como sintoma de seu bom gosto e distinção. Assim, em

17 Pega!, *O Rio Nu*, 18 mar. 1903.

18 *Tagarela*, 6 dez. 1902.

19 Lisa Sigel se refere à circulação de fotografias e ilustrações europeias a outras partes do mundo, mas também da Ásia, América Central e África para a Europa, em *International Exposure*, p.14.

1910, um redator de outra publicação do gênero, *Sans Dessous,* critica essa "imensidade de fotos, postais e gravuras com intuitos provocantes, sob o disfarce de posições artísticas" disponíveis por todos os lados. Para o articulista, a escolha dos corpos femininos retratados é fundamental para diferenciar o artístico do obsceno:

> O que acontece, porém, é que, desviada a intenção do seu fim honesto, não [se] escolhem corpos que tenham algum valor artístico, ou mais francamente; que encantem a vista; todos servem, e desta colheita geral resulta a obscenidade: tipos sem beleza, que são expostos em nudez para a satisfação de grosseiros instintos.[20]

Aqui se encontra uma valiosa pista para entender os significados das ilustrações desses nus na imprensa "alegre" do período e a lógica de suas escolhas. Cada vez mais, a intenção predominante era de que o "nu artístico" predominasse sobre a tradição humorística, acompanhando o texto que retratava as aventuras de leitoras elegantes e seus maridos ricos e impotentes. O "artístico" definia-se pela imitação de poses e formas clássicas, um campo simbolicamente delimitado, a salvo da obscenidade da "colheita geral". Nesse sentido, nada mais natural que os corpos femininos retratados em tal âmbito fossem copiados de fotos publicadas em revistas francesas.

Num momento em que, como afirma Jeffrey Needell, aquelas referências são apropriadas como ideologia de dominação e afirmação da identidade da elite carioca, os redatores do *Sans Dessous*, muito longe de plagiar, orgulham-se em esclarecer que os nus que publicam são todos extraídos do *Nu artistique* e do *Nu academique*, garantias de seu bom gosto, critério e distinção.[21] No mesmo período, *O Rio Nu* se distancia de sua origem como imprensa humorística, passando a se definir como "jornal artístico" e afiliando-se à linha da elegante imoralidade parisiense. Com isso, assumiu explicitamente sua forma de conseguir ilustrações, pelo menos as fotos de mulheres desnudas, que passam a

20 Bitu, No dorso da luxúria. *Sans Dessous,* 27 jan. 1910.

21 *Sans Dessous,* 14 abr. 1910.

ser acompanhadas de legendas explicitando a publicação de origem. Além disso, o reconhecimento da proveniência das imagens também legitima sua circulação por espaços de sociabilidade masculina, diante das acusações dos moralistas. Afinal, "é sabido que uma senhora não vai mexer no prego do italiano para descobrir a nudez de figuras copiadas dos periódicos artísticos de Paris".[22]

Mesmo quando passou a mostrar-se orgulhoso de copiar os nus femininos, no entanto, o jornal estava longe de se restringir à simples reprodução de gravuras "do estrangeiro". Em diferentes momentos de sua existência, contou com desenhistas próprios, como o jovem Eurico Silva, que fez carreira ilustrando diferentes humorísticos cariocas e uma vez foi apresentado como discípulo de Rodolfo Amoedo na escola de Belas Artes.[23] Além disso, *O Rio Nu* também costumava publicar fotografias locais, principalmente de conhecidas prostitutas da cidade, sendo às vezes retratadas apenas suas faces, outras, em passeio pela recém-construída Avenida Central, o que lhe valeu em 1910 a acusação, junto com o *Sans Dessous,* de serem "órgãos oficiais da prostituição".[24] Como ressaltou o historiador Jeffrey Needell, os significados das apropriações de referências mundanas francesas pela elite carioca não podem ser resumidos em termos de simples imitação.[25] As ilustrações e fotografias copiadas de jornais baratos europeus adquiriam significados particulares no contexto carioca, e por isso merecem ser investigadas em relação aos textos escritos.

---

22 Vagabundo. Vagabundagens. *O Rio Nu,* 17 jun. 1911.

23 *Tagarela,* 1º mar. 1902. No carnaval de 1902, Eurico Silva podia ser encontrado desfilando em carro aberto e distribuindo uma edição especial de O *Rio Nu.* Pedido de licença ao segundo delegado auxiliar, assinado por Eurico Silva. Documentação de Polícia, pacote 179, caixa 5360, Arquivo Nacional, 1906.

24 O Correio e as publicações imorais. *Jornal do Commercio,* 4 abr. 1910.

25 Needell, *Belle Époque tropical*, em especial o capítulo 5: "Ascensão do fetichismo de consumo".

Uma vez reconhecido o caráter histórico e culturalmente construído das representações eróticas de mulheres e das narrativas sexuais, e delineado o percurso da produção e circulação delas no espaço urbano carioca, bem como as tensões que provocavam, é possível passar a uma análise do conteúdo textual de *O Rio Nu*, em busca de pistas para entender os significados locais das gravuras de corpos femininos que acompanhavam as "leituras aperitivas".

A parte ficcional do jornal não se caracterizava pela criatividade. Os temas, os personagens, o enredo e a linguagem eram recorrentes nas histórias assinadas com o pseudônimo de Dom Villaflor ou Dom Jasmim, que terminavam conformando uma verdadeira teoria sobre as mulheres do ponto de vista de um jovem conquistador, de bom gosto, mas quase sempre sem dinheiro. Em geral, os contos eram escritos em primeira pessoa e consistiam em descrições "sugestivas" das mais diversas peripécias amorosas do personagem-narrador. Algumas vezes, esse cedia lugar a uma elegante e crítica adúltera. O texto, no entanto, era organizado sempre da mesma maneira: em uma parte introdutória, o narrador expunha uma "teoria" sobre as mulheres e, em seguida, apresentava a descrição do episódio amoroso. Assim, contava suas aventuras "galantes" e seu vasto conhecimento sobre a alma e os corpos femininos.

Ao longo dos contos, vai sendo delineada uma verdadeira "filosofia da conquista", que oscila entre enfatizar a fraqueza inerente das mulheres, vulneráveis a qualquer sedução benfeita, e ressaltar seus poderes, quando passam a ser donas de seus desejos sexuais determinantes, remetendo aos estereótipos comuns do período em torno da mulher fatal. A linguagem era contida, uma vez que o assunto tratado era a própria conquista amorosa e o ato sexual. Por isso, a leitura era qualificada como sugestiva e aperitiva – o mais importante ficava a cargo da imaginação do público. Nessa parte do jornal, o leitor era sempre construído em termos masculinos. Ele era o pretexto de toda a história: Dom Villaflor alertava e ensinava seu jovem seguidor sobre os perigos das mulheres, dando receita de como conquistá-las e não se deixar dominar por elas.[26]

Albertina, uma "mulatinha clara" de 19 anos que, assediada por um rapaz de "bigodes louros e sedosos", protestou até o seu limite, era exemplo de mulher vulnerável. Quando o moço estava por "forçar... a resistência final", apareceu um soldado da cavalaria de polícia. O rapaz fugiu e o soldado tomou facilmente seu lugar, já que Albertina protestava cada vez menos. Moral da história para o leitor: "Tudo está nisto: chegar no momento psicológico, no instante propício e bem escolhido".[27] A desigualdade que caracteriza a primeira situação é evidente pelo contraste entre a jovem mulata e o altivo dono dos bigodes louros, mas termina substituída por uma segunda, em que um homem socialmente inferior, mas muito mais esperto, termina levando a melhor.

A percepção de jovens moças vulneráveis a seus instintos sexuais não era muito comum nesse período. Opondo as histórias das publicações maliciosas a debates judiciais sobre a definição de sedução, observa-se que os juristas se enfrentavam com o mesmo problema que Dom Villaflor e seus leitores, embora com objetivos diferentes, claro está. Até onde uma mulher resistia? Como diferenciar resistência de provocação? Quando deixava de ser honesta? O que definia sua honestidade? Até os anos 1920, nos processos de defloramento e nos debates entre juristas, predominava uma ideia de sedução que envolvia a promessa de casamento, o que significava enganar. E somente quando provava que havia sido engambelada, a mulher deflorada merecia proteção legal. Somente a partir desse período, os juristas passaram a atribuir um sentido mais amplo à sedução, considerando que a inexperiência das mulheres honestas em controlar seus instintos é que tinha de ser protegida. Os jogos de

---

26 O leitor dessas histórias, imaginado e real, cumpria um papel fundamental em sua significação. Como ressalta um autor que analisou uma das publicações maliciosas do período, era chamado a intervir, completando os espaços vazios de acordo com o contexto erótico do texto, e muitas vezes indo além das intenções do redator. Preti, *A linguagem proibida*: um estudo sobre a linguagem erótica, p.109.

27 Villaflor, O bom momento. *O Rio Nu*, 26 out. 1904.

sedução que integravam a narrativa ficcional de *O Rio Nu* nos primeiros quinze anos do século XX passaram, aos poucos, a fazer parte, nos tribunais, de relatos de jovens "honestas" de carne e osso que recorriam à Justiça para defender sua honra diante de seus "sedutores".[28]

Na década de 1910, assim, os juristas ainda podiam ter algumas dificuldades em imaginar que mulheres honestas sentissem prazer sexual, mas esse não era um problema para Dom Villaflor. No registro de *O Rio Nu*, o desejo feminino era reconhecido como sua incapacidade de escolher e decidir sobre seu corpo e sua honra. Do ponto de vista do narrador dos contos maliciosos, isso aproximava todas as mulheres, uma vez que as fronteiras entre honestas e desonestas se tornavam crescentemente instáveis. Estar em uma ou outra categoria parecia depender simplesmente de um encontro com um jovem como Dom Villaflor.

Episódios típicos são aqueles em que o narrador relembra seus tempos de estudante. Esse detalhe é relevante, porque significa não ter dinheiro suficiente para frequentar prostitutas caras, mas não resignar o bom gosto nem o conhecimento e a valorização de códigos de elegância. O objeto do desejo é, então, sempre uma mulher honesta, nova, elegante, inteligente e, de preferência, com um marido rico e incompetente nos deveres conjugais, como o comendador Eusébio. A descrição contrasta com a dócil mulata Albertina. A mulher ideal de Dom Villaflor é

> Alta, donairosa, de uma elegância impressionadora, um rostinho bonito, mesmo a valer, ombros largos, de linhas impecáveis, uma cintura fidalga, terminando por umas fartas ancas, enfim, um pedaço de mulher capaz de estontear o mais gelado mortal![29]

28 Para mais detalhes, ver Esteves, *Meninas perdidas*: os populares e o cotidiano do amor no Rio de Janeiro da Belle Époque; Caulfield, *Em defesa da honra*: moralidade, modernidade e nação no Rio de Janeiro (1918-1940).

29 Jasmin, As honestas. *O Rio Nu*, 18 jul. 1908.

Em relação à tímida e encurralada Albertina, o corpo da mulher casada expressa sua diferença. Esta não se intimida com a ousadia do jovem estudante. Muito ao contrário, depois de chamá-lo de

> tolinho [...], conduziu-me até um fofo canapé onde por longo tempo os nossos corpos se fundiram nervosamente, enquanto eu a invadia com a fúria de meu desejo ardente e exaltado [...] num gozo intenso, absoluto, divinal!

A linguagem "sugestiva" dá lugar à desejada situação em que ela se entrega. A ideia de uma mulher inacessível que decide dar vazão aos seus instintos dá origem a uma série de contos em que lindas e insatisfeitas jovens casadas são postas à prova e sempre acabam cedendo diante dos apelos da carne (e da insistência do narrador-conquistador).

O reconhecimento de mulheres dominadas por seus instintos e por seus corpos serve como estímulo à ação de jovens narradores destemidos, mas também pode ser tomado como um alerta aos leitores masculinos, para que não se deixem enganar pela aparência "honesta". Essa outra dimensão se torna evidente quando assume o papel de narradora uma mulher denominada "Stella", casada, que não se confunde com um prostituta, mas que lembra, em certos aspectos, as personagens femininas da pornografia do século XVIII, ao se mostrar inteligente, dona de seu corpo, autônoma e disponível aos prazeres sexuais.[30]

Personagens como ela ganham uma conotação claramente ameaçadora na narrativa de suas aventuras amorosas. Ao mesmo tempo, suas descrições físicas se assemelham em muito às das mulheres retratadas

---

30 No caso da literatura pornográfica dos séculos XVII e XVIII, certos personagens femininos alcançavam sabedoria e autonomia por meio do conhecimento carnal. Thérèse Philosophe talvez seja o exemplo mais conhecido: depois de muita masturbação, cópulas e discussões de ontologia e moral, "recusa o papel de mãe e persegue a felicidade pessoal em seus próprios termos – enquanto mulher materialista, ateia e liberada". R. Darnton ressalta que personagens como ela não podem ser tomadas como uma manifestação remota de um feminismo moderno, mas como uma forte crítica anticlerical. Darnton, Sexo dá o que pensar, p.26 e *Os best sellers...*.

nas gravuras e fotos artísticas de *O Rio Nu*, sugerindo que são o objeto de desejo mais evidente na lógica dos redatores do jornal. Nesse caso, as imagens acompanham a narrativa. Stella começa uma de suas muitas histórias esclarecendo que "nosso corpo tem apetites e voracidades tão violentas como o deles".[31] Assim, o desejo sexual que comandaria os corpos femininos é levado a dimensões que poderiam soar perigosas e excitantes para muitos leitores, e que são reiteradas pelas fotos de nus artísticos e desenhos de charges com mulheres casadas provocantes.

Em outro episódio, Stella se irrita com um jovem rapaz que escolhera para saciar seu apetite sexual, mas que terminara se apaixonando por ela:

> Aí está esse palerma. Dei-lhe o meu corpo, e ele, em vez de se honrar pelo régio dom de meu corpo, julga ter-me conquistado toda.
>
> Fala de amor e ternos ideais. Não é isso o que eu procuro. Para que quero eu o seu coração? Desejei apenas seu corpo que é forte, branco e sadio. Nada mais.[32]

Em seu discurso direto e inteligente, a narradora ressalta, sem sutilezas, a lógica de suas ações, e os princípios estéticos que as guiam. A referência a padrões de beleza físicos masculinos é rara, indicando certa apropriação de princípios médico-higiênicos no período, de modo a reforçar que Stella é uma mulher civilizada e elegante. Além disso, é perigosa por sua racionalidade, por seu autocontrole e por sua autonomia. Enfim, nos termos de *O Rio Nu*, é uma mulher que age e pensa como um homem.

Outras personagens femininas recorrentes são as viúvas (alegres), também elegantes, honestas e racionais, que encontram diferentes maneiras de satisfazer-se sexualmente sem passar à categoria de prostitutas. Essas mulheres também escolhem jovens e brancos pretendentes para tal tarefa, exercendo a característica específica desse perfil de personagens respeitáveis e ricas: a autonomia e a liberdade de deci-

31 Stella. Memórias de uma mulher – o médico. *O Rio Nu*, 2 fev. 1907.

32 Ibid.

são. Em qualquer caso, em tais histórias sempre há um limite, que é a dependência feminina de um corpo masculino. "Soluções" alternativas, como a masturbação ou o lesbianismo, são sempre caracterizadas como insatisfatórias e perigosas, na linha do pensamento médico predominante no período.[33]

Nesse sentido, é possível identificar uma lógica subjacente à diversidade de personagens e histórias: o verdadeiro e único sujeito é o "conquistador", sempre um jovem branco e elegante, mas sem dinheiro, que interpela a um leitor masculino, o qual supõe ser seu igual, a quem dá conselhos e sugere estratégias. É nessa linha que dá para entender algumas histórias que se referem a outras possibilidades de conquistas e encontros sexuais. Quando as mulheres brancas, ricas, elegantes e preferencialmente honestas saem de cena, o conquistador revela seus interesses "exóticos", considerando desejável o inferior, o miserável, o monstruoso e o abjeto, em uma ampliação do espectro de fantasias. Ao se referir à sua atração por prostitutas ou por mulheres do teatro, o narrador explica:

> E como o homem é um animal essencialmente crapuloso, gosta disso, sente um desejo furioso por aquele corpo – embora imperfeito, mas que todos podem ver –, encanta-o a *ideia* de possuir a carne, mesmo réles, mas que toda a gente conhece.
>
> É a irresistível tentação do charco, da baixeza – só os abismos atraem, dão-nos vertigem.[34]

Essas, com seus corpos profanados, flácidos, feios, exerceriam sobre os homens um prazer tão especial quanto aquele que provocavam as

33 Jurandir Freire Costa identifica, no discurso médico do período, a recorrente recomendação do casamento como uma medida higiênica para evitar o nervosismo feminino. Costa, *Ordem médica e norma familiar*, p.270. Clementina Pereira Cunha mostra que celibato feminino era considerado sinal evidente de loucura aos olhos dos alienistas do período. Cunha, *O espelho do mundo*, p.146-52. A autora registra a internação de mulheres que se masturbavam, uma manifestação de suas sexualidades fora das suas funções naturais de esposas e mães (p.155).

34 D. Villaflor. Mulheres de teatro. *O Rio Nu*, 4 set. 1909.

Figura 11.2
Jornal *O Rio Nu*, Rio de Janeiro, 16.1.1907.

mulheres proibidas, brancas, bonitas e ricas. De certo modo, os contos podem abarcar significativa diversidade de desejos masculinos, sempre assim entendidos – e se trata de um só masculino, uma vez que a diversidade racial e social ocorre sempre do lado cobiçado, nunca do conquistador. Este pode assumir um lugar feminino em certos casos, mas sempre resguarda sua capacidade racional e sua identidade distinta.

O narrador-conquistador pode reconhecer alguma vez ter abandonado "as aventuras brancas por uma crioulinha retinta, mas de sangue ardoroso e quente como os demônios!".[35] Nesse contexto, o caráter popular e racialmente marcado remete evidentemente a um negativo absoluto e, por isso mesmo, sexualmente atrativo. No mesmo sentido, em outro conto, o narrador confessa uma experiência homossexual, depois de ter brigado com sua noiva e voltado sozinho para casa.[36]

A excitação provocada pelas diferenças de um padrão definido, nas páginas de *O Rio Nu*, como normal (mulheres honestas, ricas e brancas) é o que permite que todas essas experiências sejam tratadas como "exóticas". No entanto, não é assim que tais personagens femininas são apresentadas nas gravuras do jornal. Na Figura 11.2, sob o título "Onde elas se despem", aparecem duas cenas que se referem às mulheres "de teatro" e às que frequentam locais de prostituição, fazendo-se passar por casadas, como a famosa "Casa da Barbada". Em ambas as situações, as mulheres se despem por interesses econômicos: para que as peças não "caiam" ou diretamente para ganhar a vida. Salvo Barbada, dona da casa de prostituição, que não aparece como objeto do desejo, as outras não se afastam muito dos moldes estéticos e eróticos dos corpos femininos habitualmente retratados pelo jornal: são sempre brancas, de formas arredondadas, mais ou menos gordas. As imagens, assim, ainda quando se referem a figuras tratadas no texto como exóticas, parecem tender a anular, pelo menos na representação dos corpos, a diversidade racial e social que aparece na parte escrita.

35 D. Jasmin. Amor crioulo. *O Rio Nu,* 16 set. 1908.

36 D. Jasmin. O convite do florzinha. *O Rio Nu,* 5 set. 1908.

ONDE ELLAS SE [illegible]
NO THEATRO

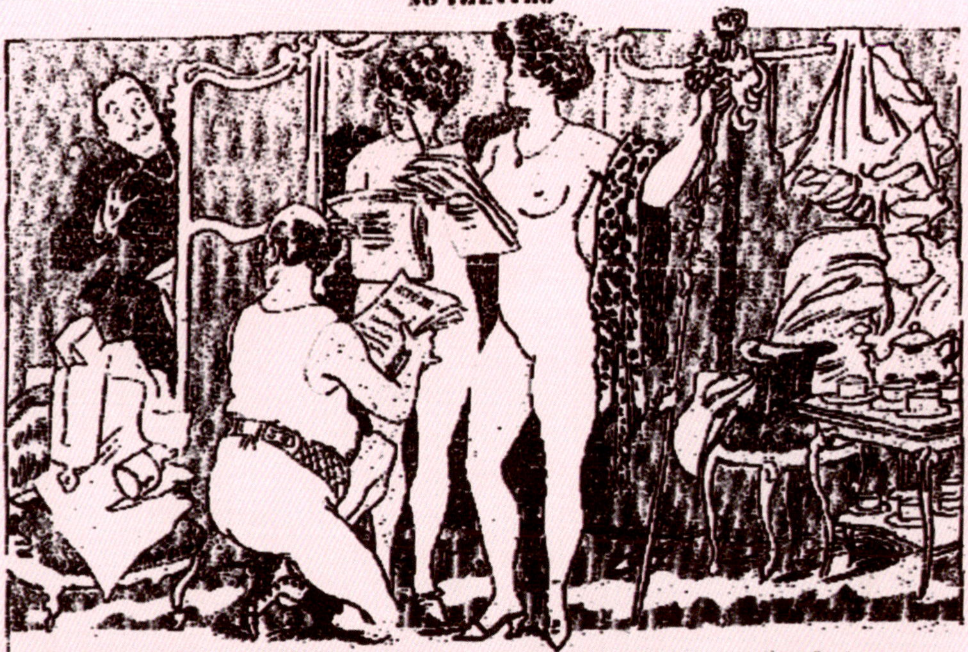

O theatro que mais agrada
E' o das peças [illegible],
Em que ha um genio, uma fada,
E pilherias sempre quentes.

Nessas peças as mulheres,
Não são actrizes somente,
E' p'ra despirem misteres,
Se despem diante da gente.

E' d'esta maneira os paios,
Que, com pleno [illegible],
Apparecem nos ensaios,
Ficam de queixo cahido.

Mas é de crer que, se [illegible]
As comedias escolhidas,
Com as mulheres tão despidas
Para que as peças não caiam.

NA CASA DA BARBADA

Ahi uma mulhersinha
Se despe, desde a manhã,
Des so até a tardinha,
Com graça singela e chã.

Para poder sustentar
Luxo em casa, com os maridos,
Que não conseguem ganhar
Dinheiro p'ra os seus vestidos.

Se despem graciosamente,
Ficando apenas em [illegible];
Mas quando a cousa é precisa
Ficam nuas totalmente.

Porém, quaesquer d'estas festas
Custa caro, [illegible];
Pois á casa da Barbada
Só vão senhoras . . . honestas.

No caso da parte mais crítica e não tão ficcional do jornal, no entanto, a relação entre imagem e texto se torna mais complexa. Nas colunas de comentários da política e dos acontecimentos noticiados pelos diários, o ponto de vista também é de um personagem masculino, que define o tom da malícia e da crítica social. Como ocorre na parte ficcional, as referências às figuras femininas ajudam a definir o humor e o papel do narrador.

No caso das notícias do cotidiano, os comentários podiam ter como alvo tanto situações escandalosas de adultério e dramas de amor como as iniciativas de reforma e de saneamento urbano que caracterizaram os primeiros anos do século XX na capital federal. Em alguns casos, o tom era de aplausos à ação ditatorial do prefeito Pereira Passos:

> Na dura faina de reformar,
> De dar um jeito
> Nesta cidade, que há de ficar
> À viva força, muito bonita,
> Muito elegante, muito vistosa,
> Mesmo catita
> Mesmo formosa,
> Vai destruindo, vai derrubando
> As imundícies, as velharias [...]
> E a picareta dura, irreverente
> Desse Prefeito da Transformação
> Que tudo vence e fura facilmente,
> Não respeita sequer a Tradição! [...][37]

As referências ao prefeito ressaltavam sua virilidade, apesar de sua avançada idade, em contraste com os personagens ficcionais de velhos impotentes que povoavam outras seções do jornal. A cidade, nesse registro, era feminizada, sendo "furada" pela "picareta dura, irreve-

37 Semana despida. *O Rio Nu*, 8 jun. 1904.

rente" comandada pelo chefe do Executivo, para tornar-se mais linda. O elogio do progresso e da civilização aparecia em contraposição à "Tradição", associada a velharias e a imundícies que a intervenção do prefeito vinha eliminar. Nesse caso, o poema fazia referência à reforma do Largo do Rocio, que até aquele momento havia sido um notório ponto de encontro daqueles "belos meninos, com ares femininos e unos ademanes gentis", que se veriam obrigados a abandonar a região com a reorganização espacial.

A linguagem de duplo sentido sexual viabilizava um vínculo entre o personagem-narrador e o suposto leitor a partir de certa identificação masculina heterossexual associada à virilidade, à juventude e à esperteza, seja para criticar a política e os acontecimentos cotidianos, seja para comentar aspectos da vida alheia, a partir de um ponto de vista "independente" e "cáustico".

Nas colunas de comentários, os pseudônimos utilizados também ajudavam a delimitar o perfil desses narradores. Em alguns casos, o autor era "Vagabundo", uma espécie de *flâneur* popular que assinava a coluna "Rua do Ouvidor", posteriormente substituída por "Avenida Central". Esta tinha sempre a mesma estrutura: começava com alguma peripécia do personagem, envolvendo figuras políticas conhecidas ou sua mulata, a Filopância. Na maioria das vezes, Vagabundo terminava levando um pontapé no traseiro e caía no meio da rua que dava o título da coluna, quando aproveitava para descrever as *toilettes* dos transeuntes. Era uma clara paródia à coluna "Binóculo", publicada na *Gazeta de Notícias* e assinada por Figueiredo Pimentel, que descrevia a última moda de Paris, na esperança de que fosse aclimatada no contexto carioca.[38]

Outras vezes, ele se metia em situações insólitas e acabava por desmascarar assuntos e pessoas sérias da vida política nacional:

38 Sobre o "Binóculo" e Figueiredo Pimentel, ver Needel, *Belle Époque tropical.*

> Saí no passo da vagabundagem para percorrer a cidade. Emprenhei-me pela zona Catete, e aí vi conhecido pai da pátria, representante de um dos nossos mais prósperos estados, em colóquio amoroso com uma corista do Apolo.[39]

Vagabundo é a personificação da identidade humorística do jornal – "um sujeito útil *inda* brincando" –, como ele mesmo diz, apropriando-se do mote de *O Rio Nu* desde a sua fundação. O curioso é que, para realizar a palavra de ordem do veículo, o personagem se vista de referências próprias de outros grupos sociais, como os capoeiras. Fugindo da polícia, avançando no "passo da vagabundagem", acompanhado da mulata, e denunciando os affaires de homens da política, o Vagabundo concentra uma imagem de virilidade, "popular" e de crítica independente que confere conteúdo a certa masculinidade, que ele personifica.

No mesmo sentido, o autor de outra coluna, que diretamente se chamava "Comentários", utilizava o pseudônimo de Zé Fidélis. Em certas situações, como a publicação de uma paródia do autoritário e controvertido "Regulamento de higiene", que contribuiu para que, em novembro de 1904, estourasse a Revolta da Vacina, assinava simplesmente como Zé. O regulamento proposto se chamava "Código de torturas", e no seu artigo primeiro decretava: "Fica estabelecida a higiene a muque". Apresentando-se como mais brando que o questionado regulamento do governo, o projeto definia que "qualquer empregado da higiene poderá meter o focinho por qualquer casa adentro", e, se não for bem tratado, pode dar a casa como infeccionada, "sendo os moradores imediatamente postos no olho da rua".[40] O Zé que assinava o projeto era uma referência curta ao "zé-povinho", figura criada pela imprensa diária para representar o cidadão comum e expressar percepções consideradas consensuais e generalizadas, por exemplo, a de que o regulamento de higiene era

39 Vagabundo, Rua do Ouvidor. *O Rio Nu*, 19 mar. 1904.

40 Código de torturas – Regulamento de Higiene – Reclamações e protestos – A nossa intervenção – Projeto Salvador. *O Rio Nu*, 30 mar. 1904.

violento e arbitrário, ao autorizar funcionários públicos a avançarem sobre a privacidade dos lares cariocas.[41]

Nos comentários do Vagabundo, Zé e Zé Fidélis, os aplausos às ações viris de Pereira Passos davam lugar a uma postura mais crítica sobre as mudanças modernizadoras que impactavam a cidade e a uma certa ironia sobre os limites da civilização e do progresso pensados como simples imitação da moda e de costumes franceses. Esses personagens, assim, eram mais tributários da tradição humorística de *O Rio Nu*, afastando-se da exaltação de uma certa imoralidade elegante e francesa que ocupava outras partes do jornal. Todo esse conteúdo, no entanto, adquiria sentidos particularmente sexualizados para um contemporâneo que dominasse os duplos sentidos das palavras empregadas no âmbito do jornal. Essas outras conotações trazem consequências para possíveis interpretações contemporâneas das imagens de mulheres desnudas.

Com a ajuda de um dicionário boêmio publicado no começo do século XX, por exemplo, encontramos dupla significação para a palavra Zé. Ao mesmo tempo em que se refere ao "zé-povinho", também designa "ele, ele mesmo, o Gaspar, o Carvalho. Aquele respeitável senhor que anda sempre com os Jerônimos", em uma referência ao órgão sexual masculino.[42] O "popular", então, era pensado no masculino, mas não qualquer masculino. Muito distante da identificação entre narrador e leitor dos contos de Dom Villaflor, nesse caso, trata-se de um masculino sexualizado e pouco racional, dominado pelos baixos instintos (e um pouco infantilizado e feminizado), que conformava um lugar a partir do qual os redatores de *O Rio Nu* poderiam exercer, sem autocensuras, seu lado mais cáustico, inclusive para sugerir o que havia de farsa no próprio consenso modernizador característico do período.

41 Sobre os debates acerca do Regulamento e sua relação com a Revolta da Vacina, ver Pereira, *Nas barricadas da saúde*: vacina e protesto popular no Rio de Janeiro da primeira República.

42 O *Dicionário moderno*, assinado por Bock e publicado em 1903, está transcrito em Preti, op. cit., p.280.

Figura 11.3
Jornal Rio Nu,
16.3.1907.

Essa dimensão de *O Rio Nu* parecia estar mais vinculada à tradição crítica da imprensa humorística que proliferava no fim do século XIX do que ao estilo elegante dos contos de Dom Villaflor e das fotos de nus artísticos. Mas não se trata de dois estilos separados no tempo, em jornais ou em páginas específicas. Exatamente porque essas duas linhas – a mais humorística e a outra mais erótica – dividiam os mesmos espaços com as gravuras, é possível delinear certo campo de possibilidades de interpretação das imagens de nus femininos a partir de uma e outra referência.

É o caso, por exemplo, da reiterada representação, em fotos e gravuras, de mulheres retratadas de costas. Para um leitor de outro tempo, essa circunstância pode ser menos chamativa do que, por exemplo, os padrões de beleza arredondados vigentes naquele momento, os penteados ou cenários considerados elegantes. No entanto, certas partes dos corpos femininos tinham significados peculiares, assim como diferentes modalidades de relações sexuais associadas a elas. Talvez o melhor exemplo sejam as conotações da região do glúteo e, portanto, da prática do sexo anal, referido em diferentes seções e partes do jornal e de seus congêneres como "sistema moderno", "fazer pelo moderno", ou "modernismos". A ideia de "moderno", no contexto de *O Rio Nu*, envolve tanto sua acepção mais corrente no período, associado às mudanças civilizadoras, à noção de progresso e, em um campo mais específico, às imoralidades elegantes como as revistas francesas de nus artísticos, mas também engloba a noção, de longa tradição carnavalesca, de inversão e do mundo de ponta-cabeça.

Esse jogo de significados aparece com frequência nas legendas e fotos das imagens publicadas no jornal. Na Figura 11.3, capa de *O Rio Nu* de 6 de março de 1907, por exemplo, o desenho faz referência a mais uma das muitas ordens da polícia carioca de vigiar e controlar a exposição de prostitutas às janelas de suas casas, localizadas em ruas muito transitadas. Sob o título "Recursos modernos", as duas acepções da palavra se encontram. A referência é imediatamente associada à figura central da mulher que levanta a saia e mostra seu "cartão de visitas", com nome e endereço, ao respeitável transeunte, observados

ANNO X — RIO DE JANEIRO — 6 DE MARÇO DE 1907 — N. 90[illegible]

Periodico Bi-semanal Humoristico e Illustrado

O RIO NU

ASSIGNATURAS — Anno 12$000 — Semestre 7$[illegible] — Pagamento a[illegible]

Redacção e administração, RUA DA ASSEMBLÉA N. 78

RECURSOS MODERNOS

A policia, ultimamente,
Já não permitte que as bellas
Se [illegible] nas janellas
Para provocar a gente.

E assim uma rapariga
Não póde fazer negocio
Chamando qualquer beocio...
O que no caso é uma espiga.

As familias já não coram
De as ver em exposição
E a gente em compensação
Já não sabe onde ellas moram.

E é fazenda, geralmente,
Toda a pequena bonita
A andar mostrando á gente
O seu cartão de visita.

ambos por outra mulher a distância. O "recurso", assim, é "moderno", porque se refere aos glúteos da mulher. Ao mesmo tempo, refere-se ao resultado da intervenção policial em uma ordem antiga de coisas, em que as prostitutas costumavam atrair a clientela nas janelas e portas de suas casas. Nesse segundo sentido, o recurso é "moderno" com uma conotação mais negativa, de desorganização de certa ordem prévia que termina por criar um quadro pior que o anterior, uma vez que as prostitutas passam a estar diretamente nas ruas, à vista de qualquer senhora, e também dos consumidores.

A legenda faz referência ao ponto de vista de um potencial cliente, retomando a estratégia retórica mencionada anteriormente de criar alguma identificação masculina entre o narrador e o leitor:

> As famílias já não coram
> De as ver em exposição
> E a gente em compensação
> Já não sabe onde elas moram.[43]

O olhar feminino desmente a impressão criada pelo texto de que a intervenção teria resultado em uma mudança moralizadora. Qualquer leitor carioca que visse a imagem e lesse os versos associaria a situação descrita como "moderna" a um aumento das prostitutas que circulavam pelas ruas da cidade como um efeito indesejado do recrudescimento do controle policial.[44] Nesse e em muitos outros casos, a imagem do corpo feminino joga com registros múltiplos e simultâneos, em que a erotização da região dos glúteos contribui para expressar uma crítica social às mudanças modernizadoras que tinham lugar no espaço urbano.

A associação entre "moderno" e sexo anal aparece com mais clareza em um dos espaços do jornal que pode ser considerado como aquele

43 *O Rio Nu*, 6 mar. 1907, p.1.

44 Analisei as expulsões das prostitutas pela polícia ao longo desse período em Schettini, *Que tenhas teu corpo*: uma história social da prostituição no Rio de Janeiro das primeiras décadas republicanas, cap.1.

em que os leitores e as leitoras reais mais intervinham no conteúdo, destinado a fofocas das zonas de prostituição. A seção se compunha de notícias anônimas sobre personagens, homens e mulheres, que participavam do mundo criado em torno das casas de prostituição da região central da cidade. Em diferentes ocasiões, mencionava-se que essa era a parte mais popular de *O Rio Nu* e a que garantia um fiel público leitor de homens e mulheres preocupados em saber se eram citados por algum desafeto ou se tinham seus conflitos e vidas ventilados ao público.

Há vários indícios nas notas enviadas de uma dimensão degradante atribuída ao sexo anal. Mencionado como um último recurso para quem passa por dificuldades financeiras, sugere perda de *status*. Ao publicar a breve biografia de uma prostituta conhecida como Marieta Meleca, um redator se refere ao seu áureo passado, quando chegou a ter sua própria casa de prostituição e era chamada para desfilar nas sociedades carnavalescas. Mas esses tempos tinham ficado para trás:

> Hoje, atira-se ao jogo dos bichos, por todos os sistemas, menos pelo antigo. [...] atira-se ao modernismo, essa moda altamente altruísta que só serve para provar como se pode cair de quatro sem ter mais que duas mãos![45]

O sistema antigo, assim, contrasta com o "modernismo", que caracteriza uma má fase de Marieta, ou com os "amores amodernados", considerados especialidade de uma mulher conhecida como Lili Galinha Fria.[46]

Em contraste com essas conotações negativas, a referência ao sexo anal aparece com um sentido mais positivo em um conto de linguagem sexual explícita. Exatamente por isso, tal conto não aparece nas páginas do jornal, tendo saído como um livro que participava de uma coleção intitulada "Contos rápidos". Era uma sequência de publicações baratas, editadas e vendidas pela empresa de *O Rio Nu* na década de 1910. Eram anunciados nas páginas do jornal como livros de "linguagem ultralivre", escritos para "agradar a todos os paladares". O conto

45 Tipos e tipas, *O Rio Nu*, 11 jun. 1904.

46 Nas zonas... O *Rio Nu*, 1º maio 1912.

em questão, intitulado "Na zona", tinha como personagem principal um sujeito sem dinheiro, muito esperto e dono de um apetite sexual insaciável, não muito distante da caracterização dos "Zés" que apareciam nas páginas de *O Rio Nu*.

A história mostra suas andanças pela cidade, que se transformam, para o leitor, em um passeio pelas possibilidades de práticas sexuais disponíveis naquele Rio de Janeiro. Dom Felício passa por uma francesa, considerada especialista em sexo oral, considera brevemente a possibilidade de um encontro com um "rapazote de calcinhas justas, paletó mostra bunda", que em seguida descarta. Termina se acertando com uma mulata "nacional", descrita em detalhes como

> um tipo bonito de mestiça nacional; os seios pequenos bastante rijos não pareciam ser de puta; tinha as coxas grossas e as pernas bem torneadas; a boca, de lábios carnudos e sensuais, era naturalmente vermelha e pequena; o ventre arredondado encimava a pentelheira basta e negra donde emergia o cono papudo e certamente quente. Quanto à bunda, só lhes posso dizer que era um cuzão de três assobios.[47]

A descrição de Dom Felício estabelece associações entre características físicas e especialidades sexuais dos personagens que ele vai encontrando pelo caminho, todos mobilizados em função da construção de um desejo específico que se expressa na obsessão do narrador com a prática do sexo anal heterossexual. Dom Felício estava muito mais próximo do "Zé" que do personagem elegante de Dom Villaflor, mas, como esse último, entendia a cidade como uma vitrine de alternativas de relações sexuais disponíveis para homens como ele. Um homem em busca de sexo nada mais fazia que percorrer as ruas e escolher um objeto para satisfazer-se. Fica evidente, assim, que o desejo sexual de todos os personagens masculinos vinculados a *O Rio Nu*, fossem elegantes ou populares, racionais ou instintivos, interessados em prostitutas mulatas ou em mulheres casadas, era construído como algo natural e inevitável.

47 Dom Felício. *Na Zona*... Contos rápidos, n.11, p.8.

Mas a mulata Filopância, companheira de aventuras do "Vagabundo", ou a de Dom Felício, ou ainda mulheres de carne e osso como Marieta Meleca ou Lili Galinha Frita, por mais sucesso que fizessem entre os leitores masculinos cativos do jornal, raramente eram retratadas nas imagens de *O Rio Nu*. Quando apareciam, era em fotos, e muito bem vestidas. As mulheres dos desenhos, as retratadas de costas nas gravuras e em algumas imagens importadas, eram sempre brancas, desconhecidas e tinham frequentemente algum sinal de distinção social e elegância. O discurso fortemente racializado e sexualizado dos Contos rápidos ou mesmo os relatos críticos e cáusticos das peripécias do "Vagabundo" pela cidade não tinham correspondente nas imagens dos corpos femininos. A mulata dos sonhos dos leitores de Dom Felício e do Vagabundo, descrita fisicamente, contrasta com as brancas e elegantes mulheres das gravuras e das fotos copiadas de revistas estrangeiras, não por falta de opções. Enquanto em outros contextos a produção pornográfica lançava mão de imagens de corpos femininos fortemente racializados, no caso de *O Rio Nu*, a iconografia tendia a silenciar sobre essa diversidade de desejos dos leitores, contemplada de forma muito mais explícita no texto do que na dimensão iconográfica.

Mas não totalmente. A mulata não aparecia, mas a obsessão com as mulheres de costas podia ser uma maneira de, para um leitor contemporâneo, valorizar as características físicas associadas a corpos racializados. O jogo de mostrar e esconder, assim, não era apenas uma marca registrada da linguagem maliciosa que os redatores do jornal se orgulhavam em ostentar como sinal de seu bom gosto. Também estava presente nos véus que cobriam, ou mostravam, partes de corpos femininos representados eroticamente. E aparecia na dupla significação de palavras como "moderno" e como "Zé", remetendo a um jogo de inclusões e exclusões sociais e raciais na configuração do desejo masculino, que parecia incluir todos os homens e objetificar todas as mulheres, mas repunha e reelaborava diferenças e desigualdades raciais e sociais em termos de características físicas. Por fim, estava presente na racialização implícita na ênfase conferida a certas partes de corpos brancos femininos. A linguagem maliciosa, assim, entendida tanto como discurso textual quanto representação iconográfica, operava sempre de modo a repor desigualdades de gênero, sociais e raciais, com base em distinções fixas e naturalizadas entre homens e mulheres.

Considerações finais: o que não se vê

O contraste entre as imagens e os textos de *O Rio Nu* ilumina algumas especificidades de um e outro registro que poderiam passar inadvertidas se tomadas de forma isolada. Os leitores e leitoras do jornal, que desfrutavam de seu conteúdo ou que se escandalizavam com ele, fizeram os dois registros conjuntamente, como já nos havia indicado o sério Eusébio no início deste texto. Assim, para tentar delimitar os possíveis significados que estavam em jogo naquele momento, também deveríamos ser levados a considerar imagens e textos em diálogo.

Nas diferentes seções e colunas do jornal, os redatores de *O Rio Nu* recorriam a uma distinta gama de corpos femininos, ou feminizados, para expressar suas mensagens e contar suas histórias. Toda essa diversidade, tão visível no texto, e que dava margem a uma variedade de fantasias sexuais, desaparecia na representação iconográfica de corpos femininos. A absoluta maioria dos nus femininos exposta nas páginas de *O Rio Nu* seguia quase sempre o mesmo padrão estético, de um corpo branco, arredondado e provocativo.

O que, em certo sentido, reitera a predominância do único verdadeiro sujeito do desejo sexual naquelas páginas: um homem que podia ser mais rico ou mais pobre, mas que sempre era branco, jovem e de bom gosto. Era ele que estabelecia os protocolos de leitura, que dava conselhos ao "leitor" e sugeria à "leitora" boas ideias para salvar seu casamento. Nesse registro, a representação de muitas mulheres no mesmo corpo feminino é um recurso revelador da lógica profundamente hierarquizada e desigual dos muitos narradores que construíam as identificações masculinas que davam forma ao jornal.

Isso não significa, porém, que as imagens excluíssem os muitos desejos dos leitores de carne e osso de *O Rio Nu*. Muitas das fantasias sexuais dos contos eram contempladas de forma indireta nas imagens, fosse em uma possível racialização de corpos femininos, ou na feminização de masculinos. O que não parecia ter lugar, no entanto, era a representação iconográfica de corpos explicitamente racializados. Da mesma forma que nos textos o sujeito do desejo e das fantasias jamais deixou de ser masculinizado e branco, nas gravuras o objeto sempre foi representado como feminino e branco.

Embora apresentassem seu conteúdo como transgressor, crítico e independente, os redatores e colaboradores do jornal estabeleciam constante diálogo com as referências estéticas, políticas e científicas de seu tempo, e trasladaram muitas das tensões sociais e políticas que tais referências carregavam a uma impossibilidade de representar certas imagens e de expressar certos desejos.

12

Corpos infantil e nacional: políticas públicas para a criança durante o Estado Novo

Maurício Parada

A década de 1930 representou uma mudança nas concepções sobre o corpo da criança e do jovem no Brasil. Até aquele momento, apesar de algumas iniciativas governamentais e parlamentares, esse tema estava predominantemente associado a eventos patrocinados e desenvolvidos por clubes e organizações privadas. O governo Vargas consolidou uma prática intervencionista a respeito e, nesse processo, duas ideias conduziriam a uma nova relação entre política e corpo: a preocupação com a educação e com o civismo.

Em 1931, a reforma Francisco Campos introduziu a obrigatoriedade da prática de exercícios físicos em todas as classes do ensino secundário. Em janeiro de 1937, com a reforma do Ministério da Educação e Saúde, foi criada uma Divisão de Educação Física subordinada ao Departamento Nacional de Educação. Esta tornou-se uma das principais formuladoras de projetos para a área no Estado Novo. Com a Constituição naquele ano, a educação física – incluindo a formação desportiva – passou a ser obrigatória em todas as escolas primárias, normais e secundárias. Para a realização desse atributo, foram criadas instituições e realizadas intervenções que transformaram a prática desportiva no país.

Nas décadas que antecederam essa ação, pode-se identificar processos que se desenvolviam paralelamente no campo da educação física e dos esportes. De um lado, consolidava-se no país a prática dos esportes como lazer ou como competição voltada para o entretenimento das massas urbanas. Clubes e associações atléticas, desde o início do século XX, surgiam como expressão das diversas comunidades – de bairros, grupos de imigrantes etc. – que floresciam no ambiente, cada vez mais complexo, das cidades brasileiras. As multidões que acorriam aos eventos esportivos promovidos pelos clubes levavam a que esses abandonassem progressivamente sua origem amadorística por uma orientação de mercado. As apostas, o pagamento de atletas e o consumo de informações sobre os campeonatos e as disputas esportivas veiculadas pelos meios de comunicação – na década de 1920, a maioria dos jornais cariocas tinha uma seção esportiva – mostravam o surgimento de um mercado incipiente voltado ao esporte no Brasil.

Por outro lado, entre os militares, médicos higienistas e pedagogos, crescia uma preocupação em torno da prática. Esses especialistas produziriam uma interpretação fundamentalmente moral sobre o tema. A prática desportiva como lazer inócuo para as massas ou como fonte de ganhos materiais seria condenada pelos intelectuais das escolas, dos hospitais e das casernas. Para eles, o esporte e o aprimoramento físico deveriam estar relacionados a ideais mais elevados: seja a melhoria do tipo racial, seja a intensificação do sentimento cívico de dedicação à comunidade nacional.

Pode-se acompanhar, no campo das formulações morais sobre o esporte, o surgimento de dois núcleos distintos de especulações sobre o tema: a raça e a consciência cívica. Ambos os núcleos não eram necessariamente rivais e por eles circulavam categorias muito semelhantes. Seus lugares institucionais, no entanto, eram muito distintos.

Entre os militares, consolidou-se uma abordagem que tratava esporte e educação física como parte do processo de preparação do soldado. Os jogos atléticos, pela sua dimensão conflitiva e pelo uso da estratégia e da cooperação, tornavam-se indispensáveis para formá-lo intelectual e fisicamente para a defesa nacional. Com essas preocupações e objetivos, o Exército brasileiro adotou, em abril de 1921, por meio do "Regulamento de Instrução Física Militar", o método francês de educação física, reformulando a maneira de entender e realizar a prática de exercícios nos quartéis. Quatro anos depois, o Curso de Educação Física da Marinha passou a capacitar monitores para dirigirem as atividades físicas nas unidades navais. Em 1929, foi fundada a Escola de Educação Física do Exército, núcleo importante na formação dos primeiros especialistas na área no Brasil. Em 1931, a instituição passou a publicar a *Revista de Educação Física*, completando a estrutura para o ensino, a prática e a divulgação de suas concepções acerca da educação física e da prática esportiva.

A mobilização de médicos e pedagogos para o tema também foi muito significativa nas primeiras décadas do século XX. No âmbito da educação, esse foi o momento em que surgiu um forte movimento de reforma das práticas pedagógicas: a Escola Nova, que fez da Associação Brasileira de Educação (ABE) um veículo para a divulgação de suas propostas. Tal entidade, criada em 1924, promovia campanhas educacionais, conferências e festividades com propostas de reformas regeneradoras para a população brasileira. Para os pedagogos da Escola Nova, os temas da higiene e do cuidado com o corpo foram muito importantes. Na sua concepção, a escola deveria ser um local para a formação de hábitos saudáveis.

Essa proposta sofria inegável influência do pensamento médico higienista. Os Congressos Brasileiros de Higiene, promovidos pela Sociedade Brasileira de Higiene ao longo da década de 1920, indicavam a preocupação desses profissionais com a educação escolar. Médicos higienistas e pedagogos escolanovistas encontraram, na reflexão sobre a educação física e no estímulo de sua prática nas escolas, um ponto comum nos seus projetos de regeneração da "raça". As perspectivas civilizacionais oferecidas pela educação física fascinaram-nos. Foi produzida uma versão científica e civil para a disciplina, na qual a psicologia infantil e a sociologia, além da pedagogia e das ciências médicas, cruzavam-se criando um fértil campo de saberes. Os técnicos que formaram os primeiros quadros da Divisão de Educação Física do MES emergiram dessa configuração específica. Assim, a preocupação com a formação do homem nacional, presente nos principais debates da época, foi transposta para o campo da prática desportiva e da educação física.

No entanto, a intervenção sobre o corpo da criança brasileira não se extinguiu na sala de aula. Haveria de ser criada uma instituição tutelar organizada, dedicada à formação cívica dos futuros cidadãos da República: a Juventude Brasileira.

Infância e civismo

Em uma quarta-feira de 1940, 4 de setembro, os jornais e revistas da capital federal mencionavam nas suas manchetes que seria realizado o primeiro "Desfile da Juventude Brasileira". Institucionalizada como uma das muitas corporações civis criadas pelo Estado Novo, a Juventude Brasileira desfilou com cerca de 31 mil jovens, perante milhares de cariocas que se aglomeravam pelas ruas do centro da cidade. Nesse dia, segundo a crônica jornalística,

> desfiles idênticos aos que se realizaram [...] no Distrito Federal tiveram lugar nas capitais das principais cidades de todo o território nacional. Precisamente à mesma hora em que aqui marchavam os jovens das escolas cariocas, o mesmo sucedia no Brasil inteiro. A exibição de ontem foi, pois, a primeira grande formatura da Juventude Brasileira.[1]

A preocupação com a tutela estatal sobre a juventude e a infância estava presente desde o ato de fundação do Estado Novo. Ao elaborar a Constituição de 1937, Francisco Campos criou condições para a realização de ações com esse fim. Estabeleceu, no capítulo dedicado à família, que a

1 *Correio da Manhã*, 5 set. 1940, p.1.

infância e a juventude devem ser objeto de cuidados e garantias especiais por parte do Estado, que tomará todas as medidas destinadas a assegurar-lhes condições físicas e morais de vida sã e de harmonioso desenvolvimento das suas faculdades

e que

o abandono moral, intelectual ou físico da infância e da juventude importará falta grave dos responsáveis por sua guarda e educação, e cria ao Estado o dever de provê-las do conforto e dos cuidados indispensáveis à preservação física e moral.[2]

No capítulo sobre educação e cultura, a transformação da "infância e da juventude" em uma categoria sujeita a políticas públicas e, portanto, passível de intervenção estatal, encontra prosseguimento. O artigo 132 determinava que

> O Estado fundará instituições ou dará seu auxílio e sua proteção às fundadas por associações civis, tendo [...] por fim organizar para a juventude períodos de trabalho anual nos campos e oficinas, assim como promover-lhe a disciplina moral e o adestramento físico, de maneira a prepará-la ao cumprimento dos seus deveres para com a economia e a defesa da Nação.[3]

O tema do adestramento físico e da disciplina moral será recorrente nos discursos e nas práticas em que a figura do "jovem nacional" esteja de alguma forma presente. A criação da Juventude Brasileira, em março de 1940, colocava em questão a construção de um personagem modelar: o jovem escolar nacional. A instituição deveria enquadrar toda a infância, dos 7 aos 11 anos, e toda a juventude, dos 12 aos 18, na mobilização cívica nos moldes nacionalistas do Estado Novo. Em junho de

2 Constituição dos Estados Unidos do Brasil, 10 nov. 1937, art.127.

3 Ibid., art.132.

1939, Gustavo Capanema escrevia ao presidente Getúlio Vargas sobre o projeto da Juventude Brasileira, considerando que

> o projeto encerra as medidas essenciais de organização da juventude em nosso país, para o fim de se lhe ministrar uma educação que a revigore na saúde, que ao corpo lhe dê resistência e destreza, que lhe eleve e enobreça o caráter, que lhe encha o coração de entusiasmo, que a torne capaz de dedicação e de sacrifício diante das necessidades e exigências da pátria, em suma, uma educação que prepare o tipo humano de que a nação precisa para a sua duração, a sua prosperidade e o seu prestígio através dos tempos incertos e difíceis.[4]

Ao longo do debate sobre a criação da Juventude Brasileira, é possível ver surgir uma imagem-síntese: a do tipo juvenil preparado, pela educação estatal, para a construção sadia e próspera desta nação.[5] A ideia de saúde e prosperidade como superação dos tempos difíceis sinaliza positivamente o caráter restaurador de algumas cerimônias. A restauração da ordem será possível por meio da figura unificada do jovem, que é, ao mesmo tempo, um corpo físico que exibe força e um moral que demonstra sua obrigação cívica.

Imagens sobre a infância

Desde sua criação, especialmente durante o Estado Novo, o Ministério da Educação e Saúde ocupou-se, com especial dedicação, dessa categoria social: a criança. Em questão, a "infância" como um momento de definição de padrões de solidariedade coletiva associado à ideia, ampla e abstrata, de nação. O Ministério, na realização de suas funções como agente construtor desses padrões, produziu representações e experiências que tematizavam a condição da criança e sua correspondente de jovem.

4 Carta do ministro Capanema ao presidente da República. GC. 38.8.09

5 Horta, *O hino, o sermão e a ordem do dia*, cap.4.

Assim como a infância, a juventude é uma categoria social. Ao ser definida nesses termos, torna-se, ao mesmo tempo, uma representação sociocultural e uma situação social. Assim, ser jovem é uma representação simbólica criada pelos grupos ou pelos próprios indivíduos que se reconhecem como tais, para significar uma série de comportamentos e atitudes à juventude atribuídos.[6]

Em uma cartilha produzida pelo MES, na década de 1940, a iconografia e os elementos textuais são muito esclarecedores quanto às diretrizes gerais seguidas pelo Ministério no tratamento da criança na escola. Na capa, uma criança concentrada, sozinha, lendo sua cartilha. Completando a imagem, há um vazio ocupado apenas pelo título "A juventude no Estado Novo", espaço que estabelece um efeito de sentido que sugere a reflexão.

O tema das práticas da leitura e da escrita foi estudado por Roger Chartier sob diversos ângulos, e alguns dos seus argumentos são bastante pertinentes. Entre eles, a ideia da "privatização" da prática da leitura como uma das principais transformações culturais da modernidade. A difusão da habilidade que permite ao indivíduo ler sem ter de oralizar o texto, em voz alta ou baixa, torna possível a interiorização imediata do que é lido. Uma prática lenta, penosa e exteriorizada foi substituída por uma leitura rápida, fácil, "que toca o leitor diretamente no seu íntimo".[7]

A leitura como um ato de intimidade individual permitiu um "fervor" mais pessoal, uma "devoção" privada, rompendo com as mediações das regulamentações eclesiais da Idade Média e criando uma relação secularizada com o livro. No desenvolvimento de seu argumento, Chartier nos coloca uma hipótese e uma questão metodológica. A hipótese diz que a nova relação dos indivíduos com o objeto escrito estabelecida no século XVI, realizada a partir da leitura visual e silenciosa, proporcionaria uma divisão nítida

6 Groppo, *A juventude*, p.8.

7 Chartier, As práticas da escrita. In: Chartier; Áries (Orgs.), *História da vida privada*: da Renascença ao Século das Luzes, v.3, p.126.

> entre os meios em que a leitura cada vez mais se identifica com um gesto da intimidade, do privado, e aqueles em que se inscreve ainda no tecido de uma sociabilidade comunitária, quando não popular.[8]

Essa nova forma, portanto, subtrairia o leitor dos controles coletivos experimentados quando de sua realização nos espaços públicos.

Em relação à questão metodológica, Chartier ressalta que, para ser compreendida, a "revolução" da leitura precisaria passar por uma identificação das condições materiais que a tornaram possível. Para tanto, o autor faz menção ao surgimento das bibliotecas como espaços distintos dentro das casas, a presença do livro como uma propriedade particular e o surgimento de diversas práticas que viabilizaram a privatização da leitura na Europa entre os séculos XVI e XVIII.

No Brasil, a partir dos anos 1930, a criação do Ministério da Educação e Saúde permitiu a ampliação da base de leitores. As noções de ensino universal e da obrigatoriedade da presença da criança na escola, preconizadas pelos "pioneiros da Escola Nova", ganharam dimensão de política pública a partir dessa década. As ações dos administradores dos sistemas de ensino que funcionaram no país entre 1930 e 1945 estiveram muito distantes de uma revolução no padrão cultural nacional, que equivaleria a um processo de escolarização em massa, inclusive no campo e entre operários. No entanto, as figuras do escolar e do professor passaram a ter presença constante no cenário urbano brasileiro, atestada pela realização das cerimônias cívicas especialmente dedicadas à população escolar e juvenil, como a *Hora da Independência* e o *Desfile da Juventude*.

Se houve uma expansão entre os capacitados à leitura, é necessário entender em que condições esse processo ocorreu. Para tanto, a imagem do jovem leitor impressa na cartilha pode ser retomada. Como mencionado anteriormente, o menino colocado na condição de alfabetizado vestia o traje de escola pública. A expansão dos leitores está sincronizada com o sentido da criação de uma ideia de nacionalidade,

8 Ibid., p.128.

especialmente aguda, durante o Estado Novo, e com isso se produziu o crescimento da base de leitores/escolares durante a década de 1930. Alfabetizar-se seria, ao mesmo tempo, tornar-se brasileiro; a leitura seria um fator de inclusão dentro da comunidade.

A capa dessa cartilha constrói discursivamente outro vínculo que não deve ser menosprezado como diretriz das políticas públicas do Estado Novo, com a ideia de juventude. Integrava esse grupo aquele jovem matriculado na escola que estava em contato com as formas de socialização produzidas a partir dos programas e políticas pedagógicas definidos pelo MES. Em uma das passagens da cartilha, estava registrado que

> Não se cogitará apenas em alfabetizar o maior número possível, mas também de difundir princípios uniformes de disciplina cívica e moral, de sorte a transformar a escola primária em fator eficiente da formação do caráter das novas gerações, imprimindo-lhes rumos de nacionalismo sadio.[9]

A leitura silenciosa do jovem escolar revelava sua capacidade de reflexão e imaginação, mas a imagem também ressaltava sua contenção – sua condição de leitor silencioso seria um índice de sua civilidade. No controle de suas emoções, esse estudante estaria pronto para o conhecimento e para tornar-se cidadão, assumindo seu lugar na comunidade como "o" jovem nacional.

Ao longo da cartilha, porém, tal representação passa por algumas transformações; lentamente o escolar – leitor solitário – transita para uma representação coletiva. Esta dialoga com a primeira, estabelecendo um vínculo de condição. Ou seja, somente aquele estudante, ciente das regras de civilidade e dos valores da nacionalidade, seria aceito nas ações e representações coletivas. A principal imagem relacionada a essa ideia mostra, sem legendas, uma multidão de escolares acenando com bandeiras brasileiras, provavelmente em uma das concentrações cívicas promovidas pelo Estado Novo. Na angulação, as crianças aparecem

---

9 CPDoc. Coleção de Documentos Avulsos: Juventude no Estado Novo.

apenas do peito para cima, sobretudo suas cabeças, criando um efeito de aglomeração. São colocadas na situação de espectadoras. Não estão marchando nem realizando nenhuma tarefa em comum. São o público de uma ação que ocorre fora da imagem. Estão agitadas e ansiosas, demonstrando uma grande expectativa, que não parece lhes provocar nenhum incômodo; as possibilidades prometidas com a ação esperada parece que lhes trarão felicidade.

Com as cabeças erguidas e as bocas entreabertas, as crianças olham para algo que ocorre sobre um palco ou um palanque. Em uma posição assimétrica, esperam para saldar uma fala ou receber uma bênção. A lógica da "outorga" se estabelece, e o sujeito da ação, seja Vargas, seja uma autoridade em nome do Estado, determina o vínculo definido pela concessão e pelo benefício. Civilizadas pela disciplina da autocontenção aprendida na escola e atrelada à ordem nacional, as massas escolares deixariam, no futuro, de ser desordeiras, desviantes ou revolucionárias, para se tornar recurso político capaz de garantir a segurança e estabilidade do regime.

A concepção da criança como recurso político estava associada ao tema da segurança. Explicitamente, em várias peças de propaganda editadas pelo Departamento de Imprensa e Propaganda (DIP), frases de Getúlio Vargas com montagens fotográficas de registros obtidos nas cerimônias cívicas dedicadas à juventude colocavam a relação que se procurava obter entre os dois termos.

Essa página, com fotografias de uma cerimônia da "Hora da Independência" realizada no Estádio do Vasco da Gama em 1939, estava alinhada aos esforços discursivos do governo do Estado Novo para a construção de uma "aliança" entre Vargas e a "Juventude". A primeira foto, seja na ordem da leitura, seja porque está sobreposta a outra, registra o gesto contratual do aperto de mãos. A frase a seguir não foi colocada como legenda, mas como "fala" de Vargas ao cumprimentar a jovem. A aliança estabelecida com o indivíduo transita, como na cartilha, para o coletivo: a segunda imagem "amplia" o acordo, partilhado no grande evento cívico feito para as massas escolares. Como para reafirmar o sentido da aliança, a mesma frase, agora para que possa ser lida por todos no estádio, está "dita" em forma de um imenso letreiro que acompanha o anel da arquibancada.

O texto desse cartão-postal tem diversas versões, aparecendo em outras peças de propaganda. Em uma cartilha de divulgação, publicada entre 1939 e 1942, contendo montagens fotográficas e extratos dos discursos de Getúlio Vargas feitos em emissões radiofônicas, encontramos um trecho maior, mas que remete à mesma família de ideias:

> Nesta mocidade, que sacode os braços para o alto, como se pretendesse abraçar o sol, e traz os olhos abertos pelo deslumbramento da vida que recém-desponta, deposito minha confiança e a ela dirijo meu apelo, porque é uma força capaz de consolidar o Estado Novo.[10]

A aliança pretendida por Vargas com a "mocidade" estava ancorada na "confiança". Não se tratava de uma simples troca de interesses, mas um "apelo" a sentimentos. A confiança atua sobre regiões privadas e íntimas da moral, muitas vezes associada à ideia de honra e credibilidade. À juventude cabia uma tarefa moral delegada pela geração que estava no poder: continuar a obra de consolidação do Estado nacional, na forma específica definida pelo Estado Novo. Nesses termos, aos jovens era feito um "apelo" para que não caminhassem na direção dos particularismos regionais nem do internacionalismo revolucionário, devendo empenhar sua "honra" – em um pacto com o chefe desta nação – na manutenção da unidade e da segurança do Brasil. Como recurso político, a juventude era um investimento para a eliminação das tendências revolucionárias e não nacionalistas que habitavam o cenário político brasileiro ainda após 1937. Nessa estratégia, as cerimônias cívicas desempenhavam um papel crucial. Suas monumentalidade e capacidade de mobilização emocional ampliavam muito os níveis de comprometimento da população juvenil.

10 CPDoc Fundo Getulio Vargas-83.

A criação do Departamento Nacional da Criança

Como vimos, o jovem nacional foi uma preocupação constante das políticas públicas do Estado Novo e sua presença nas cerimônias cívicas era tão constante quanto a dos trabalhadores ou dos militares, os três principais públicos a que tais solenidades eram dedicadas. Se a questão do trabalhismo estava marcada pelo estabelecimento de uma aliança que sustentasse as condições de governabilidade na ocasião, as referências aos jovens estavam associadas à sustentação do regime no futuro. Se as massas do passado, por causa de seus vícios, foram responsáveis pelas "ameaças" à segurança nacional, fazendo revoluções, as do futuro deveriam ser cuidadas e disciplinadas para não apresentar tais desvios. Assim, as políticas para a juventude passaram a ter lugar de destaque dentro das prioridades do governo.

O Dia da Criança no Brasil foi oficializado por meio do Decreto Federal n.4.867 (5/11/1924), para ser comemorado a cada 12 de outubro, havendo explícita associação com a comemoração da "descoberta" da América. A escolha da data ocorreu em 1922, no encerramento do 3º Congresso Americano da Criança, realizado com o 1º Congresso Brasileiro de Proteção à Infância no Rio de Janeiro.

Nos anos 1920, a festa foi predominantemente escolar, enquanto na década seguinte a comemoração se fez de forma mais extensiva, com eventos mais ampliados. A celebração – também cívica – tinha notória peculiaridade, uma vez que dava visibilidade à escola, instituição normatizadora e disciplinadora da infância. Os eventos eram amplamente divulgados pelos jornais, o que demonstrava a necessidade de publicizar os acontecimentos, além de serem associados a outras possibilidades de comemoração.

O gerenciamento desse recurso foi exercido de forma difusa por várias instituições do governo federal; no entanto, como vimos, coube ao Ministério da Educação e Saúde boa parte da produção de políticas e discursos voltados para a juventude. O MES detinha o monopólio sobre as políticas escolares, definindo conteúdos, programas, livros etc., além de ser responsável pela área da saúde. Sua atuação sobre a população infantojuvenil cruzaria as políticas pedagógicas, vinculadas ao cotidiano escolar, com as higienistas, ligadas à puericultura e à proteção à maternidade. O controle sobre tais saberes e sua condição de gerente desse recurso fundamental para a sustentação do regime – a criança – estiveram entre as principais fontes de autoridade e legitimação do Ministério.

Os serviços públicos de assistência à infância e à maternidade tiveram origem em 1920, por ocasião da reforma pela qual passou a Diretoria-Geral de Saúde Pública, então elevada, administrativamente, a departamento nacional. Essa reforma, promovida pelo dr. Carlos Chagas, criou a Seção de Higiene Infantil, com âmbito de atuação limitado ao Distrito Federal. Seu primeiro diretor foi o dr. Antônio Fernandes Figueira, um dos médicos puericultores que teve grande destaque na organização de uma medicina voltada exclusivamente para a questão da saúde da criança no Brasil da República Velha. Ele era carioca de nascença e filho de pais pobres, o que, apesar das dificuldades, não o impediu de ter boa formação. Cursou o Colégio Pedro II e, em 1880, ingressou na Faculdade Nacional de Medicina, doutorando-se em 1887 em área diversa à pediatria.

Em 1895, teve seu primeiro trabalho reconhecido: o *Diagnóstico das Cardiopatias Infantis*, obra que lhe valeu um prêmio da Academia Nacional de Medicina e que foi posteriormente publicada na revista médica inglesa *The Lancet*. Entretanto, foi a publicação, em 1903, de outra obra sua, *Elementos de semiologia infantil*, em francês, que o projetou na Europa, sendo considerada por pediatras daquele continente como a melhor do gênero.

Logo em seguida, foi admitido como titular da Academia Nacional de Medicina e passou a dirigir a enfermaria de doenças infecciosas de crianças do Hospital São Sebastião. Nessa função, passou a exigir o acompanhamento materno nas internações, o que reduziu drasticamente os índices de mortalidade infantil. Reconhecido como especialista na área da Pediatria, foi indicado, em 1909, para ser diretor da Policlínica de Crianças da Santa Casa de Misericórdia do Rio de Janeiro. No cargo, implementou os serviços de higiene pré-natal.

Com essas medidas, a Policlínica rapidamente se transformou em uma escola de Pediatria. Os estudantes de Medicina para lá se dirigiam, a fim de aprender lições de clínica infantil. Fernandes Figueira também aproveitava o espaço para realizar conferências e ministrar aulas. A própria Faculdade Nacional de Medicina aprovava teses de doutoramento apresentadas pela experiência dos alunos no cotidiano da Policlínica e das lições ensinadas por Figueira.

Em 1923, ao ser novamente reformado o Departamento Nacional de Saúde Pública, a Seção de Higiene Infantil passou a ser intitulada Inspetoria, ampliando nominalmente suas atribuições. Nesse período, ainda sob a administração de Fernandes Figueira, foi fundado, em 1926, o Hospital Arthur Bernardes, que na época se transformou na principal referência no campo da Pediatria no Brasil.

Afastado do cargo em 1928, Figueira foi substituído pelo inspetor sanitário do departamento nacional, dr. Emídio de Matos, que permaneceu no cargo até 1930. Em novembro desse ano, foi nomeado inspetor de Higiene Infantil o dr. Olinto de Oliveira, nascido em 1866, na cidade de Porto Alegre, e graduado pela Faculdade Nacional de Medicina em 1887. Em 1898, ele foi membro fundador da Faculdade de Medicina de Porto Alegre e, posteriormente, diretor da instituição. Além disso, participou da fundação da Sociedade Brasileira de Pediatria em 1910.

Em 1918, transferiu-se para o Rio de Janeiro, onde iniciou, com Fernandes Figueira, intensa campanha em favor da criança e, no final da década de 1920, trabalhou no Hospital Arthur Bernardes. Em 1934, em sua gestão, a inspetoria foi extinta e foi criada, em seu lugar, a Diretoria de Proteção à Maternidade e à Infância, com atribuições nacionais. Em 1937, com a Lei n.378, o MES foi reestruturado, sendo extinta a diretoria, cujas atribuições foram transferidas para uma das seções do Departamento Nacional de Saúde, sob o nome de Divisão de Amparo à Maternidade e à Infância. Entre 1937 e 1940, esse departamento passou a distribuir anualmente auxílios para estados e municípios para a construção de maternidades, centros de puericultura, hospitais para crianças etc.

Essa divisão, por sua vez, foi extinta em 1940 para dar lugar ao Departamento Nacional da Criança (DNCr), comandado por Olinto de Oliveira até o fim do Estado Novo.[11] Em discurso pronunciado no dia 25 de março de 1940, na *Hora do Brasil*, esse médico definiu os objetivos da instituição do DNCr. Segundo ele, o atendimento à infância e à maternidade não seria um simples problema de saúde pública nem de assistência social. Tratar-se-ia de criar, desde a concepção, crianças sadias e fortes, desenvolvê-las e prepará-las para que venham "compor a nacionalidade". A criança pobre e abandonada, conforme sua argumentação, requereria proteção para poder se igualar aos "amparados". No extremo de suas considerações, todos precisariam de orientação, de regras, de auxílio, de exemplos e de direção para serem conduzidos ao padrão ideal que a pátria exigiria. Nesse sentido, o DNCr seria um órgão médico e, ao mesmo tempo, cívico.

Concomitantemente, Olinto de Oliveira traçou os limites para a intervenção do Departamento Nacional da Criança. Pois, ao contrário do que poderia se pensar, não caberia a esse órgão a criação e a administração dos diferentes estabelecimentos e instituições destinados a pôr em prática o amparo a mães e crianças. Tal tarefa, segundo ele, pertenceria aos estados, municípios e instituições particulares, uma vez que o departamento teria a função de agência de fiscalização, financiamento, pesquisa e auxílio técnico. Seria sua incumbência multiplicar por toda a parte os postos de puericultura, os consultórios de higiene pré-natal e infantil, os lactários, as cantinas e os grupos organizados de mães. Mais que isso, seria sua função estimular a criação, em cada município, de uma junta de proteção à infância encarregada da vigilância de mães, crianças e adolescentes ameaçados em seus direitos. A puericultura praticada pelo departamento seria, assim, capaz de "transformar a misérias dos desajustados em uma experiência normal de vida".[12] A norma médica estaria, portanto, explicitamente acompanhada de modelos de controle social e político.

---

11 Decreto-Lei n.2.021, de 17 fev. 1940.

12 Ministério da Educação e Cultura, *Boletim*, p.9.

Segundo André Ricardo Pereira, o padrão assistencialista do DNCr estava definido pela criação de um conjunto de equipamentos públicos, principalmente os chamados Postos de Puericultura,

> onde todas as mães (e não só as pobres) deveriam receber orientação médica desde o início da gravidez, seguindo-se o acompanhamento da criança até a fase escolar, quando entraria em cena a Casa da Criança, que correspondia a um tipo de escola com orientação médica.[13]

O DNCr redirecionou as práticas de assistência social do governo. Pela nova interpretação, resultado de intensas discussões realizadas ao longo da década de 1930 e lançada com grande esforço de propaganda durante o Estado Novo, os desvios e as carências não atingiam apenas pobres, mas todas as pessoas. Do ponto de vista do departamento, contribuir para a estabilidade social significava garantir uma condição de segurança para as crianças e suas famílias. Segundo o autor

> Preservar a saúde da criança pela manutenção da estabilidade de sua família implicava a constituição de meios que executassem essa dupla tarefa, promovendo, ao mesmo tempo, a integração social. Para tanto, os meios físicos deveriam propiciar a assistência material – atendimento médico, distribuição de alimentos – e moral – educação das mães e das crianças –, orientada pelo Estado e contando com a participação de quem tinha tais problemas resolvidos. Esta dupla tarefa conduziria à constituição de dois tipos de organismos: aqueles mais diretamente ligados à assistência material e outros à assistência moral, sem desconsiderar que os dois deveriam caminhar juntos. Ou seja, uns estabelecimentos seriam médicos e outros educacionais. Entre os primeiros, destacavam-se os postos de puericultura, os lactários, as gotas de leite e as missões da infância feliz. Entre os segundos, eram previstas: as escolas maternais, as escolas primárias, os jardins de infância, os parques infantis e as casas da criança.[14]

---

13 Pereira, A criança no Estado Novo: uma leitura na longa duração. In: *Revista Brasileira de História*, v.19, p.4.

14 Ibid., p.8.

Ainda no campo das intersecções entre a pedagogia e a medicina infantil, nota-se que, para os médicos puericultores, a escola primária deveria deixar de ser um aparelho meramente intelectual e se transformar nem um "sistema plasmador de personalidades ajustadas e produtivas". Isso significava que a escola deveria se constituir em uma agência fornecedora de capacidades que permitiriam à criança se ajustar à sociedade.

> Para preparar cidadãos adaptados a um mundo em mudanças, a escola deveria desenvolver as seguintes atividades: 1) promover a melhoria social dos alunos, por meio de caixas escolares; 2) providenciar assistência física, com tratamento médico, merenda etc.; 3) garantir assistência educacional, com os seguintes aspectos: a) físico: ginástica, jogos; b) emotivo: com jogos educacionais que produziriam autocontrole; c) sanitário: ensinar higiene; d) educacional; e) moral e cívico: a integração na comunidade nacional, o que poderia ser feito através do escotismo; f) religioso; g) recreativo; h) administrativo; i) econômico: com a criação de fundos e venda de trabalhos; j) agrícola.[15]

De acordo com André Ricardo Pereira, a manutenção da estabilidade da família significava, para os médicos e pedagogos do DNCr, suprir suas deficiências e estimular sentimentos e hábitos que valorizassem o grupo como referência básica da identidade social. Nesse caso, o indivíduo deveria ser educado para ver na família, nos amigos, na vizinhança e na pátria, que seria a família estendida, sua razão de ser.

Para tal tarefa, no entanto, o Posto de Puericultura não estaria capacitado. Seria necessário criar estabelecimentos complementares que recebessem a criança enquanto a mãe fosse trabalhar, de forma que, assim, a estabilidade econômica da família "pudesse" ser garantida, e, ao mesmo tempo, a educação da criança "física e moralmente sadia" fosse realizada. Ao comentar os desdobramentos do pensamento assistencialista voltado para a criança nacional, o autor afirma:

15 Ibid., p.13.

O programa educacional do Departamento baseava-se na expansão de objetivos pela qual passara a puericultura desde o período da República Velha, quando a ciência se preocupava com a concepção, gestação, primeira e segunda infâncias. Agora, a terceira infância fora incorporada, surgindo uma "puericultura social", quer dizer, a mobilização em favor de bem criar os "filhos da nação".[16]

Para uma "puericultura social", as atividades com trabalhos em grupo, divisão de tarefas, cooperação com fins objetivos, resultando na obtenção de algum produto material, deveriam ser fundamentais para a escola. Isso prepararia um cidadão voltado para o grupo e produtor de riquezas, consciente de sua posição social e de seu papel. O projeto de uma educação total, que incluía higiene, comportamento, recreação e ensino formal, tinha o objetivo de realizar o que a família não vinha conseguindo: formar pessoas unificadas por ideais de coletividade inclusivos, em favor de um objetivo maior – a construção nacional. Assim, cada um cumpriria seu papel tendo por base aquela infância bem formada, tanto física como "moralmente".

O DNCr organizou, durante o Estado Novo, um conjunto de comemorações denominado Semana da Criança, que se realizava em torno do dia 12 de outubro. No período, os técnicos do departamento vinham a público expor seus projetos e, com grande esforço propagandístico, eram realizados simpósios, palestras, concursos, cerimônias orfeônicas e campanhas de esclarecimento. A política de gerenciamento da infância estava relacionada com o problema da manutenção da estabilidade da família, envolvendo, portanto, uma interface importante com o ambiente privado da casa, da escola municipal e do posto de puericultura.

Como desdobramento do esforço do DNCr, foi criado um boletim trimestral em junho de 1940, em que é possível acompanhar o desenvolvimento e a expansão do projeto do órgão até o final do Estado Novo. No editorial que abre o primeiro número do informativo, Olinto de

16 Ibid., p.10.

Oliveira afirmou que a publicação tinha, ao mesmo tempo, a função de informar os interessados sobre a ação do departamento, além de servir como meio de articulação política entre as diversas forças. Essas podem ser observadas ao longo do tempo, entre as quais se destacam os prefeitos, o clero católico, as professoras municipais, a imprensa e os voluntários (enfermeiras, cozinheiras etc.).

Segundo o artigo publicado na edição n.10, de junho de 1940, Olinto de Oliveira reiterava o programa de trabalho do DNCr. Segundo ele, suas ações visavam criar condições para uma maternidade sadia e segura e para assegurar às crianças seus direitos essenciais no que dizia respeito ao desenvolvimento físico e moral.

Em razão dos limites de sua atuação, o departamento necessitava da colaboração dos poderes locais. Para isso, contava com a criação das juntas municipais, que, conforme Olinto de Oliveira, teriam de criar, auxiliar e fiscalizar serviços de proteção a crianças e mães; vigiar e amparar os órfãos; cooperar com a justiça de menores e autoridades policiais quando necessário e assumir a tutela provisória de jovens abandonados.

Além disso, o DNCr deveria distribuir verbas, treinar pessoal e contribuir para a criação do maior número possível de unidades de puericultura no país. De 1940 a 1945, em quase todos os estados foram criados Departamentos Estaduais da Criança, seguindo o modelo do órgão nacional, sendo um dos mais tardios o de São Paulo – criado apenas em 1944. O argumento da comissão que propôs o projeto de instituição desse departamento apontava para essa necessidade diante do "flagelo" da mortalidade infantil, que, mesmo em decréscimo, ainda estaria em patamares elevados. No entanto, essa não era vista como uma questão exclusivamente de ordem médica, mas também moral. O argumento associado era o da construção da civilização – regenerar a condição da criança e da maternidade seria um passo na direção do progresso e da boa formação da sociedade brasileira.

Considerando o diagnóstico de uma infância em crise feito pelos diversos especialistas que serviram o Estado Novo, de um corpo infantil fraco, desamparado e sujeito à mortalidade, o Ministério da Educação e Saúde procurou, a partir de 1937, encontrar formas de agir. É possível identificar ao menos três vetores sobre os quais os técnicos do Ministério atuaram de modo a regenerar e salvar o corpo da criança e do jovem: o pedagógico, o sanitário e a propaganda. Esses eixos de ação não produziram políticas públicas isoladas. Ao contrário, todos estavam presentes quando da execução de um projeto ou de um evento promovido pelo MES.

A prática da educação física, as cartilhas e a ação do DNCr tinham um entendimento muito peculiar no que se referia a sua eficácia. O pedagógico seria um domínio cognitivo responsável pela transmissão de um modelo disciplinar ancorado em valores cívicos, e o posto de puericultura imprimiria nas famílias um sentimento de solidariedade nacional.

13

Corpos-máquinas: trabalhadores na produção industrial em São Paulo (décadas de 1930 e 1940)*

Sonia de Deus Rodrigues Bercito

"O corpo é o primeiro e o mais natural instrumento do homem."
MARCEL MAUSS

A industrialização no Brasil teve na cidade de São Paulo seu principal foco, no final do século XIX e início do XX. Para isso, contribuíram diversos fatores, como os capitais provenientes da economia cafeeira, a mão de obra imigrante ali instalada, criação de rede de transportes ferroviários e mercado potencial.

O ritmo desse processo não se interromperia até a crise mundial de 1929, que desorganizou a economia como um todo, com graves consequências para a produção cafeeira. Posteriormente, o setor industrial teve rápida recuperação, voltando a crescer. Com a crise, reduziu-se

> por breve tempo o número de estabelecimentos e da população operária de São Paulo. Tendo atingido cerca de 9 mil estabelecimentos e 140 mil trabalhadores em 1929, o parque industrial decresceu, então, reduzindo-se aqueles

* Texto baseado na tese de doutorado da autora, *Corpos-máquinas*: em foco, os trabalhadores e a produção industrial na visão da medicina brasileira. (Décadas de 1930 e 1940), apresentada ao Departamento de História da Faculdade de Filosofia, Letras e Ciências Humanas da Universidade de São Paulo (FFLCH/USP), em 2005.

números para 5 mil e 119 mil, respectivamente, em 1930. [...] O ano de 1931 marcou um novo momento do impulso industrial. Já nessa data, o número de estabelecimentos alcançou o anotado na véspera da crise, enquanto o número de operários fora aumentado de 100 mil, montando então a 240 mil. Crescendo sempre, em 1937, a quantidade de estabelecimentos e de operários foi, respectivamente, de 9.051 e de 245.715.[1]

De acordo com Suzigan, a partir de 1933, a expansão industrial "se acelerou, atingindo taxas anuais de crescimento da ordem de 10% durante o período 1933-1936 e de 6% durante 1937-1939". Ainda conforme tal autor, "essas taxas anuais de crescimento fizeram que a produção industrial dobrasse na década de 1930, o que é um desempenho notável em vista da crise que atingiu o setor cafeeiro e da depressão econômica mundial."[2]

Para esse novo arranque concorreu, entre outros fatores, alguma capacidade ociosa das fábricas implantadas anteriormente, o que não impediu que fossem feitos investimentos na compra de maquinário, ainda que estivessem em curso medidas governamentais visando restringir a aquisição desses insumos no exterior. Ao mesmo tempo, assistia-se a um aumento do porte das indústrias concentradas na cidade de São Paulo, que reunia, já à época, o maior parque industrial do estado. Não raro, havia algumas com 2 a 3 mil operários. Em 1937, de acordo com Aziz Simão,

os estabelecimentos que empregavam menos de cinco pessoas representavam na capital 33% de suas unidades industriais, enquanto no restante do estado a taxa dessa classe subia a cerca de 70% do total das unidades aí dispersas. A partir da classe de estabelecimentos com cinco e mais operários, crescem as percentagens no município da Capital, decrescendo as relativas ao interior do estado. Assim, na primeira dessas áreas, a taxa de unidades com 10 a 19 operários era o dobro da computada para o interior; a dos estabelecimentos

1 Simão, *Sindicato e Estado*. Suas relações na formação do proletariado de São Paulo, p.19-20.

2 Suzigan, *Indústria brasileira*. Origem e desenvolvimento, p.67.

> com 20 a 49 pessoas, o triplo; e na classe de 50 a 99 a capital apresentava uma taxa seis vezes maior, contando com 7,1%, enquanto a do interior era de 1,6%. Apesar de haver nessa última área empresas empregando até 3 mil operários, as maiores taxas dos que ocupavam de 100 a 2 mil pessoas encontravam-se na capital, revelando já haver aqui uma expressiva concentração de mão de obra em médios e grandes estabelecimentos. O setor industrial que contava com maior número de grandes unidades no estado era o têxtil, com 28 empregando de 500 a mil operários e 22 ocupando de mil a mais de 3 mil. O setor metalúrgico e o mecânico também já contavam com alguns estabelecimentos de grande tamanho, tendo sido assinalados oito com 500 a mil operários e cinco com mil a 2.500.[3]

A progressiva concentração de mão de obra em grandes estabelecimentos desenhava um cenário em que questões de ordenamento e regulação do trabalho no espaço fabril teriam de ser enfrentadas.

Cumpre ressaltar que os empresários tiveram no Poder Executivo federal um importante auxílio para o crescimento de suas atividades. Questões que careciam de solução há muito tempo, constantes da pauta de reivindicações do ativo movimento operário do início do século XX, foram definidas no governo getulista, como jornada diária de trabalho de oito horas, descanso semanal e férias remuneradas, reunidas a outras normas em 1943, na Consolidação das Leis do Trabalho (CLT). Também os acidentes do trabalho foram objeto de regulação legal.

Nas décadas de 1930 e 1940, o interior da fábrica foi ainda alvo dos olhares de médicos e engenheiros, que se juntaram aos empresários no projeto de fazer avançar a industrialização como maneira de atingir o crescimento econômico e a modernização do país. Na visão que se consolidava, esse espaço deveria ser orientado pela racionalidade e pela ciência, que seriam capazes de aumentar a produtividade e o rendimento do trabalho.

De fato, para a evolução no processo de industrialização, seria preciso disciplinar a mão de obra – imigrante, local ou oriunda do meio

---

3 Simão, op. cit., p.26.

rural – e adequá-la para o exercício da atividade nas fábricas. "Adestrar" o trabalhador, em uma expressão da época, incluía sua qualificação profissional. Envolvia também conformá-lo a partir de procedimentos que conduzissem à domesticação de seu próprio corpo.

Sobre o corpo que trabalha

O corpo foi o primeiro instrumento de trabalho e de produção do homem. A força muscular, a destreza e a habilidade nos movimentos marcaram seu confronto com a natureza e a capacidade de produzir alimentos e riquezas. A cada época, técnicas corporais moldaram a ação humana no sentido de garantir sua sobrevivência.

O capitalismo industrial tomou o corpo como mão de obra. Este passou a ser concebido como instrumento útil para garantir a produtividade, buscando-se moldar os comportamentos e impor aos indivíduos gestos e posturas adequadas às exigências crescentes de eficiência e rendimento máximo nas atividades, de acordo com a racionalidade do capital.

A concepção que se coaduna com o advento da sociedade industrial relaciona-se com a constituição de um corpo-ferramenta "definido pelos músculos, pela força, pela resistência, pela disciplina e pela rentabilidade".[4] O que, em última instância, interessava ao capitalismo industrial, seria a constituição de corpos dóceis, úteis e produtivos. A energia humana orientava-se para a atividade industrial e o corpo se tornava uma ferramenta mercadorizada como força de trabalho. Assim, a busca da exatidão e da eficiência e do movimento controlado e útil permearia as técnicas corporais.

---

4 Rodrigues, *O corpo na história*, p.83.

A indústria e os movimentos da máquina humana

Ao longo de séculos, o homem criou instrumentos para auxiliá-lo no trabalho, para multiplicar sua força e ampliar sua capacidade de produção. No percurso das ferramentas rudimentares às máquinas sofisticadas, o esforço muscular diminuiu, o qual é cada vez menos essencial na atualidade, com a robotização e as mudanças tecnológicas no processo industrial.

De fato, a força muscular humana foi fator predominante até, sobretudo, o advento das máquinas movidas a carvão, a vapor e especialmente o uso da energia elétrica. O declínio da necessidade de se contar com a força para a produção se fez acompanhar da valorização de habilidades físicas específicas, como a capacidade de manter o ritmo dos movimentos ou sua precisão.

A industrialização tornou o corpo uma extensão das máquinas que definem os gestos necessários para garantir a produtividade, valorizando-se, sobretudo, a exatidão e a utilidade dos movimentos. Nisso, abriu-se a possibilidade de o controle do trabalho ser ditado não mais pelo homem, pesadelo surgido como subproduto da segunda Revolução Industrial, imortalizado nas antológicas cenas de *Tempos modernos*, de Charles Chaplin: o ritmo do trabalho marcado pela velocidade das máquinas, de acordo com os interesses do capital.

No início do século XX, o taylorismo,[5] ao instaurar o gerenciamento científico como forma de controlar o processo de trabalho nas indústrias e intensificar a produtividade, pôs em evidência uma concepção de corpo associado ao maquinismo e à produção. Nessa organização, segundo a proposta taylorista, o trabalho intelectual deve ser apartado do operário. À gerência competia tomar as decisões e assumir o controle

5 *Princípios de administração científica*, de Frederick Winslow Taylor, foi publicado em 1911. O marco inicial do fordismo pode ser definido quando, em 1914, Henry Ford introduziu jornada de oito horas de trabalho em suas indústrias e um sistema de prêmio de produtividade em dinheiro. Sobre taylorismo e fordismo, ver Moraes Neto, *Marx, Taylor, Ford*.

do processo, orientando desde a definição das tarefas, seu parcelamento e a fixação das etapas a serem cumpridas, até seu modo de execução. Ao operário restaria apenas o trabalho mecânico.

Na fábrica assim pensada, os movimentos do trabalhador deveriam ser previstos e controlados, com a eliminação de todo gesto desnecessário. Nenhum desperdício de energia poderia ser tolerado. Os movimentos úteis deveriam ser uniformes, contínuos e ritmados, para aumentar a quantidade da produção em cada vez menos tempo. O fordismo, que pode ser visto como um desdobramento das proposições de Taylor, intensificou ainda mais esse ritmo nas linhas de produção, com o uso do sistema de esteiras e maior controle dos movimentos, levando adiante a automatização do trabalho humano nas fábricas.

O parcelamento das tarefas introduzido pelo taylorismo originava uma situação em que não seria mais necessário executar movimentos provenientes de uma habilidade muito específica. À medida que avançou o uso de máquinas, os movimentos humanos tornaram-se cada vez mais parecidos, independentemente do tipo de produto a ser criado. Trabalhando com a operação das máquinas o operário passava a executar apenas movimentos mecânicos definidos pela movimentação por elas produzida, tornando-se, no limite, apenas seu apêndice.

A produtividade e o corpo dos operários na indústria paulista

O trabalho nas fábricas requisitava corpos dóceis e produtivos, fortes e de movimentos controlados, capazes de executar as tarefas com precisão. Adquirindo gestos disciplinados e hábitos musculares, os operários, vistos como "homens-máquinas", seriam capazes de alcançar o máximo rendimento no trabalho, com um dispêndio mínimo de energia. Pretendia-se, dessa forma, criar o "homem-produção", o "homem-rendimento".

A preocupação com o aumento da produtividade em um contexto de industrialização crescente em São Paulo incluiu esforços dos empresários para implementarem cursos de qualificação profissional e estabelecer métodos de controle e racionalização do trabalho no interior das fábricas. Tendo isso em vista, a classe industrial paulista patrocinou a criação de organismos como o Instituto de Organização Racional do Trabalho (Idort), em 1931,[6] que se preocupou em difundir no país os princípios da administração científica de Taylor e racionalização do trabalho, representando o Instituto Internacional de Organização Científica do Trabalho, o Centro Ferroviário de Ensino e Seleção Profissional (Cfesp), em 1934, e o Serviço Nacional de Aprendizagem Industrial (Senai), em 1942.

A proposta de racionalização do trabalho reforçava princípios já conhecidos como o taylorismo ou os métodos de estudos de tempos e movimentos desenvolvidos pelo casal Gilbreth[7] – a ideia-mestra seria partir de alguns princípios básicos. As funções e tarefas deveriam ser subdivididas ao máximo, com sua execução feita de forma mecânica e repetitiva. Preconizava-se atingir o "rendimento máximo com o menor esforço". Análise do tempo dos movimentos e seu controle, com eliminação dos considerados inúteis por levarem ao desperdício de energia,

---

6 Como diz Barbara Weinstein, "o termo 'racionalização' deve ser entendido como abrangendo uma grande variedade de estratégias para reorganização do trabalho, e mesmo da vida cotidiana, de acordo com princípios que seus defensores consideram 'científicos'. O que havia de comum a todas essas estratégias era a recusa aos métodos empíricos baseados na prática e na tradição, em favor de métodos desenvolvidos por especialistas, a partir de 'princípios científicos'. Aplicados seja ao trabalho na fábrica, seja à administração, ao transporte ou ao planejamento urbano, esses métodos deveriam resultar, segundo se esperava, numa maior eficiência e produtividade, que redundariam em benefícios para patrões, empregados e consumidores". Weinstein, *(Re)formação da classe trabalhadora no Brasil (1920-1964)*, p.20-3. Sobre o Idort, ver também Antonacci, *A vitória da razão.*; Tenca, *Razão e vontade política*: Idort e a grande indústria.

7 O casal Frank e Lilian Gilbreth notabilizou-se pelos estudos de movimentos no trabalho com vistas a reduzi-los em prol da eficiência. Apresentaram em 1912, fotografias registrando curvas luminosas produzidas durante a realização de trabalhos manuais na indústria, estendendo seus estudos posteriormente para operações cirúrgicas.

seriam os passos do caminho que levaria à eficiência e à produtividade no interior das fábricas.

A análise das operações da atividade produtiva deveria incluir ainda o cuidado com o ambiente de trabalho quanto a sua iluminação, temperatura e ventilação. Importava também estudar a "acomodação" do trabalho que se relacionava:

> tanto às ferramentas e apetrechos como ao lugar de trabalho e tem por objetivo dar a esses elementos de trabalho constituição e disposição adequada, fácil, cômoda e ordenada, no intuito de ampliar a segurança e a rapidez das operações, sempre procurando reduzir as solicitações de ordem anátomo-fisiológicas e psicológicas.[8]

Constata-se a presença de determinada concepção de "economia corporal" característica do taylorismo. Toda energia humana deveria ser orientada para a produção. O ambiente de trabalho deveria ser adequado à execução das tarefas de maneira a também evitar o desperdício de energia, reduzindo-se as solicitações físicas e psicológicas, ou seja, poupando as energias do trabalhador e garantindo que elas fossem dirigidas para a produção. A disposição das ferramentas e o cuidado com o ambiente deveriam garantir que a atividade pudesse ser realizada de maneira segura e veloz. Estaria assegurada, com isso, a produtividade pretendida e protegia-se a mão de obra.

Está claro que as considerações feitas com relação à proteção, ao conforto e à segurança não estão relacionadas ao bem-estar do trabalhador, mas à eficiência. Não há consideração de diferenças individuais nesses quase robôs, as quais deveriam ser eliminadas em prol da produtividade.

O operário é, nesse caso, de fato apenas uma máquina, um homem-máquina, quase um autômato. Seu corpo é valorizado como tal. As qualidades a serem buscadas no trabalhador eficiente são corporais: destreza e velocidade. Não se consideram inteligência ou quaisquer

8 Mange, Curso de psicotécnica. In: *De homens e máquinas*, p.104.

outros atributos. O conhecimento deve ser apenas o "necessário" para a realização da tarefa. O dr. Arlindo Ramos cita, em seu livro, uma descrição feita por Mario Pagano, em *Princípios e técnicas de racionalização industrial*, que exemplifica o caráter mecânico das tarefas em linhas de produção. As operações elementares executadas em indústrias de fiação de algodão e os tempos e movimentos necessários seriam:

> 1) pegar a espátula embaixo com a mão esquerda (dois segundos); 2) pegar a ponta do fio com a mão direita (três segundos); 3) passar o fio no guia-fio (cinco segundos); 4) passar o fio no viajante que está preso no anel (cinco segundos); 5) soltar a mão esquerda da espátula para deixá-la girar no fuso, segurando sempre o fio com a mão direita (dois segundos); 6) com os dedos polegar e indicador da mão direita unir a ponta do fio presa na mão com a ponta que está no rolinho (cinco segundos). Total: 22 segundos.[9]

De acordo com o engenheiro Roberto Mange, no conjunto dos operários que trabalhavam na indústria paulista no final da década de 1940, predominavam os não qualificados que executavam tarefas braçais, constituindo cerca de 80% do total. Apenas 15% seriam qualificados e 5%, mestres e contramestres. Em sua visão,

> o operário não qualificado é aquele que não precisa de uma formação profissional metódica. Pode ser um simples operário braçal ou um operário manipulador. O manipulador é um operário que executa operações em geral simples e repetidas. Sua função não exige formação profissional, mas um simples adestramento. Assim, o operário que, tomando uma chapa de ferro, transforma-a em bacia com um simples movimento do pedal da máquina própria, é um manipulador. Num conceito psicológico do problema podemos chamar o operário braçal de **braço anatômico**; o manipulador de **braço atento** e o qualificado de **braço pensante**. A cúpula da gradação anterior é constituída pelo mestre, que seria o **braço pensante e dirigente**.[10]

---

9 Ramos, *Prática de seleção e aperfeiçoamento de pessoal*, p.86.

10 Mange, R. Missão do Serviço Nacional de Aprendizagem Industrial, resumo da conferência feita pelo autor em 30 out. 1943, p.131.

Aí configura-se a visão preponderante na ótica da organização racional do trabalho relativa ao operário industrial. Ainda que "pensante" ou "dirigente", este se define essencialmente pela ação de seu corpo. Em especial, no caso do trecho citado anteriormente, isso está simbolizado a partir da visão de um corpo fragmentado no qual se ressalta a função mecânica a ser realizada por seu membro mais diretamente ligado à produção: o braço. Ao destacar-se o "braço", símbolo de força, deixam-se de lado as "mãos" que, se enaltecidas, trariam outro simbolismo, mais relacionado à criação e à inventividade humana.

Cumpre destacar que se está transitando por um conjunto de representações que se aderem à imagem do operário e orientam a própria política de formação profissional que vinha se esboçando a partir do Senai, com Roberto Mange. Nessa visão, o operário é, por definição, "braçal", e sua identidade chega a ser confundida com a maneira como se insere na atividade produtiva. Ao operário não qualificado é recusado qualquer atributo, além do físico. Apenas sua anatomia o qualifica: é o "braço anatômico". Chega a desempenhar tarefas especializadas, mas mecânicas, ou seja, de "repetição", podendo nelas ser adestrado, treinado, como um animal irracional: é o "braço atento". Somente ao operário especializado é reservada a possibilidade de pensar e, por isso, ser objeto de qualificação profissional: é o "braço pensante".

Desqualificado em seu saber fazer, o operário perdia o controle do próprio trabalho e tornava-se submetido ao ritmo ditado pelas máquinas, que passavam a assumir o comando e,

> na sua maioria, possuem certa periodicidade de movimento que deve formar com o ritmo específico do mecânico um conjunto harmônico. Daí resultar de um lado condições especiais de construção das máquinas [...], e de outro lado, educação das aptidões do mecânico que deve acompanhar e se incorporar à periodicidade de movimento da máquina.[11]

11 Mange, Escolas profissionais mecânicas. In: *Revista Politécnica*, citado em Antonacci, op. cit., p.36.

A existência de oferta de mão de obra abundante e as poucas exigências de qualificação profissional na maioria das indústrias da época conferiam, contudo, o limite para uma adesão ampla aos princípios da racionalização científica. Ainda que não tenham sido alcançados os resultados esperados, essas ideias difundiram-se na década de 1940 e tiveram continuidade para além desse período. Dali, várias ramificações surgiram, constituindo-se organismos específicos como a Associação Brasileira de Normas Técnicas, a Associação Brasileira de Prevenção de Acidentes e o Conselho de Higiene e Segurança do Trabalho.

Cumpre lembrar que, paralelamente à defesa da necessidade de uma organização racional do trabalho, encontravam-se também aqueles que não tratavam exclusivamente da corporeidade humana nesse campo. Partidários da psicotécnica olhavam também em outra direção, investigando formas de adaptação psicofísica ao trabalho.

Figura 13.1
Fábrica de tecidos no Tatuapé do Moinho Santista-São Paulo: engomadeiras de fios.

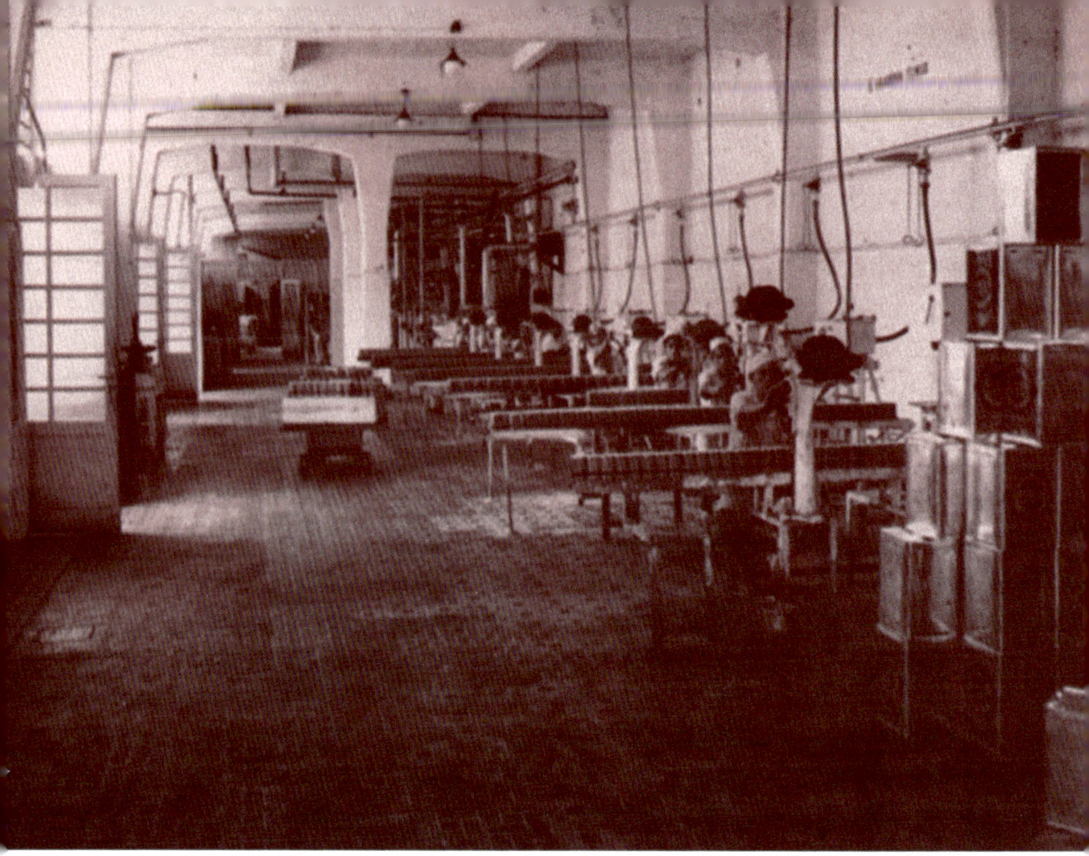

Figura 13.2
Fábrica de óleo e sabão no Tatuapé do Moinho Santista-São Paulo: enlatamento de óleo e gorduras vegetais.

Um médico para o trabalho

Nas décadas em estudo, a função de médico do trabalho começava a se configurar.[12] A ele caberia, entre outras coisas, proceder ao exame médico quando da seleção do trabalhador. Com esse exame, abria-se a possibilidade de se instaurar um patamar científico e biológico a nortear as decisões quanto à admissão e ao encaminhamento dos operários aos postos mais convenientes, de forma a garantir o rendimento máximo da produção. A isso agregavam-se, também, os objetivos de prevenção de acidentes do trabalho.

12 Sobre o assunto, ver Bercito, Medicina e indústria em São Paulo: em foco o corpo do trabalhador. In: Moura; Ferlini (Orgs.), *História econômica*: agricultura, indústria e populações, p.147-58.

As intenções de promover a produtividade se introduziram fortemente no discurso médico da época. Com o concurso de seu saber, foi possível cercar o corpo do operário de um conjunto de procedimentos – exames físicos, seleção profissional, testes psicotécnicos – e propostas racionais de execução do trabalho. Operou-se um deslocamento do foco no ambiente, característico da higiene industrial, para o corpo do trabalhador.

Os médicos participaram de discussões sobre questões candentes à época relativas às condições de trabalho no interior das fábricas – acidentes, doenças, insalubridade – e imprimiram sua marca na legislação produzida. Essas discussões incorporavam as questões da proteção do corpo e do controle de seus limites no âmbito da atividade na indústria. Ao tratar de todos esses assuntos, o discurso médico revelava preocupações relativas à produtividade industrial, impregnadas do pensamento orientado, sobretudo, para o desempenho dos corpos-máquinas.

A medicina do trabalho, nesse contexto, tinha ação dupla: de um lado, criava condições para o aumento do rendimento do homem-máquina e, de outro, buscava corrigir os efeitos do trabalho sobre seu corpo.

O dr. Hilário Veiga de Carvalho, em importante obra da época relativa aos acidentes do trabalho, aponta a necessidade de ser o trabalhador "estudado, encaminhado, enquadrado e protegido". Sugere que seja feita uma avaliação biotipológica para estabelecer seu perfil como passo inicial para "estabelecer a orientação profissional, vale dizer, entrosar tal indivíduo com a tarefa que a ele melhor se encaixar".[13]

É interessante ressaltar que, embora reconheça a existência de fatores psíquicos, ambientais e sociais a serem considerados, esses são vistos em sua relação com o corpo. Tal médico credita à biotipologia a tarefa de "estabelecer as relações" do trabalhador com o ambiente "cósmico" – vale dizer, as reações do corpo humano às variações climáticas e ambientais, e com o meio social. Somente por meio da análise biotipológica seria possível "alcançar a síntese da personalidade e, por ela,

13 Carvalho, *Acidentes do trabalho*, p.52.

orientar profissionalmente o indivíduo".[14] No binômio corpo-mente, a tônica naquele momento estava no corpo.

Para Hilário, a maioria das profissões exigiria apenas uma constituição "morfo-físico-psíquica normal". Outras, entretanto, necessitavam de aptidões sensoriais ou motoras mais desenvolvidas ou de maior capacidade. Por fim, haveria algumas que poderiam utilizar os indivíduos de "capacidade geral ou especial mais reduzida, aqueles que sobravam das triagens da orientação e da seleção profissional", constituindo

> a válvula de segurança para estes "diminuídos" ou para os que, havendo já sofrido um acidente anterior, ficaram com certa incapacidade, mas cuja reeducação condicionou, de novo, uma relativa atividade.[15]

Na verdade, entrevê-se nas propostas de análise das potencialidades do trabalhador um discurso no qual se previa uma seleção de capacidades com vistas a suportar um desejável incremento das atividades industriais. O foco principal das preocupações era o grau de produtividade que cada trabalhador poderia ter. Imperava uma concepção utilitária na qual se privilegiava o aproveitamento dos mais capazes e sua alocação em postos convenientes em que o maior rendimento pudesse ocorrer.

O exame médico constituía, também, um momento fundamental em que, mediante uma análise das condições físicas e psicológicas do operário, seria possível fazer uma seleção dos candidatos. Como diz Afrânio Peixoto, operando "a selecção dos operários capazes e prudentes para os ofícios perigosos",[16] os acidentes seriam evitados. Mais que isso, a partir dos dados colhidos no exame médico, seria possível orientar o encaminhamento de cada um para a função que melhor pudesse desempenhar, de acordo com suas características individuais. Também por esse caminho, os infortúnios seriam evitados. Assumia-se

---

14 Ibid., p.54.

15 Carvalho, op. cit., p 54-5.

16 Peixoto et al., *Medicina legal dos acidentes do trabalho e das doenças profissionais*, p.25.

dessa maneira, no que diz respeito à prevenção de acidentes, o discurso racionalizador que previa *the right man in the right place*.

O médico do trabalho é definido como um valioso colaborador na conquista de uma produtividade crescente, criando as condições para se extrair o máximo de rendimento do corpo. Evitar os riscos e os acidentes era assumido como parte inerente dessa tarefa.

Figura 13.3
Ambulatório da Fábrica do Moinho Santista.

O corpo e as marcas do trabalho

O corpo humano é sujeito a inscrições nele deixadas pelo trabalho que realiza. Como decorrência desse fato, pode-se afirmar que a identidade pessoal, mas também social do indivíduo, ao estar relacionada à atividade que desempenha, tem nesses sinais externos um importante componente.

Para Flamínio Fávero, eminente médico da época, “sinais profissionais” seriam os registros dos processos observados no corpo do trabalhador:

> Os *signaes profissionaes* são estigmas que o *habito* do trabalho imprime no *individuo*. Estudados cuidadosamente, fornecem, naquilo que *teem* de préstimos para a *caracterisação* profissional, elementos para a identidade.[17]

Tais sinais, de acordo com ele, teriam causas diversas. A repetição frequente de um movimento ou postura deixaria marcas características no corpo. Seriam exemplos disso a curvatura das costas nos agricultores, o andar com os pés afastados dos marítimos, as câimbras dos escrivães, a agilidade da mão direita obtida em diversas profissões. O trabalho industrial vinha modificando esses efeitos. Ainda que o uso do corpo tenha continuado a ocorrer, a industrialização veio modificar as exigências feitas, em uma tendência crescente de produzir menos marcas ou, pelo menos, deixá-las menos visíveis.

Ainda sobre tais sinais, conforme Flamínio Fávero, esses poderiam assumir múltiplas formas, sendo de ordem morfológica ou funcional, passageiros ou permanentes. Poderiam se constituir em atrofias, desvios, paralisias nervosas; modificações da espessura da pele, como calos de sapateiros, costureiras, enceradores e alfaiates; alterações da pele, pelos e unhas, provenientes de contato com produtos químicos ou queimaduras, em profissões como tipógrafo, lavadeira, pedreiro, fotógrafo e químico; lesões produzidas por instrumentos cortantes, como as encontradas nos dedos de picadores de fumo, costureiras ou matameiros; coloração da pele em decorrência de contato com algumas substâncias como carvão, terra, betume, por exemplo; traumatismo e

17 Fávero, *Medicina legal*, p.107. O autor foi professor da Faculdade de Medicina de São Paulo. Esse seu livro tornou-se um clássico da medicina legal, tendo sido premiado por essa instituição e pela Sociedade de Medicina Legal e Criminologia de São Paulo e republicado periodicamente até pelo menos 1991, ocasião em que alcançou a 12ª edição.

alterações musculares ou ósseas em carregadores de peso ou em atividades que mantêm o trabalhador em uma mesma posição.

Quando oriundos de um processo de grande intensidade, resultante de um traumatismo produzido gradativamente pelo trabalho, os sinais profissionais se constituiriam em doenças profissionais.[18]

É preciso observar que os efeitos sobre o corpo do operário poderiam culminar, ainda, em danos oriundos de processos súbitos causadores de lesões, mutilações ou inutilização de membros ou órgãos, ocorrências tratadas como acidentes de trabalho.

Acidentes e moléstias: ameaças ao corpo e à produção

O ambiente das fábricas oferecia diversos riscos, não só pela periculosidade de suas máquinas ou de suas instalações. O ritmo acelerado do trabalho e o esforço físico exigido poderiam trazer malefícios ao trabalhador. A fadiga, as doenças profissionais e os acidentes certamente estariam entre os efeitos produzidos. O número elevado dos acidentes nas indústrias paulistas colocava em evidência o "desperdício" do elemento humano, ou seja, o não aproveitamento econômico.

O acidente de trabalho, além de significar prejuízo econômico, produzia um desarranjo no funcionamento harmônico da indústria, figurando como "o elemento perturbador dessa ordem racionalizada".[19] Evitá-los para garantir a produtividade seria, sem dúvida, o ponto fundamental. A questão dos acidentes do trabalho e das doenças profissionais começou a receber a atenção de médicos, juristas, empresários e legisladores nas primeiras décadas republicanas, no contexto do crescimento industrial, levando à promulgação de uma lei federal sobre o assunto em 1919.[20] Essa lei inaugurou uma perspectiva que se repetiu na

18 Ibid., p.107-11.

19 Ferla, *Feios, sujos e malvados sob medida*, p.227.

20 Sobre essa lei, ver Moura, Higiene e segurança do trabalho em São Paulo nas primeiras décadas republicanas: em torno da definição de acidente do trabalho.

legislação subsequente. Inseriu as doenças profissionais[21] no âmbito dos acidentes do trabalho e conduziu à aceitação do conceito de "risco profissional". Já em aplicação na Europa, nos Estados Unidos e no Japão, baseava-se no entendimento de que o acidente, como consequência do trabalho, fazia parte do risco inerente à atividade, raciocínio que considerava que, se existiam os danos, deviam ser ressarcidos, porém não havia culpas a estabelecer. Os dois trechos a seguir não deixam dúvidas:

> Com efeito, se o trabalho é uma lei natural, se é um dever social, é também uma fonte de riscos. Os trabalhadores estão obrigados a transformar sua energia pessoal em produção econômica, dentro de contratos sociais de compra

---

In: *Revista de História*, p.37-51. Durante o período, houve duas outras leis federais versando sobre acidentes do trabalho: o Decreto n.24.637, de 10 jul. 1934, e o Decreto-Lei n.7.036, de 10 nov. 1944.

21 Conforme Esmeralda Bolsonaro de Moura, no artigo citado, após a promulgação da lei de 1919 seguiu-se extenso debate quanto à caracterização de "acidente-tipo", no esforço de distingui-lo de doença profissional. Resultou em uma tendência a associar acidente do trabalho a termos como "súbito", "imprevisto", "fato anormal" e "desastre". Já as doenças profissionais resultariam de causas contínuas, inerentes ao exercício habitual da profissão. O Decreto n.24.637, que reformou a lei anterior, entendia como acidente de trabalho "toda lesão corporal, perturbação funcional ou doença produzida pelo exercício do trabalho ou em consequência dele, que determine a morte, ou a suspensão ou limitação, permanente ou temporária, total ou parcial, da capacidade para o trabalho". Posteriormente, a Lei n.7.036 pôs fim a essas questões, ao considerar acidente de trabalho "todo aquele que se verifique pelo exercício do trabalho, provocando, direta ou indiretamente, lesão corporal, perturbação funcional ou doença, que determine a morte, a perda total ou parcial, permanente ou temporária, da capacidade para o trabalho". O ponto fundamental para sua comprovação passa a ser a existência de uma relação de causalidade entre o acidente-tipo ou a moléstia e o trabalho. De qualquer forma, reafirmava-se o princípio da obrigatoriedade da indenização tanto para um quanto para outra. Assim, atendia-se também à Convenção n.42 da Organização Internacional do Trabalho, lançada em 1934, aprovada no Brasil em 1935 e tornada decreto em 1937, pela qual ficava estabelecido que, nos casos de doenças profissionais, seria recebida indenização não inferior à legalmente estabelecida para lesões decorrentes de acidentes de trabalho.

e venda; isso coloca o homem em condições de perigo, em condições artificiais que forçam a natureza humana, entre máquinas de grande velocidade que perturbam o nosso ritmo funcional, máquinas ruidosas, ou que exigem posições contrafeitas e movimentos viciosos, usando muitas vezes matéria-prima tóxica; há, pois, um risco profissional genérico, pendente sobre os operários, sujeitando-os a doenças profissionais e a acidentes do trabalho.[22]

Se, no desempenho do contrato, o operário, sob os laços da subordinação, veio a se invalidar de qualquer forma, é natural que o risco sofrido, mesmo por sua culpa, venha a ser ressarcido, pelo que o sujeitou ao gasto da sua energia física ou intelectual com finalidade lucrativa. Daí a evolução que experimentou a lei brasileira, desprezando a velha teoria da culpa, em matéria de acidentes de trabalho para aceitar a do risco profissional.[23]

A doutrina do risco profissional serviu como base jurídica para o estabelecimento de indenizações relativas a acidentes de trabalho,[24] instaurando um espírito transacional na forma de reparação a ser oferecida à vítima como maneira de se tratar a questão. Nesse sentido, as leis sobre o assunto caracterizaram-se fundamentalmente como lei de reparação de danos. E mais: a reparação financeira do dano tornava evidente estar em curso, seja no campo jurídico, seja no pensamento médico, uma concepção de corpo como mercadoria, cujo valor se deduz de sua capacidade de trabalho, podendo ser quantificado e transformado em moeda. Em última instância, o corpo humano reduzido a força de trabalho. Se há riscos na produção, esses são cobertos por uma indenização. Reparado o dano, a produção deve continuar e, se o corpo estiver incapacitado para tanto, pode-se substituí-lo. No limite, a vida humana, por esse raciocínio, tem na produção seu valor, e a energia vital transforma-se em

22 Paiva, Fisiologia e patologia do trabalho humano. In: Rios, *Manual de psicotécnica* (Psicologia aplicada ao trabalho), p.336.

23 Brasil, *Acidentes do trabalho e doenças profissionais.* Tabelas de invalidez permanente. Leis, regulamentos e outras notas, p.3.

24 As indenizações foram pagas a princípio pelos próprios patrões, que chegaram a destinar uma verba para isso. Outras soluções não demoraram a surgir, com a criação de seguros de acidentes de trabalho particulares ou de associações de empresários, até que fossem assumidas pelo Estado.

moeda de troca. Não se pode esquecer, ainda, que os acidentes representavam uma ruptura violenta no processo de trabalho e desequilibravam o desejável funcionamento harmônico das fábricas, constituindo-se em uma ameaça à ordem social, ao desestabilizar a produção.[25]

Nos processos trabalhistas, recorria-se à participação de médicos na elaboração de pareceres, sendo fundamental sua avaliação, no caso da ocorrência de infortúnios. A verificação do dano causado e a análise das condições nas quais se deu o acidente, com a finalidade de estabelecer sua relação com o ambiente de trabalho, se consolidam como passos necessários para justificar a oportunidade da indenização.

Os parâmetros para a atuação médica na área foram fornecidos pela Infortunística. Essa divisão da Medicina Legal, relacionada à Medicina do Trabalho, constituiu-se tendo como objetivo avaliar os danos físicos produzidos por acidentes do trabalho, relacionando-os com as reparações econômicas previstas na legislação específica.

Indenizações: quanto vale o corpo?

No caso dos acidentes de trabalho, a doutrina do risco profissional e a reparação do dano mediante pagamento de indenizações levaram à atribuição de um valor econômico ao corpo do operário. Mais alto seria o valor da indenização quanto maior fosse o dano sofrido e o prejuízo causado ao acidentado em relação à sua possibilidade de continuar em atividade. O ponto fundamental seria, pois, o valor de troca do corpo calculado a partir da capacidade de trabalho preservada.

A forma com que o cálculo de indenizações deveria ser feito foi definida com a primeira lei de acidentes do trabalho de 1919, tendo continuidade nas duas outras que se seguiram. De acordo com Afrânio Peixoto[26], foi adotado o princípio de "incapacidade geral de trabalho", avaliando-se

25 Ferla, op. cit., p.229.

26 Peixoto et al., op. cit., p.93

as possibilidades razoáveis de trabalho, que o mercado da mão de obra [pudesse] a ele oferecer, de acordo com a sua profissão anterior, a sua idade, as condições resultantes do acidente, enfim, a compensação tanto quanto possível justa do *déficit* que para ele economicamente, como operário, representa o acidente e suas *consequências*.

Para cálculo das indenizações, elaborou-se uma tabela refeita na reforma da lei de acidentes em 1934. O método norteador mantido nas duas tabelas consistiu em

dar a cada órgão, ou parte do corpo, um valor e, portanto, à perda dele ou da sua função uma diminuição por cento, sendo cem a integridade orgânica e funcional. Uma certa latitude é deixada ao juiz, para não só julgar das lesões não expressas, como, [no caso destas], poder oscilar entre os extremos da gravidade.[27]

Afrânio Peixoto percebe a predominância do valor econômico sobre o corpo do operário ao analisar o que, a partir da lei de 1934, foi considerado invalidez para efeito de seguro de acidente do trabalho:

O critério *adoptado* para considerar-se a invalidez é o critério econômico, ou funcional e não médico, ou orgânico. Invalidez é incapacidade: não mais válido para a profissão o trabalhador. Não válido para o exercício normal, isto é, 100%. Há, portanto, uma relação de incapacidade: leis estrangeiras e até nossas fixaram este limite, 2/3, ou incapacidade de mais de 66% [...] Praticamente, quando o trabalho do operário não valer mais de 1/3 ou 33% do que valia, ou vale normalmente o de um trabalhador válido, esse operário é inválido e é declarada sua incapacidade profissional.[28]

O que esse médico deixa claro é que a incapacidade para o trabalho se definia de acordo com um nível de produtividade esperado que deveria ser mantido e não exatamente pela impossibilidade de executar a tarefa. Validez ou invalidez são vistas como condições de manuten-

---

27 Ibid.

28 Peixoto et al., *Acidentes do trabalho*, p.283.

ção ou não do lucro e da produção. Saúde, na concepção economicista imperante, significava, sobretudo, capacidade de trabalhar:

> a saúde tem grande valor. Esse valor é econômico e moral. O homem sem saúde é um inválido, é rejeitado pelas juntas médicas para as funções públicas ou de grandes empresas, pelos colégios e até pelas instituições de seguro.
>
> Igualadas *tôdas* as demais qualidades humanas, vale mais o homem que possuir mais saúde. [...]
>
> Economicamente, o doente que não se trata é como o preguiçoso que não quer trabalhar.[29]

De acordo com o Decreto n.24.637, de 10 de julho de 1934, em caso de acidente de trabalho, a indenização seria calculada segundo sua gravidade, considerando-se as seguintes situações: morte, incapacidade permanente e total; permanente e parcial; temporária e total; e temporária e parcial.

Foram considerados casos de incapacidade total e permanente, entendidos como causadores de invalidez absoluta do trabalhador para quaisquer atividades: alienação mental incurável; perda ou impotência funcional em suas partes essenciais de ambos os membros, quer superiores quer inferiores, bem como de um deles; cegueira de ambos os olhos, com ou sem perda dos órgãos; cegueira de um olho, com ou sem perda do órgão, e diminuição importante da força visual do outro; lesão irreparável do sistema nervoso ou de um dos aparelhos circulatório, respiratório, digestivo e geniturinário, conforme o grau.

Em caso de comprovação da incapacidade permanente e parcial, a lei de acidentes de 1934 estipulou de 5% a 80% os "limites de capacidade", alterando os índices previstos na norma anterior, que variavam de 5% a 60%. Na então criada tabela de indenizações, foram estipulados 26 grupos profissionais, com 966 ocupações e 365 lesões diferentes. Partindo de 100% de dano, com morte ou invalidez total, considerando-se

29 Gomes, O direito à saúde. In: *Revista Brasileira de Medicina Pública*, p.11-2. Texto publicado também como um capítulo de seu livro *Noções de higiene e medicina social*.

a gravidade da lesão, a idade do acidentado e sua profissão, chegava-se a um mínimo de 5%.

Como decorrência dessa lei e da regulamentação do seguro de acidentes feita logo a seguir, o corpo do operário foi alvo de um retalhamento simbólico. Na minuciosa tabela divulgada pelo governo, cada parte danificada foi avaliada de acordo com a dificuldade de continuar exercendo ou não sua atividade profissional.

Fica claro que o corpo do operário vinha sendo concebido como uma máquina de produção a cujas "peças" danificadas era atribuído um valor variável de acordo com sua importância, estabelecido em face de sua função utilitária para o trabalho.

A lei de acidentes de 1944 preservou o espírito das anteriores, estabelecendo também graus de incapacidade. As consequências dos acidentes foram assim classificadas: morte; incapacidade total e permanente; incapacidade parcial e permanente; incapacidade temporária. A primeira compreendia a perda anatômica ou a impotência funcional, em suas partes essenciais (mãos e pés) de mais de um membro; a cegueira total; a perda da visão de um olho e redução simultânea de mais da metade do outro; as lesões ou perturbações funcionais graves e permanentes de qualquer órgão vital; ou quaisquer estados patológicos reputados incuráveis que determinassem idêntica incapacidade para o trabalho.

Tal norma deu origem a uma nova "Tabela de indenizações por incapacidade permanente", que substituiu a anterior. Nessa, diminuiu-se a importância dada ao fator idade. Na anterior, quanto mais idoso o acidentado, maior o valor, considerando que sua readaptação à nova atividade profissional seria mais difícil. Na nova tabela, a perspectiva da gestão da previdência social pelo Estado, com estabelecimento de pensões, significava um motivo para não fazer essa distinção. O cálculo das indenizações deveria ser feito assim como na tabela anterior, porém, a partir do cruzamento de dados relativos à idade, à profissão e à lesão sofrida.

Quanto às profissões, cabe destacar que os agrupamentos feitos valorizam o grau de especialização do trabalhador, tendendo a separar trabalhos intelectuais dos físicos. Note também, quanto às faixas de idade, o limite máximo de 46 anos, indicando o final das divisões, fazendo supor que, além dele, a capacidade de trabalho seria a mesma, ficando no mesmo patamar para efeito de cálculo de indenização. A utilização de tal idade para término da tabela revela a existência de parâmetros estreitos para considerar a capacidade de trabalho, se a compararmos com a situação atual, apontando uma expectativa de vida útil mais limitada.

Construindo uma "economia corporal"

O corpo como máquina tinha limitações e especificidades que deveriam ser consideradas. O trabalhador poderia se ausentar, adoecer, diminuir o ritmo, se acidentar e, em qualquer dessas situações imprevisíveis, causaria transtornos à produção. Daí a importância de organizar racionalmente a distribuição e a utilização das energias humanas no trabalho, de maneira a evitar um importante agente causador desses transtornos: a fadiga.

Estudos sobre a fadiga, assim como sobre fisiologia e nutrição, promovidos por especialistas, destinavam-se a fornecer soluções objetivas com respaldo científico para as dificuldades do processo de trabalho no interior das fábricas. A ciência médica contribuiria para a construção de uma economia corporal, oferecendo meios de adequação e controle energético do corpo para seu melhor desempenho na atividade produtiva, inserindo-o em um projeto de gestão biocientífica do espaço fabril. A preocupação com a administração da energia humana no processo de trabalho é recorrente nos discursos médicos da época, que se ocupam em pensar as formas de mantê-la e evitar os desperdícios. O resultado do trabalho físico na indústria deveria ser transformado em produção, restringindo-se ao máximo a dispersão da energia produzida.

A discussão sobre a fadiga no discurso médico trouxe consigo o modelo energético de corpo forjado em meados do século XIX na Europa. O surgimento da metáfora do "motor humano", nesse contexto, foi tratado por Anson Rabinbach, que se dedicou à análise das relações então estabelecidas entre corpo, máquinas e leis naturais. Os estudos da termodinâmica no século XIX, com as consequentes descobertas das leis de conservação de energia, teriam fornecido a argumentação teórica para cimentar essa ligação. As forças da natureza, os movimentos planetários, as máquinas e também o trabalho humano passaram a ser vistos no pensamento social como respondendo aos mesmos princípios energéticos. Hermann von Helmholtz, um dos pioneiros da termodinâmica, desenvolvera em 1847 ideias sobre a conservação de energia, considerando que as forças da natureza seriam formas de uma energia única e universal que não poderia ser acrescentada nem destruída. Simultaneamente, a descoberta da entropia, como a dissipação da energia no processo de sua transformação, demonstrava que esta não se convertia totalmente em trabalho.

A natureza, a produção industrial das máquinas e o corpo do trabalhador se integrariam na termodinâmica, respondendo às mesmas leis de funcionamento. Para Rabinbach, a partir daí, a ideia de homem-máquina seria alterada com a adoção do modelo energético. O entendimento do corpo como maquinismo característico da visão inaugurada com Descartes, no limite um autômato, transitaria para a concepção de motor humano.

Diferentemente do cansaço simples, a ocorrência da fadiga estaria relacionada ao esforço, definido como "emprego de força física que excede as características individuais, obrigando a ir além delas para vencer ou deter forças e resistências".[30] Dessa forma, o ideal seria

> pedir aos trabalhadores um máximo de trabalho, mas nunca um excesso, porque o excesso de trabalho provoca fadiga, e esta torna a produção imperfeita e diminui o rendimento.[31]

Considerava-se que o trabalhador sujeito à fadiga apresentava uma capacidade produtiva menor e, ao ter sua atenção e concentração dimi-

30 Carvalho, *Temas de medicina social e do trabalho*, p.108.

31 Rios et al., op. cit., p.338.

nuídas, comprometia a realização de suas tarefas com o acerto e a prontidão necessários. Do ponto de vista da Infortunística, a fadiga seria um importante fator responsável pela ocorrência de acidentes.

A automação no processo de produção fabril levara à redução do esforço físico muscular, mas isso não teria eliminado a fadiga. Ao contrário, outras condições da atividade dos operários nessa nova situação também teriam levado à sua ocorrência. Ironicamente, para conseguir produtividade crescente nas indústrias, como se almejava, seria necessário corrigir alguns efeitos causados pelos recursos ali introduzidos com essa finalidade. A automação das máquinas deveria ter conduzido à superação dos limites físicos do trabalho humano relacionados ao esforço muscular, multiplicando a produção. Entretanto, produziu movimentos monótonos e repetitivos que ocasionavam cansaço e fadiga, prejudicando, em última instância, a própria produção:

> Se é verdade que a introdução, incessantemente crescente, de maquinismos reduz a solicitação do esforço muscular, também é certo que, com essa orientação nova, surgem outras causas de fadiga. A velocidade que se consegue na produção exige atenção incessante do operador: assim, máquinas de coser com dez agulhas, sob o controle de um só homem, fatigam talvez mais que o trabalho de uma só maquina, mesmo acionada a mão. A fadiga não falha a uma operária que, na tecelagem, se ocupa com o funcionamento de dez a vinte teares. Acaba cansando, igualmente, a monotonia de uma mesma operação, que se repete milhares de vezes ao dia – ocorrência tão frequente hoje na indústria. As posições fixas, forçadas, contrafeitas, tão comuns no trabalho desregrado, os movimentos inúteis ou arrítmicos, os ruídos nas oficinas são outras tantas causas provadas de fadiga, que a higiene pode evitar.[32]

Seriam fatores causadores de fadiga ainda o sono insuficiente, a má alimentação e outras condições individuais. Os médicos, visualizando os interesses da produção, também alertavam para o fato de que o horário extenso de trabalho não traria vantagens, muito pelo contrário: produziria cansaço e fadiga, culminando em queda de produtividade.

32 Peixoto et al., op. cit, p.398-9.

A distribuição adequada e racional das energias no processo de trabalho para evitar o desperdício e garantir a produtividade implicava, portanto, controlar a fadiga. Com essa finalidade, discutiu-se a sobrecarga física, o ritmo acelerado do trabalho e a necessidade das pausas, dos descansos e das férias. Além da inserção de intervalos breves no processo de trabalho, levou-se em conta a mudança de posição do corpo do operário durante a atividade, como maneira de não diminuir o rendimento, ou até a alternância no tipo de trabalho que era realizado, para a troca dos movimentos. Para que fossem abolidas "posições contrafeitas e forçadas",[33] poderiam ser instalados assentos ajustáveis para o operário.[34] Ruídos e vibrações deveriam ser evitados com um ajuste adequado das máquinas.

É claro que a prioridade não era, com essas propostas, a saúde e o conforto do trabalhador, mas a produtividade nas fábricas. Atendia-se à perspectiva de fazer do trabalho uma atividade metodicamente analisada e controlada, construindo-se, sobre ele, um conhecimento especializado.

Pode-se considerar que, com a fadiga, o corpo do trabalhador expressava sua recusa em adaptar-se à disciplina do capitalismo industrial. De fato, a fadiga colocou em evidência os limites do corpo humano para desempenhar o papel de máquina de produção. Seu bom funcionamento nesse sentido exigia que se buscasse preservar sua energia física e prevenir seu desgaste. Cumpria considerar que o organismo do trabalhador,

> além das necessidades relacionadas com os desgastes comuns em todas as espécies de materiais, tem exigências de ordem fisiopsicológica de grande importância, exige descanso ou pausas renovadoras, alimentação conveniente, orientação segura sobre o modo de se resguardar contra os acidentes do tra-

33 Ibid.

34 A própria Consolidação das Leis do Trabalho (CLT) preocupou-se com a fadiga industrial. Em seu artigo 180, prevê que, para evitá-la, "será obrigatória a disposição de assentos ajustáveis à altura do indivíduo e à função exercida".

balho, fadiga e doenças profissionais, acrescendo o tratamento especial ligado ao conforto espiritual.[35]

E, ainda, o corpo-máquina, de acordo com o modelo energético, dependia para seu funcionamento de uma fonte externa: a alimentação. De certa forma, haveria alguma desvantagem econômica na utilização do corpo humano na produção, mais dispendioso do que a máquina. De acordo com Hilário Veiga de Carvalho, do total de combustível consumido pelo homem, somente 20% seriam aproveitados na produção de trabalho; os 80% de calorias restantes seriam perdidos na forma de calor.[36]

O ponto de partida para o bom desempenho do trabalhador, nos termos da economia corporal, seria a alimentação. A "ração" – termo usado para as refeições do operário no trabalho – deveria ser estipulada de acordo com a quantidade de esforço despendido, para "compensá-lo do desgaste específico que o seu trabalho [pudesse] lhe determinar". Nisso, confirmava-se o entendimento do corpo como máquina e da alimentação como combustível. Por exemplo, o operário que desempenhasse muito esforço muscular deveria receber "ração" com reforço de vitaminas do complexo B; aqueles que, em sua atividade, usassem muito a visão deveriam consumir mais vitamina A; e para todos deveria ser fornecida uma alimentação rica em vitaminas K e P, contra as hemorragias em caso de acidentes.[37]

Na visão imperante, qualquer desvio de energia, como o produzido pelo alcoolismo ou pela ociosidade, seria absolutamente condenado. O alcoolismo afastava o homem do trabalho, sendo, por isso, considerado um grave problema social e econômico. Os danos causados ao organismo do trabalhador estavam relacionados aos problemas de acidentes e de queda de produtividade, na medida em que os transtornos

---

35 Lopes, Aspecto biológico da segurança no trabalho industrial. In: *Anais do I Congresso Brasileiro de Higiene e Segurança no Trabalho*, p.207.

36 Carvalho, op. cit., p.62.

37 Ibid., p.35.

Figura 13.4
Fiação Santista--São Paulo: sala de classificação de lã bruta.

à produção se avolumavam, estando o álcool relacionado às faltas e ao trabalho malfeito.

A produtividade também ficaria comprometida naqueles cuja energia declinara com a idade. A velhice, nesses termos, significaria um verdadeiro fardo, um estorvo para a sociedade. A partir dos 45 anos, os efeitos cumulativos das atividades desempenhadas ao longo de sua vida seriam bastante significativos, ocorrendo um "desgaste geral de seu organismo",[38] com diminuição progressiva de sua capacidade produtiva. Seriam inúmeras as complicações de saúde que acometeriam os trabalhadores a partir de então, entre elas: desgaste do sistema muscular, fraqueza, fadiga, hipertensão arterial e arteriosclerose, afecções arteriais acentuadas pelas toxinas da fadiga, rupturas de vasos pelo esforço,

38 Rios et al., op. cit., p.344.

cardiopatias e várias outras.[39] Nessa condição, os danos causados pelo trabalho nos indivíduos acima de 45 anos seriam de proporções maiores.

Entendia-se que a velhice do trabalhador conduziria ao desperdício de energia na atividade produtiva. Tendo diminuído sua possibilidade de acompanhar o ritmo previsto, o "velho" passava a ser visto como "inválido" e também mais vulnerável às doenças e aos acidentes. Evidencia-se com clareza a visão economicista preponderante:

> A vida humana representa um capital que se pode avaliar em cifras. O homem válido, que trabalha e produz, representa um capital em constante movimento, ao passo que o velho, incapaz de trabalhar, torna-se um peso morto para a sociedade, que se vê obrigada a proporcionar-lhe os meios para sua subsistência. Se o velho tem família ou pessoas caridosas que o assistam, a coletividade não ficará sobrecarregada, mas se tal não ocorre, a sociedade ou o Estado têm de intervir, fazendo recolher o velho a uma instituição adequada.[40]

Mulheres e crianças: os corpos frágeis

O conceito de trabalhador utilizado confundia-se com o homem operário adulto, deixando de fora mulheres e crianças, embora esses segmentos sociais estivessem atuantes no processo produtivo.

Em nível federal, o Código de Menores de 1927 proibia o trabalho antes dos doze anos de idade e antes dos dezoito na atividade noturna. A CLT fixou em quatorze anos a faixa etária inicial para ingresso no mercado e proibiu o trabalho infantil em locais insalubres ou perigosos e nos considerados prejudiciais à sua formação, ao seu desenvolvimento físico, psíquico ou moral. Manteve ainda o veto anterior a menores de dezoito anos.

Quanto às mulheres, o Decreto n.21.417-A, de 17 de maio de 1932, proibiu o trabalho noturno (exceto com a família ou em algumas pro-

---

39 Ibid.

40 Silva, *Serviços sociais*, p.81.

fissões, como telefonista, radiofonista e exercidas em hospitais) e em locais insalubres. A trabalhadora deveria ser afastada quatro semanas antes e quatro depois do parto, e a ela era permitido romper o contrato de trabalho sem qualquer obrigação em caso de gravidez. Previam-se períodos de descanso durante a atividade por seis meses para amamentação e creches em locais que tivessem mais de trinta mulheres. Também foi fixado na CLT como limite de peso a ser suportado pelas mulheres vinte quilos para o trabalho contínuo e 25 para o ocasional, exceto quanto à remoção de material feita por impulsão, com vagonetes sobre trilhos, carrinhos de mão ou quaisquer aparelhos mecânicos.

As mulheres eram consideradas seres frágeis, com menor resistência biológica que os homens. O tom do tratamento a elas dado era paternal e protetor. Exigia-se um cumprimento rigoroso das prescrições legais quanto ao trabalho feminino e ressaltava-se que seria fundamental que fossem encaminhadas para exercer funções compatíveis com sua – limitada – capacidade. As atividades previstas para a mulher ressaltavam o que se considerava como seu papel social relacionado aos sentimentos de proteção associados à maternidade, envolvendo o cuidado de doentes e de crianças. Definiam-se, também, algumas profissões adequadas às supostas habilidades e características de temperamento feminino, como as atividades decorativas ou que exigiam pouco raciocínio.

Por causa das

> características físicas e mentais da mulher, seu trabalho deve reger-se diferentemente do trabalho masculino, para que sua saúde, mais frágil, seja garantida.

As especificidades orgânicas, funcionais e mentais das mulheres foram assim descritas pelo dr. J. de Abreu Paiva, que dedicou a elas algumas páginas de um estudo sobre doença do trabalho:

> Em primeiro lugar sua *fôrça* muscular, além de ser somente a metade da *fôrça* masculina, é imprópria para um esforço brusco, adaptando-se apenas ao trabalho moderado, para o qual, em compensação, a mulher tem ótima resistência. Quanto ao trabalho mental, a adaptação feminina é muito lenta, e seu rendimento só é bom após um longo período de treinamento. Quanto

ao temperamento, tão importante para a orientação profissional, sabe-se que a mulher é mais sensível do que o homem, mais impulsiva, mais prolixa, mais superficial e menos lógica, menos inventiva, menos estável, menos ativa. Finalmente, convém acentuar que, ao contrário do que geralmente se crê, o catamênio normal não influi sobre o rendimento do trabalho, físico ou mental.[41]

[...] fadiga rápida, que diminui o rendimento feminino e enfraquece o seu organismo, exigindo que a mulher se limite a um pequeno horário de trabalho. Além disso, a trepidação industrial abala o esqueleto feminino e seu aparelho genital, que é muito sensível, o que influi desfavoravelmente sobre a natimortalidade. As posições fixas ou contrafeitas, ou permanentemente em pé ou sentada, provocam estase venosa e perturbações circulatórias, originando dismenorreias frequentes, o que também pode ser causado pelo levantamento de pesos e seu transporte. A mulher é ainda muito suscetível aos tóxicos industriais, particularmente ao benzol, ao chumbo, ao éter e ao tabaco. Finalmente, a mulher dificilmente se adapta à alta velocidade das máquinas e ao seu ruído, que lhe provocam fadiga precoce.

Quanto ao trabalho pesado, seu efeito nocivo é intenso; ele provoca alterações da capacidade torácica, da resistência da parede abdominal, agrava as enfermidades do aparelho genital, deforma os ossos da bacia a ponto de tornar difícil o parto.[42]

Em sentido amplo, os cuidados com a mulher no trabalho relacionavam-se ao seu papel como procriadora. Julgava-se que a "proteção à mulher reverte em proteção à criança, e, portanto, em proteção à raça".[43]

Quanto às crianças, considerava-se que, além de se envolverem em maior número de acidentes, as fragilidades do organismo em formação dos menores de quatorze anos, e também daqueles um pouco mais velhos, faziam que ficassem particularmente suscetíveis de contrair moléstias causadas por intoxicações, de desenvolver deformações físicas e fadiga. Por isso, Abreu Paiva recomendava que o trabalho de menores

41 Rios et al., op. cit., p.346.

42 Ibid., p.347.

43 Peixoto et al., op. cit., p.349.

fosse proibido em locais onde houvesse risco de acidentes e de se desenvolver doenças profissionais, onde funcionassem maquinismos perigosos e ocorressem mutações bruscas de calor, frio e umidade.

Os desdobramentos desse raciocínio não deixam dúvidas quanto a seu pragmatismo econômico. A inserção muito precoce no trabalho poderia causar danos ao desenvolvimento físico e moral. A partir daí, restava apenas pensar nas formas de proteger a integridade física dos jovens trabalhadores, para que sua capacidade de trabalho como mão de obra adulta não ficasse comprometida.

Conclusão

A visão relacionada ao corpo humano no âmbito das discussões referentes ao trabalho industrial nas décadas tratadas neste capítulo é clara. Trata-se de um corpo concebido como máquina de produção, metáfora imperante dirigida a homens e mulheres. Assim, seus movimentos deveriam ser ritmados pela cadência da atividade na indústria, de acordo com estratégias pensadas para garantir um saldo positivo na relação esforço/rendimento da máquina humana, capaz de levá-la a seu limite máximo sem, contudo, danificá-la.

Com o capitalismo industrial, importava garantir que o corpo, como componente do processo produtivo, não se desgastasse e que não houvesse dissipação de energia. Ainda que a importância da utilização de sua força física estivesse diminuindo com a mecanização, seria importante evitar sua má alocação e desperdícios sob os ditames de uma verdadeira economia corporal. A distribuição racional das tarefas, o controle das doenças do trabalho, a diminuição da fadiga e a prevenção dos acidentes respondiam a essa lógica.

Cumpre lembrar que a energia do corpo humano canalizada para a atividade, ao mesmo tempo que gerava produção, era consumida. A perspectiva de racionalização na indústria condenava qualquer desperdício nesse sentido. A preocupação em fazer uma seleção adequada do trabalhador para a função a desempenhar, ou, por outro lado, em ajustar-se o ritmo às possibilidades de seu corpo, como algumas vezes se viu, a introdução das pausas como forma de evitar a fadiga, as precauções da higiene industrial ou as instalações destinadas a trazer conforto na execução das tarefas visavam, desse modo, eliminar gastos inúteis de energia e preservar a produtividade.

Subjacente a essas medidas, encontra-se a concepção capitalista de corpo útil, na qual toda a energia do trabalhador deveria ser canalizada para a produção. Mesmo ao descansar ou dedicar-se ao lazer, o operário estaria restaurando suas energias para utilizá-las na atividade produtiva.

14

Exclusão e inclusão: fardos sociais das deficiências e das anormalidades infantis no Brasil

Lilia Ferreira Lobo

"Não buscaríamos o eterno, ainda que fosse a eternidade do tempo, mas a formação do novo, a emergência ou o que Foucault chamou de 'atualidade'."

DELEUZE, *CONVERSAÇÕES*, 1992

Em seu livro *Vigiar e punir*,[1] Michel Foucault enumera os diagramas dos quais derivam os mecanismos disciplinares atuais: o das separações binárias (normais e anormais) e o dos múltiplos esquadrinhamentos individualizadores feitos em torno dos anormais. Trata-se, respectivamente, dos acontecimentos da lepra (e as técnicas de exílio) e da peste (e os dispositivos de controle por individualização, típicos das técnicas disciplinares). Não são representações simbólicas ou ficções literárias que o terror das doenças inspira, mas mecanismos de poder historicamente datados que correspondem significativamente às práticas institucionais discursivas e não discursivas de exclusão e inclusão. Aos acontecimentos das doenças, das quais derivam as tecnologias de controle, Foucault associa a epidemia da varíola que, a partir do século XVIII e principalmente no XIX, deu origem à vacina e a sua extensão aos mecanismos de prevenção. Será essa uma nova forma política de controle,

1 Foucault, *Vigiar e punir*.

o biopoder, que faz emergir também um novo objeto de governo e de estudo, que é a população, e as questões prementes de sua segurança.[2]

A questão será analisada neste capítulo, que mostrará ainda, sucintamente, como tais mecanismos vêm atravessando a história brasileira na construção das figuras das anormalidades, em especial as infantis, e das práticas a elas dirigidas. O objetivo deste capítulo é surpreender nossas instituições[3] no momento de sua emergência histórica para saber como se dá seu funcionamento: é provocar a visibilidade desse, já que as consciências[4] que as habitam no cotidiano apenas cumprem seu papel de adaptação dos corpos que as fazem funcionar. Daí a tendência conservadora que, em geral, caracteriza as instituições em suas práticas e tem o efeito de tornar evidente a necessidade natural de suas funções: cuidar, proteger, recuperar, educar, julgar. É, também, buscar a desconstrução histórica do solo naturalizado em que se reproduzem práticas e saberes sobre os desviantes e, quem sabe, promover com isso alguma crítica ao que hoje nos acontece.

"Tratar leprosos como pestilentos"[5]

É bem antigo em nosso mundo o modelo da exclusão. Ele foi suscitado pela lepra e condenava quem era acometido por essa doença ao exílio, na Idade Média, ou ao grande fechamento dos hospitais gerais da Europa no século XVII, destinado aos "novos leprosos", os desatinados de toda espécie. Tratava-se de uma massa indiferenciada, homogênea na

---

2 Foucault, *Segurança, território e população.*

3 O termo instituição refere-se aqui às formas gerais historicamente datadas e que têm sua emergência nas separações físicas dos corpos em estabelecimentos especializados (práticas visíveis), como escolas, hospitais, fábricas, prisões etc., assim como as separações produzidas pelos discursos dos saberes desenvolvidos nas práticas dos exames, registros, laudos, diagnósticos. (N. A.)

4 O termo consciência é usado aqui como saber do corpo, necessário à preservação da vida. (N. A.)

5 Foucault, *Vigiar e punir.*

exclusão – nenhuma outra distinção interessava, a não ser a separação binária entre os que estavam dentro e fora da cerca. O antigo modelo da lepra não produziu formas de individualizar os excluídos, unicamente a expulsão cumpria o ideal político da sociedade purificada pelo corte dos contatos. O exílio-cerca do espaço fechado que distingue apenas duas categorias: os que estão dentro e os que estão fora. Diagrama de poder que ainda hoje funciona por separações binárias do tipo: normais e anormais, perigosos e inofensivos, trabalhadores e vadios, crianças e menores. Trata-se também da figura atualíssima da exclusão: não mais aquele que produz e o que não produz, mas aquele que consome e o que está fora desse universo.

Outra maneira de controlar os homens e evitar os contágios é a da máquina pestífera. Não mais a expulsão para a periferia das cidades ou para o enclausuramento difuso dos hospitais gerais, mas a inclusão em inúmeros espaços quadriculados e diferenciados, tanto nas práticas concretas (a multiplicação de estabelecimentos especiais) como nas discursivas (as classificações e subclassificações). É que a peste no século XVII, como acontecimento, não provocou a expulsão dos doentes; ao contrário, usou estratégias e táticas bem diferentes, fechou-os em casa, assim como a toda a população suspeita, vigiada dia e noite, impedida de sair com medo do contágio ou da punição dos guardas. Prática inclusiva do espaço fixo de controle e registro, diagrama de um poder que se transferiu e se aperfeiçoou, nos séculos XVIII e XIX, com as táticas disciplinares. É o medo da peste, das perigosas misturas e as respectivas técnicas de controle que, transpostas para todas as instituições (prisão, escola, hospital, quartel, fábrica), assumem a tarefa de medir, selecionar, classificar, controlar e corrigir os anormais, segundo o modelo normativo. Não apenas evitar os contágios com o encerramento dos indesejáveis, mas selecionar os contatos e individualizá-los, produzindo sobre eles, ao mesmo tempo, um saber que ratifica os controles, as separações e as multiplicidades, não apenas a sociedade ideal livre das impurezas. Na imagem da peste, que regulamenta todos os encontros, repousa o sonho político da sociedade perfeitamente organizada:

> Atrás dos dispositivos disciplinares se lê o terror dos contágios da peste, das revoltas, dos crimes, das vagabundagens, das deserções das pessoas que aparecem e desaparecem, vivem e morrem na desordem[6]

Biopoder: técnicas de segurança para a população

A respeito do terceiro exemplo de acontecimento do qual derivam as tecnologias tão atuais como as de segurança, Foucault[7] menciona a varíola e as práticas de inoculação. Embora tanto as técnicas de exclusão dos leprosos quanto a inclusão dos pestilentos tivessem por princípio evitar a disseminação das doenças e o consequente despovoamento, assim como o castigo exemplar em praça pública pretendia minimizar o risco da desordem pela punição do suplício, o que estava em questão era a segurança. Não havia, contudo, nenhum cálculo acerca do risco individual ou coletivo quanto às possibilidades futuras de instalação do mal. A escassez alimentar, as epidemias ou mesmo o que era considerado crime não eram apenas o infortúnio de um povo, mas principalmente de um soberano.

O problema de governo realmente novo foi a emergência dessa figura complexa, objetivada pelos cálculos do poder, que é a população, tema de práticas e saberes como a economia política, a estatística e as táticas de prevenção. A essas novas técnicas Foucault chama governamentalização, táticas de governo que "definem o que deve ou não competir ao Estado".[8] Trata-se de um poder que tomou a vida humana como espécie e que "conduz ao que se poderia chamar de estatização do biológico".[9] Então, novas fisionomias do jogo entre exclusão e inclusão se fazem presentes, no qual os dispositivos da disciplina, já agora suavizados, entram na composição. Entre o "fazer viver" do biopoder e o

---

6 Ibid, p.175.

7 Foucault, *Segurança, território e população.*

8 Id., *Microfísica do poder...*, p.292.

9 Id., *Em defesa da sociedade*, p.286.

"fazer morrer" da soberania não houve substituição, e sim superposição. É que essa governamentalização da vida anuncia um novo racismo na escolha de quem precisa morrer para que outros possam viver. Os genocídios do século XX, o nazismo, a eugenia[10] são alguns exemplos. Nova engrenagem, muitas vezes sutil, do jogo complementar entre inclusão e exclusão, quando não leva à morte, produz mortificações pelas reclusões, pelo estigma dos laudos e/ou pelo abandono do "deixar morrer". Razão de Estado que deixa de ser "uma arte de governar" para tornar-se "uma ciência de governo", cujo objeto principal é a população, e um dos instrumentos desse saber é a estatística. Não se trata mais da manutenção de um povo em um território que ele ocupa, mas de conhecer seus movimentos, suas densidades, suas diferenças.

Pois bem; todos esses mecanismos (da lepra, da peste e da varíola) não são mutuamente exclusivos. Embora tenham esquemas diferentes, historicamente aproximam-se e combinam-se quando da emergência do Estado liberal. No Brasil, essa composição seguiu linhas peculiares à sua situação de Colônia e, mais tarde, ao regime escravocrata, até bem perto do século XX.

A Colônia: reino da exclusão

Por três séculos assim foi o Brasil. Bem antes da utilização dos asilos de leprosos da Europa para recolher a massa de desvalidos, delinquentes, loucos e defeituosos, o Brasil, assim como todas as colônias europeias, foi usado como depósito dos indesejáveis, como lugar de

10 O termo eugenia costuma ser dividido em dois aspectos. A eugenia negativa que se constitui na eliminação de traços biológicos e comportamentais indesejáveis (a esterilização, como aconteceu em vários países no início do século XX, e a do extermínio nazista) e a consequente eugenia positiva, que trata da reprodução seletiva, pela exigência de certificados médicos obrigatórios para os casamentos e os cruzamentos de espécimes puros da raça com a finalidade de "aprimorar" a espécie.

degredo para grandes e pequenos criminosos, para os heréticos, pecadores da carne, ciganos, prostitutas, funcionários corruptos e, principalmente, escravos africanos. Um grande internamento, não apenas pela quantidade de gente que recebia, mas pelas dimensões da terra que, ao contrário do asilo, era uma prisão sem muros, com obstáculos intransponíveis do oceano imenso, de um lado, e das tenebrosas florestas, do outro – para muitos, um exílio sem retorno. O espaço homogêneo da exclusão, desocupado pelo leproso, também será preenchido aqui por essa massa indiferenciada dos perturbadores da ordem social, relegada ao abandono na nova terra. Todavia, cumpre observar que, à diferença dos estabelecimentos europeus destinados ao isolamento dos indesejáveis, o Brasil era um território conquistado e precisava de habitantes. A exclusão na América ganhou, por isso, outros sentidos: explorar a terra, sedimentar e aumentar a conquista, obter ganhos e cristianizá-la. Ao mesmo tempo que servia de purgação para os males do reino, o degredo preenchia os vazios da terra e, aos poucos, ia desenhando heterogeneidades no abandono a que foi relegada. Logo surgiram, então, mecanismos de controle, como as visitas inquisitoriais e seus comissários, além das iniciativas leigas de caridade, como a Irmandade da Misericórdia.[11]

Enquanto na França, em 1690, a Salpetrière abrigava mais de 3 mil pessoas, grande parte constituída de indigentes, loucos e vagabundos, no Brasil, essa mesma classe de gente ficaria por muito tempo fora dos asilos. A não ser os heréticos e os pecadores da carne, sob a ira dos comissários da Inquisição, os demais perambulariam pelas estradas, pelas periferias das vilas, com passagens eventuais pelas cadeias, caso exibissem comportamento reprovado ou agressivo e, próximo do século XIX, nas celas de doidos das Santas Casas. Um pouco semelhante ao que aconteceu na Idade Média: embora vistos com desconfiança, desde que não perturbassem a ordem, poderiam circular livremente. Parece que até meados do século XVIII, quando começaram

11 As Santas Casas de Misericórdia foram a mais importante iniciativa da caridade que a colonização portuguesa espalhou por todos os territórios conquistados em diversos continentes.

a ser construídos os primeiros lazaretos no Brasil, nem mesmo os leprosos, apesar de evitados pela população, estavam sujeitos à exclusão em estabelecimentos fechados. Assim, os primeiros espaços especializados de separação (exclusão por inclusão) para as algumas categorias de excluídos (loucos, cegos, surdos, mendigos) só aparecerão em meados do século XIX.[12]

Biopoder e controle censitário das populações

O Estado liberal, que tem por objetivo gerir a população e cuja origem remonta ao século XVIII na Europa, desenvolve-se no Brasil no século XIX, com a importante e pertinaz intervenção do poder médico. Entre outros instrumentos, as práticas da recém-inaugurada medicina brasileira são um dos braços do biopoder na construção de sujeitos individualizados, segundo o modelo da norma burguesa para as condutas, e de uma sociedade controlada por dispositivos de segurança. Para isso, disciplinas e estatísticas são preciosos aliados: a primeira organizando individualmente o espaço, demarcando o tempo e a precisão de cada movimento dos corpos, e a segunda fotografando a figura da população de corpo inteiro, revelando sob as lentes do detalhe sua imperceptível anatomia.

Esta foi a tarefa iniciada, ainda que precariamente, com um censo em 1808, conforme o *Resumo histórico dos inquéritos censitários no Brasil* de 1920,[13] cujos resultados não mereceram crédito por ter sido feito para fins militares. A população via com desconfiança, senão revolta, as tentativas de recenseamento por parte do governo. Foi o que ocorreu nos estados do Nordeste, "onde foi preciso reprimir os motins pelo emprego da força armada",[14] onde a lei censitária de 1851 fora tomada como medida governamental de reescravização dos homens livres de

12 Lobo, *Os infames da história*: pobres, escravos e deficientes no Brasil.

13 Silva, *Resumo histórico dos inquéritos censitários no Brasil-1920.*

14 Ibid., p.172.

cor. Havia muito, os donos de terra tentavam a aprovação do trabalho compulsório, e o decreto determinando o registro dos nascimentos e dos óbitos segundo a cor fez eclodir as revoltas.

Por fim, em 1872 deu-se a execução de um recenseamento estatisticamente confiável, pouco depois da criação da Diretoria-Geral de Estatística, por decreto de 1871. Foi também o primeiro censo que, além de esquadrinhar a população conforme a raça (brancos, pardos, pretos e caboclos), sexo e a condição de livres ou escravos, distinguia por categorias as pessoas consideradas defeituosas: cegos, surdos-mudos, aleijados, dementes e alienados, em um total de 83.621 para 9.930.478 habitantes, número este posteriormente corrigido para 10.112.081.[15]

Depois do censo de 1872, outros procuraram incluir categorias de defeitos físicos, como os de 1890, 1900 e 1920 – esse último arrolou somente cegos e surdos-mudos.[16] A justificativa para considerar como critério relevante a inclusão de um defeito físico nos quesitos do inquérito pode ser encontrada em um relatório oficial sobre o censo de 1890, utilizada também no de 1872. Em ambos, o objetivo era verificar os índices de invalidez para o trabalho:

> Procura-se com esta pesquisa conhecer a parte inválida de uma população para o trabalho comum e em certas regiões ela até abrange acidentes patológicos. O recenseamento de 1872 a incluiu no seu questionário.[17]

No relatório oficial do censo de 1890, encontra-se a marca do saber psiquiátrico na maior precisão das categorias e nos critérios de invalidez para o trabalho:

> Na exposição de motivos do plano que propôs e foi seguido, o dr. Timótheo da Costa preferiu, por mais apropriado, o termo *idiota* ao termo *demente*,

15 Ibid.

16 Esse trabalho mantém as nomenclaturas da época. (N. A.)

17 Ministério da indústria, viação e obras públicas. *Recenseamento Geral da República dos Estados Unidos do Brasil em 31 de dezembro de 1890 – Distrito Federal – Cidade do Rio de Janeiro.*

adotado em 1872, suprimiu a alienação mental, por ser moléstia de possível cura, e acrescentou surdez, causa orgânica de inabilitação parcial.[18]

Ou seja: idiotas não eram mais dementes, e loucos não eram mais inválidos.

Dos poucos documentos encontrados, extraem-se observações interessantes, ainda que provisórias. Em primeiro lugar, a insistência médica na curabilidade da alienação mental, o que supunha a possível reabilitação para o trabalho e a consequente incurabilidade dos demais defeitos físicos. Em segundo, a existência dos estabelecimentos oficiais para educação de cegos e surdos (Instituto Benjamin Constant e Instituto Nacional de Surdos-Mudos, respectivamente), ambos com quase quarenta anos de funcionamento em 1890, não foi suficiente para alterar os critérios de inabilitação para o trabalho – cegos e surdos continuaram incuráveis. Por último, a constatação de que os índices dos considerados aleijados (sem distingui-los entre mutilados, deformados ou paralíticos) atingiam quase a metade dos considerados defeituosos, sem que se saiba que houvesse qualquer iniciativa pública ou privada para a recuperação dessas pessoas.

Desse ponto de vista, o Brasil permaneceu atual. No século XIX, a França, com raras exceções, não dispensou melhor tratamento aos seus incuráveis.

As inclusões institucionais: a criança anormal no Brasil

As separações institucionalizadas, tanto nos saberes quanto nas práticas dos considerados indesejáveis, começaram de forma incipiente no século XIX em nosso país, com as transformações que a chegada da família real provocou na pequena cidade do Rio de Janeiro. Tornou-se necessário modernizar o espaço urbano, limpar as ruas da paisagem humana que as ocupava: escravos, esmoleiros, loucos e maltrapilhos.

18 Ibid.

A fundação das primeiras faculdades de Medicina, em 1832, no Rio de Janeiro e na Bahia, foi um marco do discurso higienista, preocupado em descolonizar os hábitos dos senhores, disseminando valores burgueses para uma sociedade que vivia o regime escravocrata. Talvez por isso a medicina do século XIX parece não ter se interessado pela infância pobre e pela escrava e, especificamente, pelos desvios da infância.

O século XIX demorou muito até para separar as crianças desvalidas e mendicantes do meio dos adultos nos asilos. A mesma mistura permanecerá entre os internos do Hospício Nacional de Alienados, no Rio de Janeiro, até 1903, quando será inaugurado o primeiro pavilhão-escola para crianças anormais do Brasil, chamado Bourneville.

Em geral, as preocupações com a criança limitavam-se ao funcionamento dos colégios internos das elites, aos expostos[19] da Misericórdia em virtude do alto índice de mortalidade, do aleitamento materno e da consequente expulsão das amas de leite, e da higiene do recém-nascido. A idiotia e a surdo-mudez na infância eram apenas citadas nos textos médicos como resultado dos desregramentos morais (onanismo, pederastia, alcoolismo, promiscuidade) e dos casamentos consanguíneos. Serviram, portanto, de fontes de admoestação para o ajustamento à moral burguesa.

As crianças consideradas defeituosas (em geral classificadas pelo alienismo do século XIX como idiotas) não foram objeto de preocupação dos sábios médicos, pensadores ou legisladores, a ponto de dirigirem a elas a atenção de um saber particular ou de práticas de estabelecimentos especializados.

Embora fundados na mesma década do Hospício de Pedro Segundo (1852), os pequenos institutos para cegos (Imperial Instituto de Meninos Cegos em 1854) e para surdos (Instituto de Surdos-Mudos em 1856-1857) não foram objeto das campanhas dos médicos higienistas,

19 Crianças expostas eram colocadas na roda, que consistia em um dispositivo cilíndrico que girava em torno de um eixo vertical, com uma abertura onde era depositado o exposto. Assim se preservava o anonimato de quem praticava o abandono.

muito preocupados com a limpeza da paisagem urbana. Foram, na verdade, frutos de iniciativas isoladas e não representaram, na prática, a institucionalização das separações dos chamados defeituosos, muito menos saberes especializados. O nascente poder médico tomou para si, como objeto privilegiado, o meio urbano: higienizar espaços públicos, modernizar almas privadas. Indivíduos cegos e surdos não foram problematizados como foram os loucos. Engrossariam, como todos os demais defeituosos, indiferenciados, a categoria dos indigentes, mendicantes ou dos incuráveis, nos asilos e no próprio hospício (como aconteceu muitas vezes aos surdos).

Assim, a história da criança anormal é a das múltiplas práticas de objetivação, cujo começo tem data recente, e dos saberes que elas constituem, principalmente nos campos da Medicina, inclusive psiquiátrica, da psicologia e da pedagogia, como também jurídico e policial. É uma história de separações, diferenciações, classificações, cortes incessantes, de exclusões por inclusões.

Nesse sentido, trata-se aqui de traçar um esboço de uma genealogia das anormalidades infantis no Brasil, a partir da distinção/assimilação, no século XIX, entre a idiotia e a loucura nas teses da Faculdade de Medicina do Rio de Janeiro, nas obras dos primeiros psiquiatras e na expansão do poder desses pela emergência da figura da criança anormal no início do século XX.

Michel Foucault, em suas pesquisas genealógicas, oferece hipóteses interessantes para a investigação do processo brasileiro. A primeira diz respeito à criança a partir da qual se deu a disseminação do saber psiquiátrico:

> Não penso que a generalização do poder psiquiátrico [...] foi um fato contemporâneo, um dos efeitos da prática psicanalítica. [...]. Parece-me que essa divulgação do poder psiquiátrico é operada a partir da infância, melhor dizendo, a partir da psiquiatrização da infância.[20]

20 Foucault, *O poder psiquiátrico*, p.199.

E, embora outras personagens adultas, como o criminoso, tivessem participação nesse processo, "é sobretudo a criança o suporte da difusão do poder psiquiátrico; é muito mais a criança que o adulto".[21]

A segunda hipótese dessa generalização refere-se a um modelo de atendimento cujas práticas combinavam (e, em geral, combinam até hoje) as instituições de saúde e as de aprendizagem e que se encontra explícito no título do nosso primeiro pavilhão de crianças: "Pavilhão-Escola Bourneville para Creanças Anormaes".

A terceira, que também norteou essa pesquisa, nega o que pode parecer óbvio: não foi a criança louca que deu origem à psiquiatrização da infância: "[...] me parece que a descoberta da infância louca foi [...] tardia e [...] antes um efeito secundário da psiquiatrização da infância do que seu lugar de origem".[22] Ainda assim, não a partir de uma prática asilar, mas pela consulta particular para uma clientela de famílias nobres e abastadas.

Confirmando essa última hipótese de Foucault, a tese de Costa Figueiredo, acerca da proposta de Esquirol sobre as relações entre as alienações e as fases da vida, afirma:

> [...] a infância está ao abrigo da loucura, a menos que nascendo o menino traga algum vício de conformação, ou que convulsões o lancem na idiotia, ou imbecilidade, [...] Pelo que fica dito poderíamos classificar a alienação conforme as idades [...]: assim teríamos que, atacando a um menino, ela nos dará um imbecil, é moço o afetado, um maníaco, ou monomaníaco; ataca um indivíduo na idade consistente, teremos um lipemaníaco, ou melancólico; se um velho, vê-lo-emos demente. Na infância não há *ideias* ou apenas se estão formando; na mocidade, o cérebro é quase um vulcão; na idade consistente, os pensamentos são firmes; na velhice o cérebro está extenuado, as *ideias* tornam-se quase as de uma criança.[23]

21 Ibid.

22 Ibid, p.200.

23 Figueiredo, *Algumas generalidades a respeito da alienação mental*, p.4.

É importante ressaltar que, durante quase todo o século XIX, vigorou a certeza de que quem enlouquecia era o adulto ou, no máximo, o adolescente. E, ainda assim, as questões da loucura, mesmo ao considerar sua origem moral (sofrimentos, perdas, paixões), não remontavam a acontecimentos da infância. Uma predisposição inata, um choque recente ou ambos, desencadeavam a doença mental, ou seja: ninguém ficava louco por sua infância, e muito menos no tempo de sua infância. Não que a educação da criança, seu caráter formador do humano, sua intervenção controladora dos instintos, não pudesse fortalecer a vontade contra o excesso das paixões e não tivesse, portanto, ação preventiva. Mas não se buscava na infância o lugar da loucura. Portanto, a criança anormal teria surgido não da infância louca, mas de outra figura que o alienismo do século XIX, a partir da emergência da embriologia e a respectiva noção de desenvolvimento, ajudou a produzir: o idiota, como figura exemplar de uma teratologia e, portanto, considerado "o monstro completo", conforme expressão usada por Franco da Rocha em 1905.[24]

Todos os desvios da infância, nesse momento, eram classificados como idiotia (e suas gradações: imbecilidade e debilidade mental), definida como parada ou atraso do desenvolvimento que não incidiam apenas na inteligência, mas principalmente sobre a vontade moral, a forma humanizada do instinto.[25] Era, portanto, a noção de instinto e as vicissitudes de seus desvios que orientavam essas classificações. É assim que, articuladas as noções de instinto e desenvolvimento, eles passaram a funcionar como charneira do processo de psiquiatrização da infância, elevando a investigação às faces cada vez mais remotas da vida humana. Segundo Foucault, foi a reelaboração do conceito de idiotia nos primeiros cinquenta anos do século XIX que permitiu a introdução paulatina daquelas duas importantes noções no projeto disciplinar

---

24 Expressão utilizada pelos alienistas do séc XIX e por Rocha, *Esboço de psiquiatria forense*.

25 Séguin, *Traitement moral, hygiène et éducation des idiots* (...).

da psiquiatria e que acabou por escapar do limite do asilo e invadir a escola, a família e a fábrica.

A referência de Esquirol à massa profunda do tempo como dimensão da subjetividade humana e à correspondência das etapas da vida a certas doenças mentais, esse esboço de historicização do sujeito fez da loucura uma virtualidade do humano, e da infância não o tempo da loucura, mas de um risco, e ainda maior se apresentasse os defeitos da idiotia, da má disposição hereditária ou de uma educação mal administrada. Então, outro personagem infantil foi o principal veículo de difusão do poder psiquiátrico: a criança idiota e suas gradações "insensíveis": imbecil e débil mental.

Foi principalmente a noção de desenvolvimento que Séguin em 1846 propõe em seu livro *Traitement moral, hygiéne et éducation des idiots*,[26] e sua prática de tratamento no Hospital de Bicêtre, que proporcionaram consistência ao processo de institucionalização da psiquiatria infantil e da disseminação da norma psiquiátrica, por meio das ações preventivas de cunho médico-pedagógico. Confirmando a importância da universalização dessa noção, Foucault esclarece:

O idiota é uma espécie de criança, não é uma doença; é alguém que está mais ou menos enterrado no interior de uma infância que é a própria infância normal. É certo degrau da infância ou [...] a infância é certa maneira de atravessar mais ou menos rápido os degraus da idiotia, da debilidade ou do atraso mental.[27]

A transparência das normas da infância ofereceu a consistência necessária ao saber e às práticas de normalização de todas as demais etapas da vida. A hipótese de nosso trabalho é que essa universalização da noção de desenvolvimento proposta por Séguin, de uma etapa de idiotia como fase evolutiva da infância, tornou possível estabelecer a relação entre idades mental e cronológica para avaliar o desenvolvimento infantil, por vezes ainda hoje utilizada. Segundo Joel Birman,

26 Ibid.

27 Foucault, *O poder psiquiátrico*, p.207.

> as sofisticações introduzidas no estudo dos períodos evolutivos, as minúcias sobre os vários processos presentes nas várias etapas, a consideração de etapas cada vez mais curtas no tempo, serão sempre dirigidas para apreensão de regularidades iniciais do desenvolvimento, capazes de fornecer quer uma racionalidade para o ser-de-loucura, quer a possibilidade de se intervir pedagogicamente (prevenção) no discurso infantil e familiar, a fim de evitar o surgimento da alienação.[28]

O final do século XIX assistiu, na Europa, ao nascimento da criança anormal, restringindo a antiga abrangência da idiotia, ao ocupar com mais apuro o lugar desta. Nossos médicos, imbuídos do ideário estrangeiro da psiquiatria e da higiene, introduziram, logo no início desse período, a perspectiva preventiva de uma medicina que visava à pedagogização da população e, por isso, tinha na infância o alvo privilegiado, fazendo surgir a figura da criança anormal. Condição que não designava qualquer desvio, principalmente no caso do adulto. Ela era considerada uma particularidade da infância. A esse respeito, o poder normalizador da psiquiatria no Brasil, imbuído de autoridade médico-pedagógica, foi bastante atual. Pelo menos no âmbito dos discursos, recuperou as defasagens do século XIX. Logo na entrada do novo século, passou a produzir obras específicas sobre as anormalidades infantis. Disseminaram-se classificações, recomendações higiênicas e pedagógicas para toda a população, além de serviços especializados, entre os quais os "dispensários" que Moncorvo Filho e sua equipe implantaram por todo o país são o exemplo mais representativo desse esforço.

Tendo sido gerados pela psiquiatria, os estudos sobre as anormalidades infantis, quer sejam seus autores médicos ou educadores, levam sempre adiante o afã classificatório da medicina mental. Uma espécie de desvario nosográfico que parece perdurar até hoje para os chamados casos intermediários ou fronteiriços à normalidade, como os "distúrbios de aprendizagem", entre os quais o atual "transtorno do déficit de atenção com hiperatividade (TDAH)". Ninguém pare-

28 Birman, *A psiquiatria como discurso da moralidade*, p.170.

cia estar satisfeito com uma classificação já feita. Desse modo, nossos autores incluiriam no rol das anormalidades acepções as mais variadas: idiota, imbecil, retardados, débeis, atrasados pedagógicos, fisicamente débeis, astênicos, preguiçosos, epilépticos, histéricos, imbecis morais, instáveis, incorrigíveis, retardados instáveis ou mistos, indisciplinados, desequilibrados, crianças maltratadas, viciadas, abandonadas e anomalias transitórias, verdadeiros e falsos anormais. Surdos-mudos também frequentaram as páginas das anormalidades infantis, enquanto crianças cegas estiveram praticamente ausentes dessas categorias, da mesma maneira que as paralíticas, mutiladas, portadoras de defeitos físicos e motores. Talvez porque, para as propostas preventivas da época, tais crianças não representassem perigo social futuro, não havia motivo para se preocupar com elas. Aliás, os temas do perigo e do fardo social revezavam-se por, pelo menos, três décadas. No primeiro, a justificativa para a exclusão; no segundo, para a inclusão em estabelecimentos especiais segregados para que essas crianças não se tornassem adultos inúteis.

Na verdade, à medida que se ampliam as redes escolares, inicia-se na prática a caçada aos anormais. Não propriamente ao idiota que nem chegava às portas da escola regular e que, apesar de ter sido a fonte de construção de um conhecimento sobre a criança, seu desenvolvimento e sua pedagogia,[29] foi relegado ao abandono e à exclusão nos asilos. A maior preocupação estava voltada para aqueles que podiam passar despercebidos ao primeiro olhar do professor: aqueles que nada aprendem e ainda prejudicam, com seus vícios e sua desatenção, os mais capazes. Dada a falta quase total de estabelecimentos especiais (asilos e escolas) para essas crianças, médicos e pedagogos continuaram a insistir em

29 Muito do que se desenvolveu sobre novos métodos pedagógicos e processo de aprendizagem se deve às resistências das crianças à aprendizagem escolar. Lucien Malson (1978) menciona o fato de que Maria Montessori, para construir seu método pedagógico, inspirou-se nos relatórios de Jean Baptiste Itard (1801 e 1806) sobre a educação de Victor, o garoto selvagem encontrado nos bosques de Aveyron.

sua criação, como meio profilático do perigo futuro para a sociedade, ao lado dos eugenistas, que propunham a seleção dos casamentos e a esterilização dos anormais.

Segundo Gustavo Riedel, fundador da Liga Brasileira de Higiene Mental, os três únicos estabelecimentos para crianças anormais existentes no Brasil em 1923 eram insuficientes. A partir de 1908, os relatórios oficiais ao Ministério da Justiça e Negócios Interiores descrevem seguidamente a superlotação do Pavilhão Bourneville.

Na terceira década do século XX, outra denominação, agora de ordem jurídica e judiciária, entra em cena: o menor e seu prolongamento, menor anormal, por sua vez subdividido em anormal de inteligência e de caráter. Era preciso classificá-los e separá-los pela inconveniência da promiscuidade. A denominação não designava (como ainda hoje, apesar de o atual Estatuto da Criança e do Adolescente ter abolido o termo menor) somente a criança considerada em situação irregular (órfãos, abandonados e delinquentes) a que o termo se referia, mas sim toda aquela pobre, porque nela residia sempre um grau de perigo e de fardo social – um artifício sutil que ajudou a estender a anormalidade (como também a criminalidade) à pobreza.

Como se pode ver, qualquer que fosse a classificação proposta, havia um traço comum em todas elas, sem exceção: o critério negativo da falta que a polaridade da norma institui a serviço das práticas institucionais da medicina, da educação e da justiça. Qualquer que seja o "avanço" dos critérios de separação, o olhar será sempre negativo – critérios que estarão inextrincavelmente trespassados como problema para o médico, o professor, o juiz e todos os profissionais sociais e psicólogos.

À guisa de alguma crítica do presente

A rigor, hoje é muito difícil alguém estar excluído das instituições especializadas (escola, empresa, prisão, quartel, hospital etc.) ou das classificações que elas constantemente produzem. Desse modo, todos nós estamos integrados a uma rede institucional qualquer, e até o gueto não foge a essa orientação. É mesmo socialmente desejável que a inclusão aconteça, haja vista o perigo que representam os que estão fora das malhas institucionais e seus dispositivos: bandidos fora da prisão, crianças de rua fora do trabalho, da família e da escola. É praticamente impossível alguém, por mais socialmente excluído, não ter sido colhido ao menos pelo olhar em um fichário de hospício, abrigo, delegacia ou serviço de assistência. Terá sempre parte de sua vida registrada, sujeita à classificação na ordem de um desvio qualquer, mesmo que nenhuma providência seja tomada para melhorar sua condição, o que é mais provável que aconteça.

Cada vez mais, as separações institucionalizadas deixam de operar pela fixação dos indivíduos em espaços segregados. Para esses indivíduos persiste, pelo menos nos discursos especializados, a justificativa da recuperação e da integração, metas que quase nunca são alcançadas. Eles não conseguem pagar a dívida social, e por que ainda permanecem nos dispositivos institucionais? Talvez porque, impedidos de se expressar no mundo, funcionem como a antinorma para toda a sociedade. Segregados ou não em estabelecimentos fechados, habitam o espaço de outra clausura que os saberes técnico-científicos lhes reservaram. Uma tutela que prescreve o ideal de integração à corrente dominante (*main stream*), como se ela fosse em si um bem.

Produzir mais e mais sujeitos da norma, das separações instituídas que não precisam dos estabelecimentos fechados, tampouco das distribuições espaciais: o fato de incluir uma criança considerada deficiente em uma classe regular não significa necessariamente o rompimento das tutelas dos especialistas e das separações hierarquizadas pela negatividade da falta. Pode até redundar em algo ainda mais negativo: o desprezo pela sua diferença e a desobrigação do poder público do dever de educá-la. Sem recursos materiais e humanos que atendam efetivamente às diferenças, as crianças deficientes estarão condenadas ao abandono. É que a diferença precisa ser pensada como pura, como positividade, e não pelo par platônico da identidade-semelhança, que tem sido, em nosso mundo, o fundamento da noção burguesa da igualdade. Dessa forma, o que hoje se rotula como deficiência será sempre comparado a um modelo, a uma norma ideal, a um valor absoluto em relação ao qual estará sempre em falta.

Por outro lado, a precariedade quase generalizada das condições de funcionamento (aí incluída a formação dos professores) das nossas escolas públicas é, ela própria, fator de exclusão de uma multidão de crianças que, mesmo após anos de escolarização, sequer consegue alfabetizar-se. O sensível aumento de unidades escolares não tem alterado essa situação, porque a exclusão não se dá na porta de entrada. Consequentemente, não só a demanda por medicalização vem crescendo, como a malha fina dos diagnósticos vem incluindo um número cada vez maior de casos dos chamados distúrbios de aprendizagem em idades cada vez mais precoces. Trata-se das técnicas de prevenção do perigo social que têm como alvo privilegiado a infância, não necessariamente para melhorar suas condições de vida, mas para evitar que o risco latente se atualize em perigo real ou, em linguagem atual, no desequilíbrio entre custo-benefício para a segurança social.

Félix Guattari e Suely Rolnik[30] descrevem o grau de perfeição a que chegaram os equipamentos de controle social e esquadrinhamento das anormalidades atualmente na França. Lá existem programas informatizados, não só da delinquência, mas de qualquer desvio, por menor que seja. Nos blocos habitacionais da periferia de Paris, uma família pobre pode estar sujeita a receber visitas sucessivas de até vinte tipos de profissionais diferentes. Em 1986, quase 50% das crianças francesas ou estavam fora da escolaridade normal e/ou recebiam atendimentos paralelos – em uma composição que ia da pedagogia à psiquiatria. Será a isso que nos levará ao progresso como almejado? Ao aperfeiçoamento das tecnologias de controle, às progressivas regulamentações do biopoder? Essas tecnologias não dizem respeito apenas aos considerados deficientes ou aos excluídos, mas a cada um de nós, já que estão perfeitamente integradas ao jogo complementar, historicamente instituído, entre exclusão e inclusão.

30 Guattari; Rolnik, *Cartografias do desejo*, p.101.

O desafio encontra-se, então, na luta pela conquista diária da dignidade, pela emancipação das tutelas, estas como um potente processo de subjetivação produzindo a "menorização" daquele que sempre necessitará da boa vontade dos cidadãos de bem, de sua filantropia, de seu trabalho voluntário, configurando, assim, a vítima.[31]

Permanências que, como vimos, cristalizaram-se ao longo do tempo, com pequenas alterações e novos eufemismos, não são fatalidades históricas a que estaríamos condenados a nos submeter. A história nos convida, isso sim, a desconfiar das sedimentações opacas das evidências do presente. Ela surpreende os indícios de sua montagem para incitar a invenção de novas práticas, que não se dirigem apenas às pessoas deficientes, mas a um devir-deficiência no qual todos estamos incluídos.

---

31 Coimbra et al. A invenção do humano como modo de assujeitamento. In: Mendonça Filho; Nobre, *Política e afetividade, narrativas e trajetórias de pesquisa*.

PARTE III

15

O corpo no tempo: velhos e envelhecimento

Andrea Moraes

Até não muito tempo atrás, existia uma maneira pré-fabricada de ser velho, tal como havia uma maneira pré-fabricada de ser jovem. Hoje em dia nenhuma das duas funciona mais. Houve um grande conflito a respeito do que é permissível – e uma grande revolução. Não obstante, será que um homem de setenta anos de idade ainda deve continuar a envolver-se com o aspecto carnal da comédia humana? Ser desavergonhadamente um velho nada monástico, ainda suscetível às excitações humanas? Não é essa condição que outrora era simbolizada pelo cachimbo e pela cadeira de balanço. Talvez ainda seja uma espécie de afronta para muita gente você não se pautar pelo antigo relógio da vida. Tenho consciência de que não posso contar com o respeito virtuoso dos outros adultos. Mas o que é que eu posso fazer quando constato que, pelo menos no meu caso, nada, nada se aquieta, por mais que a gente envelheça?

PHILIP ROTH, *O ANIMAL AGONIZANTE*[1]

Na literatura das Ciências Sociais sobre o curso da vida, é consenso afirmar que a velhice – assim como a infância, a adolescência e a idade adulta – é construção histórica. Essa afirmativa trata da evolução da vida humana a partir de uma perspectiva singular: o estudo das relações sociais. Tal abordagem tem a qualidade de nos oferecer uma visão do curso da vida como um sistema classificatório, ou seja, como uma produção social marcada por disputas de poder e prestígio, por reconhecimento de atributos que afetam as vidas concretas dos indivíduos. Ser jovem, ser velho, ser adulto ou ser criança é fazer parte de um sistema

1 Roth, *O animal agonizante*.

social que distribui vantagens e desvantagens ao longo do tempo. Em última instância, trata-se de uma discussão sobre relações de poder na sociedade, o qual se manifesta por meio da divisão do tempo de existência dos indivíduos.

A idade cronológica funciona como um critério de atribuição de *status* nas sociedades ocidentais modernas. Nestas, o Estado distribui a pauta de direitos e deveres a partir de um sistema generalizante, baseado na ordem de nascimento dos indivíduos. A existência desse critério universal permite a criação de fronteiras etárias e a padronização de um trajeto do curso da vida que se inicia com a infância, atravessa a adolescência, a idade adulta e culmina com a velhice. Essa percepção é uma forma de ordenação social da existência individual. O curso da vida estaria marcado por passagens rituais de uma etapa para outra, e cada uma comportaria expectativas e papéis sociais apropriados aos indivíduos nelas inseridos. Estabelece-se socialmente um tempo adequado para se casar, para ter filhos, para entrar e sair do mercado de trabalho, que, embora possa variar de sociedade para sociedade, de época para época, em nichos sociais distintos, forma uma grade de referência que orienta as vidas individuais. Dito de outra forma: embora a padronização por faixas etárias esteja vigente e o acesso a determinados bens e serviços seja calcado na divisão da população em categorias de idade, os comportamentos aprovados para cada grupo mudam ao longo do tempo e em contextos distintos, assim como alteram-se as fronteiras etárias que estabelecem os limites classificatórios entre ser jovem ou ser velho. Ocorre, inclusive, a possibilidade de criação de novas etapas do curso da vida, como são os casos recentes de incorporação pelo discurso social das ideias de "pré-adolescência" e de "terceira idade".

Alguns autores têm chamado a atenção para o fato de que, nas sociedades contemporâneas, torna-se cada vez mais comum a quebra de uma visão rígida das expectativas e papéis etários. Na visão deles, estaríamos atravessando um momento histórico em que, para além da diversificação de padrões, haveria a emergência de uma visão mais fluida do próprio curso da vida. A lógica da distribuição da vida em fases rituais que cronologicamente se sucedem uma após a outra estaria mais aberta a manipulações individuais e menos presa a valores universais. Compartilhando de uma visão radical da sociedade contemporânea, esses autores afirmam que há uma pluralidade e uma plasticidade crescentes na forma como o curso da vida pode ser pensado e experienciado pelos sujeitos, não havendo mais critérios externos universalmente válidos para estabelecer com clareza a fase da vida em que se encontram os sujeitos e o conjunto de expectativas e papéis adequados a cada etapa.

Na sociedade contemporânea, a idade ainda é um elemento-chave para a participação dos indivíduos na vida social. Ao mesmo tempo, essa sociedade produziu uma forte impressão de sobreposição das fronteiras etárias e uma ambiguidade na maneira como a idade pode ser usada, ora para desqualificar, ora para promover. A idade tem sido vista como uma categoria vazia em si e que só adquire significado se associada à posição de classe, à inserção na ordem de parentesco, ao sexo e à cor dos sujeitos que interagem cotidianamente. É, portanto, relacional.

A maneira de experienciar e pensar o curso da vida não é fluida. O tempo da existência individual é marcado por fatores sociais que os sujeitos não controlam plenamente e, muitas vezes, desconhecem. Mas, por outro lado, deve-se admitir que os espaços sociais legítimos para a manipulação do curso da vida se ampliaram e que há uma atmosfera ideológica nas sociedades contemporâneas que transmite a noção de que os sujeitos devem buscar autonomia para se apossar do curso de suas vidas.

Na passagem do século XX para o XXI, presencia-se uma expansão na oferta de formas de manipulação da apresentação da idade, seja por meio de um controle sobre o próprio corpo – o qual se encontra cada vez mais desenvolvido pelo uso de tecnologias, como cirurgias plásticas, cosméticos, medicamentos, dietas alimentares e exercícios físicos –, seja pela adoção de gostos e de estilos de vida caracterizados como próprios de determinados grupos etários.

Nas sociedades capitalistas contemporâneas, essas formas de manipulação são oferecidas como bens de consumo individual, e os sujeitos são incentivados a entrar nesse mercado. Uma característica ressaltada pela literatura sociológica recente é que as sociedades do capitalismo tardio são marcadas por um processo de desenvolvimento e de valorização da reflexividade individual em vários campos da existência. Nesse sentido, o próprio sujeito torna-se a medida de referência para avaliar seu processo de maturação etária; suas escolhas pessoais em relação à sua saúde física e aparência e os riscos que assume a partir delas são identificados como os eixos principais que alimentarão seu curso de vida. Esse exercício reflexivo não se dá em um vazio sociológico; ao contrário, é cortado permanentemente por um "campo de possibilidades", ou seja, as escolhas individuais se fazem a partir de relações sociais em que valores referentes à classe, gênero, cor, religião e tantos outros são postos em ação.

Envelhecimento e curso da vida

A preocupação com o envelhecimento populacional é um tema constante do século XX, principalmente a partir do pós-guerra. As mudanças demográficas que acompanharam a segunda metade desse período e a expansão progressiva dos sistemas previdenciários estão na raiz da discussão sobre envelhecimento naquele momento. No século XXI, o tema continua a ganhar força, impulsionado pelo aumento global da expectativa de vida, pela redução do número de nascimentos e pelo esgotamento político de um modelo de solidariedade geracional baseado na oferta crescente de trabalho formal.

A virada do século XIX para o XX foi o momento histórico de edificação da velhice como um período distinto do curso da vida e dos idosos como uma população identificável socialmente e para a qual deveriam ser destinadas ações de intervenção. Esse contexto foi marcado pelo surgimento e desenvolvimento dos saberes médicos, pela urbanização e industrialização, pela institucionalização das aposentadorias e pensões e pelo aparecimento dos asilos exclusivos como formas de assistência social à velhice desamparada. Passam a existir discursos e práticas sobre a velhice que a tomam como um campo de interesse e ação específicos, dando-lhe visibilidade social. Quando se questiona a utilidade para a produção dos trabalhadores cuja capacidade física encontra-se comprometida pela idade, surgem as primeiras formas de gestão da velhice que atribuem ao Estado e às instituições filantrópicas, principalmente religiosas, o amparo e a atenção aos mais velhos. A instituição da aposentadoria e os asilos de idosos marcam simbolicamente a identificação entre incapacidade e velhice e inauguram o entendimento dessa como um "problema social".

Portanto, a velhice ganha visibilidade e atenção, na sociedade ocidental moderna, ligada primeiro à dimensão da pobreza e da improdutividade. A aposentadoria é tomada como sinônimo de velhice, e aqueles que não foram incorporados pelo mercado de trabalho formal ao longo de sua trajetória viram alvo da assistência social promovida pelos asilos. A velhice, nessa conjuntura, é pensada e experienciada como um momento de afastamento da vida produtiva, de reclusão ao espaço privado, identificada com a classe trabalhadora que se retira do mundo fabril por força da idade.

A segunda metade do século XX trará uma série de transformações que informarão uma mudança de tom no tratamento da velhice. Sua associação imediata com a saída do mercado de trabalho e a pobreza começará, principalmente a partir dos anos 1960, a dividir terreno com uma imagem de velhice conjugada ao hedonismo, ao prazer e à realização pessoal; realização essa também que pode significar a continuação de uma vida laboral. Tal transformação é alimentada por vários fatores: a entrada tardia das gerações mais novas no mercado de trabalho, prorrogando o período de transição para a vida adulta e atrasando a chegada à maturidade; uma estratificação social complexa com maiores chances de mobilidade ascendente entre gerações, melhorando as condições de vida em geral e impulsionando as demandas por serviços sociais e por consumo; o aumento da longevidade e a redução da idade para aposentadoria, responsáveis por maior dissociação entre esta última e a velhice.

Os primeiros anos da aposentadoria são marcados pela construção de novos projetos de vida e até pela permanência no mercado de trabalho. Observa-se, a partir das últimas décadas do século XX, uma expansão da população mais velha, um salto significativo no limite da expectativa de vida, podendo hoje chegar até aos cem anos em alguns contextos, e maior diversidade entre os indivíduos que compõem essa população. Diferenças de classe, gênero, etnia, assim como as desigualdades sociais entre os idosos, são aspectos que não podem ser deixados de lado em qualquer avaliação sobre essa população no mundo atual.

A ascensão da "terceira idade"

A produção das Ciências Sociais sobre o envelhecimento desponta a partir do final da década de 1970 e início dos anos 1980, em um contexto marcado pela propagação da gerontologia e da geriatria como campos científicos – o primeiro de caráter interdisciplinar – voltados para a pesquisa sobre o tema e a difusão de formas saudáveis de envelhecer, tanto no aspecto físico quanto no mental. O discurso gerontológico assume a velhice como um estado do sujeito, no qual ocorrem perdas de habilidades cognitivas, físicas e mesmo sociais. A velhice saudável seria aquela em que se conseguisse dominar os efeitos negativos de sua chegada.

Duas teorias servem como base do discurso gerontológico. A primeira, conhecida como teoria do desengajamento, advoga que um envelhecimento "normal" implica diminuição progressiva dos papéis sociais do indivíduo e redução de suas interações sociais, transformando a natureza de suas relações com o mundo. Essas relações deveriam passar a priorizar mais os laços afetivos em detrimento de outros tipos mais funcionais. Ao fim desse processo, o indivíduo atingiria um novo estado de equilíbrio psicológico. A segunda denomina-se teoria da atividade e defende justamente o contrário. Para essa, um envelhecimento bem-sucedido deve compensar as perdas de certos papéis e habilidades pela intensificação de outros. Trata-se de fomentar, naqueles que envelhecem, uma atitude voluntarista que consista em manter um nível elevado de engajamento em atividades diversificadas, estreitando ao máximo os laços sociais de toda sorte.

Estudos mais recentes na área de gerontologia têm apontado, no entanto, para um movimento de relativização das duas teorias. Por um lado, passa-se a atribuir um sentido menos literal ao engajamento, compreendendo que uma pessoa pode estar comprometida com uma atividade mesmo sem executá-la com regularidade. Por outro, entende-se que a redução pregada pela teoria do desengajamento pode, de fato, significar uma seletividade maior do indivíduo, escolhendo as atividades que realmente interessam e motivam, e não um simples desligamento progressivo do mundo social.

Os ensinamentos gerontológicos têm gerado ampla produção de manuais de autoajuda; são vulgarizados por meio de artigos de revista, de jornal e sites na internet e fomentam uma série de serviços voltados para a clientela e para aqueles que querem se adiantar aos efeitos do envelhecimento, fazendo atividades preventivas, como cuidados alimentares e físicos. Essa disseminação de conhecimentos e práticas de prevenção e cuidado, que afetam em grande medida os corpos de homens e mulheres, é produto daquilo que Giddens chamou de caráter reflexivo da modernidade.[2] O acesso cada vez maior e mais fragmentado a diversas áreas de conhecimento é uma característica da modernidade que afeta diretamente a capacidade dos indivíduos de projetar e controlar suas vidas. Tal domínio, por outro lado, causa maior ansiedade, porque os conhecimentos são tão variados e cotidianamente refeitos e desfeitos que não permitem a existência de bases absolutamente precisas e consensuais sobre como proceder no dia a dia, sobre como estruturar rotinas que ajudem o indivíduo a alcançar seus objetivos – também encarados como partes do projeto reflexivo do eu e, portanto, mutáveis. Envelhecer passa a ser visto como um processo manipulado pelo sujeito, gerando discursos que valorizam o autocontrole individual sobre o corpo.

No caso europeu, particularmente na França, a gestão da velhice vê proliferar, a partir dos anos 1960, a produção teórica da gerontologia e novas formas de consumo e cuidado, baseadas em práticas de

2 Giddens, *Modernidade e identidade*.

atenção à saúde, rejuvenescimento do corpo e desenvolvimento de uma vida social ativa; clubes, associações e cursos voltados para pessoas de mais idade concretizam esse novo entendimento. Essa nova velhice ficou conhecida como a "terceira idade". Nova porque suas demandas estão voltadas para o lazer e a sociabilidade. A "terceira idade" é o resultado do movimento de uma geração que envelheceu em condições superiores às da geração anterior em termos de cuidados de saúde, de acesso à educação e de bem-estar material. A partir dos anos 1960, envelhecer torna-se uma experiência distinta e cada vez mais plural. Nas décadas seguintes, as transformações no panorama social e político da Europa contribuirão para o surgimento de outras tantas experiências distintas de velhice.

Além da melhora nas condições de vida em geral, é preciso levar em consideração o ambiente ideológico dos anos 1960 e 1970 como um fator que contribuiu para a ascensão da "terceira idade" na Europa. Esse período é historicamente lembrado como de transformação nas ideias e costumes: a mobilização da juventude pelos direitos civis, a luta contra os regimes ditatoriais, o feminismo, a "revolução sexual". A emergência de uma maneira mais hedonista e ativa de pensar e viver a velhice faz parte desse movimento mais amplo da sociedade contemporânea. A "terceira idade" compromete-se com um estilo de vida que mostra uma velhice oposta à imagem tradicional do idoso: no lugar da reclusão, a exposição; no do descanso, a atividade; no da doença, a saúde. Esse estilo de vida, mesmo que não seja adotado universalmente, produziu uma marca na maneira de conceber o envelhecimento no mundo contemporâneo e tornou-se um parâmetro. Como afirma G. Debert, a "terceira idade" também é uma ideologia.

No Brasil, estudos mostram que a gestão da velhice começou a encontrar sinais de mudança a partir da década de 1970. Durante o regime militar, instituiu-se por meio de decreto-lei uma pensão (renda mensal vitalícia – RMV) para os maiores de setenta anos em condição de pobreza e que fossem contribuintes da Previdência Social por, no mínimo, doze meses. Em 1977, o Ministério da Previdência e Assistência Social definiu uma "política social do idoso", que apresentou como um de seus objetivos a implantação de um "programa médico--social" para atendê-lo. Mas somente nos anos 1990 a velhice passou a ter visibilidade e a surtir efeitos em termos de políticas sociais mais abrangentes e de novos arranjos para o consumo dos mais velhos, inaugurando-se a "era da terceira idade". Com a entrada em cena do discurso gerontológico no Brasil, com as alterações demográficas e no mercado de trabalho, com as mudanças promovidas pela Constituição Federal de 1988 (a adoção do Benefício de Prestação Continuada – BPC, que substituiu a RMV, e a promulgação do Estatuto do Idoso em 2003), com a reforma da Previdência Social e com o aparecimento de novas demandas por parte dos velhos, principalmente de camadas médias e superiores, ocorrem transformações no cenário do envelhecimento no Brasil. Um quadro fragmentado que inclui possibilidades diversas em um espectro que engloba desde a velhice pobre e desvalida até a "bem-sucedida", que pode e deseja consumir a "terceira idade" como um estilo de vida. A "terceira idade" encontra terreno fértil nos grupos de idosos e de convivência, nas universidades próprias e em uma infindável rede de associações. Esses espaços incentivam a prática da velhice ativa e a crença na possibilidade de se viver a melhor fase da vida "depois dos sessenta".

A "terceira idade" e a questão feminina no Brasil

Nos últimos anos, observa-se a produção diversificada de imagens e discursos sobre quem é o velho e o que é velhice no Brasil: a velhice pobre e desamparada, a "terceira idade", a velhice ativa, saudável e que não aparenta a idade, a que consome planos de saúde e medicamentos, os idosos que, com recursos previdenciários e de atividades laborais, sustentam-se e a seus filhos e netos – são múltiplas as maneiras de envelhecer na contemporaneidade. No entanto, um aspecto se destaca nas pesquisas recentes sobre o tema: as diferenças de gênero. Em estudo sobre a situação das mulheres idosas no Brasil, Goldani considera que sua vulnerabilidade é maior:

> As mulheres idosas têm maiores chances que os homens idosos de serem mais pobres, viverem sós, de estarem cuidando de outra pessoa, ou mesmo de se encontrarem em uma instituição de cuidados para idosos.[3]

Essa discrepância em relação ao processo de envelhecimento é chamada pela literatura especializada de "tendência à feminização da velhice".

As representações que os velhos constroem sobre si também são marcadas por diferenças de gênero. Debert entrevistou mulheres e homens idosos de diversos perfis socioeconômicos sobre suas percepções acerca da velhice e constatou que as mulheres enxergam seu próprio envelhecimento como um momento em que é possível a conquista de mais liberdade e autonomia em relação a outras fases da vida, ao passo que os homens valorizam menos essa etapa, considerando-a como uma época na qual predominam as perdas e a reclusão.[4] Essa noção de liberdade das mulheres está eivada de ambiguidades, como pondera Motta:

> É uma estranha liberdade, a de todas elas. Estranha, pela dupla valência: como liberdade de gênero, assinala-se positivamente – mulheres que podem circular, viver conforme sua vontade; mas como liberdade geracional e sobretudo existencial tem também o sentido do marginalismo: podem sair, porque já não importam tanto: já não são bonitas, não vão atrair os homens, nem os de sua idade; já não reproduzem, não há muito o que preservar.[5]

Em trabalho realizado na década de 1970, considerado o estudo pioneiro sobre envelhecimento no Brasil, Lins de Barros investiga um grupo de mulheres de camadas médias da zona sul carioca que se caracterizava por exercer um tipo de atividade pública que não só lhes con-

---

3 Goldani, Mulheres e envelhecimento: desafios para novos contratos intergeracionais e de gênero. In: Camarano (Org.), *Muito além dos 60*: os novos idosos brasileiros.

4 Debert, Envelhecimento e representação da velhice. *Ciência Hoje*, v.8, n.44, p. 60-8.

5 Motta, Chegando pra idade. In: Barros (Org.), *Velhice ou terceira idade?*

feria um projeto individual de vida, como também as afastava de um padrão tomado principalmente pelo senso comum como "normal": a velhice reclusa, voltada para o lar e para os netos. Em uma época em que não se falava de "terceira idade", essas mulheres estavam vivendo um tipo de velhice que fugia ao padrão considerado dominante. Mais de trinta anos se passaram. Se a imagem da velhice reclusa ainda tem espaço no imaginário social, hoje concorre explicitamente com uma perspectiva de "velhice ativa", conforme as receitas vinculadas pelos propagadores da "terceira idade". Por meio da mídia, popularizam-se as fórmulas do bem-viver após os sessenta, incluindo os depoimentos de "velhos bem-sucedidos", terapeutas, psicólogos, geriatras, gerontólogos e uma série de outras especialidades.

O maior público-alvo desse receituário é formado por mulheres. Elas são numericamente mais expressivas na população idosa brasileira (57% ante 43% do sexo masculino, segundo dados da pesquisa Sesc/FPA-2007). Além da expressividade numérica, o apelo das atividades propostas por grupos de "terceira idade" é mais forte sobre elas. Na Universidade Aberta da Terceira Idade da Universidade do Estado do Rio de Janeiro (Uerj), elas eram, em 1999, 85% dos alunos. Enquanto os homens, ao se aposentarem, tentam prolongar a vida ativa com seus pares por meio de atividades como o jogo e outras formas de lazer no espaço público ou mesmo outros tipos de trabalho, as mulheres encontram atualmente nos grupos específicos a oportunidade de ter uma vida privada independente da família.

A maior procura feminina por esses grupos de convivência se explica, em parte, pelo tipo de atividade que oferecem, como cursos, palestras, passeios e festas. Tais atividades costumam ser direcionadas a elas, pois evocam o uso de habilidades tidas como características das mulheres de uma geração: aquela que foi educada nos anos 1940-1950 para ser uma boa dona de casa e mãe de família. Atividades que exijam destreza manual, capricho e que ofereçam a possibilidade de conversas entre as mulheres costumam ser mais valorizadas. Além disso, as mulheres que circulam em grupos de convivência e em universidades para "terceira idade" são oriundas dos estratos inferiores e intermediários das camadas médias urbanas, com escolaridade pouco elevada (sem nível superior), e que exerceram atividades remuneradas de baixa qualificação, como manuais, trabalhos de escritório e no comércio.

Uma segunda razão da grande procura das mulheres por tais espaços reside no fato de essa geração não ter sido socializada no passado em atividades autônomas. Assim, os espaços formais de encontro para a "terceira idade" oferecem uma possibilidade de exercício dessa sociabilidade, mas em ambientes fechados, controlados e regrados, cujas atividades são orientadas por profissionais. Essas peculiaridades tornam tais espaços atrativos para as mulheres que desejam buscar formas alternativas de viver a velhice fora da reclusão ao lar, mas necessitam de um local onde essa vivência da sociabilidade seja facilitada pela presença de mulheres com trajetórias mais ou menos semelhantes e estejam protegidas da associação com a rua, que seria tradicionalmente um espaço masculino. A ida ao teatro e aos concertos de música, além dos bailes de dança, são as atividades que mais agradam nesses ambientes "para a terceira idade".

Muitas mulheres idosas de hoje chegaram a exercer atividades remuneradas fora de casa e somavam essas horas à lida diária com afazeres domésticos e cuidado de crianças, o que impedia o gozo do lazer, a não ser em família ou com vizinhas, dentro do lar. Esse trabalho raramente conferiu a essas mulheres um espaço de vida independente da casa. A atividade profissional era submetida à vida doméstica, e o casamento ou a chegada dos filhos as afastava do exercício do trabalho. As idosas de hoje também se referem à moral reinante na época de sua juventude, que condenava as mulheres que se "aventuravam muito fora de casa". Uma "moça de família" solteira não ficava sozinha ou com amigas fora do lar e mesmo os programas de lazer, como o cinema e o "bailinho", eram sempre vigiados por um adulto, de preferência uma mulher mais velha – mãe, tia ou vizinha. O casamento inaugurava uma nova fase da vida adulta: o lazer era praticado em família, com o marido e os filhos. Já os homens sempre tiveram a oportunidade de exercitar o convívio social fora de casa, seja nos bares, seja nos jogos com outros homens. As mulheres que hoje frequentam os espaços de "terceira idade" são unânimes em se pronunciar contra a repressão de sua época de jovens e reproduzem o discurso da "velhice ativa" como justificativa para sua entrada nos grupos e sinônimo de libertação.

As mulheres que têm hoje entre sessenta e setenta anos de idade e aderem a esses grupos de "terceira idade" assistiram a mudanças fundamentais na sociedade brasileira: a aceleração da urbanização e as conquistas femininas são algumas que tocaram seus cotidianos. A valorização do trabalho da mulher fora do lar e a "revolução sexual" são aspectos de um processo de transformações que atingiu essa geração. Seus efeitos agora são avaliados na velhice a partir das experiências compartilhadas entre elas nos grupos, gerando consequências. Todas denunciam o atraso de sua geração: a educação excessivamente rígida que receberam dos pais, o tabu sobre as relações sexuais, a imposição social do casamento e a limitação das opções educacionais e de trabalho são vistos como pontos negativos. Por outro lado, elas também não desejam voltar no tempo nem consideram que ser jovem hoje é melhor do que era no passado, só diferente. A manutenção de uma vida ativa na velhice não pode ser lida como uma nostalgia da juventude. Ao contrário: a negação de uma imagem tradicional da velhice operada por essa geração é uma forma de fazer uma revisão de vida a partir de mudanças sociais que possibilitaram às mulheres novos espaços.

Corpo e envelhecimento

O corpo como objeto das Ciências Sociais deve ser considerado nas situações que lhe emprestam significado social. Há sempre uma disputa acerca dos valores e sentidos sobre o corpo e seu uso, em que estão em jogo classificações sociais, posições de prestígio e a produção de acusações. O corpo velho é atravessado por esse jogo de classificações e posições de *status*. A mídia, a medicina, as políticas públicas são arenas de configuração dos corpos. Os agentes sociais participam diretamente desse processo, selecionando as imagens e os discursos que tratam do envelhecimento corporal e refletindo sobre eles. Tais atores não são marionetes, reagem aos significados sociais e avaliam suas condutas individuais tendo como pano de fundo certas possibilidades estruturais. Essa reflexão é essencial para o processo de construção das subjetividades individuais, entendidas como "o conjunto de modos de percepção, afeto, pensamento, desejo, medo e assim por diante que animam os sujeitos atuantes". O corpo, nesse sentido, não é simplesmente a base sobre a qual se constrói uma percepção de si. A maneira de senti-lo, de abordá-lo, as relações que se estabelecem com e por meio dele são os conteúdos dessa subjetividade.

Para tratar da construção dessa subjetividade na velhice, é importante eleger uma situação social que coloque esses corpos em jogo. As situações que se destacam são as relações de sociabilidade, definida por Simmel como "uma forma lúdica de associação", ou seja, modos de interação social que valem por si. Essas interações excluem qualquer conteúdo utilitário que possa perturbar o acordo tácito de não agressão e o sentido de simetria das relações que os indivíduos assumem. A sociabilidade cria um mundo artificial, isto é, todos os materiais que compõem a vida social estão ali presentes:

> o desejo de sobrepujar, de trocar, a formação de partidos, o desejo de arrancar alguma coisa do outro, os azares de encontros e separações acidentais, a mutação entre inimizade e cooperação, o domínio por meio de artifícios e a revanche,

só que de maneira "estilizada" e "reservada". Trata-se de um jogo com regras estabelecidas e, portanto, "sério", que em seu sentido simbólico é capaz de criar formas de relação que se apresentam aos atores sociais como separadas do "fluxo da vida e liberadas de sua matéria com sua gravidade inerente". Por isso, as situações de sociabilidade são casos exemplares que permitem apreciar a dinâmica das interações e a produção de seus sentidos entre os atores.

Uma das situações mais ricas para a investigação sobre o binômio corpo/envelhecimento são os bailes de dança de salão, atividade apreciada entre o público da "terceira idade". Em pesquisa realizada por mim no início dos anos 2000, na cidade do Rio de Janeiro, penetrei nesse mundo para responder a questões sobre a construção do corpo velho na sociedade contemporânea.

Os bailes de dança de salão

Os chamados bailes-ficha começaram a ser realizados no Rio de Janeiro na década de 1990, com uma clientela predominante de mulheres acima dos sessenta anos de idade. São vespertinos e ocorrem durante a semana. O objetivo é oferecer às alunas de dança de salão "uma oportunidade de praticar a dança fora da aula". Os bailes, no entanto, não são restritos a esse público. Qualquer mulher que queira pode praticar, desde que pague a entrada e compre as fichas necessárias – uma por dança – para ter esse direito, acompanhada dos dançarinos que ficam disponíveis no salão. O guichê de venda dessas fichas e do pagamento da entrada fica localizado em espaço separado do salão, às vezes mediante improvisação, com a colocação de uma cortina entre os ambientes. A dançarina guarda as fichas consigo em um bolso ou na bolsa a tiracolo que costuma ficar sobre sua mesa. Dirige-se ao salão, senta-se a uma mesa, sozinha ou com outras mulheres – os dançarinos raramente ficam junto com elas; quando isso acontece, é na hora do intervalo do baile ou no lado de fora do salão, onde as pessoas conversam em grupos ou em pares. Em seu interior, as mulheres aguardam ser chamadas para dançar. Se já são frequentadoras antigas e assíduas, essa regra pode não funcionar, ou seja, elas mesmas tomam a liberdade de abordar um dançarino de sua preferência.

Eles não param um instante e, ao final de cada dança ou conjunto, a mulher lhes entrega o número de fichas correspondente. Assim que concluem a dança – jamais interrompida, a não ser que a mulher assim o deseje –, quando para uma música a frequentadora agradece sorrindo ou simplesmente não diz nada e passa ao dançarino as fichas. Cada um segue para seu lado; não é regra reconduzir a mulher a seu lugar. A prática é que a entrega das fichas seja feita de forma rápida e discreta, mas acontece também, principalmente quando a mulher já é bem conhecida do dançarino, que se acertem as contas ao final do baile, de forma "natural", sem demonstrar maiores constrangimentos. Às vezes o tom é jocoso, como: "Você tá me enrolando com essas fichas, hein?", "A senhora não contou direito, dona Fulana". Os dançarinos procuram tratar as mulheres com deferência e formalidade nessas ocasiões, ao que não são correspondidos. A informalidade generaliza-se ao longo do baile, quando todos se tratam somente pelo primeiro nome.

Ao término, os dançarinos ficam com uma em cada três fichas que recebem. De acordo com cálculos que fiz e com depoimentos desses, seu ganho é, em média, de 20 reais por baile. Se trabalhar todos os dias da semana dançando quatro horas por dia, ele faturará 140 reais. O lucro, no entanto, fica com o organizador do evento, que, além da bilheteria e da venda de bebidas, ainda ganha em média 40 reais por instrutor em cada baile que promove. Os custos da realização ficam em torno de 800 reais por mês, compreendendo aluguel do espaço, pagamento do som e gastos com divulgação. Essa última é feita por meio de propagandas impressas, distribuídas em outros bailes.

O público compõe-se de senhoras idosas (sessenta a setenta anos de idade) e de dançarinos entre vinte e quarenta anos. Nas entrevistas formais e informais com alguns desses homens, o que todos apresentavam em comum era uma história de inserção informal no mercado, alternando períodos de desemprego e biscates variados com outros períodos curtos de trabalho formal. A dança, para a maioria, acabara por se tornar a principal atividade remunerada. O grau de instrução não ultrapassava a conclusão do ensino fundamental, com poucas exceções, e o local de residência concentrava-se no subúrbio ou na zona oeste da cidade – áreas urbanas mais pobres do Rio de Janeiro. O estado civil é variado: existem casados e solteiros, com e sem filhos. Eles são pardos e negros em sua maioria.

Apesar de não haver contrato formal de trabalho, os dançarinos costumam participar de bailes-ficha determinados. Assim, cada evento tem um rol mais ou menos fixo deles, os quais são recrutados pelo organizador do baile. A entrada no circuito costuma ser feita por convite:

ou um dançarino apresenta outro ou um aluno de dança de salão torna-se instrutor nas aulas e daí é chamado pelo dono da academia a participar de bailes-ficha. Tornar-se dançarino significa que os homens presentes estão ali, em primeiro lugar, para "prestar um serviço como instrutores de dança ou *personal dancers*", como eles preferem se autointitular. Nos bailes-ficha, a proporção é de um homem para cada três mulheres. Nos que frequentei, observei uma presença de quarenta a cinquenta delas por evento.

As mulheres residem na zona sul do Rio de Janeiro, perto do local onde os bailes são realizados. Os bairros da região costumam contar com melhor infraestrutura urbana e compõem a área mais valorizada da cidade. São casadas, solteiras, viúvas ou divorciadas; aposentadas ou pensionistas; aquelas que já trabalharam, exerceram funções de professora, secretária, comerciária ou funcionária pública. O nível de instrução mais elevado costuma ser o curso médio completo; só encontrei duas mulheres, na faixa dos sessenta anos, com ensino universitário. Com exceção das casadas que coabitam com seus maridos, as demais vivem sós ou com filhos e netos. A maioria possui apartamento próprio e é branca.

O segundo modelo – denominado "baile normal" – difere do primeiro nos seguintes pontos: ocorre nos finais de semana, os horários são noturnos, a entrada custa mais. Nesses bailes não há cobrança de fichas e supõe-se que as pessoas devam levar seus pares para dançar, garantindo um número equilibrado de homens e mulheres. A faixa etária dos frequentadores, assim como sua composição racial e origem social, é mais plural: jovens na faixa de vinte anos a pessoas na dos setenta encontram-se presentes. Entre as mulheres, existe maior concentração nos grupos etários acima de quarenta anos, sendo menor a presença de jovens de vinte. Entre os homens, a proporção é mais equilibrada, sendo, no entanto, menor a presença masculina acima de sessenta, o que é fato mais comum entre o público feminino. O número de indivíduos que frequenta os bailes normais também é maior. Os salões são mais amplos e costumam abrigar cerca de 150 a 200 pessoas por evento. Muitos são alunos em academias e costumam vir com seus grupos; outros já não vão mais às aulas, mas gostam de sair para dançar e para isso já têm seus pares: amigo(a), namorado(a) ou cônjuge. As maiores frequências, no entanto, estão entre aqueles que são "profissionais da dança": donos de academia, instrutores que, em grande parte, são homens e levam suas "parceiras", dançarinas mais experientes que costumam exercer a função de professoras, mais jovens que eles.

Bailes desse gênero ocorrem em casas de dança ou clubes, espalhados por toda a cidade. São salões amplos, espaçosos, alguns mais decorados do que outros. Entre os mais conhecidos estão a Gafieira Elite e a Estudantina, ambas no centro da cidade; o Clube Sírio e Libanês em Botafogo, zona sul, fechado em 2006; o Clube Helênico, na zona norte; e o Social Ramos Clube, em um bairro do subúrbio. Os frequentadores costumam ser fiéis ao lugar e assíduos, enquanto nos bailes-ficha a rotatividade é maior, até porque muitos se extinguem rapidamente.

A denominação "baile normal" é uma referência utilizada pelos frequentadores de baile-ficha quando querem diferenciar esse tipo dos demais. O normal encena o modelo ideal de baile, no qual o interesse pela sociabilidade pela dança é a característica principal. No entanto, esse tem sido palco de outro tipo de relação: aquela que envolve os jovens dançarinos e as mais idosas. Uma relação que é uma extensão do que ocorre nos bailes-fichas, já que no normal há a figura do contrato, ou seja, um dançarino, conhecido nos bailes-fichas, é pago pelas mulheres para levá-las e dançar com elas enquanto durar o evento. Segundo as mulheres, é uma forma de garantir que dançarão, porque uma mais velha tem menos chance de ser convidada para tanto do que uma mais jovem. Ao pagar, elas garantem seu passaporte para a pista de dança sem ter de se preocupar com a disposição masculina para convidá-las. O contrato pode ser feito por uma mulher individualmente ou por um grupo que compartilha o dançarino ao longo do baile. Em 2001, quando comecei o trabalho de campo, um contrato custava entre 50 e 60 reais, fora o ingresso do cavalheiro e tudo o que ele consumisse – comida e bebida – nas horas de duração do baile.

O baile de "terceira idade"

Ao longo da minha pesquisa, ouvi muitas pessoas se referirem aos bailes de "terceira idade" como "bailes de gente velha". A velhice parecia ter encontrado seu lugar marcado nesses espaços. Embora não houvesse diferença etária entre as dançarinas idosas dos bailes-ficha e dos normais e as dos bailes de "terceira idade", somente essas últimas eram associadas à categoria "velha".

O Serviço Social do Comércio (Sesc) e a prefeitura, a Universidade Aberta da Terceira Idade (Unati) e outras instituições que têm programas para a "terceira idade" fazem bailes desse tipo. O objetivo é oferecer às pessoas de mais idade uma "atividade lúdica", "um espaço de sociabilidade entre pessoas que fazem parte de um mesmo grupo de idade". Essas iniciativas são feitas à tarde, e os espaços onde os bailes se realizam muitas vezes abrigam simultaneamente outras atividades de lazer e esporte, não só para pessoas mais velhas, como é o caso dos clubes e do Sesc. Assim, os bailes são percebidos pelos outros frequentadores como uma atividade separada para os sócios "velhinhos". O que essas instituições fazem, como já foi apontado por grande parte da bibliografia sobre envelhecimento, é forjar e incentivar uma prática de velhice ativa, baseada em pressupostos da gerontologia que constroem um entendimento do envelhecimento como um processo que pode ser manipulado pelos sujeitos. Mas nem todas as pessoas idosas se identificam com a proposta do baile para a "terceira idade".

Na opinião de algumas mulheres idosas que entrevistei, os bailes de "terceira idade" são muito limitadores, porque os homens, ou melhor, os poucos que os frequentam, não estão atualizados com as "novas maneiras de se dançar", "eles só sabem o dois pra lá, dois pra cá". Isso ocorre, segundo elas, porque os homens velhos raramente participam de aulas em academias de dança de salão, em que os "novos passos" são ensinados. As mulheres, por outro lado, são o grande público desse tipo de atividade. Os mais velhos costumam buscar nos bailes um espaço de sociabilidade e encontro, sendo a dança um meio para conhecer as mulheres e não uma atividade valorizada por si, como aparece no discurso feminino. Muitos homens que observei nesses bailes ficavam a maior parte do tempo sentados, sozinhos ou conversando entre si e tomando cerveja; raramente levantavam-se para chamar uma mulher para dançar, exceção feita aos que já chegavam acompanhados. A ideia, portanto, do baile de "terceira idade" como um baile "parado", em que "as pessoas não dançam", é atribuída à inércia dos homens idosos, então classificados como "homens velhos". O seguinte trecho de meu diário de campo retrata a dificuldade destes para se inserirem nos bailes:

> Quando me retirei, ao fim do baile de terceira idade, despedi-me da organizadora que parecia muito triste com mais um dia fracassado (o baile vinha perdendo público a cada semana). Enquanto caminhava na rua, notei um senhor que também saíra do baile. Aproximei-me dele e fomos conversando até o ponto de ônibus. Morador de um bairro nobre da cidade do Rio de Janeiro, 70 anos, aposentado, casado, mas disse não viver bem com a mulher, S. vai aos bailes para "conhecer alguém", "fazer uma amizade". Disse-me que sente falta de ter um "ombro amigo para não se sentir tão só", queria alguém "sem compromisso". Era a segunda vez que ia ao baile. S. só dança "à moda antiga", não está "inteirado desses passos novos" e acha que isso atrapalha um pouco porque tem medo de chamar uma mulher para dançar e não saber conduzi-la.

Por diversas vezes, homens como S. me lembraram os velhos camponeses apresentados por Pierre Bourdieu em seu livro *Celibat et condition paysanne*.[6] Nesse trabalho, o autor registra o mal-estar sentido pelos camponeses mais velhos nos bailes das pequenas cidades – ocasião de encontro socialmente permitido entre os sexos. Naquela situação, sua aparência, jeito de vestir e porte denunciavam sua procedência camponesa e faziam com que esses idosos se inibissem a ponto de não retirar nenhuma mulher para dançar. O fato de não saber as "danças modernas" também impedia que esses velhos se aventurassem no salão, em que seus corpos não eram bem-vindos. Sem esse

6 Bourdieu, *Célibat et condition paysanne*, p.32-133.

espaço de interação social com o sexo oposto, os velhos camponeses tornavam-se cada vez mais solitários e com menos chances de escapar da viuvez e do celibato.

Corpos visíveis/corpos invisíveis

No caso da dança de salão estudada, são os corpos das mulheres velhas que ganham visibilidade, as quais se afirmam na dança e nos trajes – vestidos rodados, salto alto, além de maquiagem, cabelos e unhas bem pintados e arrumados. Os bailes têm incorporado em seu público um par inédito até então: jovens dançarinos e suas parceiras mais velhas. Essa possibilidade tem atraído um número cada vez maior de mulheres aos salões, que não só são mais vistas, mas também afetam a posição dos homens. Além dos rapazes, a quem agora o aluguel de seus corpos para a dança representa um novo meio de trabalho, os homens velhos, que procuram os bailes na expectativa de encontrar uma parceira, vivenciam obstáculos para esse projeto. Nos espaços da dança de salão, além da exiguidade de mulheres jovens disponíveis, as próprias senhoras estão motivadas muito mais pela possibilidade de exercitar o domínio e a sedução de seus corpos com os dançarinos profissionais, mais jovens do que elas, do que interagir com os homens de sua idade, cujos corpos perdem, assim, visibilidade.

A dança de salão mostra-se como um domínio sobre o próprio corpo e sobre o do outro, o bem precioso para sua prática. O fundamental não é repetir os passos corretamente, mas integrar os movimentos do corpo com o do parceiro e com o ritmo tocado. As aulas são os espaços a partir dos quais esse adestramento do corpo começa a ser produzido. Mas é nos bailes que esses corpos ganham visibilidade, em que esse *habitus* corporal se efetiva, adquirindo sentido e identificando cada um dos dançarinos, separando os bons ("competentes", "ágeis") dos ruins. A decrepitude do corpo e a doença são os grandes empecilhos para a prática e são os problemas que as dançarinas idosas mais temem. A incapacidade corporal seria um sinal para saída do mundo da dança e a perda de uma condição de exercício da feminilidade.

Os corpos são identificados pelo vestir, pelo cheiro e pela postura na hora de fazer os passos da dança, que é melhor quanto menos curvado. A cabeça deve estar voltada para a frente, olhando para um ponto fixo para garantir o "equilíbrio" corporal. Substantivos como leveza e harmonia servem para identificar essa postura nos corpos dos dançarinos. A expressão utilizada é "ter postura", é algo conquistado, aprendido e representa um controle sobre os próprios movimentos, a capacidade individual de dar-lhes coordenação. Sem essa habilidade corporal, o sentido do dançar a dois, do desempenho do casal para a plateia, do contato sedutor entre os sexos, esvai-se. Em outras atividades físicas para a "terceira idade", como a hidroginástica, por exemplo, essa limitação corporal não é tão demarcada; mesmo pessoas com algum tipo de deficiência física são incluídas. Portanto, o que define a adesão à dança é a busca por uma oportunidade legítima de exibição e valorização do corpo feminino velho para um público que reúne também homens mais jovens. Essa possibilidade não é encontrada em outras iniciativas caracterizadas como "para a terceira idade", sendo seu diferencial.

A apresentação de si por meio do vestuário é um ponto importante na prática da dança de salão, havendo certas regras que são aprendidas nos bailes e nas academias. O vestuário liga-se, sobretudo, à impressão que os outros terão da posição social do dançarino e da dançarina. Entre as mulheres, o uso de saias e saltos é valorizado, porque acentuaria o dito "charme natural da mulher". É essencial evitar utilizar aquilo que seria classificado como "roupa de velha": "escura demais", "muito fechada", que não valoriza os movimentos do corpo na hora da dança. Por isso, as mulheres preferem vestir saias um pouco abaixo dos joelhos, algumas usam até mais curtas, rodadas, e as blusas e vestidos devem ter algum decote. Nos bailes também é comum o uso de tecidos leves, com brilhos e transparências. Exibir joias é um sinal de riqueza para homens e mulheres; roupas novas, bem passadas, limpas e cheirosas – e aí o uso de perfumes é valorizado – são sinais de cuidado com o corpo. Para as mulheres mais velhas que entrevistei, prepará-lo também é uma atividade que lhes dá imenso prazer e evoca lembranças da juventude, de uma época em que se vestir, perfumar-se e maquiar-se para o baile era um exercício de feminilidade; exercício que pode agora ser resgatado na vida madura.

> Eu tenho 66 anos, eu sou da terceira idade, mas quem olha pra mim não me dá a idade que eu tenho e pela forma que eu danço, que eu me visto, ninguém diz que eu tenho essa idade. Eu aparento ser na verdade o que eu não sou, mas a minha aparência é essa porque eu me produzo muito, eu gosto do brilho, eu gosto de bijouterias grandes, eu sou uma dama da noite, eu sou dama da noite, exatamente! (R., 66 anos)

O rosto também é importante. Por meio de sua expressão o dançarino demonstra as emoções ligadas à prática de determinado ritmo; por exemplo, a seriedade do tango contrasta com a alegria e a euforia do soltinho e do samba. Para isso, os homens se apresentam com barba feita, cabelos penteados, e as mulheres mais velhas pintam-nos também, o que, com o uso da maquiagem, é indispensável para que se façam notar no salão, objetivo inclusive da dança.

Nesse contexto é que o baile-ficha e o contrato para ir aos bailes normais representam para as mulheres mais velhas uma oportunidade de permanecerem visíveis na esfera pública, no sentido de tornarem seus corpos apreciados pelos movimentos que são capazes de executar. Para isso, essas mulheres, obedecendo à lógica desse mundo da dança de salão, onde a presença masculina é fundamental para "conduzir" o espetáculo, alugam os homens para que eles sirvam aos seus propósitos de exibição. Selecionam os dançarinos que têm capacidade de fazê-las brilhar nos salões. Mas esses homens também representam um perigo potencial: são mais jovens, desempregados, moradores dos subúrbios, muitos de origem negra. Por isso, tais parceiros entram em um jogo de afastamentos e aproximações, em que a interação é acompanhada de uma série de movimentos de distinção. Os homens são vistos como "exploradores de mulheres" potenciais, e as mulheres são julgadas de acordo com a capacidade que têm para controlá-los, para "mantê-los em seu devido lugar", evitando possíveis deslizes e perigos. A mulher pode ser taxada como "velha assanhada", pagando para dançar com homens mais jovens. Isso gera uma série de ambivalências sobre quais são as fronteiras da intimidade permitida e legítima entre contratados e contratantes. O meio de controle mais eficaz, segundo as mulheres, é a informação. Elas comentam entre si sobre as qualidades do dançarino contratado. Aspectos como pontualidade, cortesia, estilo de vestir e dançar, higiene pessoal e até se o cavalheiro come ou bebe além da conta são avaliados na hora de fazer um contrato.

> H. e M. me contaram histórias de relacionamentos entre senhoras e "dançarinos de aluguel", referindo-se a elas como relações arriscadas. "Existem mulheres que acabam dando tudo para esses rapazes e eles dão tudo para as namoradinhas deles." Disseram saber se defender desses "tipos aproveitadores", voltando a enfatizar o bom caráter e a honestidade de seus contratados. Como exemplo de confiança, M. contou que chega a dar todo o seu dinheiro para J. (seu contratado) guardar enquanto estão no baile. (Trecho do diário de campo.)

As mulheres idosas, por meio do contrato e da ficha, forçam sua presença em um espaço dominado pela preeminência da ação masculina. No entanto, esses homens que a possibilitam perdem a legitimidade diante dos outros, virando homens de segunda classe. São criticados pelos mais velhos que não fazem contrato e querem ir ao baile para conhecer alguém e se divertir e acabam isolados em seu canto porque não são jovens e não "sabem dançar as danças modernas". Sua invisibilidade e isolamento contrastam com a visibilidade e a circulação das mulheres idosas.

Em resumo, os bailes e as dançarinas mais velhas ajudam a matizar a vulnerabilidade e a invisibilidade atribuída à velhice feminina. No contexto dos bailes, são os homens velhos quem se tornam mais "insignificantes". As mulheres, ao pagarem para ser conduzidas por homens mais jovens do que elas, estão desafiando a invisibilidade que lhes era historicamente destinada nos bailes de dança de salão e incorporando em suas rotinas um novo padrão de relação com o sexo masculino; um padrão no qual, simultaneamente, se reproduz uma relação hierárquica homem/mulher (o dançarino conduz, a dançarina segue), mas se constrói também uma posição diferenciada para as mulheres velhas. Nessa, as mulheres permanecem em cena, no salão de baile, dançando com seus pares mais jovens, contrariando o lugar de exclusão que lhes era tradicionalmente reservado e exibindo seus corpos treinados e embelezados para seduzir e se destacar. Elas escolhem ostentá-los, e os homens transformam-se em meios e alvo dessa demonstração.

O que isso pode dizer sobre a velhice contemporânea e sobre a velhice do futuro? Para retomarmos o trecho que abriu este capítulo: hoje não existem mais modelos pré-fabricados de velhice. Mas isso não quer dizer que todas as formas de vivê-la tenham a mesma aprovação social. As mulheres parecem ter tomado a frente das mudanças mais relevantes sobre a interpretação da velhice hoje. As idosas têm sido as grandes promotoras da ideologia da "terceira idade". No caso dos bailes, o que fica em evidência é a forte disposição desse segmento em mostrar seus corpos em movimento, embelezá-los e exibi-los no salão, afirmando sua feminilidade a despeito da regra tácita de que as mulheres velhas não são atraentes. A geração que inaugurou a "era da terceira idade" foi também a que viveu, na juventude, os efeitos da liberação feminina e da mudança de padrões sexuais. Esses fatores tiveram importância na trajetória desses indivíduos e, portanto, são relevantes para acompanharmos seu curso de vida até hoje. As próximas gerações que envelhecerão serão marcadas por outros processos sociais: a centralidade do corpo como lócus da subjetividade individual poderá ter um impacto relevante sobre a maneira de envelhecer das futuras gerações; as distinções de gênero que, embora não estejam extintas, estão remodeladas, também poderão influenciar sobre a velhice de homens e de mulheres, assim como a legitimidade crescente de diferentes arranjos familiares terá um peso cada vez maior sobre o papel dos idosos e das idosas nas famílias. As novas gerações ainda encontrarão seu modo de envelhecer, que, muito provavelmente, pouco terá em comum com o atual.

Não se trata, portanto, de tomar a velhice como um dado biológico, descontextualizá-la e torná-la independente das relações sociais mais amplas como as de classe, interétnicas e de gênero. Compreendendo a velhice como uma construção social e, portanto, relacional, entende-se que não só cada sociedade compartilha de visões sobre o que é, mas também, em cada contexto, dependendo das relações sociais travadas entre as gerações, os indivíduos manipulam a identidade de velho.

16

Com açúcar, sem afeto

Dirce de Sá Freire

A História é grande aliada na compreensão do presente; facilita o entendimento dos fenômenos sociais, políticos e econômicos da atualidade. No que diz respeito aos aspectos psíquicos das relações humanas, ela também ajuda a conhecer melhor o percurso de cada indivíduo. É a trajetória de cada um, que, traduzida em história afetiva do sujeito, explica os motivos que levam uma pessoa a fazer determinadas escolhas.

Refletir sobre os transtornos alimentares, da ótica da História, permite ampliar a questão para além das exigências estéticas que invadem a atualidade. Essa linha de raciocínio remete à importância de nos debruçarmos, por exemplo, sobre a contribuição da História da Alimentação na compreensão das desordens na forma de se alimentar hoje. Ela fornece um enfoque singular sobre a questão, mostrando que a história da humanidade revela, primordialmente, uma história de fome. Tomando o exemplo da Europa Ocidental, depara-se com a escassez alimentícia que imperou durante o período da Idade Média, quando a peste negra, por meio da figura repugnante do rato, devastou os campos, disseminando a fome em larga escala. A psicanálise ensina que as dificuldades com a alimentação podem estar enraizadas nas manifestações inconscientes que Winnicott chamou de agonias impensáveis[1] e que, para o leigo, poderia se equiparar a um medo primitivo de morrer de fome. É a história individual reproduzindo, filogeneticamente, o que foi vivido na História.

O passado colonial brasileiro revela uma "história de gente gorda", em que gordura era sinônimo de formosura, tornando-se a base de sustentação para que a barriga do burguês viesse a significar *status* e prosperidade. Na medida em que a ingesta gordurosa vai "acumulando" adeptos, constata-se uma mudança gradativa do lugar social ocupado pelos gordos. A obesidade perde seu prestígio, inquestionável no passado. Houve um tempo em que era bom ser gordo, por mais distante que possa parecer aos sujeitos que vivem no século XXI. E foi em meio aos inúmeros excessos que marcam o crepúsculo do século XX e o alvorecer do XXI que nossa sociedade se viu na iminência de ressignificar seus conceitos de beleza e estética.

Em 1975, a obesidade foi definida como uma doença crônica, quando a Organização Mundial da Saúde (OMS) a incluiu entre seus critérios nosológicos. Diante da dimensão que essa doença adquiriu na atualidade, a História facilita sua compreensão, na medida em que permite que se debruçe sobre sua origem. Da mesma forma como a história individual precisa estar presente na escuta de nossos pacientes, olhar para esse "passado histórico" propicia mais chance de melhor interagir com tal fenômeno epidêmico-pandêmico.

Foi com F. Braudel, herdeiro de Febvre e Bloch, com os conceitos de cultura material, que a História da Alimentação ganhou fisionomia definitiva no campo da pesquisa. Não sem motivo Braudel, como o maior representante da segunda geração dos Annales, trabalhou o conceito de cultura material abrangendo os aspectos mais imediatos da sobrevivência humana: a comida, a habitação e o vestuário.[2]

---

1 Winnicott, *Da pediatria à psicanálise*.

2 Braudel, *La Mediterranée et le Monde Mediterranéen a l'époque de Phillippe II*.

A história da gastronomia explica-se, pelas manifestações culturais e sociais, como espelho de uma época. Nesse sentido, o que se come é tão importante quanto quando, onde, como e com quem se come. Enfim, este é lugar da alimentação na História, que espelha a vida e cria rituais que legitimam o compartilhar como necessidade de transmissão de valor.

Corrobora nossa visão o fato de Gilberto Freyre, em *Açúcar,*[3] de 1939, oferecer grande contribuição para o entendimento da identidade nacional a partir da civilização do açúcar no Brasil – a sacarocracia – cujo tema passa tanto pela História quanto por várias outras áreas do conhecimento, como a Sociologia ou a Antropologia, deixando marcas nos hábitos alimentares do país.

Por outro lado, tem-se também a contribuição de Mark Kurlansky, autor do livro intitulado *Sal: uma história do mundo*,[4] mostrando como o sal também esteve sempre presente em quase todos os lugares e explicando o fato de, durante milênios, ter sido sinônimo de riqueza. Ele foi o responsável pela criação de rotas comerciais, que desenvolveram impérios e promoveram revoluções, e tornou-se instrumento comum de comércio e câmbio. Açúcar e sal, temperos da vida, marcaram lugar significativo na História.

O historiador Jean Louis Flandrin traz o foco da história para o "ato de comer" e para "aquele que come".[5] Os novos paradigmas e os ensinamentos dos *Annales*[6] eram para que a comida fosse levada a sério por esses profissionais. A história do cotidiano e das mentalidades vão redirecionar os estudos sobre a sensibilidade alimentar, o gosto e a gastronomia. Da mesma forma, a inglesa Rebecca Spang traz grande contribuição no livro *A invenção dos restaurantes*, em que defende a tese de que os restaurantes foram originários de pequenos estabelecimen-

---

3 Freyre, *Açúcar*.

4 Kurlansky, *Sal*: uma história do mundo.

5 Flandrin; Montanari, *História da alimentação*.

6 Movimento historiográfico fundado por Lucien Febvre e Marc Bloch em 1929. (N. E.).

tos como "casas de saúde", nas quais se vendia uma sopa restauradora (*bouillon restaurant*) para pessoas fracas. O nome restaurante vem do caráter revigorante desse caldo.[7]

A partir do final dos anos 1970, multiplicaram-se os estudos dedicados às práticas alimentares dos indivíduos em contextos e períodos históricos diferentes, apontando para a importância desse entrelaçamento para a compreensão dos transtornos alimentares.

A importância dos rituais é vital, pois são eles que permitem fazer do alimento um elemento fixador psicológico no plano emocional, como demonstra Câmara Cascudo, em seus estudos sobre as especificidades da sociedade brasileira.[8] Comer certos pratos é ligar-se ao local ou a quem o preparou. A vida atual não fornece o tempo necessário para o relacionamento com a comida, degustando-se e apreciando-se o sabor do que é ingerido, mastigando-se devidamente o alimento para permitir que a digestão possa começar bem sua função, uma vez que esta, como se sabe, começa na boca. Não há tempo de mastigar; engole-se rapidamente e promovem-se indigestões que se transformam em camadas adiposas, fruto da pressa dos tempos pós-modernos.

A cozinha e seus aspectos ricos também merecem ser destacados, pois, segundo Carlos Roberto Antunes dos Santos, espelha a sociedade, revelando uma imagem desta, em que transparecem as relações de gênero, de geração e a distribuição das atividades. A cozinha traduz uma forma de se relacionar com o mundo, apresentando grande riqueza nas relações sociais e fazendo com que a mesa se constitua, efetivamente, em um ritual de comensalidade. Não sem motivo há unanimidade em torno da crença de que a cozinha é sempre o melhor lugar da casa, onde os membros da família escolhem se reunir.

As refeições feitas em conjunto, em casa, com horário determinado e um cardápio planejado, estão se tornando cada vez mais raras. A sociedade de consumo em massa faz que se desestruturem os sistemas

7 Spang, *A invenção do restaurante*.

8 Cascudo, *História da alimentação no Brasil*.

normativos e os controles sociais que tradicionalmente regiam as práticas e as representações alimentares.

Os rituais estão perdendo seu lugar de transmissão de costumes e, consequentemente, de preservação de nossa cultura. Não se acha mais importante comparecer ao velório daqueles que morrem, esquecendo-se que aquele momento serve para que se possa externar, vivenciar e atravessar aquela dor na companhia daqueles que nos são caros. Da mesma forma, o comer em torno da mesa tem uma função importante no compartilhar afetos e costumes. Questionam-se muito as novidades, mas não há questionamento sobre os prejuízos que algumas inovações podem trazer para o cotidiano psíquico.

Mudanças de hábitos alimentares nem sempre são benéficas, como os estudos e as pesquisas têm demonstrado em relação ao *fast-food* no Brasil. Seria um novo padrão alimentar a se delinear, mas com sérios prejuízos na dieta tradicional do povo brasileiro. O arroz, o feijão e a farinha de mandioca, que foram, desde o século XVIII, a base do cardápio da maioria da população, perdem cada vez mais espaço para os produtos industrializados, com maior valor agregado e bem menor valor nutritivo. Nos últimos dez anos, o consumo anual de feijão caiu de 12 kg por brasileiro para 9,5 kg, e a farinha passou a ocupar o 38º lugar no mercado alimentar. Essa situação é muito grave, porque prejudica enormemente a base da alimentação do brasileiro, em especial da população menos favorecida.

A História pode ser o fundamento para a compreensão dos transtornos alimentares, fornecendo uma ajuda imprescindível para a manutenção de um peso saudável.

Números gordos

Na avaliação de uma pessoa com o objetivo de determinar se ela é obesa, é preciso considerar a existência de diversos fatores predisponentes – genéticos, ambientais e patológicos –, que podem desempenhar papel expressivo no desequilíbrio energético. O excesso de peso se transformou em epidemia global.

Segundo a OMS, atualmente o mundo conta com mais obesos que desnutridos. Os dados falam por si: mais de 1 bilhão de pessoas adultas apresentam sobrepeso, enquanto 800 milhões passam fome. Entre as primeiras, pelo menos 300 milhões enfrentam algum grau de obesidade. Em termos globais, é possível dizer que a obesidade é a maior responsável pelo fardo de doenças crônicas e invalidez. Para combater o problema, seria necessário fazer uma revisão das políticas agrícolas. As subvenções públicas acabam gerando uma produção excessiva de óleo, gordura e açúcar, que vêm contribuindo há décadas para a crise vivenciada hoje. Alguns países, como a Dinamarca, estão conscientes do problema e tentam erradicá-lo com a proibição de gorduras prejudiciais para a saúde. Os Estados Unidos, por exemplo, obrigaram a rede de lanchonetes McDonald's a pagar mais de 8 milhões de dólares por não ter reduzido a proporção de gorduras nocivas em seus produtos. Apesar de todas as questões sobre o que é normalidade e o que é ideal, a OMS escolheu o critério do Índice de Massa Corporal (IMC) para determinar se uma pessoa é obesa, calculado dividindo-se o peso do corpo (em quilos) pela altura ao quadrado (em metros). No adulto jovem, o resultado acima de 25 é considerado sobrepeso, acima de 30 já é obesidade, e acima de 40, obesidade severa. Quanto mais alto o IMC, maior o risco de doenças associadas a esta. Tal índice se modifica de acordo com a idade, e o total desejável deve oscilar de acordo com a singularidade de cada pessoa. No adulto, o peso normal varia conforme com sua altura, permitindo que se estabeleçam os limites inferiores e superiores de peso segundo a tabela a seguir:

Tabela 16.1 Índice de massa corporal

IMC (kg/m^2)	Grau de risco	Tipo de obesidade
18 a 24,9	Peso saudável	Ausente
25 a 29,9	Moderado	Sobrepeso (pré-obesidade)
30 a 34,9	Alto	Obesidade grau I
35 a 39,9	Muito alto	Obesidade grau II
Acima de 40	Superalto	Obesidade grau III (mórbida)

Entende-se que obesidade seja a situação em que o indivíduo apresenta uma quantidade de gordura maior do que a considerada normal ou saudável. Então surge a pergunta: qual será a quantidade normal de gordura? Está aí a polarização entre normal e patológico? É possível ser gordo em um mundo lipofóbico? É normal ser magro? Parecem questões estapafúrdias, mas é absolutamente pertinente se se lembrar, por exemplo, que obesidade já foi sinônimo de padrão de beleza, o que nos remete à norma, a qual, por sua vez, vai estabelecer a regra ou aquilo que é normal.

Os padrões e os critérios de escolha mudam porque a cultura está sempre em transformação, já que a vida é dinâmica. O que hoje é considerado bonito ontem era feio. Com relação ao peso, o processo é idêntico, e talvez valesse a pena lembrar que a diferença reside no quanto de gordura a sociedade valoriza. Em tempos de escassez, as gordinhas de outrora viraram modelo, mas na abundância alimentícia da atualidade, todos querem se livrar das gorduras.

Contextualizar os conceitos amplia nosso olhar sobre as diferenças e permite maior compreensão do presente. A normalidade é determinada de acordo com a época em que se vive. Nossos avanços tecnológicos contribuem para a definição do que é normal e o que é patológico. O filósofo George Canguilhem diz que os fenômenos patológicos são idênticos aos normais correspondentes, só variando em intensidade.[9] Daí se conclui que a noção de peso ideal só serve para criar idealizações que levam a frustrações e desilusões e não melhoram as condições físicas dos pacientes. O importante é determinar o que é melhor para a saúde, abrindo mão de metas fixadas pela ditadura da magreza.

A obesidade, de forma genérica, pode ser definida como um excesso de peso, caracterizado por uma quantidade de massa adiposa superior a 20% desse.

No Brasil, de acordo com a Pesquisa sobre Padrões de Vida do Instituto Brasileiro de Geografia e Estatística (PPV-IBGE) – 2002-2003, a população acima do que se considera peso ideal é de 28,8% do total, e

9 Canguilhem, *Le normal et le pathologique*.

os obesos respondem por 9,8%. As mulheres superam os homens nesse quesito. Enquanto 12,2% delas apresentam IMC acima de 30, apenas 7% da parcela masculina tem índices tão altos.

Já nos Estados Unidos, a prevalência da obesidade é de 24% entre os homens e 27% entre o feminino; entretanto, há grandes diferenças relativas a idade, situação econômica e raça. Pode-se constatar um aumento de duas vezes em relação às mulheres de padrão socioeconômico baixo. Entre negras e brancas – embora não haja diferenças importantes quando se considera esse critério no todo –, a obesidade é muito mais comum entre as primeiras, alcançando cerca de 60% das de meia-idade. O Manual Merck de Medicina, em sua 16ª edição, mostra que 26% da população mundial é obesa.

Pesquisa elaborada pela SBCBM (Sociedade Brasileira de Cirurgia Bariátrica e Metabólica) em 2007,[10] por meio da empresa Toledo & Associados, mostra que metade (51%) da população nacional tem sobrepeso. Desse universo, 51% são mulheres e 50%, homens, e 14% da parcela feminina e 11% da masculina apresentam obesidade. E o dado mais surpreendente é que, atualmente, 3% dos brasileiros são obesos mórbidos, sendo 4% mulheres e 2%, homens, com grande incidência tanto na classe A quanto na E. Esses números tornam-se mais preocupantes quando se verifica que 66% desses indivíduos estão na faixa entre 18 e 25 anos. A mesma pesquisa revela que somente 10% da população considera ter uma alimentação pouco ou nada saudável. Fica evidente a dimensão do problema da obesidade, que hoje se tornou séria questão de saúde pública, saindo do âmbito da estética.

De acordo com os dados da SBCBM, a situação no Brasil é grave, apontando para uma progressão alarmante dos índices de "engordamento" da população no futuro próximo. Esse levantamento revela números surpreendentes sobre obesidade, indicando um crescimento vertiginoso em todo o mundo.

10 Disponível em: <http://www.sbcbm.org.br/asbcbm_pesquisa_obesidade_2007.php>. Acesso em: 17 mar. 2011.

O mal-estar contemporâneo tem, sobretudo no corpo, os registros de sua apresentação. Observa-se uma ressacralização do corpo, que se tornou venerado e é objeto de verdadeiros cultos, com mandamentos a serem seguidos, como atestam as correspondências de caráter anoréxico e bulímico – como a "Carta da Ana" e a "Carta da Mia" – que circulam pela internet, fazendo apologia dos transtornos alimentares, sem considerar seu aspecto patológico, argumentando que seriam estilos de vida.

Prova de que a obesidade pode ser revertida é a análise dos dados estatísticos sobre a situação entre adultos na União Europeia. Por incrível que pareça, o país menos gordo, com as menores taxas de sobrepeso e de obesidade, é a Itália, que já foi, no passado, reduto das matronas de Rubens e dos renascentistas. Há que se atentar também para o ineditismo do fato de que, entre sua população, as mulheres são mais magras do que os homens. Talvez uma das explicações pertinentes para esse fenômeno encontre-se no lugar ocupado pela Itália junto à comunidade midiática, que dita a moda e cunha seu selo no mundo *fashion*, influenciando a relação do sujeito com seu corpo.

Os excessos aparentes nos corpos adoecidos pela anorexia ou pela obesidade apontam para a necessidade de uma clínica que privilegie o olhar, ou seja, uma clínica do olhar – mais especificamente, aquele que faltou na vida primitiva do paciente, mas que, de alguma maneira, ele vem procurar na psicanálise quando busca reeditar sua história.

Infância gorda

O aumento da taxa entre crianças atesta a alarmante tendência mundial a engordar. Evidencia uma situação muito séria, que também já se configura como problema de saúde pública. Pior do que o cenário mundial entre adultos, esse dado aponta para um agravamento da origem do problema. Como todas as grandes questões, a obesidade infantil deve ser compreendida em seu contexto social, que atualmente é marcado pela combinação de maus hábitos alimentares, sedentarismo e um incessante estímulo ao consumismo em geral, em particular junto às crianças.

Nos últimos quarenta anos, ou seja, desde a década de 1970, o consumo do chamado *fast-food* cresceu 500% nos Estados Unidos, e a obesidade entre crianças triplicou. É uma doença de consequências graves, que compromete múltiplos órgãos, e o excesso de gordura corpórea na infância é causa, na idade adulta, de diabetes, hipertensão, elevação dos níveis de colesterol e triglicérides, tendência à coagulação acelerada do sangue, alterações na parede interna dos vasos e maior produção de insulina.

Os dados fornecidos pela Organização Panamericana de Saúde são preocupantes. Nos últimos vinte anos, as crianças engordaram mais que seus pais. Antes, os homens obesos representavam 3% da população, as crianças igual percentual e as mulheres, 8%. Hoje, os primeiros são 7%, a população feminina passou a 13% e a infantil, 15%. O quadro é dramático, já que uma criança obesa tem 40% de chance de se tornar um adulto obeso. E o adolescente, 70%.

Em 2006, o National Institutes of Healthy Consensus Conferences constatou que 60% das mortes não violentas estão de alguma forma ligadas à obesidade – 2 milhões por ano no mundo. No Brasil, são 80 mil. A obesidade resulta de uma completa desordem no controle do apetite e do metabolismo energético; por isso, é necessário ensinar a criança a se nutrir e não induzi-la a preencher vazios internos com comida. O índice de mortalidade para quem apresenta um IMC superior a 35 é sete vezes maior no homem e cinco vezes maior na mulher.

Seria possível atenuar os efeitos dessa enfermidade atuando-se junto às causas evitáveis, ou seja, buscando exercer ações diferenciadas levando-se em conta os aspectos socioculturais e econômicos, tentando combater o comportamento sedentário, aumentando as atividades físicas regulares entre as crianças e os jovens e, sobretudo, diminuindo a alta frequência do uso de televisão, computador e similares. Para tanto, vale considerar algumas informações do National Institutes of Healthy Consensus Conferences: 35% das refeições são feitas fora de casa e 40% das crianças não tomam café da manhã, 20% delas não fazem mais de duas horas de atividades físicas vigorosas por semana e 33% dos adolescentes entre 10 e 15 anos ficam mais de cinco horas em frente à TV diariamente. A tendência muito grande de as crianças comerem fora de casa aumenta as possibilidades de que elas venham a desenvolver maus hábitos, uma vez que o contato e o compartilhar com a família são fundamentais na estruturação de um bom padrão alimentar. Estatísticas mostram que o aumento de alguns tipos de câncer em idade escolar está ligado à obesidade.

Não dá para negligenciar a importância do ambiente, sobretudo para as crianças que se mantém em superexposição à propaganda de comida hipercalórica, associada ao problema da falta de áreas de lazer nos grandes centros urbanos. O número de horas que a criança passa diante da TV, com programas infantis ou videogames, está diretamente ligado ao aumento de peso, já que a desvia das atividades físicas e induz à ingestão de alimentos altamente calóricos. Estudos realizados na Cidade do México apontaram incremento de 12% no risco de desenvolver obesidade para cada hora por dia na frente da televisão.

Pesquisadores norte-americanos e ingleses contaram o número de comerciais na televisão que anunciam doces, balas, chocolates, refrigerantes, biscoitos e similares e constataram que, em seus países, cada criança fica exposta a dez dessas propagandas por hora. Em 23 de fevereiro de 2006, a Agência EFE publicou:

> As crianças menores de oito anos acreditam que os anúncios de televisão são verdadeiros, precisos e imparciais, o que lhes leva a adotar hábitos alimentícios doentios, segundo um relatório da Associação de Psicólogos dos Estados Unidos (APA).

Outro trabalho comprovou que crianças entre três e cinco anos que foram submetidas a esse bombardeio diário escolheram as guloseimas apregoadas na TV, quando são oferecidas como opção frutas e outros alimentos saudáveis.

Passar longo tempo em frente à televisão é um dos oito fatores de risco identificados pelos médicos britânicos entre crianças de três anos que se tornaram obesas aos sete. As crianças são expostas em média a mais de 40 mil comerciais por ano nos Estados Unidos. Aproximadamente 80% deles estão em quatro categorias de produtos: brinquedos, cereais, doces e lanchonetes *fast-food*. As propagandas são feitas especialmente para atrair a atenção das crianças, com efeitos sonoros, imagens de movimentos rápidos e efeitos especiais. Aquelas abaixo da faixa de 4 a 5 anos não conseguem diferenciar programas de televisão de seus comerciais. Com menos de 7 a 8 anos, por sua condição cognitiva, ou seja, por impossibilidades estruturais, as crianças têm pouca habilidade para entender que a publicidade visa persuadi-las de alguma forma.

Os efeitos do estímulo ao consumismo infantil são drásticos, pois é grande a indução ao uso dos produtos anunciados, aumentando o conflito com os pais, especialmente quando eles não podem ou não querem comprar o que os filhos pedem. Isso é mais dramático nas classes mais pobres ou então quando se trata de crianças menores. Essa relação doentia com o consumo contribui para exacerbar as atitudes materialistas. A criança, diante da televisão, ouve a seguinte mensagem: "Comer muito e de tudo!" Esta é a ordem, ou seria desordem? A valorização do ter em detrimento do ser estimula a formação de hábitos alimentares pouco saudáveis, estabelecendo a clara ligação entre a exposição aqui descrita e a obesidade.

As pesquisas mostram que a maior tendência à obesidade situa-se na população infantil. Nesse sentido, devem ser consideradas algumas importantes colocações feitas por Paul Ariès, demonstrando que o McDonald's constitui um verdadeiro feito da sociedade atual, e não um fenômeno de moda ou de geração.[11] Por isso a questão da "mcdonaldização" do mundo é extremamente preocupante, pois cria um cosmopolitismo alimentar que se entende como universal, estendendo-se aos aspectos de uma provável "mcdonaldização" do pensamento, do discurso, do corpo, da família, do pai, do homem, da mulher, da mãe e, sobretudo, da própria criança.

Não há como fazer frente a esse desafio sem considerar a importância da família no desenvolvimento dos hábitos alimentares da criança. É a família, ou quem exerça essa função, que determina a qualidade

---

11 Ariès, *Les fils de McDo: La McDonalisation du Monde.*

das escolhas alimentícias que a criança fará ao longo de sua vida. Maria Inés Tozatto introduz a noção de "geracionalidade" na compreensão dos transtornos alimentares, mostrando que tais desordens podem ter um histórico calcado em um legado transgeracional. Nesse sentido, a família pode ser vista como um envelope psíquico, que inscreve a criança em uma cadeia geracional. Quando a transmissão de valores se dá no positivo, é chamada legado geracional, que propicia o encadeamento da dinâmica da vida, sem omissões ou segredos, permitindo que se dê a importante apropriação da trama familiar. É a partir daí, então, que o indivíduo pode passar a ser Sujeito da sua própria história. Por outro lado, quando se esbarra em impedimentos e em traumas familiares, que trazem em si segredos, lutas, perdas ou vergonhas, o legado é chamado transgeracional, ficando encriptado e podendo chegar à geração seguinte em forma de fantasma. A "geracionalidade" também está presente no modo como os membros da família se relacionam com o alimento, o qual, de acordo com premissa máxima, é uma forma de afeto.

Tudo o que não pode ser dito, ou não o é de maneira adequada, busca uma forma de se manifestar, acabando por se expressar melhor no corpo; não como algo que já está representado, mas, por exemplo, como um transtorno alimentar: obesidade, anorexia ou bulimia.

É preciso assumir a responsabilidade por nossas crianças para que seja possível dar conta do desafio de não nos transformarmos em uma população de obesos.

Compulsões na atualidade: excessos para suprir faltas?

O momento tem a marca registrada dos excessos, e as doenças atuais são o reflexo dessa tendência ao exagero, assim chamadas aquelas que nem sempre estiveram presentes no rol das demandas de quem busca ajuda da psicanálise. Curiosamente, hoje se tornaram maioria, como é o caso da depressão e de todas as formas de adicção que marcam a atualidade. Começando pelo alcoolismo, passando pela compulsão ao consumo, até chegar aos transtornos alimentares, como a bulimia, a anorexia e a obesidade. Sem esquecer os "casos-limite", em que podem estar situados os transtornos alimentares e que também apontam na direção das dificuldades de existir enquanto sujeito na pós-modernidade.

É comum exageros serem utilizados para disfarçar minúcias que não se quer mostrar. O que será que tantos excessos estariam encobrindo? As doenças contemporâneas trazem à tona a noção de vazio e suas correspondentes questões narcísicas. O universo das psicopatologias atuais traduz o mal-estar contemporâneo. O núcleo central é o fato de utilizarem o corpo para expressão dos conflitos característicos do momento. Não é por acaso que o grande mito da pós-modernidade é Narciso. As "doenças da beleza", ou melhor, aquilo que alguns denominam assim, atestam essa tendência.

O corpo toma a cena e se torna o protagonista da vida cotidiana, saindo do espaço privado, da intimidade das casas, e ganhando o espaço público da rua. Ele está rompendo com os limites, instaurando o que Maria Helena Fernandes denomina "clínica da psicopatologia do corpo na vida cotidiana". Essa importância trazida para a esfera corporal é ancorada no pressuposto psicanalítico de que o sonho é o lugar da realização de um desejo inconsciente, e o corpo se torna o foco da trama das relações entre o psíquico e o somático. Agora transformado em fonte de quase todas as cobranças e sofrimentos, ele encontra dificuldades de se manifestar psiquicamente, adoecendo. Dessa forma, sente-se na clínica o reflexo dessa mudança, precisando-se adaptar a escuta psicanalítica às novas necessidades, pois é o corpo que ocupa o centro da construção teórica freudiana. Em função desse seu novo lugar, muitos estudos atuais têm mostrado que a preocupação com o corpo sempre esteve presente na obra de Freud como lugar de inscrição do psíquico e do somático.

Em seu texto intitulado *Inibição, sintoma e angústia*, de 1926, Freud já demonstra preocupação com as questões relativas à importância da relação "mãe-bebê" como base da futura estruturação corporal da criança:

> O fator biológico é o estado de vulnerabilidade e de dependência prolongado por um longo tempo, no caso da criança humana. A existência intra-

> uterina do homem aparece, diante da maioria dos animais, relativamente abreviada; a criança humana é trazida ao mundo mais inacabada que a maioria dos outros animais. A influência do mundo exterior real é reforçada, a diferenciação entre o ego e o id é precocemente favorecida, os perigos do mundo exterior são realçados em sua significatividade, e o valor do objeto, o único capaz de proteger contra os perigos e substituir a vida intrauterina perdida, aumenta enormemente. Esse fator biológico instaura, portanto, as primeiras situações de perigo e cria a necessidade de ser amado, que não mais abandonará o ser humano.[12]

Dessa forma, é possível imaginar a importância do Outro na constituição desse bebê que vai se tornar a criança de amanhã. Ele depende de outra pessoa para sobreviver, e cabe a esta – mãe ou quem exerça essa função – promover da melhor forma possível sua relação com o entorno. É responsabilidade daquele que cuida dos primórdios da vida de uma criança iniciá-la no mundo pelas sensações corporais, que são a única forma de relacionamento dela com o exterior. Esse investimento libidinal permite que o corpo infantil venha a se tornar erógeno, dando passagem à simbolização, significando a possibilidade de transição do corpo vivido como corpo próprio. A partir desse texto, Freud deixa clara a noção de trauma na falta da mãe, traduzida em ausência de proteção.[13] Pode desencadear uma compulsão à repetição, pois o corpo que está sendo construído é resultado da relação com a alteridade.

Nosso corpo é nosso primeiro e mais importante limite, separando-nos do dentro e do fora e do "eu" e do "não eu". Na era dos excessos, os limites são questionados, e os corporais não estão menos sujeitos à crítica. Muito pelo contrário: encontram-se em pleno processo de questionamento, criando, inclusive, novas formas de transtornos alimentares, como, por exemplo, a vigorexia, desordem na qual as pessoas realizam práticas esportivas de forma contínua e excessiva, com uma valorização quase fanática do corpo, exigindo constantemente que se ultrapasse os

---

12 Freud, Inibição, sintoma e angústia. In: *Edição Eletrônica Brasileira das Obras Psicológicas Completas*, v.XXI.

13 Ibid.

limites. Obrigam-se de forma exagerada a fazer ginástica e toda sorte de exercícios físicos com o objetivo de desenvolver a musculatura. Controlam excessivamente o que comem no intuito de defini-la, priorizando a massa muscular em detrimento da saúde. Não se importam com eventuais consequências ou contraindicações, mesmo se contrárias a ordens médicas. A vigorexia costuma ser acompanhada de grande distorção da imagem corporal, que também é uma expressão desse mal-estar maior, presente em todas as formas de transtornos alimentares.

A psicanalista francesa Geneviève Haag tem um importante trabalho mostrando que a noção de continente é absolutamente necessária para que o bebê possa conter o psiquismo. Conter é a palavra-chave para que ele possa se estruturar como sujeito, pois sugere a noção de limite. Seria manter a criança dentro dos limites afetivos necessários para sua sobrevivência, o que também se pode chamar de *holding*. Este conceito pode ser entendido como uma forma de limite, haja vista que a palavra inglesa também significa "contenção". Em psicanálise, trata-se conceitualmente de "conter" a demanda do paciente dentro dos limites terapêuticos para que, sentindo-se suficientemente seguro, esteja apto a reeditar seus desconfortos.

Winnicott diz que, se as necessidades da criança são minimamente atendidas, é possível sua crença de que "ela existe".[14] A existência do ser humano passa necessariamente pelo Outro e pela dependência deste, pois é preciso se relacionar com aquilo que está fora de seu corpo, através de seus sentidos, que também passam pela necessidade de se sentir visto. As personalidades aditivas, os casos-limite ou os denominados "pacientes modernos" – os psicossomáticos –, têm como denominador comum uma precariedade na capacidade de simbolização; em outras palavras, de representação psíquica. Esses impasses indicam a premência de o profissional que as atende se direcionar ao estágio que antecede o verbal.

Ivanise Fontes também traz a importância do corpo na constituição do psiquismo humano, atestando que este surge com a consciência

14 Winnicott, op. cit.

da separação física da mãe.[15] A genitora deprimida não tem condições de "libidinizar" a relação com a criança, condição indispensável à estruturação infantil. Tem menos condições de oferecer o *holding* necessário para seu desenvolvimento. André Green mostra que essa ausência nos primórdios da vida psíquica do bebê tem consequências catastróficas ao longo de seu percurso. Se a criança se constitui a partir do olhar da mãe e esta não apresenta energia de vida suficiente, corre-se o risco de haver uma identificação com o que seria um cadáver – da mãe morta. Vale retomar a metáfora da "mãe morta", utilizada por Green para explicar o desinvestimento materno no corpo da criança, que deixa um grande vazio que está na origem dessa alternância entre transbordamento e esvaziamento interno tão frequente nos transtornos alimentares.

Mães deprimidas têm mais dificuldades de oferecer as garantias necessárias desse "ir e vir" presente na relação mãe-bebê. Sem condições de estabelecer um vínculo afetivo de qualidade, produzem uma distância física provocadora da percepção precoce de separação, o que acarretará dificuldades que a criança carregará ao longo de sua vida. Ela precisa de garantia de presença, na ausência do objeto amado. Normalmente o bebê não teria necessidade de se ater tanto às sensações, ficando em uma equação adesiva, como acontece, com frequência, com alguns pacientes que sofrem transtornos alimentares. Diante da ameaça de falta de continuidade psíquica, o ego corporal busca uma continuidade física, que encontra na compulsão à repetição uma saída para ausência de uma falta inicial.

Maria Helena Fernandes explica que o trabalho de escuta e interpretação só é possível quando existe um investimento da mãe no corpo da criança. Esse investimento supõe que a genitora seja capaz de transformar esse "corpo de sensações" em um "corpo falado". Tal como François Dolto, ao tratar da questão da psicanálise com crianças, que diz ser necessário fazer o corpo falar, transformando-o no lugar da linguagem.

---

15 Fontes, À ternura táctil: o corpo na origem do psiquismo. In: *Psychê – revista de Psicanálise*.

Acreditando que o alimento é uma forma de afeto, é possível entender que alguns desenvolvam uma relação doentia com a alimentação, exatamente pela impossibilidade de bem decodificar as mensagens, eventualmente duplas, que tenham recebido em sua primeira infância. Diante do medo de desestruturação, cria-se uma série de recursos para fazer frente ao iminente temor de desaparecimento. Seja optando por um peso excessivo como garantia de existência no transbordamento obeso, seja, como nas anoréxicas, que utilizam seu corpo esvaziado/descarnado como possibilidade de diferenciação do corpo materno na busca de outra feminilidade que lhes faça sentido.

A noção de excesso pressupõe a ideia de limite, porque o fim do primeiro é exatamente sinalizado pela contenção. Ultrapassar os limites, rebelar-se, questionar regras são, por exemplo, características da adolescência. O jovem sofre muitos embates na vida, em especial por deparar com a grande dificuldade de pais que não sabem impor limites. Se houvesse necessidade de definição da principal marca da vida pós-moderna, daria para imaginar que seria a dificuldade de lidar, em geral, com os limites. Será que a solução para todos os problemas seria ultrapassar todos eles e, assim, adquirir uma cabeça obesa? Obesos em todos os aspectos da vida e, sobretudo, na relação com o alimento. A mensagem atual é: exceda-se e consuma cada vez mais!

Como mostra Mary del Priore, com a supremacia da imagem, a pós-modernidade continua a impor a tirania da perfeição física. A preocupação com a beleza supera a com a saúde. Impera uma verdadeira lipofobia, em que, sob a justificativa da busca pela qualidade de vida, procura-se eliminar aquilo que no passado preservou nossa espécie da extinção: a gordura. O exagero e o excesso na busca pela apregoada qualidade de vida podem contribuir determinantemente para a perda da própria vida. Há uma função análoga à proteção, representada pela camada adiposa, que não pode ser desprezada. Do direito à saúde, passa-se à "obrigação de sermos magras, belas e jovens para sermos felizes..." Quando se toma a magreza como virtude, substitui-se a necessidade que havia no passado, de confessar os pecados morais cometidos pela via da sexualidade, pela obrigatoriedade de subir na balança para prestar contas ao social e a si. Provar para todos que não houve excessos no campo da ingesta de gordura, relacionando-se com a balança com os mesmos medos e apreensões que levavam no passado a mulher ao confessionário.

Tratando dos transtornos alimentares como manifestações de sofrimento psíquico, ou como sintomas orais que escondem angústias arcaicas, deve-se relacioná-los com os momentos primitivos da constituição da psique. É preciso estabelecer as ligações entre as rupturas precoces com a figura materna, buscando entender o motivo de esses cortes serem tão frequentes hoje, apontando para a necessidade de contextualização da questão, em uma época dominada pela "invasão dos belos corpos". Próteses, cirurgias plásticas e lipoaspirações permitem à mulher sentir-se mais magra, sem passar pelo processo característico e necessário das grandes transformações. Assim, é possível acreditar tratar-se de uma relação de causa e efeito. O culto ao corpo magro vai se engendrando e produzindo uma subjetividade, que fica comprometida pela idealização doentia.

A magreza, sobretudo a feminina, tornou-se uma virtude. O apetite foi vetado às mulheres. Antigamente não lhes era permitido o apetite sexual, haja vista os eventuais desfechos histéricos do início do século passado. Hoje, simplesmente não podem mais ter apetite, sob a ameaça de saírem das normas ditadas pela lipofobia. Muda a forma de aprisionamento, mas mantêm-se prisioneiras, só que não mais da moral que lhes bloqueava o livre acesso ao sexo, e sim da estética da magreza.

As formas de mal-estar da pós-modernidade estão representadas pelas compulsões, que evidenciam o descontrole dos impulsos, com atitudes de violência contra a própria pessoa – os transtornos alimentares. Maria Rita Kehl aponta a captura do desejo do sujeito por um "Grande Outro", representado pela mídia, confirmando a crença de que hoje esta é o algoz – agora, portanto, sem rosto.

Na tentativa de preencher o vazio interno, uma das formas mais utilizadas na sociedade contemporânea é o consumo, demonstrando que as escolhas da atualidade estão envoltas na crença de que o ser humano é fruto de um processo produtivo. Bauman nos diz que "ao contrário do processo produtivo, o consumo é uma atividade inteiramente individual. Ele coloca os indivíduos em campos opostos, em que frequentemente se atacam".[16] A sedução do mercado é, simultaneamente, a grande igualadora e divisora dos que podem e dos que não podem consumir.

Ser diferente não quer dizer ser melhor ou pior, significa apenas que não se é daquele jeito que conhecemos ou não, e achamos, por isso mesmo, que não é bom. O ser humano tem essa característica: costuma rejeitar o que desconhece. A "diferença" é uma de suas maiores riquezas, e, por isso, é tão importante aprender a lidar com ela. A principal queixa nos consultórios relaciona-se com a dificuldade de convívio com a "diferença".

Ampliando a reflexão para a área das transformações corporais promovidas pela tecnologia (cirurgias plásticas, lipoesculturas e quetais), constata-se que impera sob essas consumidoras um poder tirânico da mídia, podendo reconduzir a mulher a sua condição histórica de subserviência, sendo esta mais uma das formas de negação das diferenças, uma vez que a busca é sempre por modelo similar.

Idiossincrasias: o alimento como forma de afeto

Que corpo seria este, o da pós-modernidade? A quem serve ou deve servir? Como impedir a "deterioração do corpo" pelas condições da vida pós-moderna? Essas passam a ser questões constantes no contexto atual.

Ao trabalhar com as questões corporais, o importante é a saúde. Essa é a questão quando se fala de transtornos alimentares, que pode e deve estar atrelada à qualidade de vida da pessoa. A palavra saúde refere-se a um estado do indivíduo cujas funções orgânicas, físicas e mentais se acham em situação normal. Ou, ainda, considera-se saudável o estado daquilo que é sadio ou são. É preciso ficar atento, porque a busca pela qualidade de vida pode levar a determinados cuidados que acabam prejudicando o sujeito, pois o exagero e o excesso nessa

16 Bauman, *O mal-estar da pós-modernidade.*

área já demonstraram que podem acabar com a vida. A prioridade tem de ser sempre a saúde do paciente, mesmo sendo tão comum, na área do "embelezamento corporal", a presença de muitas concessões. Deslizes, deslocamentos e transgressões são as decorrências da falta de limite, que nos propomos a trabalhar com esses pacientes, cujas queixas se apresentam sistematicamente em um corpo, que parece querer dizer a que veio.

De acordo com a lógica psíquica que rege os transtornos alimentares, seria possível definir a palavra "problema" como sinônimo de excesso, o que, aliás, se aplica a várias áreas do comportamento humano. Na bulimia e na obesidade come-se demais, na anorexia o não comer é demais e, na vigorexia, faz-se exercício demais. O problema reside naquilo que se aproxima dos extremos. Tanto na anorexia e na bulimia quanto na obesidade o padrão "tudo ou nada" está presente, impondo-se, seja pela positividade, seja pela negatividade das compulsões.

A evidência dos excessos na obesidade revela também a evidência do horror e da exclusão aos quais o obeso fica submetido. E, assim como o excesso de carne não esconde a imagem do corpo submersa na gordura, ele (o corpo obeso), pelo contrário, expõe a devastação da autoimagem. Da mesma forma, o corpo esquelético da anoréxica revela a devastação interna causada pela recusa do alimento, em uma perspectiva de negação dos afetos.

Entendendo o alimento como uma forma de afeto, temos condições de perceber a lógica que explica, por exemplo, o isolamento autoimposto pela anoréxica. Ela estabelece uma equação de igualdade que pode ser descrita da seguinte forma: recusa do alimento = recusa do afeto = recusa do outro = recusa do alimento e assim indefinidamente, em uma compulsão à repetição que não encontra saída. Visto pelo viés contrário, o obeso tenta preencher o vazio com alimento, em uma tentativa insaciável de aplacar a angústia, em vez de atravessá-la.

O lema dos que se propõem a ajudar esses "pacientes modernos", em que se encaixam obesos, anoréxicos, bulímicos e todos os adictos, deve ser atravessar o vazio interno deixado pela história infantil com eles. É uma tentativa de preenchimento dessa falta de investimento libidinal.

A transferência é um dos principais recursos da psicanálise na ajuda aos pacientes de transtornos alimentares. O paciente pode reviver uma depressão infantil, protegido pelo *holding* e pelo *setting* psicanalíticos, que lhe permitem repetir, recordar e elaborar suas questões, em uma tentativa de se reposicionar em relação aos seus desconfortos. A boa análise pode revelar/eclodir a chamada depressão de transferência, despertando um sentimento de impotência e insatisfação no paciente. Esta é a repetição de uma depressão infantil, que ele tem a oportunidade de reeditar em análise. A criança viveu o desinvestimento materno como uma catástrofe, que se traduz psiquicamente como "falta de sentido". Essa perda não pode ser compreendida pelo sujeito, fazendo que ele desenvolva precocemente suas capacidades intelectuais, fixando-se em uma obrigação de imaginar ou de pensar para tentar se defender. Assim, as anoréxicas se inscrevem entre aqueles que fazem da compulsão à repetição uma forma de proteção obsessiva de sua subjetividade.

O psicanalista pode exercer a função "libidinizadora" da mãe, tendo de ter muita paciência e delicadeza na escuta para facilitar essa passagem do corpo recusado ao falado, seja o anoréxico, seja o bulímico ou o obeso. A psicanálise contemporânea tem a tarefa de "cuidar", buscando facilitar a criação de um significado de mundo, ressignificando as histórias "mal digeridas", contribuindo para a integração e a realização de todos aqueles que pedem e precisam de ajuda.

Como seria se nos permitíssemos respeitar a singularidade de cada um? Entretanto, a pergunta que não quer calar é: singularizar para quê? A palavra de ordem é pasteurizar, homogeneizar, tornar tudo igual, porque temos dificuldade com as diferenças. O mal-estar contemporâneo está caracterizado por uma rejeição aos processos de singularização – também presente nos pequenos cuidados e atos cotidianos –, que contam com o apoio da tecnologia de sentimentos e comportamentos. Mas não basta dar comida, é preciso que a criança se sinta vista em suas necessidades: de comer, com certeza, de ser levada ao dentista e ao pediatra, mas, sobretudo, de sentir-se amada, porque os afetos precisam estar minimamente garantidos. Assim, não terá necessidade, por exemplo, de engordar ou de emagrecer para chamar atenção para sua carência de afeto. Sem especial atenção a essas, pode-se até suprir a necessidade de alimento – como já aconteceu em experiências hospitalares em que as crianças são muito bem tratadas do ponto de vista fisiológico –, mas algumas delas nem mesmo sobrevivem. O cuidado materno (ou daquele que o exerça) é uma forma de limite que ajuda a estruturar o sujeito diante de suas necessidades.

Calligaris ajuda a refletir sobre a função estruturante do limite quando escreve sobre a tirania infantil e o desespero de pais que não conseguem controlar suas crianças. Esta é uma consequência extrema de traços culturais e específicos da época atual. Esse tipo de excesso é perigoso, além de não se traduzir em garantia de afeto. Com a crise da religiosidade, os pais transferem para suas crianças o desejo de que sejam tão felizes quanto não conseguiram ser, transformando-as na única forma concreta de sua sobrevivência. Dizer "não" aos filhos significaria encarar as consequências, em forma, por exemplo, de choro ou de pirraça. Ainda de acordo com esse autor, o respeito pelos genitores não seria gratuito nem natural, mas ganho como se conquista o afeto do outro em qualquer relação. Portanto, cada vez que os pais precisam insistir em uma punição ou castigo, são invadidos pela culpa, voltando atrás nas restrições impostas, criando uma dinâmica que a criança vai dominando aos poucos. Quando as crianças não se desestruturam, tendem a se tornar manipuladoras, ou seja, aprendem a alternar os seus desejos de forma falaciosa: "Castigue-me, que estou a fim de um mimo". Não é com esse tipo de procedimento permissivo que se consegue enfrentar os desafios que representam passar para as crianças de hoje o fundamental respeito pelas diferenças.

A globalização de uma estética lipofóbica traz sérias consequências corporais e sociais. É imprescindível refletir sobre a importância dos transtornos alimentares, uma vez que a obesidade já é um problema de saúde pública, e a anorexia e a bulimia podem ser vistas como formas reativas de lidar com ela e seus excessos.

17

Beleza e feiura: corpo feminino e regulação social*

Joana de Vilhena Novaes

> Meu corpo é às vezes meu, uma vez que ele porta os traços de uma história que me é própria, de uma sensibilidade que é minha, mas ele contém, também, uma dimensão que me escapa radicalmente e que o reenvia aos simbolismos de minha sociedade.
>
> A. Artaud

Não há dúvida que nunca se falou tanto acerca do corpo, o qual entrou em cena da produção teórica às inúmeras práticas corporais. Por algum tempo deixado de lado pela psicanálise, o corpo readquire uma nova importância como forte agenciador das subjetividades contemporâneas.

Em uma sociedade imagética, em que o sujeito é definido por sua aparência, não há como desconsiderar o sofrimento psíquico decorrente de todas as regulações sociais que incidem sobre o corpo – sobretudo o feminino.

Mulher e beleza são historicamente associadas como se verá adiante, e a feiura, hoje intimamente ligada à gordura e ao envelhecimento, é a maior forma de exclusão socialmente validada.

---

* O conteúdo deste capítulo foi extraído de uma pesquisa financiada pela Fundação de Amparo à Pesquisa do Estado do Rio de Janeiro (Faperj) – mais tarde transformada no livro *Com que corpo eu vou?* Sociabilidades e usos do corpo nas camadas altas e populares, publicado pela Editora PUC/Pallas em 2010.

Este capítulo propõe uma reflexão sobre o corpo contemporâneo a partir de uma dupla abordagem: clínica e estética. Trata-se de efetuar cruzamentos entre as produções subjetivas e agenciamentos culturais.

Inicia-se com uma cartografia do corpo, na qual são abordadas suas dimensões simbólicas e suas transformações na contemporaneidade. Para discutir a beleza, é examinado o estatuto da feiura, investigando-se possíveis antinomias. A moralização do corpo feminino é ilustrada com falas de entrevistadas que se submeteram a diferentes intervenções corporais e são frutos de pesquisas que vêm sendo por mim realizadas. A partir daí, o texto aponta as distinções necessárias entre o corpo objeto do saber médico e o pulsional. Ao término do trabalho, há uma discussão acerca das regulações sociais que incidem sobre o corpo feminino, o aprisionamento a um padrão estético "ideal" e suas implicações no agenciamento da subjetividade.

A cartografia do corpo

No palco da cultura, à mercê de seus signos, o corpo ultrapassa os limites do biológico – e sua versão mecânica e/ou tecnológica pulveriza ou "enevoa" as fronteiras que definem o humano, produzindo reviravoltas nos valores éticos e acelerando a revisão e mudanças de costumes.

Da moda do corpo ao corpo da moda, o corpo natural se desnaturaliza ao entrar em cena, conforme as exigências impostas pelos modelos vigentes ou pelo poder das normas organizadoras do ethos sociocultural. Mas esse corpo não é apenas passivo: ele transgride, cria, rebela-se – porque fala.

Os avanços tecnocientíficos e o desenvolvimento da "nova medicina" colocaram em questão, desde a segunda metade do século XX, aspectos da condição humana que pareciam intangíveis. Assim como a biotecnologia, reproduzem valores que espelham nosso imaginário cultural, em que as regulações sobre o corpo se fazem tão aparentes.

O corpo adquire na contemporaneidade um estatuto nunca antes experimentado. Como aponta Merleau Ponty, o século XX é que o inventou teoricamente:

> Para muitos pensadores, no final do século XIX, o corpo era um pedaço de matéria, um feixe de mecanismos. O século XX restaurou e aprofundou a questão da carne, isto é, do corpo animado.[1]

Lócus das formações identitárias, é do corpo feminino que trata este capítulo. Como se verá adiante, a antiga associação mulher, saúde e beleza nunca esteve tão presente, provocando distintas formas de subjetivação. "Nosso corpo nos pertence", gritavam no começo dos anos 1970 as mulheres que defendiam o direito ao aborto, à liberdade sexual, ao direito ao agenciamento de seus próprios corpos – mas até que ponto pode-se dizer que tal tarefa foi bem-sucedida? Até que ponto muitas delas não se encontram aprisionadas em seus próprios corpos, na justeza de suas próprias medidas, na busca permanente por um ideal, que, como tal, não pode ser atingido? Claro está que nem de longe trata-se de negar todo o valor libertário do movimento feminista e dos outros que vieram em sua esteira. O que se propõe aqui é refletir quanto a "liberdade" pode, às vezes, aprisionar; levantar a censura sobre o próprio corpo, ideal de todas nós, pode, muitas vezes, redundar em uma censura maior ainda.[2]

Foucault aponta como o corpo se tornou objeto de umas das mais fortes regulações sociais.[3] Nunca foi tão penetrado, auscultado, examinado, não só pelas novas tecnologias médicas, mas também pelas mutações do olhar delas decorrentes.

A sexualidade, vista como espetáculo, leva a retornar à indagação inicial: meu corpo será sempre meu corpo? Em uma sociedade com

---

1 Ponty, *Fenomenologia da percepção*, p.287.

2 Vilhena; Medeiros; Novaes, A violência da imagem. Estética, feminino e a contemporaneidade. *Revista Mal-Estar e Subjetividade*, v.5, n.1, p.111-46. Disponível em: <http://www.unifor.br/notitia/file/797.pdf>. Acesso em: 18 mar. 2011.

3 Foucault, *Vigiar e punir*.

mais telas do que páginas, regida pelas normas do consumo, o corpo não pode deixar de ser afetado. Além disso, o funcionamento da civilização se apresenta de tal maneira que favorece a identificação do sujeito moderno com uma imagem totalizante a partir dos corpos ideais abastecidos de acessórios fantasmáticos. Assim, dois aspectos transparecem particularmente: de início, a crença de cada um em sua imagem; em seguida, a preocupação de se identificar com uma imagem de si que seja bem-sucedida.

O corpo delimita-se por superfícies múltiplas ou, como denominou Anzieu, "peles psíquicas".[4] É, pois, entendido como uma topologia ou ainda, dentro do referencial utilizado pelo filósofo e psicanalista, depreendido como uma atmosfera cuja textura espacial é plástica e assume a forma de múltiplos invólucros cuja superfície, a pele, serve de interface para a inscrição das inúmeras mensagens que constituem a interação entre psique e soma.

É à luz da noção de corpo, como uma espécie de cartografia apresentada pelo autor, como algo que simultaneamente transcende a linguagem e nos serve de canal de comunicação com o mundo, que entenderemos as falas sobre as diferentes práticas de intervenções corporais.

Quase tudo no corpo humano, de seu funcionamento a seus componentes, parece ter se tornado transformável, mutável ou criável por meio das proezas das novas técnicas. E não apenas a parte externa, mas também a interna, explorada e visualizada até suas profundezas, permitindo expor ao olhar de todos, como um "espetáculo vivo", por meio de performances, forma de *live art* e da "imageologia" médica.

De acordo com Gilman, uma nova subjetividade vai se delineando e, por meio dela, torna-se possível formular a seguinte pergunta: "Conviver com o defeito ou mudá-lo?" Segundo a autora, a prática da cirurgia plástica torna-se o meio pelo qual é possível disfarçar um traço

4 Anzieu, *O Eu-pele*, 2001

visto como *estigmatizante*, de modo que o sujeito sinta-se reintegrado socialmente.[5]

O sucesso globalizado dessa fantasmática em tal cenário, em todas as suas diferentes declinações, bem como as tentativas singulares ou coletivas para obter sua realização efetiva, levam a questionar se, além do desejo ancestral de escapar dos limites do "corpo natural", que proezas da ciência e das novas tecnologias levam o sujeito contemporâneo a crer que tal tarefa é possível? Não existiria também, tão forte quanto o sonho de fabricar um novo corpo, a busca de realização de outro desejo? Um desejo que mobiliza as ciências e a tecnologia e que constitui um possante motor para seus avanços e determina a direção de suas pesquisas: "fazer-se" mestre do corpo e do "mistério" da natureza humana.

O que faz o sujeito sonhar com um corpo cuja natureza seria reinventada, poupado das necessidades naturais, de matéria domada e controlada? Enfim, um sonho em que a alteridade teria sido erradicada e o gozo seria completo. Um corpo que, por esse artifício e pelo poder das máquinas, seria não só aumentado e amplificado (em suas capacidades perceptivas, sua força e sua resistência), mas também escaparia em sua totalidade ou em parte aos aspectos incontornáveis da condição humana, como a reprodução, o nascimento e a morte.

Como todo culto, como toda moda, o impacto da moda do culto ao corpo sobre a sociedade só pode ser detectado a partir da compreensão da maneira como seus ditames são interpretados pelos indivíduos que, no interior de diferentes grupos sociais, lhes emprestam significados próprios.[6]

O corpo parece, apesar de tudo, resistir. É incontornável, é ele que vive, morre e poderá vir a ser imortal. Na persistência da sua presença, o corpo é político.

---

5 Gilman, *Making the body beautiful*: a cultural history of aesthetic surgery, p.45.

6 Novaes, Vale quanto pesa. Sobre mulheres, beleza e feiura. In: Casotti et al, *Tempo da beleza*. Consumo, comportamento feminino, novos olhares.

Corpo e contemporaneidade

A civilização contemporânea se caracteriza, com efeito, pela queda dos ideais. Nossa época é marcada pela perda, ou pela extrema fragilização, daquilo que, antigamente, balizava a cultura: tradição, virtude moral, senso comum, autoridade etc. Isso se traduz por um questionamento dos diferentes componentes do humano: os temas da identificação feminina, do sexo e do gênero, os da família moderna, à luz do abalo da função paterna, da identidade nacional e do declínio das metanarrativas.

O corpo orgânico – a carne – torna-se objeto de mercado. Mesmo as substâncias biológicas, o sangue, os tecidos e os órgãos circulam, trocam-se e constituem os bens raros estocados em bancos ou reservatórios. Essa desagregação do Ideal e dos elementos simbólicos que sustentam a armadura social (por exemplo, as instituições) é um dos fatores que parecem estar fortemente relacionados ao recurso à marcação do corpo "como gravura sobre si, em que o tecido social não exerce mais seu papel de fiador, de uma permanência que assegura ao indivíduo uma continuidade significante".[7] Silva Junior indaga se as marcas corporais autoinfligidas (tatuagem, escarificação, automutilação etc.) seriam favorecidas ou mesmo geradas pelos discursos dominantes.[8] O aumento dessas práticas nos últimos anos sugere que elas se inscrevem como incidências subjetivas do discurso social contemporâneo.

Deduz-se disso uma reivindicação de poder fluir (gozar) do próprio corpo: "Meu corpo é meu"; "Eu tenho o direito de gozar de meu corpo".

> Acho que a sociedade nos cobra e nos sufoca demais com isso. Gostaria de dar menos valor à aparência, mas não consigo, pois vivo num mundo onde os valores estão em segundo plano e o físico em primeiro. Se eu quiser conquistar algo aqui neste mundo, sem dúvida nenhuma, a minha aparência influen-

7 Silva Jr., *Funções das tatuagens e escarificações na economia psíquica dos jovens adultos*: gênese relação aos corpos, solução subjetiva, p.2.

8 Ibid.

ciará 90%. É triste, mas é a mais pura verdade, pois comprovei isso na pele – precisei me livrar de todo o meu recheio. (Alice, 33 anos, fonoaudióloga)[9]

A fala anterior mostra a sutil diferença entre o direito de usufruir do próprio corpo e a obrigação de fazê-lo, excluindo do horizonte a possibilidade de um corpo livre e libertário, conforme mencionado anteriormente. Essa reivindicação pela autocracia do corpo encontrou sua origem no início dos anos 1970, com os movimentos feministas a favor do aborto, retomada, em seguida, pelos movimentos homossexuais. Visto dessa forma, naquela década, o corpo é investido como direito das minorias e de um desejo de liberdade, tornando-o o "lugar de soberania do sujeito".[10] Dentro dessa lógica, o traço corporal traduz a independência do indivíduo em relação ao social, ao mesmo tempo a vontade de dispor de seu corpo como bem entender e de afirmá-lo como uma "identidade escolhida".[11] Isso é acompanhado de outra característica: o fato de que o sujeito moderno vive na civilização do instantâneo.

Fragmentado e serializado, mostra o que oculta em uma tentativa de eliminar o que separa. Tudo deve ser visto, dito e compartilhado. Simultaneamente, imprime nele as marcas que o distinguem tanto cultural quanto socialmente, por meio de seus adornos e símbolos.

Ora, o poder da imagem ideal, que sugestiona o sujeito, se passa a partir de uma referência ao corpo do outro e sua presença. A perspectiva de identificação com uma imagem totalizante, idealizada e controlada está, aparentemente, na origem do tratamento que alguns de nossos contemporâneos, em resposta, impõem a seus corpos.

A eterna busca pela imortalidade transforma o corpo em uma encenação da obra de arte. Os discursos da saúde, da medicina, do erotismo tamponam o real que apavora: o mal-estar e a finitude. O corpo como obra de arte é então teatralizado, palco onde as palavras são encenadas.

---

9 Novaes, Sobre o sofrimento de ser feia. Mulher, beleza e regulação social. *Espaço S. Revista de Investigação e Intervenção Social*, p.89.

10 Le Breton, *Corps et sociétés*: Essai de sociologie et anthropologie du corps, p.16.

11 Ibid., p.21.

Tal qual nas cidades povoadas pelos murais e *outdoors*, uma nova forma de escritura se estabelece.[12]

Há, portanto, que ressaltar a indagação feita por Samacher.[13] Quais as consequências da rejeição do inconsciente quando as criaturas se tornam "a-sujeitos" que perderam toda a humanidade? Quais os efeitos da foraclusão do sujeito, que uma concepção não humana e maquínica do mundo, inspirada no discurso científico, teria contribuído para fabricar?

Hoje em dia vale muito mais um braço sarado, seco e definido do que um bando de roupas no armário [...] O corpo ideal é aquele que é visto como um objeto de consumo, objeto de prazer. (Maria, 52 anos, estilista)[14]

Assim, algumas vezes exibem-se o bíceps, a panturrilha ou a rígida musculatura do abdome como ícones da perfeição pretensamente atingida, a escultura perfeita, a obra de arte a ser admirada. E a arte, como relembra André Malraux, é a única coisa que resiste à morte.[15]

Corpo é também capital. Tem valor de troca ou, como bem, adquire um *status* a partir das insígnias que carrega. Esses signos, condensados na figura do belo corpo, traduzem os valores da cultura da sociedade de consumo.

E quais seriam os valores contemporâneos? Que imagem de corpo é exaltada na cultura vigente? Seu *status* é adquirido por meio de sua jovialidade, de sua beleza, da aparência de felicidade, de seu poder de atração sexual e, finalmente, do quão longevo parece ser, isto é, a tentativa desenfreada em retardar os efeitos do envelhecimento – medicina/tecnologia aliadas no combate à morte.

---

12 Novaes, Auto retrato falado. Construções e desconstruções de si. *Latin American Journal of Fundamental Psychopatology On Line*, v.7, n.2. Disponível em:<http://www.fundamentalpsychopathology.org/journal/07-11/2-1_res.html>. Acesso em: 24 jul. 2010.

13 Samacher, Le corps contemporain (biotechnologique) entre création et psychopathologie clinique. Le corps machine dans la psychose. In: *Colóquio internacional*: o corpo contemporâneo: psicanálise, cultura e criação.

14 Novaes, J. V. *O intolerável peso da feiura.* Sobre as mulheres e seus corpos, p.132.

15 Malraux, A. *A condição humana.*

Recente pesquisa feita pelo *The New York Times* aponta para enorme diferença salarial entre mulheres bonitas e feias (quando estas são contratadas). O jornal *O Globo*[16] denunciou concursos públicos nos quais era exigido o índice de massa corporal (IMC) dos candidatos.

A imagem do belo corpo traduz o anseio atual. Esculpidos nas academias de ginástica ou remodelados e formatados em clínicas particulares e hospitais, pelo *bodybuilding* ou *body modification*, transformá-los está na ordem do dia. É curioso notar que a primeira prática se inicia na mesma década – 1890 – em que a cirurgia plástica se aproxima da sua forma moderna. Portanto, quer seja por meio desta, quer seja por meio de roupas, adereços e cosméticos, de forma efêmera ou permanente, o corpo é sempre transformado em signo cultural, como capital do qual fala Bourdieu.[17, 18]

Assim, não causa espanto perceber como os exercícios dirigidos e o dispêndio de tempo, energia e dinheiro são típicos de uma burguesia já acostumada com projetos rigorosos de médio e longo prazos. O corpo visto como um capital, tal qual as revistas informam, precisa ser investido e trabalhado para ser valorizado e possuir condições de competitividade. A consciência corporal é de tal ordem que parece impensável não investir tempo e dinheiro em tal projeto. O corpo não é mais visto como algo dado: "Para estas mulheres a anatomia não é mais o destino, mas um capital, logo, um projeto em longo prazo."[19]

Como aponta Costa, "o corpo tornou-se um dos mais 'belos objetos' de consumo, no capitalismo atual". O que significa que hoje o sujeito serve ao corpo em vez de servir-se dele.[20]

---

16 "Caderno Boa Chance", *O Globo*, 15 ago. 2006.

17 Novaes, No mundo das mulheres, feiura não entra. A beleza como capital. *Revista Polêmica*. Disponível em: <http://www.polemica.uerj.br/pol16/oficinas/lipis_2.htm>. Acesso em: 18 mar. 2010.

18 Bourdieu, *A crença e o corpo*. In: *Le sens pratique*, cap.IV.

19 Malysse, La recherche du corps ideal: culte féminin du corps dans la zone balnéaire de Rio de Janeiro. In: *Cahiers du Brésil Contemporain*, p.165.

20 Costa, *Violência e psicanálise*, p.154.

Vê-se, assim, a dimensão de regulação e controle das práticas corporais, ao se sublinhar o lugar que a beleza assume como valor social. Nossas regulações permanentes, bem como nossos referenciais identitários, estão bastante enraizados nas expectativas relativas ao corpo, e qualquer contravenção estética maior provoca um mal-estar, retira-nos do âmbito da ordem, sem nos darmos conta, claramente, do que desencadeia isso e dos elementos implicados nesse processo.

Para ilustrar, cabe recorrer a Perrot e seu conceito de ortopedia mental.[21] Interrogando a respeito do ideal feminino de emancipação, ele analisa historicamente as conquistas das mulheres e sugere, de forma irônica, no entanto categórica, que se está diante da mais severa ditadura entre todas as até então vivenciadas por elas.

O autor considera os diversos procedimentos de produção e manutenção do bom aspecto do corpo feminino entraves bem maiores na vida das mulheres do que os fardos que deflagraram a queima de sutiãs em praça pública ou mesmo o discurso médico atestando o mal que os espartilhos causavam.

Segundo Perrot, com a maior exposição do corpo, intensificam-se as atenções sobre a pele, assim como a rotina de cuidados com a aparência física. Para designar essa tentativa frenética de reformatação e adequação das formas, ele cunhou o termo "ortopedia mental", o qual descreve com precisão jocosa uma ordem ainda mais tirânica que as já conhecidas maneiras que levaram à subserviência feminina.

Nada mais cruel que lutar com um inimigo implacável e inexorável: a ação do tempo. Frenéticas e enlouquecidas, consumindo compulsivamente toda sorte de produtos que prometam retardar seu envelhecimento e manter sua beleza, essas mulheres lutam contra si, perdendo-se no espelho à procura de si. Se antes as roupas as aprisionavam, agora o corpo cumpre esse papel – na justeza das próprias medidas.

Assim, o corpo e a sua imagem, em especial, ocupam um lugar central na vida do homem da atualidade, na relação com o mundo e com seus pares. À subjetividade contemporânea,

---

21 Perrot, *Le corps feminin*: le travail des apparences, XVIII – XIX siècle.

descompromissada, desresponsabilizada, alienada, esvaziada de seus afetos e valores, só restaria a aparência. Já não mais seria a força de trabalho do sujeito, e sim sua estética, que se prestaria à criação de mais-valia.[22]

O estatuto da feiura

Um bom ponto de partida para entender o tema é a investigação de suas origens etimológicas. O termo feiura tem sua raiz no latim *foeditas* e quer dizer, simultaneamente, sujeira e vergonha. No francês, a palavra *laider* é uma derivação do verbo *laedere* e significa ferir. Já no alemão, o termo utilizado para designar feiura é *hässlichkeit*, derivado da palavra *hass*, que quer dizer ódio. E finalmente, em japonês, a palavra feio, *minikui*, significa "difícil de ver".

Em um interessante artigo sobre alteridade e estética, Feitosa[23] busca demonstrar como estética e feiura não são categorias excludentes, ao contrário do que se costuma pensar. Por meio da análise histórica das inúmeras estéticas do feio, o autor busca desnaturalizar o que entende ser um senso comum na atualidade: a ideia de que o feio é a antítese do belo. Em síntese, como aponta Feitosa, "a feiura parece ser, nesse contexto, algo a ser melhorado ou eliminado".[24]

A definição do autor parece estar em consonância com a fala de nossas entrevistadas que, por meio de relatos contundentes, transmitem a dor e o difícil fardo que é carregar o gosto amargo da exclusão daqueles que são considerados esteticamente imperfeitos, bem como desviantes no cenário de moralização da beleza na qual o culto ao corpo é a religião. Entre os exemplos, a fala de um professor de ginástica: "Vai, gordinha,

---

22 Vilhena; Medeiros; Novaes, A violência da imagem. Estética, feminino e a contemporaneidade. *Revista Mal-Estar e Subjetividade*, v.5, n.1, p.111-46. Disponível em: <http://www.unifor.br/notitia/file/797.pdf>. Acesso em: 18 mar. 2011.

23 Feitosa, Alteridade na estética: reflexões sobre a feiura. In: Katz; Kupermann; Mosé (Orgs.), *Beleza, feiura e psicanálise*, p.29-39.

24 Ibid., p.32.

que você chega lá", ou, no caso de demonstração de cansaço, "olha aonde a preguiça te levou até agora; maromba é coisa de gente guerreira, se quiser ter um corpo sarado precisa ser perseverante".[25] Ou ainda:

> O seu corpo é um reflexo do seu comportamento – se você for uma pessoa ativa, metódica, disciplinada, terá um corpo magro e sequinho, condizente com a sua personalidade, mas se for paradona, preguiçosa do tipo que só gosta de comer e dormir, fatalmente será gorda, caidaça e toda flácida. (*Personal trainer*)[26]

Por fim, um dos relatos que melhor afirma a ideia da exclusão social infligida às mulheres gordas será, justamente, a negação de sua sexualidade, conforme apontado anteriormente. Nessa sofreguidão, a feia – ou a que não se julga bela – paga alto preço: torna a relação com o próprio corpo desprazerosa, angustiada e persecutória. De fonte de prazer a calvário, eis a perversão.

A fala do amigo de uma das entrevistadas evidencia como a imagem da mulher gorda é desvinculada da de beleza e, portanto, do poder de atratividade e incitação do desejo sexual masculino. Como se vê a seguir, caso desejem ser belas e atraentes, devem, primeiro, se livrar da gordura:

> Um amigo meu uma vez me disse: se quiser ser desejada, emagreça, pois é óbvio que ninguém vai olhar para gordinha "cocota" e sim para a saradona "cascuda". Agora, se quiser continuar se contentando em ser aquela garota apenas simpática – aí tudo bem, não falo mais nada, mas também não venha mais choramingar no meu ombro, infeliz, porque os carinhas só te querem como amiga. (Bianca, 29 anos, jornalista)[27]

A forma como as entrevistadas relatam serem tratadas como seres desprezíveis e repulsivos e, simultaneamente, os papéis que muitas vezes se veem obrigadas a exercer, fazem pensar que, se na cultura grega a

---

25 Novaes, *O intolerável peso da feiura.* Sobre as mulheres e seus corpos, p.123.

26 Ibid., p.127.

27 Ibid., p.131.

feiura não deveria ser representada, na atual, o sentimento crescente de lipofobia afasta dos espaços públicos a feiura indesejada dos gordos, bem como do nosso imaginário a presença dos esteticamente imperfeitos.

Além de tornar o corpo objeto de consumo e vitrine de seus méritos, a mulher passou a privilegiá-lo na construção de sua própria identidade: tudo o que sou é o meu corpo, está sobre ele, digo com ele. É a hipótese de que somos idênticos a um corpo e não a uma imagem, às paixões e aos sentimentos.

Os gordos são, assim, os "novos feios", como aponta Feitosa, categoria na qual se enquadram todos aqueles cuja reprodução das normas sociais da *polis* se dá de forma tosca, aparentando, aos cidadãos que ditam as regras locais, tratar-se de um estrangeiro, um desviante que, por definição, é aquele que as transgride por meio dos maus costumes. Portanto, dentro desses parâmetros, ser um bárbaro, estrangeiro e desviante é ser feio.

> Meus amigos não dizem na minha cara, mas já deixaram escapar diversas vezes a repulsa que sentem ao verem pessoas gordas na praia. Depois não entendem e ficam se lamentando da falta da minha presença na praia com eles. É óbvio que não vou me expor à desagradável sensação de ser olhada com nojo. Eu sei que, mesmo se algum dia fosse à praia na companhia deles, não apresentaria o comportamento por eles descrito em relação aos gordos: uma pessoa sem noção, que come desmesuradamente e se lambuza toda. Mesmo tendo certeza do fato deles me adorarem, sabendo de tudo o que eles pensam sobre as pessoas gordas de uma maneira geral, perco, totalmente, o tesão de ir. (Carla, escritora)[28]

> Acho que as pessoas confundem gordura com falta de educação. É um absurdo, fala sério, eu sei que eu tenho modos, só que como as coisas erradas em excesso, mas esse simples fato já faz de mim uma pessoa mal-educada por não saber, mesmo que privadamente, a hora de parar de comer. Atualmente, penso mesmo é que a gordura agride aos olhos. (Mariana, 29 anos, webdesigner)[29]

28 Ibid., p.218.

29 Ibid., p.122.

Nessa linha de raciocínio, seria errado dizer que os gordos são uma cópia mal-acabada daqueles que representam o ideal de beleza vigente? Se a feiura remete à finitude, à incompletude e, consequentemente, à própria morte, seria dessa ordem o estranhamento e a repulsa atual às figuras gordas?

Na estética, uma das formas tradicionais de o feio se apresentar é na comédia. Na *Poética* de Aristóteles, a feiura aparece em uma dimensão mais amena e não causadora de dor ou sofrimento, pois tem, no ridículo e no risível, uma de suas formas de expressão. Também nos gêneros literários da caricatura, da sátira, da paródia, da ironia e da anedota, o feio foi explorado esteticamente em sua dimensão risível.

Talvez fosse o caso de acrescentar aos gordos sua função social de pessoas engraçadas. A aceitação, por meio do ato de provocar riso, é um papel não negligenciável no imaginário sobre as pessoas com essa característica – vale lembrar dos "obesos benignos e malignos" descritos por Fischler.[30]

As entrevistadas falam acerca da zombaria causada ao serem percebidas tentando exercer sua sexualidade. Ao contrário do que pregava Platão, a atitude social de riso, como forma de desqualificação da figura dos gordos, parece ratificar a inferioridade atribuída a esses, colocando aqueles que riem em uma posição de superioridade. Aqui, a moeda de troca é a magreza.

No caso, o riso como resposta parece ser implacável: a agressividade expressa na forma de escárnio destitui a sexualidade de qualquer valor. O olhar social que dessexualiza a gordura é o mesmo que pode lançá-la na categoria de monstruosidade. Ao relatarem sentir-se como uma aberração, explicitavam o que sua figura evocava:

> Quando uma gordinha se aventura a entrar numa boate ou andar pela rua com uma roupa sensual, tem de fingir que não percebe os risinhos, os cochichos, ser alvo das pessoas apontando na rua, como se estivessem numa

30 Fischler, Obeso benigno, obeso maligno. In: Sant'Anna (Org.), *Políticas do corpo*: elementos para uma história das práticas corporais, p.69-80.

apresentação de circo, boquiabertas, *onde* sao apresentadas a coisas exóticas, bizarras, aberrações da natureza. Se não estivesse acostumada a fingir que não percebo a reação das pessoas, viveria trancafiada dentro de casa e não sairia à rua para nada. (Mariza, 19 anos, estudante de engenharia)[31]

Nesse contexto, é pertinente retomar a ideia platoniana de feiura. Para esse filósofo, tal revelaria não somente uma imperfeição da conduta e da moral, mas também redundaria em um problema de ordem ontológica – feiura é indicador de menos-ser.

Talvez a gordura seja o monstro que a medicina atual tenta combater. A obesidade e seus fatores de morbidade acenam como o grande mal que os discursos médico e científico se empenham em retardar – a morte, a dor, o sofrimento e a finitude – em suma, tudo aquilo que caracteriza a condição humana.

A moralização do corpo feminino

Sem sombra de dúvida, a moda do corpo magro, esbelto, sarado, saudável e cuidado chegou para ficar. A fugacidade do belo e sua submissão a modelos e interesses da cultura de massa agravam a dor das pessoas – sobretudo das mulheres – que fazem do corpo um calvário. Não se pode pensar um sujeito descolado de seu enganchamento na dinâmica social das trocas de bens e valores. É preciso estar atento à dinâmica que regula a economia pulsional no psiquismo e à economia política que normatiza o espaço social.

> O primeiro dia de um obeso numa academia de ginástica é sempre um evento. O meu, por exemplo, foi assim: meu marido precisou ficar meia hora dentro do carro, em frente à academia, me convencendo a entrar. Eu pensei, só tem gostosona lá dentro, o que é que eu vou fazer neste lugar? (Anna, 38 anos, jornalista)[32]

31 Novaes, *O intolerável peso da feiura.* Sobre as mulheres e seus corpos, p.210.

32 Ibid., p.193.

Mais ainda, ai de quem desses parâmetros se afastar. Em recentes pesquisas, cujas falas são reproduzidas ao longo deste trabalho, foi possível observar não apenas o caráter impositivo de uma estética que nada tem a ver com o biotipo brasileiro, mas também o profundo preconceito que as mulheres feias (leia-se gordas) sofrem.

Sem caráter, sem força de vontade e vistas como desleixadas, a anatomia feminina deixou de ser um destino para ser uma questão de disciplina: se não conseguimos agenciar nossos corpos, como seremos capazes de fazê-lo com nossas vidas ou nossos empregos?

A partir do discurso higienista do século XIX, os fabricantes da beleza retomam o mote dessa possibilidade, transformando-o não apenas em uma obrigação, mas, sobretudo, em uma "facilidade" – apenas uma questão de escolha e de vontade. Com Lancôme, "ser bela tornou-se fácil". "Nos tempos atuais, é imperdoável que a gravidez faça que a mulher perca sua silhueta [...]. A mulher deve ter um belo corpo para mostrar após os filhos estarem criados."[33]

Uma intensificação do dispositivo repressivo, do qual as mulheres, por meio de seus corpos, são objeto, gera um mal-estar constante. O modelo de beleza proposto e a consciência corporal (identidade, no sentido estrito) que elas têm de si justificam sua crescente insatisfação com seus corpos.

Era comum esconder e disfarçar as imperfeições, usando pós, perucas e roupas com tecidos volumosos. Na Europa, existiam livros com dicas de beleza desde o século XVI. Novas técnicas e a evolução da cosmética permitiam e facilitavam as transformações do corpo feminino. Já nessa época as mulheres tentavam cobrir as marcas deixadas no rosto pelo sol, doenças, espinhas. No Brasil Colônia, mesmo havendo pobreza do ponto de vista dos recursos materiais, na vida diária, a preocupação feminina com a aparência era bastante grande.[34]

33 Rubinstein apud Rouet, *L'Esthétique Corporel*, p.22.

34 Del Priore, *Corpo a corpo com a mulher*: pequena história das transformações do corpo feminino no Brasil.

Se, historicamente, as mulheres preocupavam-se com sua beleza, hoje elas são responsáveis por garanti-la. De dever social (se conseguir, melhor), a beleza tornou-se uma obrigação moral (se realmente quiser, eu consigo). O fracasso não se deve a uma impossibilidade mais ampla, mas a uma incapacidade individual.

Uma "tarde para cuidar de si" é apresentada como uma forma de liberação. Trata-se, na verdade, de colocar a mulher aprisionada e sempre a serviço de seu próprio corpo, seja para aperfeiçoá-lo, ultrapassá-lo, modificá-lo e, muitas vezes, mutilá-lo, pois não importa o preço a pagar.

Segundo Mary del Priore, entre os séculos XVI e XVIII, as roupas aparecem como instrumento de regulação política, social e econômica. Além das vestimentas, a certas características corporais femininas era atribuído o significado de pertença a determinado grupo, como ter pés finos e delicados. Mas, com a decadência do feudalismo e a emergência da burguesia, começou a corrida pelo desejo de consumo.

A lógica consumista contribui para que certo conjunto de atitudes perceptivas e comportamentais, concernentes à estética, conviva, simultaneamente, com ideologias e valores extremamente conservadores. Mas, como afirmado anteriormente, sempre há lugar para a resistência e para a singularidade do sujeito.

"A moralização do corpo feminino", como aponta Baudrillard em seu livro *A sociedade de consumo*, leva os indivíduos a encarar a ditadura da beleza, da magreza e da saúde como se fosse algo da ordem de uma escolha pessoal. Deixam-se de lado todos os mecanismos de regulação social que transformam o corpo, cada vez mais, em uma prisão ou em um inimigo, a ser constantemente domado.[35]

Não à toa, muitas mulheres tratam de seu corpo com profunda tirania, privando-o de alimentos, mortificando-o em inúmeras cirurgias ou submetendo-o a exercícios físicos torturantes Significativamente, o verbo mais empregado é malhar – como se faz com o ferro. Não é sem razão que a expressão é utilizada nas academias de ginástica na tentativa de adquirir a estética desejada. Tais técnicas, apreendidas inicial-

35 Baudrillard, *A sociedade de consumo*.

mente como uma disciplina, com o passar do tempo são incorporadas ao cotidiano do sujeito e, sem que este perceba, acaba por reproduzi-las, sem que haja uma dimensão crítica ou reflexiva sobre tais atividades/comportamentos: é a "pastoral do suor", da qual fala Courtine.[36]

Mais ainda – dor e frustração passam a ser indicadores não de limites inerentes à experiência humana, mas da insuficiência daquele sujeito singular. Ou seja, veicula-se a ideia de que a imagem ideal de pleno prazer está disponível para todos, a um mínimo esforço, e que a não concretização desse modelo decorrerá, exclusivamente, da incapacidade individual.

A combinação de tal foco com a liberação inédita dos costumes, somada a uma liberação psíquica e, finalmente, a uma multiplicidade de referências, levou à produção de uma individualidade que age por si e se modifica apoiada apenas em seus próprios recursos internos.

Todavia, diante da indeterminação e das múltiplas referências, o que se encontra é um indivíduo emancipado, porém marcado pela insuficiência, perdido, além de deprimido e compulsivo. Ele padece, seja pela suspensão na depressão, seja pela passagem ao ato na compulsão, sob o peso da ilusão de que tudo é possível. Em uma sociedade em que o eixo é a capacidade de agir por si, entrar em pane é seu distúrbio por excelência.

A lógica das práticas corporais, que associa o prazer à saúde, à vitalidade e à beleza, promete eliminar a inquietude que o olhar do outro provoca, por meio do esforço, da determinação e da disciplina, apontando todo o tempo para a responsabilidade do sujeito. No início do século XX, havia controles bem mais rígidos em relação à apresentação pessoal, quase uma imposição da "boa aparência". Como aponta Mary del Priore, todo "o aparato colocado a serviço da beleza corporal, nessa época, [...] parecia prometer a possibilidade de, em não sendo bela, tornar-se bela".[37]

---

36 Courtine, Os stakanovistas do narcisismo. In: Sant'Anna (Org.), *Políticas do corpo*: elementos para uma história das práticas corporais.

37 Del Priore, op. cit., p.72-3.

A tecnologia permite muitas manipulaçoes, recuando nossos limites, mas esse poder em nada liberta, sublinha Ehrenberg.[38] A sociedade de performances encoraja essas práticas de modificação, criando um problema no cerne da estruturação do sujeito e da própria subjetivação.

Emancipado, porém marcado pela insuficiência. Se, no auge da modernidade, a luta era pela liberdade, posteriormente o mote é a iniciativa própria, o agir. Isso levou, em um nível individual, a um sentimento de insuficiência, que pode resultar na depressão ou na compulsão, as duas faces do Janus contemporâneo, como ressalta Ehrenberg. Não se trata mais daquele neurótico que tenta se libertar, mas do indivíduo que está angustiado e curvado sob o peso dessa soberania, acuado ante uma liberdade ímpar e tantas exigências.

Disso também falam as entrevistadas: estender ao máximo a sensação de juventude demanda resistência, disposição e força, que as tornam capazes de levar uma vida de "jovens heroínas", cujos corpos, paradoxalmente, carregam a profundidade de uma Barbie – esticada, lisa e loura. Em uma versão mais carioca da imagem da boneca, uma Barbie marombada e plastificada.

> Comigo é assim: acho que a gente não tem de conviver com aquilo que não gosta e está incomodando. Eu, por exemplo, não gostava do meu quadril, lipoaspirei culote, achava meus seios pequenos demais – taquei silicone e virei Barbie, não estava com paciência de esperar os meus cabelos crescerem, coloquei um megahair. (Maria, 52 anos, estilista)[39]

Em extensa pesquisa realizada em academias de ginástica, consultórios e clínicas de cirurgia plástica, foi possível investigar qual a representação social da feiura. Duas características apresentavam-se frequentemente na busca de um corpo perfeito: manter-se magra e jovem. Gordura e velhice eram, nas falas das entrevistadas, peculiaridades que, se não pudessem ser totalmente eliminadas, deveriam pelo menos ser atenuadas ao máximo. Inúmeras eram as que apontavam a

38 Ehrenberg, *La fatigue d'être soi*: dépression et société.

39 Novaes, *O intolerável peso da feiura*. Sobre as mulheres e seus corpos, p.195.

busca pelas cirurgias como uma forma de buscar apagar "os deselegantes traços do envelhecimento".

Assim, por meio de um jogo de espelhamento infinito, o outro passa a ser a medida constante de comparação. O reconhecimento da própria imagem pela projeção do outro passa a ter papel vital na vida do sujeito, em uma intricada cadeia que define e explica sua preocupação.

> Meu marido vive me dizendo que quem vive de imagem é atriz, mas eu achava que se ficasse com os seios que queria, ele não iria olhar para mais ninguém – isso ia salvar minha autoestima e meu casamento também. Não salvou nada, pelo contrário, hoje ele tem muito menos tesão em mim e ainda me chama de clone do Pão de Açúcar, ele diz bem assim: tão aí duros, rijos, mas não dão vontade de apertar, só admirar. (Heloisa, 42 anos, arquiteta)[40]

Não importa se o olhar de desaprovação é real ou imaginado. O que parece estar em pauta é atender a uma estética corporal, imaginariamente definida como bela. As entrevistadas parecem dizer, com muita regularidade, quanto dependem desse olhar, que, de certa forma, lhes confere um valor "mais feminino". Falam também como, ao não se enquadrarem nesse perfil, sofrem o exílio designado às feias. Contudo, não há como pensar o sujeito como mero efeito da cultura sem uma análise mais aprofundada do jogo entre corpo simbólico e pulsional.

Corpo da medicina *versus* corpo pulsional

Frequentemente, a mídia, com grande apoio do discurso médico, oferece estímulos para que as mulheres recorram a expedientes que visariam evitar a constatação de mudanças que incidem sobre sua subjetividade, valendo-se do estágio atual de evolução das ciências biotecnológicas. O que se observa é o total descolamento do sujeito com seu sintoma. O corpo, tratado apenas como organismo, corpo da ordem da natureza, do qual a medicina se ocupa com grande maestria.

40 Ibid., p.218.

A invenção de um corpo pela episteme ocidental traz uma série de procedimentos investigativos. Le Breton sublinha como o vocabulário de anatomia, construído na época, é completamente desprovido de referências e simbologia – desenraizando o corpo de sua esfera social e cultural e de tudo o que compreende a rede de significações que dá sentido ao mundo no qual vive o indivíduo: seus laços afetivos, religiosos, familiares; seus meios de sociabilidade e finalmente, a geografia a qual pertence.[41]

O corpo construído pela medicina é objetivo, recheado apenas por um conjunto de órgãos e um amontoado de vísceras, cujo funcionamento mecânico se dá de forma impecável e quase infalível, o que, embora fascinante, perde em sua dimensão mais rica, a simbólica, que não é constituída de carne e osso, mas de sonhos, fantasias, lembranças, crenças, medos.

Há um silêncio imposto aos órgãos em sua significação mais profunda – como se estivéssemos diante de um corpo sem narrativa. Como aponta Birman,

> o enfermo como subjetividade foi sendo progressivamente excluído e silenciado da cena da enfermidade [...] excluído que era de qualquer implicação no processo de adoecimento.[42]

Para os desconfortos do envelhecimento, a reposição hormonal; para os sinais da passagem do tempo, as cirurgias e a cosmetologia. A menopausa, vista como algo "natural", é reduzida ao âmbito biológico, com seus sintomas "desagradáveis" facilmente suprimíveis com o tratamento adequado.

Ora, sabe-se que uma coisa é a representação de corpo; outra é o corpo pulsional, real, situado para além do representacional. Este – como uma categoria – distingue-se tanto do corpo simbólico como do biológico, sem, no entanto, excluí-los. E precisa de uma morada.

---

41 Le Breton, op cit.

42 Birman, *Mal-estar na atualidade*. A psicanálise e as novas formas de subjetivação, p.38.

Nada mais pertinente para ilustrar isso do que a história de Antígona em sua luta para sepultar o irmão Polinices. Por isso, Lacan afirmou que o corpo biológico, mesmo morto, permanece incorporado pelo simbólico, não se transformando em carniça.[43]

O corpo feminino, pensado em uma cultura falocêntrica, foi percebido e significado, ao longo da História, como insuficiente em relação ao masculino. Ao mesmo tempo, essa "insuficiência" teria como contraponto o poder da maternidade, sendo a mulher identificada como geradora de vida e de morte, desde os primórdios da civilização. Aprisionadas durante séculos no lugar da mãe, da santa e da esposa, pode-se pensar essa busca por um corpo mais jovem e mais atraente como uma nova erótica feminina, que pode significar uma ruptura com a associação mulher/atividade reprodutiva.[44]

Sem dúvida alguma, dá para refletir que, no mundo contemporâneo, a feminilidade pode ocupar espaços distintos da maternidade; contudo, não seria errôneo afirmar que essa ainda parece ser uma das funções organizadoras de tal categoria.

Para ilustrar, vale breve retorno a um trabalho anterior escrito em coautoria com Sergio Medeiros, intitulado A mulher e o pecado.[45] Os dois termos guardam entre si uma relação histórica, de distância e proximidade, de negação e aceitação, de tal forma que suas essências parecem combinar, tanto em oposição quanto em justaposição, para lhes dar um único significado. A mulher e o pecado são tão íntimos e há tanto tempo quanto a relação entre Eva e a maçã fazem supor. Mas, além de íntima e antiga, esta é também uma relação, ao mesmo tempo, enigmática e revelada. Ninguém tem dúvida sobre qual pecado a mulher cometeu: trata-se de uma relação explícita que aponta para o desejo, a tentação e o erotismo – os significados do binômio reproduzido no título da obra.

43 Lacan, *Television*: A Challenge to the Psychoanalytic Establishment. p.19.

44 Furtado, *Um corpo que pede sentido*: um estudo sobre a mulher na menopausa.

45 Novaes; Medeiros, A mulher e o pecado. In: Vilhena; Zamora (Orgs.), *As cidades e as formas de viver II*.

Assim, a partir do referencial da civilização ocidental, que associa a mulher ao pecado, passa-se pelo desejo feminino e dele chega-se ao Mal e à Morte. Pode-se afirmar que não existe outro binômio pior. E aqui está a questão intrigante: o que teria produzido a dedução dessa estranha equação que equipara a mulher e o pecado ao Mal e à Morte? Foi Eva quem primeiro cedeu às tentações do corpo, seduziu Adão e provocou a expulsão do paraíso. Assim, é para a sexualidade feminina que o demônio dirigiu seu olhar, marcando o corpo das filhas de Eva com o estigma do Mal e da culpa pelo pecado original.

Minha hipótese é que a gordura, tal qual é percebida pela sociedade, traz à tona todo o desmedido feminino que precisa, de qualquer forma, ser contido. Onde há risco de a sexualidade se manifestar, instalam-se dispositivos de vigilância e de confissão e implantam-se imediatamente as bases de um regime médico-disciplinar.

É nesse sentido que enfatizamos que a busca por um novo corpo, como uma linha de fuga, pode representar sua transformação contínua – um novo devir. De forma análoga, compreende-se nesses movimentos não uma ruptura, mas uma tentativa de que o corpo não perca seu caráter libidinal, afirmando, simultaneamente, seu estatuto desejante.[46]

Assumindo uma nova posição, a maturidade vai permitir a essa mulher a busca de um novo lugar de prazer, em que um corpo mais "agradável", tanto ao seu próprio olhar como ao do outro, lhe permitirá viver mais libertamente a sexualidade, que tradicionalmente lhe foi negada. Daí pensarmos em termos de resistência.

Na maturidade feminina, como aponta Grosman,

> a mulher, ao transgredir a sua função reprodutora da espécie, passa a ter que se incluir em um novo lugar na *polis*, numa nova posição erótica e, para tanto,

46 Vilhena; Novaes, O corpo e suas narrativas. Culto ao corpo e envelhecimento feminino. *Psychologica*.

necessita realizar um trabalho psíquico que lhe outorgue uma abertura ao jogo objetal.[47]

A exacerbada valorização da juventude, que atinge majoritariamente as mulheres[48] e tem como consequências inúmeros investimentos tecnocientíficos, objetivando uma interdição do envelhecimento, parece, pelo menos imaginariamente, buscar a erradicação ou o afastamento da morte.

No entanto, como a clínica mostra, tal prática não consegue evitar a angústia diante da finitude e da morte, e, principalmente, da ameaça – mortífera para o eu – da perda do amor com que muitas mulheres se defrontam nesse momento. O que se observa então é que, em nome de um movimento cientificista de controle da fisiologia, que desconsidera a subjetividade, para o discurso médico, esta é uma experiência a ser evitada, cujos efeitos podem e devem ser reduzidos às suas consequências fisiológicas.[49]

Trata-se, por isso, de articular cada uma dessas práticas corporais aos discursos produzidos pelo corpo. Na busca de um sentido e de uma narrativa que signifique as distintas experiências subjetivas, o sujeito não se torna um estrangeiro em seu próprio corpo.

Com a história da psicanálise e suas histéricas, aprende-se que o inconsciente rechaçado ressurge no corpo, opondo forte resistência às disciplinas e às práticas que visam excluí-lo. Diferentemente do saber médico, para a psicanálise, a obesidade estaria mais próxima de ser um sintoma, remetendo menos a um estado doentio do que a um processo chamado inconsciente. Com a descoberta deste, Freud descentra

47 Gromann, A política do erotismo na maturidade feminina: um estudo sobre as relações entre os estados hipocondríacos e melancólicos. *Revista Latinoamericana de psicopatologia fundamental*, v.X, n.II, p.202.

48 Vilhena; Novaes, *Un corps à la recherche d´un longement*. Corps, violence et médecin. In: *Le corps contemporain: créations et faits de culture*, p.113-36.

49 Novaes; Vilhena; Lengruber, Sexualidade feminina e envelhecimento: apenas uma questão cirúrgica? Algumas considerações acerca das cirurgias estéticas ginecológicas. In: *Revista Polêmica*, v.23. Disponível em: <http://www.polemica.uerj.br/pol23/oficinas/LIPIS_1/lipis_1_1.htm>. Acesso em: 18 mar. 2011.

o homem racional e consciente de então, o qual continua a ser visto como dotado de razão, mas uma que vacila no interior de si: "O eu não é senhor nem mesmo em sua própria casa".[50]

Entretanto, se a pulsão não é uma força natural, nem por isso deixa de ser potência corporal. Freud é bastante claro quando afirma que as pulsões são forças que supõem existentes por trás do Isso, representando exigências que o corpo faz à mente: as pulsões são a causa última de toda a atividade psíquica. Encontram-se, permanentemente, buscando uma inscrição no registro do psíquico.[51]

Boltanski constata que os membros das classes populares não possuem liberdade para desenvolver um discurso próprio sobre as enfermidades. Isso ocorre, segundo o autor, porque têm consciência de sua ignorância em relação à medicina legal. Assim, o discurso que produzem normalmente é tímido, carregado de estranhamento e/ou referenciado, ou seja, fazem questão de sinalizar que essa fala não é própria deles, e sim do médico, o especialista.[52]

O discurso das classes populares acerca dos males que atingem seu corpo parece ser desesperado e incoerente, porém não deve ser julgado com leviandade. Antes, deve ser compreendido à luz das condições de sua elaboração e da relação e da comunicação estabelecida entre o médico e o paciente. Deve, sobretudo, ser entendido no interior de sua cultura.

Em trabalho desenvolvido na Rocinha, Vilhena e Santos apontam para o fator de desenraizamento dessas populações, indicando os elementos discursivos como formas de preservar o pertencimento e a origem: as mulheres não ficam grávidas, "ganham barriga"; "as carnes

---

50 Freud, Sobre o narcisismo: uma introdução. In: *Edição Eletrônica Brasileira das Obras Completas de Sigmund Freud*, v.XIV.

51 Vilhena; Novaes; Rocha. Comendo, comendo e não se satisfazendo – apenas uma questão cirúrgica? Obesidade mórbida e o culto ao corpo na sociedade contemporânea. *Revista mal-estar e Subjetividade*, v.8, n.2. p.379-406. Disponível em: <http://www.unifor.br/notitia/file/2165.pdf>. Acesso em: 18 mar. 2011.

52 Boltanski, *As classes sociais e o corpo*.

tremem por dentro, doutora!" etc. O imaginário popular, carregado de símbolos culturais, constitui uma área intermediária riquíssima

> onde a comunicação analista/analisando vai se dar, promovendo produção de sentido e singularidade. Mais do que isto: conjugando o cultural/popular com o singular/particular.[53]

Boltanski indica o grau de instrução como um fator facilitador ou não da relação médico-paciente – quanto maior, melhor:

> Se o desamparo dos membros das classes populares diante da doença não tem equivalente nas classes superiores, é em primeiro lugar porque o médico, para essas últimas, não é o delegado anônimo da instituição médica, mas um personagem familiar, do qual se pode apreciar a competência e o valor, e em quem se pode apreciar a qualidade do homem atrás do Profissional.[54]

Tais observações, todavia, não podem ser corroboradas em sua totalidade. O discurso médico barra de seu universo pobres e ricos (os primeiros com mais intensidade, certamente), posto que isolam o paciente de seu sintoma. A distância, aqui mencionada, atribui-se muito mais à relação saber/poder estabelecida pelos profissionais da saúde do que à incapacidade intelectual ou instrução dos usuários. Mas onde há poder, também há resistência...

Na pesquisa com mulheres de classes populares que se submeteram a cirurgias estéticas reparadoras, encontram-se as diferentes estratégias usadas por elas para driblarem esse saber médico:

> Acho que é porque isto aqui é hospital público e a gente é pobre, então acham que estão fazendo caridade e, portanto, ninguém vai voltar para reclamar, mas eu sei, porque na casa que eu trabalho a minha patroa fez e eu via a massagista indo lá – aí eu dava uma olhada e quando fiz a lipo pedi para minha

53 Vilhena; Santos, Clínica psicanalítica com comunidades. Um desafio contemporâneo. In: *Cadernos do Tempo Psicanalítico*, n.32, p.25.

54 Boltanski, op. cit., p.68.

comadre, que já trabalhou em salão fazendo massagem estética, dar uma ajudazinha. Toda a semana ela vai lá em casa. Eu até aprendi a fazer também, assim, se uma conhecida minha lá do beco conseguir também fazer com o doutor Cláudio, a gente já pode dar aquela ajuda, né! (Gloria, empregada doméstica)[55]

Olha só, vou te contar uma coisa, mas você não vai falar nada com os residentes porque aí eu vou levar a maior bronca: fiz uma mistura lá em casa que deu certo e já passei para a mulherada aqui na fila. Misturei umas folhas que planto lá em casa com maisena e fiz assim tipo uma goma que serve de emplastro para dissolver os edemas, a minha avó mexia com ervas, era filha de índio e me ensinou muitas coisas – funciona que é uma beleza. Os meninos aqui do ambulatório dizem que é crendice, que não tem base nenhuma e que pode até fazer mal, mas as minhas colegas que vêm aqui fazer os curativos estão gostando dos resultados. Se a gente não passar nada, porque os cremes que eles recomendam, embora não sejam assim de marca, são muito caros, aí fica tudo empolado, eles dizem que é isso mesmo, que antes era muito pior e que a gente deveria comparar e ficar satisfeita e não ficar exigindo perfeição. (Maria Auxiliadora, balconista de farmácia)[56]

Se, por um lado, a cultura impõe de forma radical uma estética em que não há lugar para o desvio, é preciso estar atento à medicalização que retira do sujeito sua implicação em seu sintoma, em seu *pathos*, que dificilmente será transformado em questão, posto que será magicamente removido por meio de uma intervenção cirúrgica, de uma medicação adequada ou de um tratamento rejuvenescedor.

Conforme se observa nas classes médias e alta, os qualitativos estéticos têm uma função preponderante na felicidade amorosa, familiar e sexual. Não basta ser uma boa mãe, uma esposa dedicada e uma profissional competente: é preciso estar enxuta para que cada um desses papéis seja mais valorizado socialmente.

Esforços não devem ser poupados na obtenção do belo corpo. Expressões do tipo "agregar valor" são representativas do argumento

55 Novaes, *O intolerável peso da feiura*. Sobre as mulheres e seus corpos, p.137.

56 Ibid., p.134.

mencionado anteriormente, em um mundo regido pela lógica mercantilista, no qual tudo parece estar reduzido a uma questão de marketing pessoal – ser gordo é sinônimo de sujeito pouco produtivo, o que certamente não agrega valor, muito pelo contrário: gera atribuições depreciativas e avaliações que o desqualificam.

Segundo Boltanski, as camadas superiores buscam com mais avidez os produtos de beleza e preocupam-se mais com a aparência do que as classes mais baixas. Quanto à exibição do corpo, nas classes inferiores as regras são mais rígidas, proibindo a exibição visual do corpo, de falar em demasia sobre ele ou sobre sexo. Nas superiores é comum o uso de minissaias, decotes mais ousados, maiôs de duas peças. A exposição do corpo e a educação sexual são tratadas com vocabulário elaborado, que não fere a decência. É possível perceber a distinção entre um discurso educativo e um obsceno, uma elegante exposição visual do corpo e uma vulgar.

Esta talvez seja uma das observações mais datadas deste estudo. Em recente pesquisa realizada em três comunidades da zona sul carioca e uma da zona oeste, observa-se exatamente o inverso,[57] com a profusão de decotes, bermudas, tops e minissaias, mesmo quando o corpo apresenta sinais evidentes de obesidade ou sobrepeso. A exceção é feita aos membros das comunidades evangélicas (neopentecostais), bastante numerosas nessas localidades.

Constata-se também quão distintos são os usos do corpo – a magreza parece não ser a moeda de troca para capturar o olhar, a qual continua a ser o oferecimento do corpo, sem, no entanto, abdicar de seus recheios e conteúdos, pois os traços deixados pela maternidade não são extirpados ou sequer razão de seu ocultamento. Embora as mulheres das classes populares tivessem acesso à produção imagética difundida pela mídia e fossem, inequivocamente, afetadas pelo discurso do culto ao corpo, ambos agenciadores de subjetividade, algumas nuanças muito interessantes acerca do imaginário social desse campo se delinearam

57 Novaes, *Com que corpo eu vou?* Sociabilidades e usos do corpo nas camadas altas e populares.

aos poucos. Nada melhor que duas falas que ilustram bem as diferenças apontadas:

> Quando me chamam de gostosa, já sei que estou gorda! (Adriane Galisteu)
>
> Deus me livre!!! No dia que passar na rua e ninguém olhar e me chamar de gostosa, é que o negócio não vai prestar. Enquanto estão olhando, tá bom. (Gracyenne, 25, recepcionista)[58]

Considerações finais

A noção de civilização está diretamente associada à representação que as classes dominantes têm dos usos do corpo, de sua origem, bem como de seus hábitos e, portanto, da forma como devem ser executadas as técnicas corporais. Portanto, toda vez que determinado grupo reinterpreta, com seus próprios códigos, uma gama de rituais, alterando, com isso, a forma como tais técnicas são desempenhadas, só lhe resta ser visto como estranho e inadequado por essa elite. Alijados socialmente, não conhecedores das normas básicas de civilidade e considerados exóticos em seus hábitos, a esses "não civilizados" dá-se o nome de "sem noção" ou outros adjetivos pejorativos, pois encarnam o estranho que é, automaticamente, repelido.

Acreditamos ter sido possível apontar as diferentes formas de usos do corpo e os efeitos que as regulações sobre ele incidentes operam no sujeito. Este capítulo mostra, também, como o corpo entrou em cena na contemporaneidade. Das academias de ginástica às galerias de arte, ele é, sem sombra de dúvida, uma nova tela de exposição.

A potência de tais corpos preenchidos por afetos de diferentes intensidades seria o principal ponto de articulação entre esses dois elementos. A expressão de intensidades seria para autores como Spinoza, Nietzsche, Artaud, Foucault, Deleuze e Guattari a verdadeira potência de um corpo.

58 Ibid., p.77.

Rodin disse, certa vez, que não era a beleza que faltava aos nossos olhos: estes é que falhariam em não percebê-la. Interessante pensar na feiura como uma "falha" do olhar. Tal seria então a incapacidade de perceber a beleza, não sua ausência. Talvez o artista ajude a compreender o estranho fenômeno do horror e da discriminação que se atribui a tudo o que possa ser designado como feio.

Para finalizar, o corpo, ao entrar em cena, e ocupar agora um espaço que dá ao indivíduo a visibilidade necessária aos poderes disciplinares, torna-se o principal alvo das estratégias de controle. Por essa razão, ele deve ser pensado e visto como uma possibilidade de resistência.

Freud já apontava a questão da intolerância em *O mal-estar na cultura*. Para ele, nos grupos humanos há sempre a necessidade de se formarem pequenos círculos para designar como inimigos quem estiver fora deles – esta seria uma via de solução para a pulsão de destruição. A lógica do "traço identificatório diferencial" regeria a aversão que se produz entre comunidades vizinhas ou mesmo aparentadas – o "narcisismo das pequenas diferenças", como Freud denominou em seu trabalho de 1930 [1929]. O outro, como aponta Vilhena, não é uma cópia imperfeita de nós, é apenas o Outro. Diferente e singular.

O momento atual parece acentuar a dialética entre a identidade e alteridade, conduzindo-a a um permanente confronto. O encontro com o Outro não é mais uma possibilidade de se deixar afetar e de se permitir novas interações, mas uma ameaça potencial. Quando esse laço é rompido, ou não pode ser construído, rapidamente aparecem as situações em que a relação passa a ser orientada pelo domínio, pela força e, frequentemente, pela demonização do outro. Nos fundamentalismos cotidianos inventa-se o inimigo: favelados, bandidos, homossexuais, velhos, feios... e gordos.

O corpo esportivo nas searas tupiniquins – panorama histórico

Victor Andrade de Melo

Rio de Janeiro, Aterro do Flamengo, o maior parque urbano do mundo; 7 horas da manhã. Os primeiros raios de sol e o céu anil pontilhado de aves marinhas no seu balé diário já anunciam o belo dia. Em breve, a praia, os gramados, as instalações esportivas (quadras e campos) estarão fervilhando de gente, em uma espécie de ritual pagão.

Os intuitos são muitos; as práticas, diversas. De um lado, uns jogam vôlei nas areias. Ao lado, outros armam uma rede de peteca, enquanto muitos correm e fazem exercícios, acompanhados ou a sós, espontaneamente ou sob a orientação de um professor (hoje, chamado pelo pomposo título de *personal trainer*). A balbúrdia dos que jogam futebol e basquete contrasta com a postura de tenistas que tentam se concentrar em meio ao barulho. Em uma quadra, idosos fazem uma aula de ginástica; na grama, há uma atividade de ioga. Na pista que margeia a praia, bicicletas dos mais diferentes formatos e pedestres com as mais distintas roupas disputam o espaço entre si. Por todos os cantos, grupos jogam conversa fora, como se não quisessem perder sequer uma nesga do deus-sol.

O que haveria em comum entre pessoas de perfis e interesses tão variados? Uma forma de se portar: o jeito esportivo de ser. As vestimentas despojadas, mesmo que para alguns bem cuidadas, e o corpo exposto, em maior ou menor grau, marcam a performance pública dessa fauna citadina. *Shorts*, camisetas, roupas coladas, tênis, sunga e maiô. Quem diria que, como lembra o memorialista Luiz Edmundo, assim se vestiam as mulheres para a prática dos banhos de mar no Rio de Janeiro do século XIX:

> calças muito largas de baeta tão áspera que, mesmo molhada, não lhe pode cingir o corpo. Do mesmo tecido, um blusão com gola larguíssima, à marinheira, obrigada a laço, um laço amplo que serve de enfeite e, ao mesmo tempo, de tapume a uma possível manifestação de qualquer linha capaz de sugerir o feitio vago de um seio. As calças vão até tocar o tornozelo quando não caem num babado largo, cobrindo o peito do pé. Toda a roupa é sempre azul-marinho e encadarçada de branco. Sapatos de lona e corda, amarrados no pé e na perna, à romana. Na cabeça, vastas toucas de oleado, com franzido à Maria Antonieta, ou exagerados chapelões de aba larga, tornando disformes as cabeças, por uma época em que os cabelos são uma longa, escura e pesada massa.[1]

Como se terá dado essa evolução? A que estrutura de sentimentos atendeu esse conjunto de mudanças? Que relação se pode estabelecer entre o esporte e uma nova aceitabilidade de exposição pública, indicador de uma nova relação com o corpo?

É fato que uma das marcas do ideário e imaginário da modernidade é tanto maior presença na cena pública quanto maior interesse pelo corpo. Essas relativamente novas dimensões (se se considerar que, no formato atual, se estruturam apenas desde o final do século XVIII) têm relação com uma série de mudanças articuladas: o desenvolvimento de um novo modo de produção (o fabril), o crescimento das cidades, a emergência de novas classes sociais (a burguesia e o operariado), a valorização da tecnologia, o desenvolvimento do pensamento científico (e a

---

1 Edmundo, *O Rio de Janeiro do meu tempo*, p.838.

consequente redução de injunções de natureza religiosa), a estruturação de uma indústria do entretenimento, a configuração da imagem e do espetáculo como noções fundamentais na estruturação do novo *modus vivendis*. É nesse cenário que o esporte moderno se define, logo sendo um dos principais indicadores da complexidade desse novo quadro.[2]

O corpo, outrora motivo de vergonha e restrições, a partir das necessidades econômicas, dos desdobramentos culturais, esquadrinhado e desvendado pela ciência, torna-se paulatinamente elemento de consumo – levando também a essa prática –, sendo submetido, todavia, a uma nova ordem disciplinar: na mesma medida em que fica mais exposto, também se torna mais sujeito a novas normas de comportamento, suscetível a estratégias comerciais, enquadrado pelos ditames relacionados à saúde e ao bem-estar (nada mais compreensível, afinal, se se lembrar que a ambiguidade é uma das marcas da modernidade).[3]

Não surpreende saber que médicos e militares – preocupados com a preparação de um cidadão que estivesse de acordo com os novos ditames sociais em construção, tanto para que ele tivesse condições de tocar o "progresso do país" quanto em função da defesa das fronteiras (em um momento em que se consolidava a ideia de Estado-Nação) – estiveram envolvidos com a sistematização de métodos e com pesquisas que utilizavam a prática esportiva como aplicação e preocupação central. Apresentar um receituário para o bom uso do corpo passava a ser uma condição de grande importância material e simbólica.[4] Deve-se lembrar que no Brasil não foi diferente: debruçaram-se sobre a educação física e

---

2 Ver Charney; Schwartz (Orgs.), *O cinema e a invenção da vida moderna*; Melo, *Esporte, lazer e artes plásticas*: diálogos e *Esporte e lazer*: conceitos – uma introdução histórica.

3 Ver Keller, Disseminações da modernidade: representação e desejo do consumidor nos primeiros catálogos de venda por correspondência. In: Charney; Schwartz (Orgs.), *O cinema e a invenção da vida moderna*; Singer, Modernidade, hiperestímulo e o início do sensacionalismo popular. In: Charney; Schwartz (Orgs.), op. cit.; e Vieira, Anatomias do visível: cinema, corpo e a máquina da ficção científica. In: Novaes (Org.), *O homem-máquina*: a ciência manipula o corpo.

4 Ver Weber, *França fin de siècle*.

o esporte algumas das teses apresentadas nas Faculdades de Medicina do Rio de Janeiro, Salvador e Recife.[5]

Nem sempre foi assim; a própria relação da prática esportiva com a movimentação e a exposição corporal acirrou-se com o tempo. Quando a palavra *sport* foi registrada pela primeira vez, na Inglaterra do século XV (originária do francês *disport*), era utilizada no sentido ampliado de diversão. Foi somente no século XVIII que começou a assumir um sentido mais próximo do corrente nos dias de hoje, ainda que desde o século XVI tenha sido comumente usada para designar jogos que possuíam algum grau de movimentação física.[6]

O termo denotava um conjunto de práticas que a *gentry*[7] vivenciava em suas propriedades rurais, especialmente provas com cavalos, a caça e a pesca. Cabe destacar a importante ruptura que significaram, tanto por inaugurar um sentido de velocidade, que será exponenciado no século seguinte, quanto por representar a substituição das antigas atividades mais diretamente relacionadas às armas:

> Uma vez que a ordem militar se tornou uma ordem entre as outras, as implicações simbólicas dos jogos marciais derivaram ou desapareceram. Os torneios e seus longínquos derivados deram lugar à caça e às corridas de cavalos.[8]

Mecanismo de *status* e distinção, o novo sentido da prática esportiva estava relacionado à performance e às marcas corporais do dândi inglês, um modelo de indivíduo bem-sucedido. Não surpreende que tenha se sistematizado um gênero artístico denominado *sporting paintings*, que exibia e celebrava essa nova dinâmica de diversão. Um exemplo é *Membros do Carrow Abey Hunt*, de Philip Reinagle, que retrata

---

5 Ver Gondra, *Artes de civilizar*: medicina, higiene e educação escolar na Corte Imperial.

6 Cf. Melo, *Esporte e lazer*: conceitos – uma introdução histórica.

7 Pessoas pertencentes à nobreza e aristocracia rural. (N. E.)

8 Vigarello, *Exercitar-se, jogar*. In: História do corpo, v.1, p.303-400.

Figura 18.1
Óleo sobre tela.

uma conversa de distintos cavalheiros, membros de um clube de caça, cercados de seus cães farejadores.[9]

Essas roupas e comportamentos, que hoje podem parecer rigorosos, eram na época bastante provocadores para uma classe média em ascensão que, influenciada pelo puritanismo, execrava esse tipo de exibição.[10] De outro lado, as camadas populares reestruturavam suas atividades tradicionais a partir da nova lógica empresarial. As lutas de animais, por exemplo, no novo cenário urbano, se tornavam ainda mais frequentes, mas merecem mesmo destaque as atividades pugilísticas, em grande medida escandalosas para o momento.

Ainda que as lutas já estivessem mais reguladas, se comparadas a modelos antigos, em que a vitória era consagrada quando um dos participantes desistisse, desmaiasse ou, o mais trágico, morresse, o espetáculo de homens de peitos nus,[11] espancando-se, cercados por uma

9 "Membros do Carrow Abey Hunt", de Philip Reinagle, 1780.

10 Ver Weber, *A ética protestante e o "espírito" do capitalismo*; Soares, *A Albion revisitada*.

11 As lutas não eram geralmente conhecidas como boxe, mas sim como *bare knuckle*, "mãos nuas", em uma tradução aproximada, uma referência ao fato de que

multidão que clamava por violência, torcendo pelo lutador no qual tinham apostado, tornava-se a princípio assustador, imoral, absolutamente não condizente com os hábitos puritanos.

Figura 18.2 Imagem de John Sullivan.

Sua realização frequente, de fato, somente era possível porque, no embate político do momento, a *gentry* encarou o apoio sutil às práticas das camadas populares como uma forma de contrapor o poder da classe média puritana. Esta, por sua vez, paulatinamente se deixava empolgar pelo luxo, abandonando os rígidos parâmetros religiosos.[12] Não surpreende que logo os boxeadores também estivessem sendo representados nos quadros da época, algo que repercutia o escândalo, mas também ajudava a tornar mais comuns e aceitáveis novas referências corporais.

Nesse quadro, é possível compreender que o primeiro esporte moderno organizado tenha sido o turfe, no mesmo momento em que antigas práticas passavam por regulamentações (caso do pugilismo) ou proibições (brigas de animais), por não mais se enquadrarem nos parâmetros de sociedade em construção. Trata-se de um processo de racionalização

não havia luvas ou nenhuma forma de proteção: o corpo estava exposto como há muito não se via.

12 Ver Weber, op. cit.; Thompson, *Costumes em comum* e *A peculiaridade dos ingleses e outros artigos*.

que rompe com o formato das atividades esportivas até então em vigor. Como lembram Vigarello e Holt:

> Os antigos esportes não eram codificados. Faziam parte da cultura aldeã tradicional ou então eram praticados por ocasião de acontecimentos excepcionais. Ao mesmo tempo, autorizavam os divertimentos públicos, as apostas e o lucro. Não se tinha necessidade de organizar competições regulares. Não existia classe especial de esportistas que tivessem recebido uma formação para jogos e fossem obrigados a manter a forma. Não havia tampouco rede nacional ou local de transporte, nem verdadeira imprensa esportiva. Reinava um fascínio geral pelos desempenhos extremos, mas não havia nenhum acordo estabelecido sobre o que devia ser o corpo atlético ideal.[13]

O uso do cavalo estabelecia na cidade um elo com a tradição do campo, conectava a nova manifestação cultural com antigos hábitos e "poupava" os homens de maiores exibições corporais, em um momento em que os desdobramentos das ocorrências da modernidade eram embrionários. Tratava-se de uma prática ainda mais afeita aos hábitos aristocráticos, uma adequação de antigos costumes a um modelo de organização social que dava seus primeiros passos.[14] Corpos nus, nem pensar: nas arquibancadas, os homens e, uma novidade bem-aceita, as mulheres deveriam se vestir com pompa e se comportar adequadamente; da mesma forma ocorria com os jóqueis, responsáveis por conduzir os animais nas provas, em geral oriundos das camadas populares, já que não era considerado adequado para alguém das elites se exibir publicamente em uma competição. Dos populares que já lotavam as tribunas, ainda que em espaços distintos e restritos, isso também era cobrado (mesmo que nem sempre seguido).

No Brasil, assim como em muitos outros países, o turfe foi o primeiro esporte a se estruturar, logo se tornando uma das mais procuradas diversões em algumas cidades na segunda metade do século XIX;

---

13 Vigarello; Holt, O corpo trabalhado: ginastas e esportistas no século XIX. In: Corbin (Org.), *História do corpo*, v.2, p.427.

14 Cf. Melo, *Esporte e lazer*: conceitos – uma introdução histórica.

o Rio de Janeiro, a capital e polo irradiador de novidades, exponenciava a importância das corridas de cavalos. Ardoroso defensor do progresso e da modernização do país, Olavo Bilac está entre os que demonstram que um novo comportamento se observava nas arquibancadas dos hipódromos:

> E era ver o espetáculo do prado – as arquibancadas, como vastos canteiros de flores humanas, pompeando ao sol o esplendor das claras toiletes de verão, num delírio de cores, num emaranhamento deslumbrante de fitas, de plumas, de rendas; o recinto da pesagem, cheio da turba dos *sportsmen* suados e ofegantes, discutindo, rixando, berrando; e os bolos de gente ávida, junto dos guichês, disputando as pules a murro e a pontapé; e os botequins reboantes de clamores, de tinir de copos, de estalar de rolhas; e a raia, embaixo, lisa, batida, inundada de luz, por onde os cavalos voavam em nuvens de poeira dourada, entre as aclamações delirantes![15]

A própria maneira de se vestir era influenciada pela nova diversão. Era comum dizer que em grandes cerimônias e ocasiões especiais os homens deviam ir "à jockey", isto é, de forma elegante, com fraque.[16]

Se assim era com o turfe, diferente seria com o remo, símbolo de um novo fluxo de desenvolvimento do fenômeno esportivo. Conforme avançava a construção de uma nova ordem social, já dominada pelos ditames burgueses, crescia a popularidade daquelas práticas nas quais o movimento humano era o elemento central; essas, paulatinamente, substituiriam ou ao menos igualariam na preferência as corridas de cavalos. Os jogos de azar e o ato de apostar serão combatidos, tidos como velhos costumes que deveriam ser extintos.

Os esportes estarão mais próximos do que hoje se concebe de forma generalizada: ao seu redor, tornaram-se comuns imagens de desafio, superação, higiene, saúde. Essas dimensões marcam também outras modalidades que melhor se delineiam nesse momento: a natação, o

15 Bilac, As corridas. In: Costa, *Páginas cariocas*, p.280.

16 Para mais informações sobre o turfe no Rio de Janeiro, ver Melo, *Cidade "Sportiva"*.

Figura 18.3
Landaus, berlindas e "phaetons" conduzindo os elegantes no Derby Club, Rio de Janeiro, 3 de janeiro de 1892.

atletismo e mesmo as lutas, submetidas a um processo cada vez maior de estabelecimento de regras e de adequação ao que simbolicamente se espera de uma prática moderna. O processo de racionalização é claro, expresso não só na organização de entidades específicas, como também no desenvolvimento de técnicas corporais, tendo em vista a obtenção de melhores resultados (que começam a ser mais comumente registrados).

Na verdade, embora não exclusivamente, em boa medida o movimento de sistematização do "esporte moderno" parte das *public schools* inglesas, que, desde os anos 1820, sofreram forte influência da ideia de "cristianismo muscular", proposta que Thomas Arnold liderava a partir da Escola de Rugby – local em que, em 1823, William Webb Ellis inventou o célebre esporte que leva o nome da instituição. Corpo atlético e espírito esportivo sustentavam a concepção de que a prática seria de grande utilidade para educar e formar os jovens das elites que ocupariam a liderança no Império.[17]

17 Cf. Holt, *Sport and the British*: a modern history.

No Brasil, ao remo também coube um espaço especial. Para Luiz Edmundo,

> a geração que vai proclamar a República, exceção feita dos homens que seguiam a carreira das armas, era uma geração de fracos e enfezados, de lânguidos e de raquíticos, sempre enrolada em grossos *cache-nez* de lã, a galocha no pé e um guarda-chuvas de cabo de volta debaixo do braço. [...] *Mens Sana in Corpore Sano* não passava de uma frase inexpressiva e vaga do velho Juvenal. Não se cuidava de cultura física. O que se fazia, então, era evitar esforços tidos como nocivos à saúde.[18]

O memorialista deixa, de maneira muito contundente, a impressão de que no século XIX os tipos físicos valorizados eram os magros e fracos:

> Não se pratica a ginástica do corpo. A do sentimento basta. E nesse particular, ninguém supera o jovem desse tempo. [...]. Vive ainda da lírica do poeta Casimiro de Abreu, acha lindo sofrer-do-peito, bebe absinto e, de melenas caídas nas orelhas, ainda insiste em recitar ao piano. Toda uma plêiade de moços de olheiras profundas, magrinhos, escurinhos, pequeninhos.[19]

Por certo, Luiz Edmundo não estava de todo equivocado. Contudo, mesmo que somente no século XX um novo padrão de corpo se tornasse mais amplamente aceito, já no quartel final do XIX pode-se perceber sensíveis mudanças. Os ventos que chegavam da Europa traziam um novo modelo de homem e inquietações com a estética corporal. Os tipos físicos masculinos fortes começaram a ser, ainda que lentamente, valorizados.

No cenário nacional, isso tem relação com o quadro de preocupações com o saneamento e a salubridade das cidades. Como observa Vigarello, as questões estéticas ao redor do corpo têm ligação direta com as mudanças nas representações e nos padrões de higiene e

---

18 Edmundo, op. cit., p.831.

19 Ibid., p.833.

saúde.[20] Quando estes deixam de ser prioritariamente determinados pelos livros de decoro, passando a ser estipulados pelos médicos e arquitetos – "cientistas" –, acabam tendo ligação direta com a valorização de um novo tipo físico, com a possibilidade de construção de uma outra imagem corporal:

> Existe, portanto, um imaginário do corpo, e este imaginário tem a sua história e os seus determinantes. [...] É mesmo preciso que as imagens do corpo mudem para que os constrangimentos possam mudar também.[21]

Nos últimos 25 anos do século XIX, no Rio de Janeiro já é possível identificar reflexos dessas mudanças nos banhos de mar, que também passam a ser encarados como exercícios físicos para a melhoria do padrão estético corpóreo, o que se articula plenamente com outro parâmetro de saúde. Os homens

> já começam a mostrar corpos rijos e bem desenhados de músculos, muito orgulhosos de suas linhas, exibindo-se em calções, mas dos longos, dos que vão abaixo da linha do joelho.[22]

Até uma alteração no critério de pudor, uma preocupação constante, por localização geográfica na cidade, se estabeleceu. As famílias mais respeitosas buscavam as praias mais afastadas da época, como Copacabana e Leme. Já nas do Centro (do Russel e de Santa Luzia/ Boqueirão, o balneário mais chique da ocasião), situadas na região mais habitada, as coisas aconteciam de forma diferente, com maiores liberdade e exposição corporal.

Nesse quadro, não é surpreendente que Machado de Assis tenha inserido a nova prática em um de seus mais célebres romances, *Dom Casmurro*, lançado em 1899. Na obra, o personagem Escobar, que tanto

20 Vigarello, *O limpo e o sujo*. A higiene do corpo desde a idade média.

21 Ibid., p.10.

22 Edmundo, op. cit., p.840.

assustava Bentinho, inclusive em função de seu físico avantajado, falece afogado em um dia de mar agitado. Eis o diálogo entre eles no dia em que antecede a tragédia:

> – O mar amanhã está de desafiar a gente, disse-me a voz de Escobar, ao pé de mim.
>
> – Você entra no mar amanhã?
>
> – Tenho entrado com mares maiores, muito maiores. Você não imagina o que é um bom mar em hora bravia. É preciso nadar bem, como eu, e ter estes pulmões, disse ele batendo no peito, e estes braços; apalpa.[23]

No teatro também se ironizavam os novos hábitos. Na revista *O Rio Nu*, de Moreira Sampaio, é possível encontrar algumas citações irônicas:

> Os rapazes elegantes
> Lá da Rua do Ouvidor
> E as raparigas galantes
> Que só vivem para o amor
> Para o calor mitigar
> Nesta calmosa estação
> Nunca deixam de tomar
> Os banhos do Boqueirão.[24]

O remo se desenvolveu em uma cidade em que se percebe uma nova aceitabilidade no que se refere a um modelo de corpo e a sua exposição, a valorização da "busca de saúde" e da ocupação das praias com outros sentidos que não somente terapêuticos. Tornara-se possível assistir a homens "nus" e musculosos competindo nos mares da cidade:

João do Rio está entre os que percebem a redução das resistências para com os exercícios físicos na transição dos séculos XIX e XX:

---

23 Machado de Assis, J. M. *Dom Casmurro*, p.212.

24 Rebêlo, *Brasil, terra e alma* – Guanabara, p.150.

> Fazer esporte há vinte anos ainda era para o Rio uma extravagância. As mães punham as mãos na cabeça, quando um dos meninos arranjava um haltere. Estava perdido. Rapaz sem um pincenê, sem discutir literatura dos outros, sem cursar as academias – era um homem estragado.[25]

Pode-se notar também tal mudança quando se compara a apreensão de João do Rio com a de outro importante cronista da cidade, Raul Pompéia, o qual anteriormente comentava que os remadores

> apresentavam-se com o vestuário próprio, de meia justa ao corpo. Mais do que o aproveitamento dos exercícios de carreira, devia interessar ao observador a desagradável exibição de forma sem elegância e sem músculo que a roupa de meia proporcionava. Bem pobre plástica a da nossa mocidade para um espetáculo de ginásios. *Corpore Sano*! Meus amigos.[26]

Alguns anos depois, João do Rio afirmava que

> Rapazes discutiam "muque" em toda parte. Pela cidade, jovens, outrora raquíticos e balofos, ostentavam largos peitorais e a cinta fina e a perna nervosa e a musculatura herculana dos braços. Era o delírio do *rowing*, era a paixão dos esportes. Os dias de regatas tornavam-se acontecimentos urbanos.[27]

Na década inicial do século XX, já estão estruturados muitos esportes e nota-se uma crescente valorização da ginástica, além do remo, da natação, do atletismo, do ciclismo. A própria forma de vestir-se se tornava mais leve e, se a prática esportiva não foi a única responsável por isso, sem dúvida teve uma influência significativa. A começar que as roupas eram "escandalosamente" curtas (e poucas) para a época. Também porque os jovens se vestiam mais levemente para comparecer às competições. Não era adequado ir de fraque às regatas, sobretudo aos

25 Barreto, O futebol. In: Costa, *Páginas cariocas*, p.278.

26 Pompéia, *Crônicas do Rio*, p.65.

27 Barreto, op. cit., p.279.

que competiriam. O paletó-saco era mais leve, mais adequado, mais *sportivo*. O corpo ficava cada vez mais nu, mais exposto, e cada vez mais era motivo de exaltação.

Olavo Bilac celebrava:

> Essa geração, que está se educando no mar, face a face com o perigo, criando a energia muscular e a energia moral, já é mais bela, mais forte, mais nobre do que a minha. Os adolescentes de hoje já não são como os de ontem, magros e tristes, macambúzios e histéricos, criados entre o rigor do carrancismo paterno e a brutalidade dos mestres boçais, entre sustos e palmadas, sem exercício físico e sem liberdade de espírito [...] os meninos de hoje já são bravos como homens.[28]

Os atletas eram reverenciados por suas formas físicas, sua musculatura desenvolvida, sua vigorosidade, sua saúde:

> Lá estava o Sardinha, satisfeito, recordando-se ainda de sua vitória na Cecy; o Carlos de Castro, com os braços abertos por causa do muque [...]; o Guimarães, do Natação, n'uma exibição impressionadora de peito largo e braços grossos, e outros tantos rapazes sadios e vigorosos, de todos os ramos do *sport*.[29]

O remador campeão brasileiro de 1903 era apresentado física e moralmente como uma figura próxima da perfeição:

> Arthur Amendoa é de estatura mediana, moreno, bela estatura, bela complexão de atleta, bastante musculoso, dotado de muito bom gênio e no trato é cortês; excelente companheiro e amigo leal.[30]

As fotos de remadores exibem para o grande público a formação corporal que melhor expressava o que se esperava dos novos tempos.[31]

---

28 *A Canoagem*, Rio de Janeiro, ano 1, n.1, p.5, jul. 1903.

29 Seção official. *A Canoagem*, Rio de Janeiro, ano 1, n.2, jul. 1903. p.5.

30 Seção não official. *A Canoagem*, Rio de Janeiro, ano 1, n.17, p.4, out. 1903.

31 Para mais informações sobre o remo, ver Melo, *Cidade "Sportiva"*.

Figura 18.4
Remadores do Vasco da Gama em pose comum dos remadores da época. Rio de Janeiro provavelmente na virada do século XIX para o XX.

Merece destaque ainda, como expressão desses corpos a desfilar por uma cidade em plena reforma, José Floriano Peixoto, um dos primeiros homens do Rio de Janeiro a exibir explicitamente seus músculos. A admiração de alguns periódicos chegava ao exagero – a *Revista de Theatro e Sport* publicou sua foto colorida na capa, afirmando que se orgulhava de estampar esse atleta, que sabia aliar a sua "invejável força muscular" às qualidades de "perfeito cavalheiro" e às "reconhecidas energias morais transmitidas pelo varão ilustre que lhe legou o nome" (o ex-presidente Floriano Peixoto). Afirma ainda que em todo o país e até no exterior esse conjunto de qualidades se fazia conhecer, tornando-o o "mais querido e respeitado dos atletas brasileiros", "a maior e legítima glória do nosso atletismo".[32]

32 *Revista de Theatro e Sport*, Rio de Janeiro, n.348, 1921, p.9.

Figura 18.5
Foto de José Floriano Peixoto.

Zeca Peixoto destacava-se não só pelo seu corpo forte, mas também pelo fato de ser praticante e campeão de muitas modalidades diferentes: remo, luta romana, boxe e tiro ao alvo. Ganhou ar de herói quando salvou diversas pessoas em um naufrágio que ocorrera na Bahia, ocasião em que retornava de excursão à Europa. Nos primeiros anos da década de 1900, já estava envolvido no grupo de apresentações de Paul Pons, um francês que bastante contribuiu nos primeiros momentos do halterofilismo no Brasil.[33]

Ao final daquele período, Peixoto esteve envolvido em apresentações em teatros, e aqui entra em cena outra novidade. Um dos grupos sociais que mais ganhou em visibilidade com o desenvolvimento do campo esportivo foram as mulheres. Considerada uma prática saudável e familiar, a presença feminina se tornou aceita e exaltada nas arquibancadas. Eram encaradas como responsáveis por embelezar as competições. Os jornais se esmeravam em anunciar o comparecimento de jovens da "nata da sociedade", ressaltando seu ar de alegria, seu belo aspecto, suas roupas.

Ainda que apreendida pela lógica do mundo masculino e servindo para fortalecer os interesses dos responsáveis pela direção dos clubes, é inegável que tal participação funcionou como uma válvula de escape e um espaço que tornava visível a disposição feminina de maior presença social.

Logo as arquibancadas, em função dessa proximidade corporal, se tornaram local de flerte. Não por acaso d. Maria, personagem da opereta *Os noivos*, de 1880, do sempre irônico Arthur Azevedo, afirma:

33 Ver Melo, *Esporte, lazer e artes plásticas*: diálogos.

> Pois será possível que eu não ache marido? Eu que tenho quarenta apólices da dívida pública e uma casa assobradada na vila, afora o que ainda pode vir de minha irmã das Laranjeiras? [...] Não hei de faltar aos bailes, espetáculos, consertos, touradas, corridas e regatas! Regatas, então! Não sei o que é, nunca vi, mas parece-me que hei de ser muito regateira![34]

Todavia, à exceção de algumas poucas experiências no turfe e no remo, ainda não era usual que as mulheres se envolvessem como atletas, algo que somente tornar-se-ia comum na segunda década do século XX, notadamente no tiro ao alvo, no tênis e na natação (além da equitação, que era mais concebida como ferramenta de educação das elites), e que cresceria com vigor com o passar dos anos.

É ainda na primeira década – no ano de 1910 – que Zeca Peixoto, com o empresário paulista Francisco Serrador, organiza um campeonato de lutadoras, com a participação de brasileiras e estrangeiras, realizado no Teatro São Pedro de Alcântara. O evento teve grande repercussão na capital. A revista *Fon-Fon*, de 7 de maio daquele ano, publicou, sob o título "O muque feminino", uma foto das competidoras, em trajes próprios (com braços e pernas descobertos), em posições que lembravam muito a dos atletas masculinos; ao centro, em vestes aristocráticas, o árbitro das pelejas.[35] Ainda que no dia seguinte fosse divulgado outro instantâneo, com elas vestidas de forma mais tradicional, não há como negar o frenesi e o estranhamento que essas lutadoras causaram na cidade no momento.

Estavam definitivamente plantadas as sementes do que seria uma árvore frondosa. No decorrer do século XX, cada vez mais ganharia espaço a prática esportiva e de atividades físicas como um todo, trazendo

---

34 As obras de Artur Azevedo estão disponíveis na íntegra na página do Núcleo de Pesquisas em Informática, Literatura e Linguística: http://alecrim.inf.ufsc.br/bdnupill/

35 Ver Melo, Corpos, bicicletas e automóveis: outros esportes na transição dos séculos XIX e XX. In: Del Priore; Melo, *História do esporte no Brasil*: do Império aos dias atuais.

ao redor e exaltando um novo modelo de corpo que difundia as ideias de bem-estar e de saúde. Imersa em estratégias comerciais, progressivamente ocupou espaços em revistas, jornais, *outdoors*, rádios, televisão, despertando desejo e, como não dizer, angústia para aqueles que não conseguiam ter e exibir o mesmo padrão de beleza. Ao seu redor, tudo será vendido, mesmo sonhos que, para alguns, são pouco realizáveis.

Já na década de 1930, os corpos fortes tornaram-se definitivamente moda, sobretudo em função da popularização do cinema norte-americano e seus novos galãs, como Rodolfo Valentino e Johnny Weissmuller, ex-atleta de natação que se tornou célebre ao representar Tarzan nos cinemas. O próprio uso de roupas, com ombreiras nos casacos, por exemplo, buscava valorizar a musculatura.

O bem-humorado Noel Rosa não deixa passar despercebido esse novo momento, que, em grande medida, o excluía, franzino que era, da preferência feminina. Eis a sua posição em *Tarzan, o filho do alfaiate*, de 1936:

> Quem foi que disse que eu era forte
> Nunca pratiquei esporte, nem conheço futebol
> O meu parceiro sempre foi o travesseiro
> E eu passo o ano inteiro sem ver um raio de sol
> A minha força bruta reside
> Em um clássico cabide já cansado de sofrer
> Minha armadura é de casimira pura
> Que me dá musculatura, mas me pesa e faz doer
> Eu poso pros fotógrafos e distribuo autógrafos
> A todas as pequenas lá na praia de manhã
> Um argentino disse, me vendo em Copacabana:
> "*No hay fuerza sobre-humana que detenga este Tarzan*"
> De lutas não entendo abacate
> Pois o meu grande alfaiate não faz roupa pra brigar
> Sou incapaz de machucar uma formiga
> Não há homem que consiga nos meus músculos pegar
> Cheguei até a ser contratado
> Pra subir em um tablado pra vencer o campeão
> Mas a empresa pra evitar assassinato
> Rasgou logo meu contrato quando me viu sem roupão

Na trajetória de configuração de popularidade da prática esportiva, muitos foram os desdobramentos e peculiaridades, merecendo ser destacados três momentos. Um deles pode ser percebido na transição dos séculos XIX e XX, quando chegam ao Brasil os ecos do terceiro fluxo internacional de desenvolvimento do campo.

Com o esporte completamente imerso no contexto sociocultural do século XIX, marcado pelas ideias de consumo e espetáculo, logo a prática esteve compreensivelmente ligada ao uso de artefatos tecnológicos, objetos que representavam a valorização do progresso e da velocidade, marcas dos "novos tempos". Os desafios possíveis ao corpo humano passam a ser pequenos perante as enormes possibilidades que se abrem com o uso de aparatos, algo potencializado por um contexto marcado pela busca insaciável por novidades cada vez mais assombrosas. Como exemplos-chave desse momento, pode-se mencionar o ciclismo, o automobilismo e a aviação, práticas que encantaram os seres humanos, celebrando a cidade que não cessava de mudar.[36]

O automobilismo chega ao Brasil na primeira década do século XX, inicialmente em São Paulo, e em seguida no Rio de Janeiro.[37] Depois de uma longa trajetória, o momento áureo desse esporte no país se dá com a realização do "Grande Prêmio do Rio de Janeiro", também conhecido como Circuito da Gávea: o sonho tornou-se realidade em 1933, contando com apoio direto do presidente Getúlio Vargas, bem como reconhecimento da Federação Internacional de Automobilismo.[38] A prova seria realizada até 1954, com um intervalo entre os anos de 1942 e 1946.

O Circuito da Gávea, com trajeto de pouco menos de 12 km, era perfeito para forjar heróis: impressionava pela beleza e pela dificuldade. Eram muitas curvas, subidas, descidas, pisos de asfalto, cimento, areia e paralelepípedo, visões estonteantes, o que reconhecidamente exigia

36 Cf. Melo, *Esporte e lazer*: conceitos – uma introdução histórica.

37 Ver Melo, Corpos, bicicletas e automóveis: outros esportes dos séculos XIX e XX. In: PRIORE; MELO, *História do esporte no Brasil*: do Império aos dias atuais. 2009, p.71-106.

38 Ver Scali, *Circuito da Gávea*.

Figura 18.6
Circuito da Gávea, subida da Avenida Niemeyer.

perícia dos pilotos. Havia poucos pontos de ultrapassagem e qualquer descuido poderia significar um acidente grave (aliás, houve muitos, alguns inclusive fatais), em uma época em que as condições de segurança ainda eram precárias. Tratava-se de um quadro adequado para fortalecer o caráter mítico dos pilotos.

Parece que João do Rio errou quando previu, em 1911:

> Assim o automóvel acaba com aquela modesta felicidade nossa de bater palmas aos trechos de floresta e mostrar ao estrangeiro *la naturaleza*. Não temos mais *naturaleza*, o Corcovado, o Pão de Açúcar, as grandes árvores, porque não as vemos. A natureza recolhe-se humilhada.[39]

---

39 Apud Gomes, *Nossos Clássicos* – João do Rio, p.60.

O automóvel não prescindiu da natureza, antes foi encarado como uma forma de "conquistá-la" e sempre dela precisará até para provar sua superioridade. O corpo, como operador e extensão da tecnologia, passa a ser submetido a situações extremas, tendo-se a ousadia como princípio, a vida sempre em risco.

Outro momento importante pode ser percebido nas décadas de 1950-1970, em razão do grande crescimento de algumas cidades, consequência do fortalecimento da industrialização nacional. Na medida em que as taxas demográficas aumentam, a euforia inicial dá lugar à condenação desse ambiente urbanizado. As cidades passam a ser retratadas como "um pesadelo de multidões", dotadas de um "cotidiano cercado de tormentos", e a vida urbana, avaliada como insalubre, infectada, comprometida pelo ar sujo e poluído.

Nesse contexto, crescem as preocupações com os "cuidados com o corpo e com a alma". Aulas de meditação e outros tratamentos espirituais passam a encontrar boa acolhida entre as classes médias brasileiras. Do mesmo modo, populariza-se ainda mais o exercício físico como forma de ocupação do tempo livre. A necessidade e o desejo de "desempenar os corpos" são mais comumente notados.

Imperará certa visão "holística" que, denunciando o equívoco do divórcio entre corpo e mente, propõe a vivência e a partilha de experiências mais "unificadoras". Trata-se do início da difusão do que é possível denominar atividades físicas suaves ou alternativas, que em muitos casos dialogaram com as reflexões da contracultura e com a cultura oriental (ou pelo menos com um olhar sobre o Oriente): ioga, tai chi chuan, aikido, como também antiginástica, eutonia, entre outros.

Cresce também a valorização da ideia de natureza. O Sol, o mar e a montanha são cada vez mais adorados. Esse "culto" também é perceptível no surgimento de modismos como a jardinagem como *hobby*, a valorização de restaurantes de comida natural/macrobiótica e a popularização de certas práticas realizadas em contato com o ambiente. Entre os esportes assim desenvolvidos estão o montanhismo, também chamado excursionismo, e o surfe, que em menos de uma década se disseminou entre jovens de classe média da zona sul do Rio de Janeiro.[40] Notadamente, no caso do esporte das pranchas, o fascínio por uma proposta de corpo livre e em contato com a natureza é muito bem expresso no sucesso de *Menino do Rio*, filme de Antônio Calmon que estreia no início dos anos 1980.

Da mesma forma, amplia-se a prática de atividades "pesadas". A febre das corridas de rua foi alimentada pela divulgação das propostas do método de Cooper. A ginástica e a musculação, que progressivamente apresentam novidades para aumentar os resultados, atraem muitos interessados. Segundo matéria publicada na revista *Veja*, de 3 de outubro de 1979, estima-se que o número de "institutos e centros de ginástica" tenha saltado de pouco mais de uma dezena para mais de cinquenta em cerca de quatro anos:

> A explosão do esporte e do exercício vai se tornando também um fenômeno de massa [...] Centenas de milhares de brasileiros, em suma, descobrem que um dos seus maiores interesses, quando não é o maior, é o próprio corpo.[41]

Logo estarão desfilando pela sociedade os corpos "malhados", "sarados", "marombados", novas expressões para definir a avantajada compleição muscular.

Por fim, a chegada com força ao país de mais uma nova configuração do fenômeno esportivo, essa, aliás, em pleno desenvolvimento. Com o aperfeiçoamento das ferramentas computacionais, fazer esporte nem sempre significa mover o corpo, mas sim jogar com simulações, situações ideais criadas nas telas.

Desde o tempo do Telejogo, primeira geração de *games*, são muitos os jogos eletrônicos que fazem da prática esportiva o motivo central.

40 Ver Dias, Novas conformações do campo esportivo: os esportes de natureza. In: Del Priore; Melo, op. cit.; Fortes, R. Os anos 80, a juventude e os esportes radicais. In: Del Priore; Melo, op. cit.

41 *Veja*, 3 out. 1979, p.51.

Aliás, com o Wii, vê-se a junção entre o movimento corporal e o que ocorre no monitor, uma nova forma de interação.[42]

Vale lembrar o sucesso de alguns jogos eletrônicos esportivos, principalmente do Fifa Soccer. Aliás, a Federação Internacional de Futebol Associado premia anualmente, com os craques de outras categorias (masculino, feminino, futsal, praia), o melhor jogador do *game*. Em certa medida, processo semelhante já ocorrera anteriormente com outras atividades ligadas ao "velho esporte bretão", caso, por exemplo, do futebol de mesa (nome oficial do também conhecido no Brasil "futebol de botão" ou "jogo de botão"[43]).

Mas podem-se considerar esses *games* como esporte? Basta lembrar que nem sempre a movimentação corporal foi parte essencial do fenômeno. Como prática social que deve ser historicizada, não dá para se prender a apreensões essenciais: o esporte é aquilo que em cada momento se defina como tal, conceitos relacionados a experiências históricas específicas; em cada um desses instantes, há um conjunto possível de relações com o corpo.

É necessário investigar mais para compreender melhor as mudanças conceituais que estão a se configurar nessa nova dinâmica. Supõe-se que tenham ligação com as peculiaridades da cibercultura, especialmente o rompimento com as relações tradicionais de tempo-espaço físicos.

A questão fundamental é: se mudou a forma de relação com o outro e com o corpo, e a forma de representá-lo, por que não se alteraria a concepção do que significa fazer esporte?

---

42 Wii é um *videogame* de sétima geração produzido pela Nintendo. Sua principal característica é o controlador sem fios, que possui um dispositivo que detecta os movimentos em três dimensões.

43 A prática é reconhecida como esporte desde 1988, sendo dirigida pela Confederação Brasileira de Futebol de Mesa. Há três modalidades oficiais (Disco, Bola 12 Toques, Bola 3 Toques) e duas experimentais (Dadinho 9 × 3 e Pastilha). Para algumas informações históricas sobre o jogo, ver <http://www.futeboldemesa-news.com.br/default.asp?acao=historia>.

Referências

Livros

ABREU, A. de. *Tratado de las siete enfermidades*. Lisboa: Pedro Graasbeck, 1629.

ABREU, B. L. de. *Portugal médico ou monarquia médico-lusitana: prática, simbólica, ética e política*. Lisboa: João Antunes, 1726.

AFRICANO, J. L. *Descripción general del África y de las cosas peregrinas que allí hay*. Granada: Fundación El Legado Andalusí, 2004.

ALEMÃO, F. F. *Diário de viagem de Francisco Freire Alemão*. Fortaleza – Crato, 1859. Fortaleza: Museu do Ceará; Secretaria da Cultura do Estado do Ceará, 2006.

ALGRANTI, L. M. *O feitor ausente*: estudo sobre a escravidão urbana no Rio de Janeiro. Rio de Janeiro: Vozes, 1988.

ALMEIDA, M. R. C. de. *Metamorfoses indígenas*: identidade e cultura nas aldeias coloniais do Rio de Janeiro. Rio de Janeiro: Arquivo Nacional, 2003.

ALMEIDA, M, Introdução. In: LABATE, B. C.; ARAÚJO, W. S. *O uso ritual da ayahuasca*. Campinas: Mercado de Letras, 2002.

ALVES, A. M. *A dama e o cavalheiro*: um estudo antropológico sobre envelhecimento, gênero e sociabilidade. Rio de Janeiro: FGV, 2004.

AMANTINO, M. *O mundo das feras*: os moradores do Sertão Oeste de Minas Gerais, século XVIII. São Paulo: Annablume, 2008.

AMARAL, A. *Tradições populares*. São Paulo: Instituto Progresso, 1948.

ANCHIETA, J. de. Informação da província do Brasil para o nosso padre. In: *Cartas*. São Paulo: Edições Loyola, 1984.

________. *Cartas, informações, fragmentos históricos e sermões (1554-1594)*. Rio de Janeiro: Civilização Brasileira, 1933a.

________. Informação da província do Brasil para o nosso padre. In: *Cartas, informações, fragmentos históricos e sermões (1554-1594)*. Rio de Janeiro: Civilização Brasileira, 1933b.

ANDRADE, G. O. de. *Morão, rosa e pimenta*: notícia dos três primeiros livros em vernáculo sobre a medicina no Brasil. Recife: Arquivo Público Estadual, 1956.

ANDRADE, M. de. *Namoros com a medicina*. Belo Horizonte: Martins: Itatiaia, 1980.

ANTONIL, A. J. *Cultura e opulência do Brasil*. Belo Horizonte: Itatiaia, 1982.

ANZIEU, D. *O eu-pele*. Rio de Janeiro: Casa do Psicólogo, 1989.

ARAÚJO, A. M. de. *Medicina rústica*. Rio de Janeiro: Companhia Editora Nacional, 1961.

ARAÚJO, A. R. de. *A assistência médica hospitalar no Rio de Janeiro no século XIX*. Rio de Janeiro: Conselho Federal de Cultura: MEC, 1982.

ARAÚJO, E. *O teatro dos vícios*. Rio de Janeiro: José Olympio Editora, 1993.

ARIÈS, P. *Les fils de McDo: La McDonalisation du Monde*. Paris: L'Harmattan, 1997.

________. *O homem diante da morte*. v.1. Rio de Janeiro: Francisco Alves, 1989.

ARON, J. P. A cozinha: um cardápio do séc. XIX. In: LE GOFF, J.; NORA, P. (Eds.). *História*. Novos objetos. Rio de Janeiro: Francisco Alves, 1974.

AZEVEDO, F. de. *Da educação física*. 3.ed. São Paulo: Melhoramentos, 1960.

AZPICUELTA NAVARRO et al. *Cartas avulsas* 1550-1568. Belo Horizonte: Itatiaia; São Paulo: Edusp, 1988.

AZURARA, G. E. de. *Crónica do descobrimento e conquista da Guiné*. Mira-Sintra – Mem Martins: Publicações Europa-América, 1989.

BARBOSA, F. C. J. As doenças viram notícias. In: NASCIMENTO, D. R. do; CARVALHO, D. M. de. *Uma história brasileira das doenças*. Brasília: Paralelo 15, 2004.

BARRETO, P. O futebol. In: Costa, N. *Páginas cariocas*. Guanabara: Secretaria Geral de Educação e Cultura, 1961.

BARRETO FILHO, M.; LIMA, H. *História da polícia do Rio de Janeiro*. Rio de Janeiro: A Noite, 1942.

BARROS, M. M. L. de. Testemunho de vida: um estudo antropológico de mulheres na velhice. In: FRANCHETTO, B. (Org.). *Perspectivas antropológicas da mulher 1*. Rio de Janeiro: Zahar, 1981.

BATTŪTA, Ibn. *A través del Islam*. Madri: Alianza Literaria, 2006.

BAUDRILLARD, J. *A sociedade de consumo*. São Paulo: Edições 70, 1970-81.

BAUMAN, Z. *O mal-estar da pós-modernidade*. Rio de Janeiro: Jorge Zahar, 1998.

BELLINI, L. *A coisa obscura:* mulher, sodomia e Inquisição no Brasil Colonial. São Paulo: Brasiliense, 1987.

BENCHIMOL, J. L. *Febre amarela*: a doença e a vacina, uma história inacabada. Rio de Janeiro: Fiocruz, 2001.

________. *Pereira Passos*: um Haussmann tropical. Rio de Janeiro: Secretaria Municipal da Cultura, 1990.

BERCITO, S. de D. R. Medicina e indústria em São Paulo: em foco o corpo do trabalhador. In: MOURA, E. B. de; FERLINI, V. A. (Orgs.). *História econômica*: agricultura, indústria e populações. São Paulo: Alameda, 2006.

BILAC, O. As corridas. In: Costa, N. *Páginas cariocas*. Guanabara: Secretaria Geral de Educação e Cultura.

BINSKI, P. *Medieval death*: ritual and representation. Londres: British Museum Press, 1996.

BINZER, I. V. *Os meus romanos*. Alegrias e tristezas de uma educadora alemã no Brasil. 3.ed. Rio de Janeiro: Paz e Terra, 1982.

BIRMAN, J. *Mal-estar na atualidade*. A psicanálise e as novas formas de subjetivação. Rio de Janeiro: Civilização Brasileira, 1999.

________. *A psiquiatria como discurso da moralidade*. Rio de Janeiro: Graal, 1978.

BLUTEAU, Pe. R. *Vocabulário portuguez e latino*. Coimbra: Collegio das Artes da Companhia de Jesus, 1712. (Edição fac-símile). Rio de Janeiro: Uerj, [s.d.]. CD-ROM.

________. *Vocabulário portuguez e latino*, 1712, 8v. Versão on-line do Instituto de Estudos Brasileiros (IEB), da Universidade de São Paulo (USP). Disponível em: <www.ieb.usp.br>. Acesso em: 18 mar. 2011.

BOLTANSKI, L. *As classes sociais e o corpo*. Rio de Janeiro: Edições Graal, 1984.

BOURDELAIS, P. *L'Age de la vieillesse*: histoire du vieillissement de la population. Paris: Éditions Odile Jacob, 1997.

BOURDIEU, P. *Razões práticas*: uma teoria da ação social. Campinas: Papirus, 1996.

________. *A crença e o corpo*. In: *Le sens pratique*. Paris: Minuit, 1980.

________. *Célibat et condition paysanne*. Paris: Etudes Rurales 5/6, 1962.

BRASIL. *Acidentes do trabalho e doenças profissionais*. Tabelas de invalidez permanente. Leis, regulamentos e outras notas. Rio de Janeiro: Editora Revista do Trabalho, 1946.

BRAUDEL, F. *Civilização material e capitalismo*. Lisboa: Cosmos, 1970.

________. *La Mediterranée et le Monde Mediterranéen a l'époque de Phillippe II*. Paris: Armand Colin, 1966.

BRESCIANI, M. S. M. *Londres e Paris no século XIX*. O espetáculo da pobreza. 8.ed. São Paulo: Brasiliense, 1996.

BROWN, P. Antiguidade tardia In: ARIÈS, P.; DUBY, G. (Orgs.). *História da vida privada*: do Império romano ao ano mil. São Paulo: Companhia das Letras, 1989.

________. *Le culte des saints*: son essor et sa fonction dans la chrétienté latine. Paris: Les Éditions du Cerf, 1984.

BUARQUE DE HOLANDA, S. *Visão do paraíso*: os motivos edênicos no descobrimento e colonização do Brasil. 2.ed. São Paulo: Companhia Editora Nacional, 1969.

________. Prefácio à obra de Thomas Davatz. *Memória de um colono no Brasil.* São Paulo: Livraria Martins, 1841.

BURTON, Sir R. F. *Cartas dos campos de batalha do Paraguai.* Rio de Janeiro: BibliEx, 1997.

CALAINHO, D. B. *A metrópole das mandingas, religiosidade negra e Inquisição portuguesa no antigo regime.* Rio de Janeiro: Garamond/Faperj, 2008.

CALDEIRA, J. (Org.). *Brasil* – a história contada por quem viu. São Paulo: Mameluco, 2008.

CAMINHA, P. V. *Carta el-rei d. Manuel I sobre o achamento do Brasil.* São Paulo: Martin Claret, 2007.

________. *Carta a el-rei d. Manuel I sobre o achamento do Brasil (1º de maio de 1500).* Lisboa: Imprensa Nacional-Casa da Moeda, 1974.

CAMPORESI, P. *Il sugo della vita. Simbolismo e magia del sangue.* Milão: Garzanti, 1997.

________. *La vie del latte dalla padania alla stepa.* Milão: Garzanti, 1993.

________. *Les baumes de l'amour.* Paris: Pluriel, 1990.

CAMPOS, A. de. *Noções gerais.* Hygiene. Belém: Livraria Escolar de Porto de Oliveira, 1912.

CAMPOS, A. A. Escatologia, iconografia e práticas funerárias no barroco das Gerais. In: REZENDE, M. E. L. de; VILLALTA, L. C. (Orgs.). *As minas setecentistas, 2.* Belo Horizonte: Companhia do Tempo, 2007.

CAMPOS, F. *O Estado nacional.* Rio de Janeiro: José Olympio, 1941.

CANGUILHEM, G. *Le normal et le pathologique.* Paris: PUF, 1979.

CAPELATO, M. H. *Multidões em cena*: propaganda política no varguismo e no peronismo. Campinas: Papirus, 1998.

CARADEC, V. *Sociologie de la vieillesse et du vieillissement.* Paris: Nathan, 2001.

CARDIM, F. *Tratados da terra e gente do Brasil* [1590/1606]. Belo Horizonte/São Paulo: Itatiaia/Edusp, 1980.

CARNEIRO, H. *Pequena enciclopédia da história das drogas e bebidas.* Rio de Janeiro: Campus-Elsevier, 2005.

________. *Filtros, mezinhas e triarcas*: as drogas no mundo moderno. São Paulo: Xamã, 1994.

CARTAS dos primeiros jesuítas do Brasil. Coimbra; São Paulo: Comissão do IV Centenário da Cidade de São Paulo, 1956-1958.

CARVALHO, H. V. de. Acidentes do trabalho. São Paulo: Saraiva, 1953.

________. *Temas de medicina social e do trabalho.* São Paulo: Edição Tipografia Rossolillo, 1952.

CARVALHO, J. M. de. *D. Pedro II.* São Paulo: Companhia das Letras, 2007.

CASCUDO, L. da C. *História da alimentação no Brasil.* 3.ed. São Paulo: Global, 2004.

________. *História da alimentação no Brasil.* Belo Horizonte: Itatiaia, 1983.

CASSANI, Pe. J. Glorias del segundo siglo de la Compañia de Jesus, dibuxadas en las vidas, y elogios de algunos de sus varones ilustres en virtud, letras, y zelo de las almas, que han florecido desde el año de 1640. Primero del segundo siglo, desde la aprobacion de la religion. Escritas por el P. Joseph Cassani, de la misma compañia. Tomo I. y VII. en el orden de varones ilustres, obra, que empezò el V. P. Juan Eusebio Nieremberg. dedicase al venerable augusto soberano sacramento. Que debaxo de veinte y quatro milagrosamente incorruptas formas, se venera en el colegio de la misma compañia de alcalà, y comunmente se nombra las santissimas formas de alcala. Con licencia. 3t. Madri: Manuel Fernandez, 1734.

CASTRO, E. de. *Breve aparelho e modo fácil para ajudar a bem morrer um cristão, com a recopilação da matéria de tratamentos, e penitência, várias orações devotas, tiradas da escritura sagrada, e do ritual romano de N. S. P. Paulo V, acrescentada da devoção de várias missas.* Lisboa: Ofic. Miguel Menescal, 1677.

CASTRO, H. M. M. de. *Das cores do silêncio*: os significados da liberdade no Sudeste escravista – Brasil século XIX. Rio de Janeiro: Arquivo Nacional, 1995.

CAULFIELD, S. *Em defesa da honra*: moralidade, modernidade e nação no Rio de Janeiro (1918-1940). Campinas: Ed. Unicamp, 2000.

CERQUEIRA, D. *Reminiscências da campanha do Paraguai, 1865-1870.* Rio de Janeiro: BibliEx, 1980.

CHALHOUB, S. *Cidade febril*: cortiços e epidemias na Corte Imperial. São Paulo: Companhia das Letras, 1996.

________ et al. *Artes e ofícios de curar.* São Paulo: Unicamp, 2003.

CHARNEY, L.; SCHWARTZ, V. (Orgs.). *O cinema e a invenção da vida moderna.* São Paulo: Cosac Naify, 2001.

CHARTIER, R. (Org.). *Práticas da leitura.* São Paulo: Estação Liberdade, 1996.

________; Áries, P. (Orgs.). *História da vida privada*: da Renascença ao Século das Luzes. v.3. São Paulo: Companhia das Letras, 1991.

CHAUNU, P. *Église, culture et societé. Essais sur réforme et contre-réforme 1517-1620.* Paris: Sedes, 1981.

CHAVES, M. E. *La estrategia de libertad de una esclava del siglo XVIII;* las identidades de amo y esclavo en un Puerto colonial. Quito: Ediciones Abya-Yala, 1999.

CLASTRES, P. *A sociedade contra o Estado*: pesquisas de Antropologia Política. Rio de Janeiro: Francisco Alves, 1974.

COARACY, V. *Memórias da cidade do Rio de Janeiro*. Rio de Janeiro: José Olympio, 1965.

COIMBRA, C. M. B. et al. A invenção do humano como modo de assujeitamento. In: MENDONÇA FILHO, M.; NOBRE, M. T. *Política e afetividade, narrativas e trajetórias de pesquisa*. Salvador: EDUFBA/EDUFS, 2009.

CONCEIÇÃO, Fr. A. da C. *Eco sonoro da clamorosa voz, que deu a Cidade de S. Sebastião do Rio de Janeiro, em o dia dezoito do mês de outubro do ano de 1747, na saudosa despedida do irmão fr. Fabiano de Cristo, enfermeiro do convento de S. Antonio da mesma cidade*. Lisboa: Oficina de Ignacio Rodrigues, 1748.

________. *Flor peregrina por preta, ou nova maravilha da graça, descoberta na prodigiosa vida de São Benedito de S. Filadélfio. Religioso leigo da Província da Sicília, da mais estreita Observância da religião seráfica*. Lisboa: Oficina Pinheirense da Música, 1744.

CORBIN, A.; Courtine, J. J.; Vigarello, G. *História do corpo:* Da Renascença às Luzes. Petrópolis: Vozes, 2008.

________. *História do corpo*. As mutações do olhar. O Século XX. v.III. Petrópolis: Vozes, 2006.

COSTA, J. F. *Violência e psicanálise*. Rio de Janeiro: Graal, 1985.

________. *Ordem médica e norma familiar*. Rio de Janeiro: Graal, 1979.

COSTA, N. *Páginas cariocas*. Guanabara: Secretaria Geral de Educação e Cultura, 1961.

COULANGES, F. de. *A cidade antiga*. São Paulo: Martins Fontes, 2000.

Courtine, J. J. Os stakanovistas do narcisismo. In: SANT'ANNA, D. B. (Org.). *Políticas do corpo*: elementos para uma história das práticas corporais. São Paulo: Estação Liberdade, 1995.

COUTO, D. D. L. do. *Desagravos do Brasil e glórias de Pernambuco (1757)*. Recife: Fundação de Cultura da Cidade do Recife, 1981.

CSERGO, J. *Liberté, égalité, propreté*: la morale de l'hygine au XIXème siècle. Paris: Albin Michel, 1988.

CUNHA, M. C. da. Política indigenista no século XX. In: CUNHA, M. C. da (Org.). *História dos índios do Brasil*. São Paulo: Companhia das Letras, 1992.

CUNHA, M. C. P. *O espelho do mundo*. Rio de Janeiro: Paz e Terra, 1986.

CYMBALISTA, R. *Cidades dos vivos*: arquitetura e atitudes perante a morte nos cemitérios do Estado de São Paulo. São Paulo: Annablume: Fapesp, 2002.

DAMPIER, W. C. *Historia de la ciência y sus relaciones com la filosofía y la religión*. Tercera edición. Madri: Editorial Tecnos, 1997.

DARMON, P. *O tribunal da impotência*: virilidade e fracassos conjugais na França do antigo regime. Rio de Janeiro: Paz e Terra, 1988.

DARMON, P. *Le mythe de la procréation à l'âge baroque.* Paris: Seuil, 1981.

DARNTON, R. *Os best-sellers proibidos da França pré-revolucionária.* São Paulo: Companhia das Letras, 1998.

________. Sexo dá o que pensar. In: NOVAES, A. (Org.). *Libertinos libertários.* São Paulo: Companhia das Letras, 1996.

DEBERT, G. G. *A reinvenção da velhice.* São Paulo: Edusp, 1999.

DEBRET, J. B. *Viagem pitoresca e histórica ao Brasil.* Belo Horizonte: Itatiaia; São Paulo: Edusp, 1989.

DELEUZE, G. *Conversações.* Rio de Janeiro: Editora 34, 1992.

DEL PRIORE, M. *Condessa de Barral* – a paixão do imperador. Rio de Janeiro: Editora Objetiva, 2008.

________. *História do amor no Brasil.* São Paulo: Contexto, 2002.

________. *Corpo a corpo com a mulher* – história das transformações do corpo feminino no Brasil. São Paulo: Senac, 2001.

________. *Corpo a corpo com a mulher.* Pequena história das transformações do corpo feminino no Brasil. São Paulo: Senac, 2000.

________. *A história das crianças no Brasil.* São Paulo: Contexto, 1999.

________. Magia e medicina na Colônia: o corpo feminino. In: *História das mulheres no Brasil.* São Paulo: Unesp/Contexto, 1998.

________. *Ao sul do corpo* – mentalidades e maternidades no Brasil colonial. Rio de Janeiro: José Olympio, 1989.

DELUMEAU, J. *História do medo no Ocidente, 1300-1850.* São Paulo: Companhia das Letras, 1989a.

________. *Rassurer et proteger*: le sentiment de sécurité dans l´Occident d´autrefois. Paris: Fayard, 1989b.

________. *Le péché et la peur. La culpabilisation en Occident XIII-XVIII siècles.* Paris: Fayard, 1983.

________. *La peur en Occident.* Paris: Fayard, 1978.

DIAS, C. A. G. Novas conformações do campo esportivo: os esportes de natureza. In: DEL PRIORE, M.; MELO, V. A. de. *História do esporte no Brasil*: do Império aos dias atuais. São Paulo: Unesp, 2009.

DIAS, L. F. Usos e abusos de bebidas alcoólicas segundo os povos indígenas do Uaçá. In: LABATE et al. (Orgs.). *Drogas e cultura*: novas perspectivas. Salvador: Edufba/Minc/Fapesp, 2008, p.199-218.

DIAS, M. L. *Suicídio*: testemunhas de adeus. São Paulo: Brasiliense, 1991.

Dom Felício. *Na Zona...* Contos rápidos n.11, p.8. Ilha de Vênus: Casa Editora Cupido & Comp, [s.d] [1914].

DUARTE, J. R. de L. *Ensaio sobre a higiene da escravatura no Brasil.* Rio de Janeiro: Typ. Universal de Laemmert, 1849.

DUEER, H. P. *Nudité & pudeur* – le mythe du processus de civilization. Paris: Éditions de la Maison des Sciences de l'Homme, 1998.

Eco, H. *Histoire de la Beauté*. Paris: Flammarion, 2004.

EDMUNDO, L. *O Rio de Janeiro do meu tempo*. Rio de Janeiro: Conquista, 1957.

________. *O Rio de Janeiro no tempo dos vice-reis*. 3v. Rio de Janeiro: Conquista, 1956.

EHRENBERG, A. *La fatigue d'être soi*: dépression et société. Paris: Odile Jacob, 1998.

EL FAR, A. *Páginas de sensação*. Literatura popular e pornográfica no Rio de Janeiro (1870-1924). São Paulo: Companhia das Letras, 2004.

ELIAS, N. *O processo civilizador*. Rio de Janeiro: Zahar, 1993.

EMEDIATO, L. F. O direito de morrer. In: GUILLON, C.; LE BONNIEC, Y. *Suicídio*: modo de usar. Trad. Maria Ângela Villas. São Paulo: EMW Editores, 1984.

ENES, M. F. *Reforma tridentina e religião vivida (os Açores na época moderna)*. Ponta Delgada: Eurosigno, 1991.

ESQUIROL, J.-É. D. *Dês maladie mentale considerée sous lê rapport médical, hygiénique et médico-légal*. Paris: J. B. Baillière, 1838.

ESTEVES, M. A. *Meninas perdidas*: os populares e o cotidiano do amor no Rio de Janeiro da Belle Époque. Rio de Janeiro: Paz e Terra, 1989.

EXPEDIÇÃO DE LANGSDORF AO BRASIL, 1821-1829. Rio de Janeiro: Ed. Alumbramento: Livroarte Ed., 1998.

FARIA, S. de C. *A Colônia em movimento*. Fortuna e família no cotidiano colonial. Rio de Janeiro: Nova Fronteira, 1998.

FÁVERO, F. *Medicina legal*. São Paulo: Empresa Graphica da "Revista dos Tribunaes", 1938.

FEATHERSTONE, M.; HEPWORTH, M. Envelhecimento, tecnologia e curso da vida incorporado. In: DEBERT, G. G.; GOLDSTEIN, D. (Orgs.). *Políticas do corpo e curso da vida*. São Paulo: Sumaré, 2000.

FEITOSA, C. Alteridade na estética: reflexões sobre a feiura. In: KATZ C. S.; KUPERMANN, D.; MOSÉ, V. (Orgs.). *Beleza, feiura e psicanálise*. Rio de Janeiro: Contra Capa, 2004.

FERNAND, J. *Traité de l'essence et guérison de l'amour*. Paris: Denys Moreu, 1623.

FERNANDES, M. H. *A hipocondria do sonho e o silêncio dos órgãos*: o corpo na clínica psicanalítica. Pelotas: Hipertexto, 2006.

________. Corpo. In: *Transtornos alimentares*: anorexia e bulimia. São Paulo: Casa do Psicólogo, 2003.

FERNANDES, T. M. D. Varíola: doença e erradicação. In: NASCIMENTO, D. R. do; CARVALHO, D. M. de. *Uma história brasileira das doenças*. Brasília: Paralelo 15, 2004.

FERNANDEZ, M. T. *Aspectos de la vida social en Cartagena de Indias durante el seiscientos.* Sevilla: Publicaciones de la Escuela de Estudios Hispano-Americanos de Sevilla, 1954.

FERREIRA DA ROSA, J. *Tratado único da constituição pestilencial de Pernambuco*, 1636.

FIGUEIREDO, L. et al. *Cachaça*: alquimia brasileira. Rio de Janeiro: Repsol-YPF/19 Design Editora, 2005.

FISCHLER, C. Obeso benigno, obeso maligno. In: SANT'ANNA, D. B. (Org.). *Políticas do corpo*: elementos para uma história das práticas corporais. São Paulo: Estação Liberdade, 1995. p.69-80.

FLANDRIN, J-L.; MONTANARI, M. *História da alimentação.* São Paulo: Estação Liberdade, 1998.

FONTES, I. *Do corpo sensorial ao corpo simbólico.* São Paulo: Revista de Terapia Morfoanalítica, 2006.

FORBES, J. D. *Black Africans & Native Americans.* Color, race and caste in the evolution of red-black peoples. Oxford: Basil Blackwell Ltd., 1988.

FORTES, R. Os anos 80, a juventude e os esportes radicais. In: DEL PRIORE, M.; MELO, V. A. de. *História do esporte no Brasil*: do Império aos dias atuais. São Paulo: Unesp, 2009.

FOUCAULT, M. *Segurança, território e população.* São Paulo: Martins Fontes, 2008.

________. *O poder psiquiátrico.* São Paulo: Martins Fontes, 2003.

________. *Em defesa da sociedade.* São Paulo: Martins Fontes, 2000.

________. *História da loucura na Idade Clássica.* 5.ed. Trad. José T. Coelho Netto. São Paulo: Perspectiva, 1997.

________. *Vigiar e punir.* Trad. Raquel Ramalhete. Petrópolis: Vozes, 1987.

________. *Microfísica do poder.* Rio de Janeiro: Graal, 1979.

________. *História da loucura na idade clássica.* São Paulo: Perspectiva, 1978.

________. *Histoire de la sexualité I* – La volonté de savoir. Paris: Gallimard, 1976.

FRAILLE, G. *Historia de la filosofia III*: Del humanismo a la Ilustración (siglos XV-XVIII). Madri: La Editorial Catolica (Biblioteca de Autores Cristianos), 1978.

FRANÇA, J. M. de C. *Mulheres viajantes no Brasil (1764-1820).* Rio de Janeiro: José Olympio, 2008.

________. *Visões do Rio de Janeiro colonial.* Antologia de textos (1531-1800). Rio de Janeiro: José Olympio, 1997.

FREYRE, G. *Açúcar. Ingleses no Brasil.* Rio de Janeiro: Topbooks, 2000.

________. São Paulo: Companhia das Letras, 1997.

________. *Casa-grande & Senzala; formação da família brasileira sob o regime da economia patriarcal.* 27.ed. Rio de Janeiro: Record, 1990.

FREYRE, G. *Casa-grande e Senzala*. Rio de Janeiro: José Olympio, 1980.

________. *Vida social no Brasil nos meados do século XIX*. Recife: Instituto Joaquim Nabuco de Pesquisas Sociais, 1964.

________. *Ingleses no Brasil*. Rio de Janeiro: José Olympio, 1948.

FREIREYSS, G. W. *Viagem ao interior do Brasil*. Belo Horizonte: Itatiaia; São Paulo: Edusp, 1982.

FREUD, S. Sobre o narcisismo: uma introdução. In: *Edição Eletrônica Brasileira das Obras Psicológicas Completas de Sigmund Freud*, v.XIV. Rio de Janeiro: Imago, 2000 (1914).

________. [1930] O mal-estar na civilização. In: *Edição Eletrônica Brasileira das Obras Psicológicas Completas de Sigmund Freud*. Rio de Janeiro: Imago, 2000 (1930).

________. Inibição, sintoma e angústia. In: *Edição Eletrônica Brasileira das Obras Psicológicas Completas*, v.XXI, 1926. Disponível em: <www.periodicos.ufsc.br/index.php/traducao/article/download/5626/5112>. Acesso em: 18 mar. 2011.

FRIDMAN, F. *Donos do Rio em nome do rei*: uma história fundiária da cidade do Rio de Janeiro. Rio de Janeiro: Jorge Zahar: Garamond, 1999.

FURTADO, J. F. *Chica da Silva e o contratador de diamantes* – o outro lado do mito. São Paulo: Companhia das Letras, 2003.

GANDAVO, P. de M. *História da Província de Santa Cruz*. Belo Horizonte: Itatiaia; São Paulo: Edusp, 1980.

GAY, P. *A experiência burguesa da rainha Vitória a Freud*: o cultivo do ódio. Trad. Sergio Góes de Paula e Viviane de Lamare Noronha. São Paulo: Companhia das Letras, 1995.

________. *A experiência burguesa da rainha Vitória a Freud*: a paixão terna. Trad. Per Salter. São Paulo: Companhia das Letras, 1988-90.

________. *A experiência burguesa da rainha Vitória a Freud*: a educação dos sentidos. Trad. Per Salter. São Paulo: Companhia das Letras, 1988.

GÉLIS, J. O corpo, a Igreja e o sagrado. In: CORBIN, Alain et al. (Org.). *História do corpo*. Petrópolis: Vozes, 2008.

GIDDENS, A. *Modernidade e identidade*. Rio de Janeiro: Jorge Zahar, 2002.

GIEDION, S. *La mécanisation au pouvoir*: contribution à l'histoire anonyme. Trad. Paulo Guivarch. Paris: Centre Georges Pompidou, 1980.

GILMAN, S. *Making the body beautiful*: a cultural history of aesthetic surgery. Princeton: Princeton University Press, 1999.

GOLDANI, A. M. Mulheres e envelhecimento: desafios para novos contratos intergeracionais e de gênero. In: CAMARANO, A. M. (Org.). *Muito além dos 60*: os novos idosos brasileiros. Rio de Janeiro: Ipea, 1999.

GOMES, A. de C. *A invenção do trabalhismo*. Rio de Janeiro: Relume Dumará, 1994.

GOMES, L. *1808*. São Paulo: Planeta, 2007.

GOMES, R. *Nossos Clássicos* – João do Rio. Rio de Janeiro: Agir, 2005.

GONDRA, J. G. *Artes de civilizar*: medicina, higiene e educação escolar na Corte Imperial. Rio de Janeiro: Uerj, 2004.

GROPPO, L. A. *A juventude*. Rio de Janeiro: Difel, 2000.

GUATTARI, F.; ROLNIK, S. *Cartografias do desejo*. Petrópolis: Vozes, 1986.

GUEDES, R. Sociedade escravista e mudança de cor. Porto Feliz, São Paulo, Século XIX. In: FRAGOSO, J. et al. (Orgs.). *Nas rotas do Império*. Vitória: Edufes; Lisboa: IICT, 2006.

GUERRAND, R-H. Guerra à tuberculose! In: LE GOFF, J. (Coord.). *As doenças têm histórias*. Lisboa: Terra Mar, 1991. p.187-201.

GUILLON, C.; LE BONNIEC, Y. *Suicídio*: modo de usar. Trad. Maria Ângela Villas. São Paulo: EMW Editores, 1984.

HANSEN, J. A. *A sátira e o engenho*. São Paulo: Companhia das Letras, 1989.

HAUSSMANN, G. E. *Mémoire sur les eaux de Paris*. Paris: Conseil Municipal de Santé de Paris, 1858.

HEGENBERG, L. *Doença*: um estudo filosófico. Rio de Janeiro: Fiocruz, 1998.

HENMAN, A. *O guaraná*. São Paulo: Global, 1986.

HENRIQUES, F. da F. *Âncora medicinal para conservar a vida com saúde*. Lisboa: Miguel Rodrigues, 1733.

HERZLICH C.; PIERRET, J. *Malades d'hier, malades d'aujoud'hui*: de la mort collective au devoir de guérison. Paris: Payot, 1984.

HOLT, R. *Sport and the British*: a modern history. New York: Oxford University Press, 1989.

HORTA, J. da S. A imagem do africano pelos portugueses antes dos contactos. In: ALBUQUERQUE, L. de. *O confronto do olhar*. O encontro dos povos na época das navegações portuguesas. Lisboa: Caminho, 1991.

HORTA, J. S. B. *O hino, o sermão e a ordem do dia*: a educação no Brasil (1930-1945). Rio de Janeiro: Ed. UFRJ, 1994.

HUNT, L. *The Invention of Pornography*: obscenity and the origins of modernity, 1500-1800. New York: Zone Books, 1996.

IDRÎSÎ. La première géographie de l'Occident. Présentation, notes, index, chronologie et bibliographie par Henri Bresc et Annliese Nef. Traduction du Chevalier Jaubert, revue par Annliese Nef. Paris: Flammarion, 1999.

JABOATÃO, Fr. A. de S. M. *Discurso histórico, geográfico, genealógico, político e encomiástico recitado na nova celebridade, que dedicaram os pardos de Pernambuco, ao santo de sua cor, o beato Gonçalo Garcia*. Lisboa: Oficina de Pedro Ferreira, 1751.

KARASCH, M. *A vida dos escravos no Rio de Janeiro: 1808-1850*. São Paulo: Companhia das Letras, 2000.

KEHL, R. *Eugenia e medicina social.* São Paulo: Livraria Francisco Alves, 1920.

KELLER, A. Disseminações da modernidade: representação e desejo do consumidor nos primeiros catálogos de venda por correspondência. In: CHARNEY, L.; SCHWARTZ, V. (Orgs.). *O cinema e a invenção da vida moderna.* São Paulo: Cosac Naify, 2001.

KIDDER, D. P. *Reminiscências de viagens e permanência no Brasil*: províncias do Norte (1839-1840). São Paulo: Edusp; Belo Horizonte: Itatiaia, 1972.

KURLANSKY, M. *Sal*: uma história do mundo. São Paulo: Editora Senac, 2004.

KYLE, D. G. *Spectacles of death in ancient Rome.* Londres e Nova York: Routledge, 2001.

LABATE, B. et al. (Orgs.). *Drogas e cultura*: novas perspectivas. Salvador: Edufba: Minc: Fapesp, 2008.

LABATE, B.; GOULART, S. (Orgs.). *O uso ritual das plantas de poder.* Campinas: Mercado de Letras, 2005.

Lacan, J. *Television*: A Challenge to the Psychoanalytic Establishment. Le Champ freudien. Paris: Seuil, 1974.

LARA, S. H. *Fragmentos setecentistas*: escravidão, cultura e poder na América portuguesa. São Paulo: Companhia das Letras, 2007.

LAUWERS, M. *La mémoire des ancêtres le souci des morts*: morts, rites et société au Moyen Âge. Paris: Beauchesne, 1996.

LE BRETON, D. *Corps et sociétés*: Essai de sociologie et anthropologie du corps. Paris: Lib. des Meridiens, 1985.

LEITÃO, C. M. *O Brasil visto pelos ingleses.* São Paulo: Companhia Editora Nacional, 1937.

LEITE, S. *História da Companhia de Jesus no Brasil.* São Paulo: Loyola, 2004. v.2, p.572.

________. (Org.). *Monumenta Brasiliae (1563-1568).* [S.l.: s.n.], 1960.

LENOIR, R. Objet sociologique et probleme social. In: CHAMPAGNE, P. et al. (Orgs.). *Initiation a la pratique sociologique.* Paris: Dunod, 1990.

LEVI, G. C.; KALLÁS, E. G. Varíola, sua prevenção vacinal e ameaça como agente de bioterrorismo. In: *Revista de Associação Médica Brasileira*, v.48, n.4, out/dez. 2002.

LIMA, O. G. de. *Pulque, balchê e pajauaru na etnobiologia das bebidas e dos alimentos fermentados.* Recife: UFPE, 1975.

LINHARES, T. *História econômica do mate.* Rio de Janeiro: José Olympio, 1969.

LIPOVETSKY, G. *O império do efêmero.* 11.reimp. São Paulo: Companhia das Letras, 2008.

LOBO, L. F. *Os infames da história*: pobres, escravos e deficientes no Brasil. Rio de Janeiro: Lamparina, 2008.

LOPES, F. *Suicídio*: teia discursiva e relações de poder na imprensa campineira, final do século XIX. Campinas: Unicamp/CMU, 2006.

LOPES, F. *Suicídio & saber médico*: estratégias históricas de domínio, controle e intervenção no Brasil do século XIX. Rio de Janeiro: Apicuri, 2008.

MACHADO, R. Por uma genealogia do poder. In: FOUCAULT, M. *Microfísica do poder*. Org. e trad. Roberto Machado. Rio de Janeiro: Graal, 1979.

MACHADO DE ASSIS, J. M. *Dom Casmurro*. São Paulo: Klick Editora, 1997.

MAGALHÃES, J. *Medicina folclórica*. Fortaleza: Imprensa Universitária do Ceará, 1966.

MALRAUX, A. *A condição humana*. Rio de Janeiro: Ed. Record, 2001 [1933].

MALSON, L. *Crianças selvagens*: mito e realidade. Porto: Livraria Civilização, 1978.

MALYSSE, S. A la recherche du corps ideal: culte féminin du corps dans la zone balnéaire de Rio de Janeiro. In: *Cahiers du Brésil Contemporain*. Paris, n.31, 1997.

MANGE. R. Curso de psicotécnica. São Paulo, 1934. (mimeo). In: *De homens e máquinas*. São Paulo: Senai, 1991.

________. *Missão do Serviço Nacional de Aprendizagem Industrial*, resumo da conferência feita pelo Eng. Roberto Mange em 30.9.1943. São Paulo, 1943. In: *De homens e máquinas*. São Paulo: Senai, 1991.

MARCONDES, D. *Iniciação à história da filosofia*. Rio de Janeiro: Zahar, 1997.

MARKUS, R. A. *O fim do cristianismo antigo*. São Paulo: Paulus, 1997.

MARTINS S. J. M. *Introdução histórica à vidência do tempo e da morte*. Braga: Livraria Cruz, 1969.

MATOS, Gregório de. *Obras completas de Gregório de Matos Guerra (Crônica do viver baiano seiscentista)*. 7v. Salvador: Editora Janaína, 1968.

MATTOS, H. M. A escravidão moderna nos quadros do Império português: o antigo regime em perspectiva atlântica. In: FRAGOSO, J. et al. (Orgs.). *O antigo regime nos trópicos*: a dinâmica imperial portuguesa (séculos XVI-XVIII). Rio de Janeiro: Civilização Brasileira, 2001.

MAUSS, M. As técnicas corporais. In: *Sociologia e antropologia*. São Paulo: Edusp, 1974.

MEDEIROS, F. de. *L'Occident et l'Afrique (XIII-XV siècle)*. Paris: Karthala, 1985.

MELO, V. A. de. *Esporte e lazer*: conceitos – uma introdução histórica. Rio de Janeiro: Apicuri: Faperj, 2010.

________. Corpos, bicicletas e automóveis: outros esportes na transição dos séculos XIX e XX. In: DEL PRIORE, M.; MELO, V. A. de. *História do esporte no Brasil*: do Império aos dias atuais. São Paulo: Unesp, 2009a.

________. *Esporte, lazer e artes plásticas*: diálogos. Rio de Janeiro: Apicuri/Faperj, 2009b.

________. *Dicionário histórico do esporte no Brasil*. Campinas: Autores Associados, 2007.

________. *Cidade "Sportiva"*. Rio de Janeiro: Relume Dumará: Faperj, 2001.

MELLO E SOUZA, L. *O diabo na Terra de Santa Cruz*. São Paulo: Companhia das Letras, 1988.

MENEZES, L. de M. *Os estrangeiros e o comércio do prazer nas ruas do Rio*. Rio de Janeiro: Arquivo Nacional, 1992.

MÉTRAUX, A. *A religião dos tupinambás*. 2.ed. São Paulo: Edusp, 1979.

MEYER, F. Age, generation and social structure. In: KERTZER, D.; KEITH, J. (Orgs.). *Age and anthropological theory*. Ithaca: Cornell University Press, 1984.

MINISTÉRIO da Educação e Cultura. *Boletim*. Rio de Janeiro: MES, 1940-1945.

MINISTÉRIO da Indústria, Viação e Obras Públicas. *Recenseamento geral da República dos Estados Unidos do Brasil em 31 de dezembro de 1890 – Distrito Federal – cidade do Rio de Janeiro*. Rio de Janeiro: Tip. Luzinger, 1895, p.XXVIII.

MINOIS, G. *Histoire du suicide*. La société occidentale face à la mort volontaire. Paris: Fayard, 1995.

MOHEN, J-P. *Les rites de l'au-delà*. Paris: Éditions Odile Jacob, 1995.

MONESTIER, M. *Suicides*. Histoire, techniques et bizarreries de la mort volontaire. Des origines à nos jours. Luçon: Le Cherche Midi Éditeur, 1995.

MONTESQUIEU. *Cartas persas*. Trad. e apres. Renato Janine Ribeiro. São Paulo: Pauliceia, 1991.

MORAES NETO, B. R. de. *Marx, Taylor, Ford*. As forças produtivas em discussão. 2.ed. São Paulo: Brasiliense, 1986.

MOREIRA, N. J. Considerações gerais sobre o suicídio. Discurso proferido perante sua majestade, o imperador e sua alteza, o Conde d'Eu, na sessão solene da Academia Imperial de Medicina, em 30.6.1867.

MORON, P. *Le suicide*. Que sais-je. 45.ed. Corrigée, France: Imp. Des Presses Universitaires de France, 1999.

MOTA, C. N. da. *Jurema's children in the Forest of spirits*: ritual and healing among two Brazilian indigenous groups. Londres: Intermediate Technologies Publications, 1997.

MOTT, L. *Rosa egipcíaca. Uma santa africana no Brasil*. Rio de Janeiro: Bertrand do Brasil, 1993.

MOTTA, A. B. Chegando pra idade. In: BARROS, M. M. L. de (Org.). *Velhice ou terceira idade?* Rio de Janeiro: FGV, 2003.

NASCIMENTO, D. R. do; CARVALHO, D. M. de. *Uma história brasileira das doenças*. Brasília: Paralelo 15, 2004.

NEEDELL, J. *Belle Époque tropical*. São Paulo: Companhia das Letras, 1993.

NETTO, M. J. *O livro das gentes*: primeiro ensaio da medicina reformada para o curativo e regeneração dos doentes servindo de manual instrutivo ao povo, à nobreza e ao clero. Rio de Janeiro: Typographia de F. A. de Almeida, 1854.

NEVES, G. P. das. *E receberá mercê*: a mesa de consciência e ordens e o clero secular no Brasil – 1808-1828. Rio de Janeiro: Arquivo Nacional, 1997.

NÓBREGA, M. da. *Cartas do Brasil*. Belo Horizonte: Itatiaia; São Paulo: Edusp, 1988.

NOVAES, J. V. *Com que corpo eu vou?* Sociabilidades e usos do corpo nas camadas altas e populares. Rio de Janeiro: PUC/Pallas, 2010.

________.Vale quanto pesa. Sobre mulheres, beleza e feiura. In: CASOTTI, L. M. et al. (Orgs.). *Tempo da beleza*. Consumo, comportamento feminino, novos olhares. Rio de Janeiro: Ed. Senac/L'Óreal, 2008a.

________. Mulher e beleza. Quem disse que beleza não é fundamental? In: GOUVÊA (Org.). *Cine imaginarium*. Imaginário e estética: Da arte de fazer psicologia, comunicação e cinema. Rio de Janeiro: Ed. Cia. de Freud, 2008b.

________. *O intolerável peso da feiura*. Sobre as mulheres e seus corpos. Rio de Janeiro: Ed. PUC: Garamond, 2006.

NOVAES, J. V.; MEDEIROS. S. A mulher e o pecado. In: VILHENA, J.; ZAMORA, M. H. (Orgs.). *As cidades e as formas de viver II*. Religiões, fé e fundamentalismo. Rio de Janeiro: Museu da República, 2007.

________. Da cena do corpo ao corpo em cena. Estética feminina e cirurgia plástica. In: CASTILHO, K.; GALVÃO, D. (Orgs.). *A moda do corpo*. O corpo da moda. São Paulo: Esfera.

NOVAIS, F. (Dir.). *História da vida privada no Brasil*. 3v. São Paulo: Companhia das Letras, 1997.

NOVINSK, A. W. *Inquisição*: inventários de bens confiscados a cristãos novos no Brasil. Lisboa: Imprensa Nacional: Casa da Moeda, 1978.

OLIVEIRA, A. J. M. de. *Devoção negra*: santos pretos e catequese no Brasil colonial. Rio de Janeiro: Quartet: Faperj, 2008.

OLIVEIRA, L. L.; VELLOSO, M. P.; GOMES, A. C. *Estado Novo*: ideologia e poder. Rio de Janeiro: Zahar, 1982.

ORTA, G. de. *Colóquio dos simples, das drogas e das cousas medicinais da Índia*. Lisboa: Academia Real das Ciências de Lisboa, 1891.

PAIVA, J. de A. Fisiologia e patologia do trabalho humano. In: RIOS, J. A.; FISCHLOWITZ, E.; PAIVA, J. de A. *Manual de psicotécnica* (Psicologia aplicada ao trabalho). Rio de Janeiro: Editora Científica, 1953.

PARAÍSO, M. H. Os botocudos e sua trajetória histórica. In: CUNHA, M. C. da (Org.). *História dos índios do Brasil*. São Paulo: Companhia das Letras, 1992.

PARDO, O.; PIZARRO, J. L. *La chicha en el Chile precolombino*. Santiago do Chile: Mare Nostrum, 2005.

PEIXOTO, A. et al. *Acidentes do trabalho*. Rio de Janeiro: Guanabara, 1934.

________. *Medicina legal dos acidentes do trabalho e das doenças profissionais*. Rio de Janeiro: Francisco Alves, 1926.

PEIXOTO, C. E. *Envelhecimento e imagem*: as fronteiras entre Paris e Rio de Janeiro. São Paulo: Annablume, 2000.

PEIXOTO, C. E. Entre o estigma, a compaixão e os termos classificatórios: velho, velhote, idoso, terceira idade... In: BARROS, M. M. L. de (Org.). *Velhice ou terceira idade?* Rio de Janeiro: FGV, 2003.

PEREIRA, B. *Anacephaleosis Médico-Theológica Mágico Jurídica Moral e Política*. Coimbra: Francisco de Oliveira, [s.d].

PEREIRA, J. C. M. *À flor da terra*: o cemitério dos pretos novos no Rio de Janeiro. Rio de Janeiro: Garamond, 2007.

PEREIRA, L. A. de M. *Footballmania*, uma história social do futebol no Rio de Janeiro. Rio de Janeiro: Nova Fronteira, 2000.

PEREIRA, L. *Nas barricadas da saúde*: vacina e protesto popular no Rio de Janeiro da primeira República. São Paulo: Perseu Abramo, 2002.

PEREIRA, R. dos S. *Piso e a medicina indígena*. Recife: Instituto Arqueológico, Histórico e Geográfico de Pernambuco/UFPE, 1980.

PERROT, P. *Le corps feminin*: le travail des apparences, XVIII – XIX siècle. Paris: Editions du Seuil, 1994.

PILLOTTI, F.; RIZZINI, I. *A arte de governar crianças*: a história das políticas sociais, da legislação e da assistência à infância no Brasil. Rio de Janeiro: Instituto Interamericano del Niño: Universidade Santa Úrsula: Amais Ed. e Livraria, 1995.

PIMENTA, T. S. Doses infinitesimais contra a epidemia de cólera em 1855. In: NASCIMENTO, D. R. do; CARVALHO, D. M. de. *Uma história brasileira das doenças*. Brasília: Paralelo 15, 2004.

PIMENTEL, A. M. de A. *Subsídios para o estudo de higiene do Rio de Janeiro*. Rio de Janeiro: Tip. e Lit. de Carlos Gaspar da Silva, 1890.

PISO, G. *História natural do Brasil ilustrado*. São Paulo: Nacional, 1948 [1648].

POMPÉIA, R. *Crônicas do Rio*. Rio de Janeiro: Secretaria Municipal de Cultura, 1996.

PONTY, M. M. *Signes*. Paris: Gallimard, 1960.

PORRO, A. História indígena do Alto e Médio Amazonas. In: CUNHA, M. C. da (Org.). *História dos índios do Brasil*. São Paulo: Companhia das Letras, 1992.

PORTO, A. Tuberculose: a peregrinação em busca de cura e de uma nova sensibilidade. In: NASCIMENTO, D. R. do; CARVALHO, D. M. de. *Uma história brasileira das doenças*. Brasília: Paralelo 15, 2004.

PRANDI, R. (Org.). *Encantaria brasileira*. Rio de Janeiro: Pallas, 2001.

PRETI, D. *A linguagem proibida*: um estudo sobre a linguagem erótica. São Paulo: T.A. Queiroz, 1983.

RAMINELLI, R. Da etiqueta canibal: beber antes de comer. In: VENÂNCIO, R. P.; CARNEIRO, H. (Orgs.). *Álcool e drogas na história do Brasil*. São Paulo: Alameda; Belo Horizonte: Editora PUCMinas, 2005. p.29-46.

RAMOS, A. *Prática de seleção e aperfeiçoamento de pessoal*. 2.ed. São Paulo: Atlas, 1965.

REBÊLO, M. *Brasil, terra e alma* – Guanabara. Rio de Janeiro: Editora do Autor, 1967.

REIS, J. J. *A morte é uma festa*: ritos fúnebres e revolta popular no Brasil do século XIX. São Paulo: Companhia das Letras, 1991.

RENAULT, D. *Rio de Janeiro*: a vida da cidade refletida nos jornais. Rio de Janeiro: Civilização Brasileira, 1978.

RESENDE, M. E. L. de (Coord.). *História das Minas Gerais*. v.1 e 2. Belo Horizonte: Autêntica, 2007.

REYS, M. M. do C. *Manuscritos de manual Martins do Couto Reys*. 1785-. Rio de Janeiro: Arquivo Público do Estado do Rio de Janeiro, 1997.

RIBEIRO, M. M. *A ciência dos trópicos*: a arte médica no Brasil do século XVIII. São Paulo: Hucitec, 1997.

RIEDEL, G. *L'Hygiène mentale au Brésil*. Rio de Janeiro: Tip. do Jornal do Commércio, 1923.

RIOS, J. A. et al. *Manual de psicotécnica* (Psicologia aplicada ao trabalho). Rio de Janeiro: Editora Científica, 1953.

ROCHA, F. *Esboço de psiquiatria forense*. São Paulo: Tip Laemmert & C, 1905.

ROCHARD, J. (Org.). *Encyclopédie d'hygiène et de médecine publique*. t.1. Paris: Arthur Rosseau et Vigor Frères, 1897.

ROCQUE, C. *Grande Enciclopédia da Amazônia*. Belém do Pará: Amazônia Editora Ltda., 1968.

RODRIGUES, C. *Lugares dos mortos na cidade dos vivos*: tradições e transformações fúnebres no Rio de Janeiro. Rio de Janeiro: Secretaria Municipal de Cultura/ Divisão de Editoração, 1997.

________. *Nas fronteiras do além*: a secularização da morte no Rio de Janeiro (séculos XVIII e XIX). Rio de Janeiro: Arquivo Nacional, 2005.

RODRIGUES. J. C. *O corpo na história*. Rio de Janeiro: Editora Fiocruz, 1999.

ROHDEN, F. *A arte de enganar a natureza* – contracepção, aborto e infanticídio no início do século XIX. Rio de Janeiro, Fiocruz, 2003.

ROSSI, P. *O nascimento da ciência moderna na Europa*. Bauru: Edusc, 2001.

ROTH, P. *O animal agonizante*. São Paulo: Companhia das Letras, 2006.

ROUCHE, M. *Alta Idade Média Ocidental*. In: ARIÈS, P. e DUBY, G. (Orgs.). *História da vida privada*: do Império Romano ao ano mil. v.1. São Paulo: Companhia das Letras, 1989.

ROUET, M. *L'esthétique corporel*, 1998 (mimeo).

RUDGLEY, R. *Essential substances*. A cultural history of intoxicants in society. Nova York: Kodansha, 1993.

RUFFATO, L. A. L. *Todos os possíveis caminhos*. Cataguases: Instituto Francisca de Souza Peixoto, 2005.

RUSSELL-WOOD, A. J. R. *Fidalgos e filantropos*: a Santa Casa da Misericórdia da Bahia, 1550-1755. Brasília: Editora da UnB, 1981.

SÁ FREIRE, D.; VIEIRA, L. *Guia do gordo e do magro* – Aprenda a conviver com a balança. Rio de Janeiro: Campus-Elsevier, 2007.

SÁ, I. dos G. *Quando o rico se faz pobre*: misericórdias, caridade e poder no Império português, 1500-1800. Lisboa: Comissão Nacional para as Comemorações dos Descobrimentos Portugueses, 1997.

SABOIA, G. R. de. *O lenocínio.* Rio de Janeiro: Tip. Lit. de Carlos Schmidt, 1896.

SABUGO, O. D. de. *Nova filosofia da natureza do homem, não conhecida nem alcançada dos grandes filósofos antigos, a qual melhora a saúde e a vida humana.* Lisboa: Manuel Fernandes da Costa, 1734.

SAIGNES, T. (Org.). *Borrachera y memoria.* La experiencia de lo sagrado en los Andes. La Paz: Hisbol: Ifea, 1993.

SAÍZ, M. C. G. *Las castas mexicanas*: un género pictórico americano. México: Olivetti, 1989.

SALAZAR-SOLER, C. Embriaguez y visiones en los Andes. Los jesuítas y las "borracheras" indígenas en el Peru (siglos XVI y XVII). In: SAIGNES, T. (Org.). *Borrachera y memoria. La experiencia de lo sagrado en los Andes.* La Paz: Hisbol: Ifea, 1993.

SAMPAIO, G. dos R. *Nas trincheiras da cura*: as diferentes medicinas no Rio de Janeiro imperial. Campinas: Unicamp, 2001.

SANTANA, Frei J. P. de. *Os dois atlantes de Etiópia, Santo Elesbão, Imperador 47º. da Abssínia, advogado dos perigos do mar e Santa Efigênia, princesa da Núbia, advogada dos incêndios dos edifícios. Ambos carmelitas.* t.I e II. Lisboa: Oficina de Antonio Pedrozo Galram, 1735-1738.

SANT'ANNA, D. B. *Cidade das águas.* Usos de rios, córregos, bicas e chafarizes em São Paulo (1822-1901). São Paulo: Senac, 2007.

SANTOS, C. R. A. dos. *História da alimentação no Paraná.* Curitiba: Fundação Cultural, 1995.

SANTOS, D. F. dos S. (Org.). *Cabrião*: semanário humorístico e editado por Ângelo Agostini, Américo de Campos e Antonio Manoel dos Reis 1866-1867. São Paulo: Unesp: Imprensa Oficial, 2000.

SANTOS, D. F. dos; RAMOS, J. E. *Câmara Municipal de São Paulo: 1560-1998*: quatro séculos de história. São Paulo: Imprensa Oficial, 1998.

SANTOS, Fr. J. dos. *Etiópia Oriental e vária história de cousas notáveis do Oriente.* Lisboa: Comissão Nacional para as Comemorações dos Descobrimentos Portugueses, 1999.

SÃO PAULO, F. *Linguagem médica popular no Brasil.* Rio de Janeiro: Barreto, 1936.

SCALI, P. *Circuito da Gávea.* São Paulo: Tempo & Memória, 2001.

SCHETTINI, C. *Que tenhas teu corpo*: uma história social da prostituição no Rio de Janeiro das primeiras décadas republicanas. Rio de Janeiro: Arquivo Nacional, 2006.

SCHMAUS, M. *Teologia dogmática VII*: los novísimos. Madri: Ediciones Rialp, 1965. Apud: CAMPOS, A. A. Escatologia, iconografia e práticas funerárias no barroco das gerais. In: REZENDE, M. E. L. de; VILLALTA, L. C. (Orgs.). *As minas setecentistas, 2*. Belo Horizonte: Companhia do Tempo, 2007.

SCHMITT, J-C. *O corpo das imagens*: ensaios sobre a cultura visual na Idade Média. São Paulo: Edusc, 2007.

SCHMITT, J-C. *Os vivos e os mortos na sociedade medieval*. São Paulo: Companhia das Letras, 1999.

SCHWARTCZ, L. M. (Org.). *Nicolas Antoine Taunay no Brasil* – uma leitura dos trópicos. Prefeitura do Rio de Janeiro, 2008.

SÉGUIN, É. *Traitement moral, hygiène et éducation des idiots (...)*. Paris: Chez J. B. Billière, 1846.

SEMEDO, J. C. *Atalaia da vida contra hostilidades da morte*. Lisboa: Oficina Ferreiriana, 1720.

________. *Observações médico-doutrinais de cem gravíssimos casos*. Lisboa: Antônio Pedroso Galvão, 1707.

SEQUEIRA, A. *Botica preciosa e tesouro precioso da Lapa*. Lisboa: Miguel Rodrigues, 1754.

SERRÃO, J. V. *História de Portugal (1640-1750)*. v.V. Lisboa: Verbo, [s.d.].

SEVCENKO, N. *Literatura como missão*: tensões sociais e criação cultural na primeira República. São Paulo: Brasiliense, 1983.

SIGEL, L. Z. (Org.). *International Exposure*: Perspectives on Modern European Pornography, 1800-2000. New Brunswick, New Jersey e Londres: Rutgers University Press, 2005.

SILVA, A. C. P. e. *Serviços sociais*. São Paulo: Oficinas Gráficas do Hospital do Juquery, 1937.

SILVA, J. L. M. da. *Cozinha modelo*. O impacto do gás e da eletricidade na casa paulistana (1870-1930). São Paulo: Edusp, 2008.

SILVA, J. N. de S. *Resumo histórico dos inquéritos censitários no Brasil-1920*. São Paulo: Instituto de Pesquisas Econômicas, 1986.

SILVA, M. B. N. da. *Ser nobre na Colônia*. São Paulo: Unesp, 2005.

SIMÃO, A. *Sindicato e Estado*. Suas relações na formação do proletariado de São Paulo. São Paulo: Domus, 1966.

SIMMEL, G. Sociabilidade: um exemplo de sociologia pura ou formal. In: MORAES FILHO, E. (Org.). *Simmel*. São Paulo: Ática, 1983. (Coleção Grandes Cientistas Sociais, 34)

SINGER, B. Modernidade, hiperestímulo e o início do sensacionalismo popular. In: CHARNEY, L.; SCHWARTZ, V. (Orgs.). *O cinema e a invenção da vida moderna*. São Paulo: Cosac Naify, 2001.

SMITH, V. *Clean*. A history of personal hygiene and purity. Oxford: Oxford University Press, 2007.

SOARES, C. L. *Imagens da educação do corpo*. Campinas: Autores Associados, 2002.

SOARES, L. C. *A Albion revisitada*. Rio de Janeiro: 7 Letras/Faperj, 2007.

SOARES, M. de C. *Devotos da cor*: identidade étnica, religiosidade e escravidão no Rio de Janeiro, século XVIII. Rio de Janeiro: Civilização Brasileira, 2000.

SOURNIA, J. C.; RUFFIE, J. *As epidemias na história do homem*. Lisboa: Edições 70, 1984.

SOUZA, G. S. de. As fortunas de Salvador (1587). In: CALDEIRA, J. (Org.). *Brasil* – a história contada por quem viu. São Paulo: Mameluco, 2008.

SOUZA, G. S. de. *Tratado descritivo do Brasil em 1587*. São Paulo: Ed. Nacional, 1987.

SOUZA, L. de M. e. *Inferno atlântico:* demonologia e colonização séculos XVI-XVIII. São Paulo: Companhia das Letras, 1993.

SPANG, R. L. *A invenção do restaurante*. Rio de Janeiro: Record, 2003.

STOLS, E. Aparências, imagens e metamorfoses dos africanos na pintura e na escultura flamenga e holandesa (sécs. XV-XVIII). In: FURTADO, J. F. (Org.). *Sons, formas, cores e movimentos na modernidade atlântica;* Europa, Américas e África. São Paulo: Annablume; Belo Horizonte: PPGH-UFMG, 2008.

STUTZMAN, R. Cauim, substância e efeito: sobre o consumo de bebidas fermentadas entre os ameríndios. In: LABATE, B. et al. (Orgs.). *Drogas e cultura*: novas perspectivas. Salvador: Edufba/Minc/Fapesp, 2008, p.219-50.

SUZIGAN, W. *Indústria brasileira*. Origem e desenvolvimento. São Paulo: Hucitec: Ed. da Unicamp, 2000.

TAUNAY, V. de. *A retirada da Laguna*. 13.ed. São Paulo: Melhoramentos, [s.d.].

TAYLOR, W. B. *Embriaguez, homicídio y rebelión en las poblaciones coloniales mexicanas*. México: FCE, 1987.

THOMAS, L-V. *Antropologia de la muerte*. México: Fondo de Cultura Económica, 1983.

THOMPSON, E. P. *A peculiaridade dos ingleses e outros artigos*. Campinas: Editora da Unicamp, 2001.

________. *Costumes em comum*. São Paulo: Companhia das Letras, 1998.

TORRES-LONDOÑO, F. *Paróquias e comunidade no Brasil*: perspectiva histórica. São Paulo: Paulus, 1997.

VALDIZÁN, H. *Locos de la colônia*. Lima: Instituto Nacional de Cultura, 1988.

VAUCHEZ, A. *A espiritualidade na Idade Média. Séculos VIII a XIII*. Rio de Janeiro: Jorge Zahar, 1995.

VAUCHEZ, A. O santo. In: LE GOFF, J. (Org.). *O homem medieval*. Lisboa: Presença, 1989.

________. *La sainteté en Occident aux derniers siècles du Moyen Âge*. Roma: École Française de Rome, 1988.

________. *Le laïcs au Moyen Âge. Pratiques et experiences religieuses*. Paris: Cerf, 1987.

VEIGA-NETO, A. *Foucault e a educação*. 2.ed., 1.reimp. Belo Horizonte: Autêntica, 2007.

VELHO, G. *Individualismo e cultura*: notas para uma antropologia da sociedade contemporânea. Rio de Janeiro: Jorge Zahar, 1987.

VELLOSO, M. P. *Os intelectuais e a política cultural do Estado Novo*. Rio de Janeiro: Fundação Getúlio Vargas: CPDOC, 1987.

VENÂNCIO, R. P.; CARNEIRO, H. (Orgs.). *Álcool e drogas na história do Brasil*. São Paulo: Alameda; Belo Horizonte: Editora PUCMinas, 2005.

VEYNE, P. O Império romano. In: ARIÈS, P.; DUBY, G. (Orgs.). *História da vida privada*: do Império romano ao ano mil. São Paulo: Companhia das Letras, 1989.

VICENTE, G. *Auto da alma*. Porto: Porto Editora,1987a.

________. *Os autos das barcas*. Mira-Sintra: Publicações Europa-América, 1987b.

VIDE, S. M. da. *Constituições primeiras do arcebispado da Bahia, feitas, e ordenadas pelo ilustríssimo e reverendíssimo senhor Sebastião Monteiro da Vide, arcebispo do dito arcebispado, e do Conselho de Sua Majestade, propostas e aceitas no sínodo diocesano, que o dito senhor celebrou em 12 de junho de 1707*. Coimbra: Real Colégio das Artes da Companhia de Jesus, 1720.

VIEIRA, J. L. Anatomias do visível: cinema, corpo e a máquina da ficção científica. In: NOVAES, A. (Org.). *O homem-máquina*: a ciência manipula o corpo. São Paulo: Companhia das Letras, 2003.

VIEIRA, Pe. A. *Sermões*. Seleção com ensaio crítico de Jamil Almansur Haddad. São Paulo: Companhia Editora Nacional, 1957.

VIGARELLO, G. Exercitar-se, jogar. In: *História do corpo*. v.1. Rio de Janeiro: Vozes, 2008.

________.; HOLT, R. *O corpo trabalhado*: ginastas e esportistas no século XIX. In: CORBIN, A. (Org.). *História do corpo*. v.2. Rio de Janeiro: Vozes, 2008.

________. *Le sain et le malsain*. Paris: Seuil, 1993.

________. *O limpo e o sujo*. A higiene do corpo desde a idade média. Lisboa: Fragmentos, 1988.

VILHENA, J.; NOVAES, J. V. Un corps à la recherche d'un logement. Corps, violence et médecin. In: *Le corps contemporain*: créations et faits de culture. Paris: L'Harmatan, 2009.

VILHENA, L. dos S. A vida em Salvador. In: CALDEIRA, J. (Org.). *Brasil* – a história contada por quem viu. São Paulo: Mameluco, 2008.

VOLTAIRE. Commentaire sur le livre des délits et des peines par un avocat de province. Chapitre XIX. Du Suicide. In: *Mélanges*. Bélgica: Gallimard, 1981.

VOVELLE, M. *La mort et l'Occident*: de 1300 à nos jours. Paris: Gallimard, 1983.

WALSH, R. *Notícias do Brasil*. Belo Horizonte: Itatiaia; São Paulo: Edusp, 1985.

WEBER, E. *França fin de siècle*. São Paulo: Companhia das Letras, 1988.

WEBER, M. *A ética protestante e o "espírito" do capitalismo*. São Paulo: Companhia das Letras, 2004.

WEINSTEIN, B. *(Re)formação da classe trabalhadora no Brasil (1920-1964)*. São Paulo: Cortez: CDAPH-IFAN: Universidade São Francisco, 2000.

WINNICOTT, D. W. *Da pediatria à psicanálise*. Rio de Janeiro: Francisco Alves, 1978.

Trabalhos acadêmicos

ALMEIDA, C. M. R. de. *Águas de Belém do Grão Pará*. 2009. Tese (Doutorado) – Pontifícia Universidade Católica (mimeo). São Paulo, 2009.

ANTONACCI, M. A. *A vitória da razão*. 1985. Tese (Doutorado) – Universidade de São Paulo. São Paulo, 1985.

ARAUJO, H. R. de. *A invenção do litoral*: reformas urbanas e reajustamento social em Florianópolis na primeira República. 1989. Dissertação (Mestrado) – Pontifícia Universidade Católica de São Paulo (mimeo). São Paulo, 1989.

BRESCIANI, M. S. M. Le brouhada des petites mémoires à la rencontre des langages savants: esthétique moderne et citoyenneté à São Paulo de 1890-1940. In: *Comunicação ao Congresso Internacional Les Mots de la Ville*. Paris, 1997.

CAMARGO, L. S. de. *Viver e morrer em São Paulo*. A vida, as doenças e a morte na cidade do século XIX. 2007. Tese (Doutorado) – Pontifícia Universidade Católica de São Paulo. São Paulo, 2007.

DAVID, O. R. *O inimigo invisível*: a epidemia de cólera na Bahia (1855-1856). 1993. Dissertação (Mestrado em História) – Faculdade de Filosofia, Letras e Ciências Humanas, Universidade Federal da Bahia.

DEL PRIORE, M.; SÁ FREIRE, D. O corpo feminino e o preço da inclusão na cultura contemporânea. In: *VI Encontro Clio-Psyché*: Corpo: Psicologia e História, 2005, Rio de Janeiro. O corpo feminino e o preço da inclusão na cultura contemporânea. Rio de Janeiro: UERJ, v.1, 2005.

FERLA, L. A. C. *Feios, sujos e malvados sob medida*. Do crime ao trabalho, a utopia médica do biodeterminismo em São Paulo (1920-1945). 2005. Tese (Doutorado) – Departamento de História, Faculdade de Filosofia, Letras e Ciências Humanas, Universidade de São Paulo. São Paulo, 2005.

FERNANDES, J. A. *Selvagens bebedeiras*. Álcool, embriaguez e contatos culturais no Brasil colonial. 2004. Tese (Doutorado) – Departamento de História, Universidade Federal Fluminense.

FIGUEIREDO, A. J. da C. *Algumas generalidades a respeito da alienação mental*. 1847. Tese – Faculdade de Medicina do Rio de Janeiro. Rio de Janeiro: Tip. de Teixeira e C, 1847.

FURTADO, A. M. *Um corpo que pede sentido*: um estudo sobre a mulher na menopausa. 2000. Dissertação (Mestrado) não publicada – Departamento de Psicologia, Pontifícia Universidade Católica do Rio de Janeiro. Rio de Janeiro, 2000.

GALLOTA, B. C. *São Paulo aprende a rir*: a imprensa humorística entre 1839-1876. (Mestrado) – Pontifícia Universidade Católica de São Paulo. São Paulo, 2006.

GOLDMAN, S. N. *Universidade para a terceira idade*: uma lição de cidadania. 1999. Tese (Doutorado) – Programa de Pós-Graduação em Serviço Social, Pontifícia Universidade Católica. São Paulo, 1999.

GUEDES, S. P. L. de C. *Atitudes perante a morte em São Paulo (séculos XVII a XIX)*. 1986. Dissertação (Mestrado) – Universidade de São Paulo (mimeo). São Paulo, 1986.

LIMA, M. A. *A gestão da experiência de envelhecer em um programa para a terceira idade*: a Unati/UERJ. 1999. Dissertação (Mestrado) – Programa de Pós-Graduação em Antropologia Social, Universidade Estadual de Campinas. Campinas, 1999.

LIMA, T. A. Chá e simpatia: uma estratégia de gênero no Rio de Janeiro oitocentista. In: *Anais do Museu Paulista. História e cultura material*, v.5, p.93-130, jan./dez. 1997.

MARTINEZ, M. E. Religion, purity, and "race": The Spanish concept of *limpieza de sangre* in seventeenth century Mexico and the broader Atlantic world. In: *International Seminar on the History of the Atlantic World, 1500-1800*. Harvard University: Cambridge, MA, 2000.

MATTOS, H. M. *Marcas da escravidão*: biografia, racialização e memória do cativeiro na História do Brasil. 2004. Tese (Professor titular) – Universidade Federal Fluminense, Niterói, 2004.

NOVAES, J. V. *Corpo, apenas uma questão de aparência?* Os usos do corpo nas classes populares. 2008. Relatório Final (Pesquisa de Pós-Doutoramento) – Faperj. Rio de Janeiro, 2008.

LOPES, A. A. Aspecto biológico da segurança no trabalho industrial. In: *Anais do I Congresso Brasileiro de Higiene e Segurança no Trabalho*. Rio de Janeiro, 1949.

PENTEADO, E. V. B. F. *Tuberculose no ambiente hospitalar*: uma questão da saúde do trabalhador. 1999. Dissertação (Mestrado) – Ciências na área de Saúde Pública, Escola Nacional de Saúde Pública, Fundação Oswaldo Cruz. Rio de Janeiro, 1999.

PIMENTA, T. S. *Artes de curar*: um estudo a partir dos documentos da Fisicatura-mor no Brasil do começo do século XIX. 1997. Dissertação (Mestrado) – Universidade Estadual de Campinas. Campinas, 1997.

RIOS, V. D. B. *Entre a vida e a morte*: medicina, médicos e medicalização na cidade de Salvador (1860-1880). 2001. Dissertação (Mestrado) – Universidade Federal da Bahia. Salvador, 2001.

SALGADO, T. *O exercício das artes de curar no Rio de Janeiro (1828-1855)*. 2003. Tese (Doutorado) – Universidade Estadual de Campinas. Campinas, 2003.

SAMACHER, R. Le corps contemporain (biotechnologique) entre création et psychopathologie clinique. Le corps machine dans la psychose. In: *Colóquio internacional*: O corpo contemporâneo: psicanálise, cultura e criação. USU/PUC-Rio e Univ. Paris VII, 29 e 30 out. 2007 (mimeo).

SANT'ANNA, D. B. *La recherche de la beauté*. 1994. Tese (Doutorado) – Universidade de Paris VII (mimeo). Paris, 1994.

SBCBM (SOCIEDADE BRASILEIRA DE CIRURGIA BARIÁTRICA E METABÓLICA). Mapeamento Obesidade-2007. Pesquisa elaborada pela empresa Toledo & Associados, 2007. Disponível em: <http://www.sbcbm.org.br/asbcbm_pesquisa_obesidade_2007.php>. Acesso em: 18 mar. 2011.

SILVA JR., N. *Funções das tatuagens e escarificações na economia psíquica dos jovens adultos*: gênese relação aos corpos, solução subjetiva. 2007. Projeto de Pesquisa de Cooperação Internacional, Universidade São Paulo/Universidade de Rennes. Programa Capes/Cofecub. São Paulo/Rennes, 2007.

SOARES, M. de S. *A doença e a cura*: saberes médicos e cultura popular na Corte Imperial. 1999. Dissertação (Mestrado) – Universidade Federal Fluminense (mimeo). Niterói, 1999.

TENCA, Á. *Razão e vontade política*: Idort e a grande indústria. 1987. Dissertação (Mestrado) – Universidade Estadual de Campinas. Campinas, 1987.

TOZATTO, M. I. S. de. *Transmissão psíquica*. Múltiplas metamorfoses de um campo em movimento. 2004. Tese (Doutorado) – Departamento de Psicologia da Pontifícia Universidade Católica do Rio de Janeiro. Rio de Janeiro, 2004.

VARELLA, A. C. *Substâncias da idolatria*. As medicinas que embriagam os índios do México e Peru em histórias dos séculos XVI e XVII. 2008. Tese (Doutorado em História Social) – Departamento de História, Faculdade de Filosofia, Letras e Ciências Humanas da Universidade de São Paulo. São Paulo, 2008.

VENEU, M. G. *Ou não ser*. Um estudo sobre a desincriminação do suicídio no Ocidente. 1992. Dissertação (Mestrado em Antropologia Social) – Museu Nacional, Universidade Federal do Rio de Janeiro. Rio de Janeiro, 1992.

Periódicos

ALDEN, D.; MILLER, J. C. Out of Africa: The Slave Trade and the Transmission of Smallpox to Brazil, 1560-1831. *Journal of Interdisciplinary History*, v.18, n.2, p.95-224, 1987.

ANTUNES, J. L. F. et al. A tuberculose através do século: ícones canônicos e signos do combate à enfermidade. *Ciência & Saúde Coletiva*, v.5, n.2, p.368, 2000.

BAJOS, N.; BOZON, M. La sexualité à l'épreuve de la medicalisation: le Viagra. *Actes de la Recherche en Sciences Sociales (Sur la sexualité)*, n.128, p.34-7, jun. 1999.

BITU, A. No dorso da luxúria. *Sans Dessous*, 27 jan. 1910.

BOCK, Como se fez o Rio Nu, *O Rio Nu*, 12 maio 1900.

CADERNO Boa Chance, *O Globo*, 15 ago. 2006.

CALAINHO, D. B. Jesuítas e medicina no Brasil colonial. *Tempo*, Rio de Janeiro, v.10, n.19, p.61-75, dez. 2005.

A CANOAGEM, Rio de Janeiro, ano 1, n.1, p.5, jul. 1903.

CASTRO, E. V. de. O mármore e a murta: sobre a inconstância da alma selvagem. In: *Revista de Antropologia*, São Paulo, USP, v.35, 1992.

CASTRO, L. C. de. A circular dos correios. *Jornal do Commercio*, 12 abr. 1910.

CEGO, A. Censuramos. *Tagarela*, 28 jun. 1904.

CHAMBOULEYRON, R. Escravos do Atlântico equatorial: tráfico negreiro para o estado do Maranhão e Pará (século XVII e início do século XVIII). *Revista Brasileira de História*, v.26, n.52, 2006.

CÓDIGO DE TORTURAS – Regulamento de Higiene – Reclamações e protestos – A nossa intervenção – Projeto Salvador. *O Rio Nu*, 30 mar. 1904.

CONTRA A pornografia, *Gazeta de Notícias*, 7 fev. 1910.

CORREIO da Manhã, 5 set. 1940, p.1.

DAVID, F. *Les monstres invisibles ou les maladies microbiennes selon Pasteur*. Arras: Bouvry/EH, 1897.

DEBERT, G. G. Envelhecimento e representação da velhice. *Ciência Hoje*, v.8, n.44, 1988.

________. Família, classe social e etnicidade: um balanço da bibliografia sobre a experiência do envelhecimento. *Boletim Informativo e Bibliográfico de Ciências Sociais*, Anpocs, n.33, 1992.

________. A invenção da terceira idade e a articulação de formas de consumo e demandas políticas. *Revista Brasileira de Ciências Sociais*, v.12, n.34, jun. 1997.

DIÁRIO de Campinas, várias edições, século XIX.

EL FAR, A. Crítica social e ideias médicas nos excessos do desejo: uma análise dos "romances para homens" de finais do século XIX e início do XX. *Cadernos Pagu*, 28, p.287-8, jan.-jun. 2007.

EU SEI TUDO, junho 1920
FARIA, S. de C. A morte de livres e escravos em registros católicos – séculos XVIII e XIX. *População e família*: Revista do Cedhal. São Paulo, Humanitas/FFLCH/USP, n.3, 2000.
FAZENDA, J. V. Antiqualhas e memórias do Rio de Janeiro. *Revista do Instituto Histórico e Geográfico Brasileiro,* Rio de Janeiro, Imprensa Nacional, t.86, v.140, 1921.
FERNANDES, T. M. Vacina antivariólica: seu primeiro século no Brasil (da vacina jenneriana à animal). *História, Ciências, Saúde* – Manguinhos, v.6, n.1, p.29-51, jun. 1999.
FLANDRIN, J-L.; MONTANARI, M. Manger, une pratique culturelle. *Sciences Humaines*, n.135, 2003.
FONTES, I. À ternura táctil: o corpo na origem do psiquismo. *Psychê* – revista de Psicanálise, São Paulo, ano X, n.17, 2006.
GAZETA de Campinas, século XIX.
GOMES, H. O direito à saúde. *Revista Brasileira de Medicina Pública,* Rio de Janeiro, jan./fev. 1947.
GROMANN, R. M. G. A política do erotismo na maturidade feminina: um estudo sobre as relações entre os estados hipocondríacos e melancólicos. *Revista Latinoamericana de Psicopatologia Fundamental.* São Paulo, Associação Universitária de Pesquisa em Psicopatologia Fundamental, v.X, n.2, 2007.
HAREVEN, T. K. Novas imagens do envelhecimento e a construção social do curso da vida. *Cadernos Pagu*, n.13, 1999.
JASMIN, D. Amor crioulo. *O Rio Nu,* 16 set. 1908.
________. O convite do florzinha. *O Rio Nu,* 5 set. 1908.
________. As honestas. *O Rio Nu,* 18 jul. 1908.
JORNAL DO COMMERCIO, 4 abr. 1910.
LENOIR, R. L'Invention du "troisiéme age" et la constitution du champ des agents de gestion de la vieillesse. *Actes de la Recherche em Sciences Sociales*, n.26-7, mars./avril. 1979.
LIMA, T. A. *Humores e odores*: ordem corporal e ordem social no Rio de Janeiro, século XIX. *História, Ciências, Saúde* – Manguinhos, v.II, n.3, p.44-96, 1996.
MANGE, R. Escolas profissionais mecânicas. *Revista Politécnica.* São Paulo, 77-8, out./nov. 1925.
MOTT, L. Santos e santas no Brasil colonial. *Varia história,* Belo Horizonte, Programa de Pós-Graduação em História da UFMG, n.13, 2004.
MOURA, E. B. B. de. Higiene e segurança do trabalho em São Paulo nas primeiras décadas republicanas: em torno da definição de acidente do trabalho. *Revista de História.* São Paulo, n.127-8, p.37-51, ago.-dez./1992 a jan.-jul./1993.
NASCIMENTO, D. R. do. Imagens do mal: a representação da tuberculose no início do século XX. *Cadernos Saúde Coletiva*, v.XIII, n.2, p.493-510, abr.-jun. 2005.

NAS zonas... *O Rio Nu*, 1º maio 1912.

NOVAES, J. V. Autorretrato falado. Construções e desconstruções de si. *Latin American Journal of Fundamental Psychopatology On Line*, São Paulo, Associação Universitária de Pesquisa em Psicopatologia Fundamental, v.7, n.2, 2007. Disponível em: http://www.fundamentalpsychopathology.org/journal/07-11/2-1_res.html. Acesso em: 24 jul. 2010.

_______. Sobre o sofrimento de ser feia. Mulher, beleza e regulação social. *Espaço S. Revista de Investigação e Intervenção Social.* Instituto Superior de Ciências Investigativas. Portugal, 2006a.

_______. No mundo das mulheres, feiura não entra. A beleza como capital. In: *Revista Polêmica*, v.16. Rio de Janeiro: UERJ, 2006b. Disponível em: http://www.polemica.uerj.br/pol16/oficinas/lipis_2.htm. Acesso em: 24 jul. 2010.

_______ et al. Sexualidade feminina e envelhecimento: apenas uma questão cirúrgica? Algumas considerações acerca das cirurgias estéticas ginecológicas. *Revista Polêmica*, UERJ, v.23, 2008. Disponível em: <http://www.polemica.uerj.br/pol23/oficinas/LIPIS_1/lipis_1_1.htm>. Acesso em: 24 jul. 2010.

OLIVEIRA, A. J. M. de. Santos de cor: hagiografia e hierarquias sociais na América Portuguesa (século XVIII). *Revista do Instituto Histórico e Geográfico Brasileiro*, n.438, jan./mar. 2008.

ORTNER, S. B. Subjetividade e crítica cultural. *Horizontes antropológicos*. Porto Alegre, ano 13, n.28, jul./dez. 2007.

PEGA!, *O Rio Nu*, 18 mar. 1903.

PEIXOTO, A. Os escarradores. *Gazeta Médica da Bahia*, 33, p.417-21, 1902.

PEREIRA, A. R. A criança no Estado Novo: uma leitura na longa duração. *Revista Brasileira de História*, São Paulo, v.19, n.38, 1999.

PRECEITOS de higiene. *Revista da Semana*, n.11, 12 mar. 1921.

RAMINELLI, R. Do conhecimento físico e moral dos povos: iconografia e taxionomia na viagem filosófica de Alexandre Rodrigues Ferreira. *História, ciências, saúde* – Manguinhos, v.VIII (Suplemento), p.969-92, 2001.

REVISTA DA SEMANA, n.11, 11 mar. 1922.

REVISTA de Theatro e Sport. Rio de Janeiro, n.348, 1921, p.9.

O RIO NU, 16 dez. 1903.

RODRIGUES, C. A morte como elemento de afirmação da cultura africana no Rio de Janeiro escravista: o caso do cemitério dos pretos novos. *Estudos de História*, Franca, v.10, n.1, p.141-167, 2003.

ROSA, M. C. A lepra numa obra medieval de ficção: a história do mui nobre Vespasiano imperador de Roma. *Cadernos Saúde Coletiva*, v.XIII, n.2, p.459-70, abr.-jun. 2005.

SÁ, M. R. A "peste branca" nos navios negreiros: epidemias de varíola na Amazônia colonial e os primeiros esforços de imunização. *Revista Latino-Americana de Psicopatologia Fundamental*, São Paulo, v.11, n.4 (supl), dez. 2008.

SANJAD, N. Cólera e medicina ambiental no manuscrito "Cholera-morbus" (1833) de Antonio Correa de Lacerda (1777-1852). *História, Ciências, Saúde* – Manguinhos. Rio de Janeiro, v.11, n.3, p.587-618, set.-dez. 2004.

SANS DESSOUS, 14 abr. 1910.

SANTOS, C. R. A. dos. A alimentação e seu lugar na história: os tempos da memória gustativa. *Revista da Academia Paranaense de Letras*, n.51, p.165-88, 2005.

SCHATZMAYR, H. G. A varíola, uma antiga inimiga. *Cadernos de Saúde Pública*, v.17, n.6, p.1525-30, dez. 2001.

SEÇÃO não official. *A Canoagem*. Rio de Janeiro, ano 1, n.17, p.4, out. 1903.

SEÇÃO official. *A Canoagem*. Rio de Janeiro, ano 1, n.2, p.2-5, jul. 1903. p. 5.

SEMANA DESPIDA. *O Rio Nu*, 8 jun. 1904.

SOUSA, J. P. de; MARIOSA, R. M. Nota prévia: a documentação familiar do comendador Manoel António Esteves, 1850-1900. *Cadernos Saúde Coletiva*, v.XIII, n.2, p.571-6, abr-jun. 2005.

STELLA. Memórias de uma mulher – o médico. *O Rio Nu*, 2.2.1907.

TAGARELA, 6 dez. 1902.

TIPOS E tipas, *O Rio Nu*, 11 jun. 1904.

VAGABUNDO. Vagabundagens. *O Rio Nu*, 17 jun. 1911.

VAGABUNDO, Rua do Ouvidor. *O Rio Nu*, 19 mar. 1904.

O VALLE DO ANHANGABAHU TRANSFORMADO EM LUGAR DE BANHOS PÚBLICOS? *A Capital*, 21 fev. 1913.

VEJA, 3 out. 1979, p.51.

VILHENA, J.; NOVAES, J. V. O corpo e suas narrativas. Culto ao corpo e envelhecimento feminino. *Psychologica*. Coimbra, Portugal, n.50, 2010.

VILHENA, J. et al. Comendo, comendo e não se satisfazendo – apenas uma questão cirúrgica? Obesidade mórbida e o culto ao corpo na sociedade contemporânea. *Revista mal-estar e Subjetividade*, v.8, n.2, 2008. Disponível em: <http://www.unifor.br/notitia/file/2165.pdf>.

________. A violência da imagem. Estética, o feminino e a contemporaneidade. *Revista Mal-estar e Subjetividade*, v.5, n.1. Fortaleza: Unifor, 2006.

VILHENA, J.; SANTOS, A. Clínica psicanalítica com comunidades. Um desafio contemporâneo. *Cadernos do Tempo Psicanalítico*, Rio de Janeiro, SPID n.32, p.9-35, 2000.

VILLAFLOR, D. O efeito da leitura, *O Rio Nu*, 28 ago. 1909.

________. Mulheres de teatro. *O Rio Nu*, 4 set. 1909.

________. O bom momento. *O Rio Nu*, 26 out. 1904.

Documentos

AHEx. Ofícios e correspondências, v.I, pasta 39. *Carta do Marquês de Caxias a João Lustosa da Cunha Paranaguá.*

ALBUQUERQUE, F. J. de F. *Monomania* – tratamento das moléstias mentaes. 1858. Tese – Faculdade de Medicina da Bahia.

AN: IJ 6-220. Secretaria de Polícia, 1855. Ofício da Secretaria de Política da Corte em 17 de agosto de 1855, assinado por Gouvêa. Para esse mesmo ano, há boletins diários informando número de mortos de cólera; ver IJ 6-221, Secretaria de Polícia.

AN: IS4-25. Junta Central de Higiene Pública. Relatório sobre a salubridade da cidade do Rio de Janeiro durante o ano de 1861.

AN: IJ6-220. Secretaria de Polícia da Corte. Ofícios com anexos.

AN: IS 4-25: Relatório sobre a salubridade da cidade do Rio de Janeiro durante o ano de 1861. Junta Central de Higiene Pública.

AN: IJ 6-484. Secretaria de Polícia da Corte. Ofício do chefe de polícia ao Ministro da Justiça José Thomas Nabuco de Araújo em 26.2.1859.

AN: III M-686. Ofícios do Comando do Corpo de Imperiais Marinheiros de Villegaignon, 1868.

AN/RJ: IS 4.47 – Instituto Vacínico, 1860-1867. Ver a carta do vigário Domingos Lourenço da Cruz Penedo, 25.6.1865.

AN – Correspondência sobre a Guerra do Paraguai. Carta do general Manoel Luiz Osório ao Ministro dos Negócios da Guerra em 27.5.1865.

AN: Documentação de polícia, pacote 418A, caixa 5557, 1912.APERJ – Fundo Presidente da Província. PP 2 – 1.1, 2-15.4/15.5/15.6. Cartas e ofícios dos delegados municipais.

APERJ: PP2-15.4. Ver ofícios de 15.4, 9.5 e 23.5.1868.

APERJ – Fundo Presidente de Província, p.2-15.4; 15.5;15.6. Ata da reunião realizada a 18 de junho de 1868 na Secretaria de Polícia da Província do Rio de Janeiro.

APERJ – Fundo Presidente de Província, p.2-15.4. Ocorrências na cidade de Niterói, 1868.

APM/ Câmara Municipal de Ouro Preto – códice 35 – "Registro de editais, cartas, provisões e informações do Senado de petições e despachos – 1735-1736", f.118-118v.

APM/Câmara Municipal de Sabará – códice 24, f.48. Testamento de Joanna da Rocha – Fazenda de Nossa Senhora do Carmo do Rio Abaixo, 30 jun. 1758.

APM/CMS códice 20, f.21v-23. Testamento de Thiadozia de Crastos – Arraial de Nossa Senhora da Lapa, 3 fev. 1748.

ARQUIVO MUNICIPAL DE SALVADOR. Cartas do Senado 1699-1710, v.5. In: *Documentos históricos do Arquivo Municipal*. Prefeitura do Município de Salvador, 1962.

ARAÚJO, P. A. N de. *Suicídio*. Tese – Gymnasio Acadêmico. Rio de Janeiro: Typ. de Fernandes, Ribeiro & Cia, 1883.

BARRETO, J. de A. A. B. M. Considerações sobre as principais enfermidades dos homens de lettras e meios geraes de hygiena, que lhes dizem respeito. 1841. Tese – Faculdade de Medicina do Rio de Janeiro.

BIBLIOTECA NACIONAL: Tratado ou ideia geral de todo o terreno da Freguesia de Mangaratiba e dos seus indígenas e habitantes e como podem ser mais úteis a si e ao Estado. Oferecido ao Ilmo. e Exmo. Sr. Dr. Rodrigo de Souza Coutinho, Conde de Linhares, ministro e secretário d'Estado dos Negócios Estrangeiros e da Guerra pelo padre Manoel Álvares Teixeira, coadjutor da freguesia de Mangaratiba em 1810. Manuscritos, doc. 3, 1, 26.

BRASIL. Anais da Câmara dos Deputados. 1879.

________. Código Criminal do Império do Brasil, 1830. Título II: Dos crimes contra a segurança individual; capítulo I: Dos crimes contra a segurança da pessoa e vida; seção I: Homicídio, artigo 196.

________. Código Penal, 1890. Título X: Dos crimes contra a segurança de pessoa e vida; capítulo III: Do suicídio, artigo 299: "É crime induzir ou ajudar alguém a suicidar-se, ou para esse fim fornecer-lhe meios, com conhecimento de causa".

________. *Quadros gerais*. Recenseamento da população do Império, 1872.

BIBLIOTECA NACIONAL. *Carta de Paulo Mendes F. Campelo ao conde de Valadares*, em 23 abr. 1770, Cuieté. Arquivo Conde de Valadares, Seção de Manuscritos. 18, 2 ,6, doc. 229.

CARTA do ministro Capanema ao presidente da República. GC. 38.8.09.

COLECÇÃO DAS LEIS DO BRAZIL. Rio de Janeiro: Imprensa Nacional, 1891.

CONSTITUIÇÃO dos Estados Unidos do Brasil, 10 nov. 1937, art.127.

CONSTITUIÇÕES primeiras do arcebispado da Bahia, feitas e ordenadas pelo ilustríssimo reverendíssimo senhor dom Sebastião Monteiro da Vide, arcebispo do dito arcebispado e do conselho de sua majestade, propostas e aceitas em o sínodo diocesano que o dito senhor celebrou em 12 de junho do ano de 1707. Coimbra: Real Colégio das Artes da Companhia de Jesus, 1720.

DECRETO-LEI n. 7.036, de 10 nov. 1944. Disponível em: <www010.dataprev.gov.br/sislex/paginas/24/1944/7036.htm>. Acesso em: 18 mar. 2011.

DECRETO-LEI n.2.021, de 17 fev. 1940. Disponível em: <www010.dataprev.gov.br/sislex/paginas/24/1944/7036.htm>. Acesso em: 18 mar. 2011.

DECRETO n. 24.637, de 10 jul. 1934. Disponível em: <www010.dataprev.gov.br/sislex/paginas/24/1944/7036.htm>. Acesso em: 18 mar. 2011.

DOCUMENTOS e informações – Publicações imorais. *Boletim policial*, n.1 a 3, jan. a mar. 1915.

OBSERVAÇÕES sobre os índios estabelecidos em Lorena dos Tocoyós pelo tenente José da Silva Brandão, por ordem do Ilmo. e Exmo. Sr. Bernardo José de Lorena, Governador de Minas Gerais, em 21 de fevereiro de 1799. In: *Revista do Arquivo Público Mineiro*, n.3, jul./dez. 1898.

VIANNA, A. da F. Considerações hygienicas e medico-legaes sobre o casamento relativamente à mulher. 1842. Tese – Faculdade de Medicina do Rio de Janeiro. Rio de Janeiro, 1842.

Sobre os autores

Anderson José Machado de Oliveira

Doutor em História pela Universidade Federal Fluminense (2002). Atualmente é Professor Adjunto da Universidade do Estado do Rio de Janeiro, Colaborador da Universidade Federal Fluminense e Professor Adjunto I da Universidade Federal do Estado do Rio de Janeiro. Atua principalmente nos seguintes temas: História da Igreja, culto dos santos, catequese, escravidão, religiosidade. Autor do livro *Devoção negra*: santos pretos e catequese no Brasil Colonial. (Quartet/Faperj, 2008).

Andrea Moraes Alves

Pós-Doutora pelo Instituto de Medicina Social da UERJ (2008). Atualmente é Professora Adjunta da Universidade Federal do Rio de Janeiro. Tem experiência na área de Antropologia, com ênfase em Antropologia Urbana. Atua principalmente nos seguintes temas: velhice, cidade, gênero, sociabilidade.

Cláudia Rodrigues

É Doutora (em 2002) em História Social pela Universidade Federal Fluminense. Atualmente é Professora da Universidade do Estado do Rio de Janeiro. Desenvolve estudos sobre a História da Igreja no Brasil Colônia e Império; História da morte no Brasil; as atitudes e representações católicas e africanas diante da morte; a clericalização da morte e o controle eclesiástico sobre costumes e concepções em relação à morte, ao morrer e ao *post-mortem*; as artes de "bem morrer", manuais de preparação para a morte; testamentos e a prática testamentária; religiosidade católica; secularização da morte no Brasil Imperial; escravidão e religiosidades africanas. É autora dos livros *Lugares dos mortos na cidade dos vivos*: tradição e transformações fúnebres no Rio de Janeiro do século XIX (Secretaria Municipal de Cultura/RJ, 1997) e *Nas fronteiras do além*: a secularização da morte no Rio de Janeiro – séculos XVIII e XIX (Arquivo Nacional/RJ, 2005).

Cristiana Schettini Pereira

Doutora pela Universidade Estadual de Campinas (2002), com pós-doutorado pela mesma universidade. Atualmente é Professora Adjunta da Universidade Nacional de General San Martin, pesquisadora do Conicet (Consejo Nacional de Investigaciones Científicas y Técnicas) e do Instituto Interdisciplinario de

Estudios de Género (Universidade de Buenos Aires), na Argentina. Suas pesquisas mais recentes têm ênfase nas áreas de história social, estudos de gênero, Rio de Janeiro, Buenos Aires, prostituição, estrangeiros. É autora do livro *Que tenhas teu corpo*: uma história das políticas da prostituição no Rio de Janeiro das primeiras décadas republicanas (Arquivo Nacional, 2006).

Denise Bernuzzi de Sant'Anna

Pós-Doutora pela Ecole des Hautes Etudes en Sciences Sociales-Paris em 2003/4, é Livre-Docente pela PUC-SP (2004). Atualmente é Professora da Pontifícia Universidade Católica de São Paulo e pesquisadora I do CNPq. Lidera o grupo de pesquisa "A condição corporal". Tem experiência na área de História, com ênfase em História do Brasil e História Contemporânea, atuando principalmente nos seguintes temas: história do corpo, higiene, cidade, alimentação. É autora de diversos livros sobre as relações entre corpo e cultura contemporânea.

Dirce de Sá Freire Alves Silveira Costa

Doutora em Psicologia com experiência na área de Psicologia Clínica, em especial na área de intervenção terapêutica, com base na psicanálise e na resiliência, atuando principalmente nos seguintes temas: transtornos alimentares – obesidade, anorexia e bulimia; abuso sexual infantil, violência doméstica, exclusão social e atendimento à população de baixa renda.

Eduardo França Paiva

Doutor em História pela Universidade Federal de Minas Gerais e Pós-Doutor em História pela Ecole des Hautes Etudes en Sciences Sociales – Paris (2006/2007). Atualmente é Professor Associado da UFMG e Diretor do Centro de Estudos sobre a Presença Africana no Mundo Moderno (CEPAMM-UFMG). Tem experiência na área de História, com ênfase em História do Brasil Colonial e conexões com África, América Espanhola e Europa, abordando, principalmente, os seguintes temas: escravidão, Minas Gerais, colônia, história social da cultura, mestiçagem, trânsito material e cultural, história e iconografia. Autor e/ou organizador de diversos livros de História.

Fabio Henrique Lopes

Doutor em História Cultural pela Unicamp (2003); doutorado "sanduíche" com a Université Paris VII (2000/2001). Professor Adjunto da Universidade Federal Rural do Rio de Janeiro (UFRRJ). Tem experiência em pesquisa/docência e publicações na área de História, com ênfase em Teoria e Metodologia da História, História Contemporânea e História do Brasil República, e também em Educação, Cultura, Narrativas e Discursos, atuando, principalmente, nos seguintes temas: História Cultural, historiografia, suicídio, violência, discursividade médica (brasileira e francesa), imprensa, educação, normatividades, relações de gênero, relações saber/poder e subjetivação na contemporaneidade.

Henrique Soares Carneiro

Doutor em História Social pela Faculdade de Filosofia, Letras e Ciências Humanas (1997). É Professor de História Moderna da Universidade de São Paulo. Foi Professor de História do Brasil República, na Universidade Federal de Ouro Preto. Desenvolve e orienta pesquisas em História da Alimentação, das Bebidas e das Drogas. Publicou diversos livros, entre os quais *Pequena Enciclopédia da História das Drogas e das Bebidas* (Elsevier, 2005) e *Comida e Sociedade* (Campus/Elsevier, 2003) e co-organizou outros, como *Drogas e cultura*: novas perspectivas (Edufba, 2008).

Joana de Vilhena Novaes

Psicanalista. Doutora em Psicologia Clínica (PUC-Rio). Pós-doutoranda em Clínica Médica (2009 UERJ). Pós-Doutora em Psicologia Social (2008 UERJ). Pesquisadora do Laboratório de Pesquisas Clínica e Experimental em Biologia Vascular (*Bio-Vasc*) da UERJ. Especialista em Transtornos Alimentares. Coordenadora do Núcleo de Doenças da Beleza da PUC-Rio. Pesquisadora e psicoterapeuta do Laboratório Interdisciplinar de Pesquisa e Intervenção Social (Lipis) da PUC-Rio. Pesquisadora correspondente do Centre de Recherches Psychanalyse et Médecine – Université Denis-Diderot Paris VII CRPM-Pandora. Bolsista da Faperj. Autora do livro: *O intolerável peso da feiura*: sobre as mulheres e seus corpos (Ed.PUC/Garamond, 2006).

Jorge Luis Prata de Sousa

Doutor em História Social pela Universidade de São Paulo (1999). Professor Titular e Coordenador do Programa de Mestrado em História da Universidade Salgado de Oliveira. Autor de *Escravidão ou morte*: os escravos brasileiros na guerra do Paraguai (Mauad, 1996); *Escravidão*: ofícios e liberdade (Aperj, 1998). Atua principalmente nos seguintes temas: escravidão urbana, guerra do Paraguai, demografia histórica, história social da doença.

Lilia Ferreira Lobo

Doutora em Psicologia pela Pontifícia Universidade Católica do Rio de Janeiro (1997). Atualmente é Professora do Programa da Pós-Graduação em Psicologia (mestrado e doutorado) da Universidade Federal Fluminense. Tem experiência na área de Psicologia, com ênfase em Psicologia Social e História, atuando principalmente nos seguintes temas: análise institucional e genealogia das minorias, das deficiências e das infâncias consideradas anormais. Coordena o projeto CNPq/Faperj: "Devir criança: Pesquisa de fontes para uma genealogia da criança anormal no Brasil", na Universidade Federal Fluminense. Autora de vários capítulos de livros e artigos em revistas especializadas, e do livro *Os infames da história*: pobres, escravos e deficientes no Brasil (Faperj/Editora Lamparina, 2008), onde traça a história dessas minorias, segundo a perspectiva genealógica de Michel Foucault.

Márcia Pinna Raspanti

Mestre em História Social pela Universidade de São Paulo (USP), com enfoque em História do Brasil Colônia. Desenvolve pesquisas ligadas à sociedade e à literatura luso-brasileira dos séculos XVII e XVIII, com base nas obras de autores como os jesuítas João Antônio Andreoni e Antônio Vieira. Atualmente, dedica-se ao estudo da indumentária e da moda neste período. Jornalista especializada em Economia, trabalha especificamente nos setores de logística e comércio exterior.

Marcia Sueli Amantino

Doutora em História Social pela Universidade Federal do Rio de Janeiro e Pós-Doutora em História pela Universidade Federal de Minas Gerais. É Professora do Programa de Pós-Graduação da Universidade Salgado de Oliveira. Lidera o Grupo de Pesquisa do CNPq intitulado "Sociedades escravistas nas Américas". Atua principalmente nos seguintes temas: história, cultura, escravidão negra e indígena, identidades, Rio de Janeiro e Minas Gerais. Autora do livro *O Mundo das feras*: o Sertão Oeste de Minas Gerais no século XVIII. (Annablume, 2008).

Maria da Conceição Vilela Franco

Mestre em História Social e Política do Brasil (2009) pela Universidade Salgado de Oliveira. É coordenadora local e pesquisadora no Projeto Macaé em Fontes Primárias – na Secretaria Municipal de Acervo e Patrimônio Histórico (SEMAPH). Integra a equipe de apoio técnico no Projeto "Macaé em Fontes Primárias: fundos eclesiásticos para um acervo virtual", junto ao Laboratório de Acervo e Documentação Histórica/LADOCH e a Fundação Carlos Chagas Filho de Amparo à Pesquisa do Estado do Rio de Janeiro/ FAPERJ. Atualmente é Professora do curso de Licenciatura em Pedagogia na Faculdade de Filosofia Ciências e Letras de Macaé (FAFIMA). Tem experiência na área de História Regional, com ênfase em Escravidão, e em História da Morte, especialmente sobre os cemitérios, sepulturas e religiosidades.

Mary Lucy Murray Del Priore

Doutora em História pela Universidade de São Paulo e Pós-Doutora pela Ecole des Hautes Etudes en Sciences Sociales-Paris (1996). Atualmente é Professora do Programa de Mestrado em História da Universidade Salgado de Oliveira (Universo/Niterói) e desenvolve pesquisa intitulada "Cultura, mentalidade e vida social no Rio de Janeiro do século XIX". Tem pesquisas na área de história colonial, história da cultura, história de gênero. É autora de mais de 25 livros de História. Recebeu vários prêmios literários, dentre eles o Jabuti, Casa Grande & Senzala, da APCA e o Ars Latina.

Maurício Barreto Alvarez Parada

Doutor em História Social pela Universidade Federal do Rio de Janeiro (2003). Atualmente é Professor Titular da Universidade Salgado de Oliveira e Professor Agregado da Pontifícia Universidade Católica do Rio de Janeiro. Tem experiência na área de História, com estudos em políticas culturais, pesquisando principalmente os seguintes temas: história do tempo presente, cultura política contemporânea e identidade nacional. É autor do livro *Educando corpos e criando a nação* (PUC/Apicuri, 2009) e organizador de outros na área de História.

Sonia de Deus Bercito

Doutora em História Econômica pela Universidade de São Paulo. Atualmente é Professora de Tendências da Historiografia Contemporânea e Brasileira na PUCSP-COGEAE. Tem experiência na área de pesquisa relacionada ao patrimônio histórico cultural. Desenvolveu estudos relativos à história da Educação Física no Brasil e vem realizando pesquisa sobre Adolescência e Juventude na ótica da história do corpo.

Victor Andrade de Melo

Realizou estudos de pós-doutorado em Teoria Crítica da Cultura, na Universidade Federal do Rio de Janeiro. É Professor Associado da Universidade Federal do Rio de Janeiro, onde atua nos Programas de Pós-Graduação em História Comparada do Instituto de Filosofia e Ciências Sociais e em Educação Física na Escola de Educação Física e Desportos (na qual também atua na graduação). É também Professor do Programa de Pós-Graduação em Lazer da Universidade Federal de Minas Gerais. É autor dos livros *Esporte e Lazer*: conceitos – uma introdução histórica (Apicuri/Faperj, 2010) e *Esporte, lazer e Artes Plásticas*: diálogos (Apicuri/Faperj, 2009) e organizador (com Mary Del Priore) de *História do Esporte no Brasil*: do Império aos dias atuais (Unesp, 2009), entre outros. É Coordenador do "Sport": Laboratório de História do Esporte e do Lazer.

SOBRE O LIVRO

Formato: 16 x 23 cm
Mancha: 25,5 x 41 paicas
Tipologia: Adobe Caslon 11 / 15
Papel: Couche 90 g/m² (miolo)
Cartão Supremo 250 g/m² (capa)
1ª edição: 2011
3ª reimpressão: 2016
568 páginas

EQUIPE DE REALIZAÇÃO

Edição de Texto
Soraya Misleh (Copidesque)
Renata Siqueira Campos (Preparação de Original)
Maria Alice da Costa (Revisão)

Assistência Editorial
Olivia Frade Zambone

Capa
Estúdio Bogari

Projeto Gráfico e Editoração Eletrônica
Estúdio Bogari

MUNDIALGRÁFICA